W0011743

Das Winter-Lesebuch

Ausgewählt und herausgegeben
von
Manfred Kluge

WILHELM HEYNE VERLAG
MÜNCHEN

HEYNE ALLGEMEINE REIHE
Nr. 01/10388

Umwelthinweis:
Dieses Buch wurde auf
chlor- und säurefreiem Papier gedruckt.

Copyright © 1997 by Wilhelm Heyne Verlag GmbH & Co. KG,
München
Copyright © der Einzelrechte s. Quellenverzeichnis
Printed in Germany 1997
Umschlagillustration: Archiv für Kunst und Geschichte, Berlin
Umschlaggestaltung: Atelier Ingrid Schütz, München,
unter Verwendung des Gemäldes »Der Schnee oder
Winterlandschaft« von Victor Charreton © Musée d'Orsay, Paris
Satz: Buch-Werkstatt GmbH, Bad Aibling
Druck und Bindung: Ebner Ulm

ISBN 3-453-13062-6

Inhalt

Verzeiht, ihr warmen Frühlingstage,
Ihr seid zwar schön, doch nicht für mich.
Der Sommer macht mir heiße Plage,
Die Herbstluft ist veränderlich;
Drum stimmt die Liebe mit mir ein:
Der Winter soll mein Frühling sein.

• • •

Der Winter bleibt der Kern vom Jahre,
Im Winter bin ich munter dran,
Der Winter ist ein Bild der Bahre
Und lehrt mich leben, weil ich kann;
Ihr Spötter redet mir nicht ein;
Der Winter soll mein Frühling sein.

Johann Christian Günther:
Lob des Winters

ANTONIO TABUCCHI

Warten auf den Winter

Und dann der Geruch der vielen Blumen: widerlich. Aber auch das Haus, der Regen, der einen Schleier über die Bäume legte, die Gegenstände in den Vitrinen – spanische Fächer, eine schwangere Madonna aus Cuzco, die Barockengel, die Pistolen aus dem siebzehnten Jahrhundert: Alles war ihr zuwider, und auch das ist Schmerz, ist ein Ausdruck des Schmerzes, in dem die Trauer enthalten ist: die Abneigung gegenüber den Dingen um uns, gegenüber ihrer sturen und unabänderlichen Anwesenheit, die von den Wechselfällen des Lebens nichts ahnt und sich in einer ungreifbaren Immanenz offenbart, einer auffälligen, unschuldigen und deshalb ungreifbaren Körperlichkeit. Ach, sagte sie, ich schaffe es nicht, ich glaube, ich schaffe es nicht. Und indem sie das sagte, führte sie eine Hand an die heiße Stirn und mit der anderen hielt sie sich an der Rückenlehne eines Stuhles fest. Ein Knoten ungeweinter Tränen schnürte ihr die Kehle zu, und sie betrachtete sich im Spiegel. Sie sah ein würdevolles, edles, vielleicht hochmütiges Abbild, und sie dachte auch: Unmöglich, das bin ich. Und doch war sie *das*, und auch darin bestand ihr Schmerz: In der Trauer der alten Frau, die schmerzhafte Bekanntschaft mit dem Tod gemacht hatte, lebte auch der Schmerz um dieses Abbild einer alten, blassen, eleganten Frau, deren Haare von einer Mantille aus schwarzer Spitze bedeckt waren; einer Mantille, dachte sie, die in düsteren Zimmern von den genauen und müden Händen schweigsamer und unglücklicher iberischer Frauen gewebt worden war. Und es fiel ihr Sevilla ein, Sevilla vor vielen Jahren, der Giraldaturm, die Jungfrau von Macarena, die feierliche Gedächtnisfeier für einen vor Jahrhunderten verstorbenen Dichter in einem Saal voller würdiger, düsterer Möbel. Aber in diesem Augenblick klopfte es an der Tür und Françoise trat ein. Madame, der Herr Minister möchte empfangen werden, sagte sie. Ein Schatz, diese Françoise. So winzig, so zerbrechlich schien sie, mit ihrem Mausegesicht und der runden Brille, die ihr das Aussehen eines ewig gleichbleibenden Kindes gab. Sie dachte an Françoises Intelligenz, die genauso umfassend wie stumpf war. Er soll im Wohnzimmer auf mich warten, sagte sie. Ich komme in ein paar Minuten. Es gefiel ihr, so zu sprechen. »In ein paar Minuten«, »einen Augenblick«, »er soll einen Moment auf mich warten«: Das war eine zivilisierte Art, hochmütig und sich selbst fern zu sein, wie ein Schauspieler, der es genießt, auf der Bühne ein anderer zu sein, um die Leere in sich zu vergessen. Sie betrachtete sich noch einmal im Spiegel und rückte die Mantille zurecht. Nicht weinen, sagte sie zu der schönen, alten Frau, die ihr entgegenblickte, denk daran, daß du nicht weinen darfst.

Aber es war unmöglich zu weinen. Denn der Minister war rosig, dicklich und schwarz gekleidet, und er küßte ihr mit einer kleinen Verbeugung die Hand; er entsprach der Situation, war auch gebildet, was bei Ministern selten der Fall ist, und bewunderte den Verstorbenen aufrichtig: Und all das war dem Weinen nicht förderlich. Wäre er wenigstens ein mittelmäßiger Mensch gewesen, der seinen Besuch aus Pflichtgefühl und Bürgersinn abstattete, ein Mensch, der an naheliegende Phrasen gewohnt war, an den Umständen entsprechende, feierliche Worte, an Ministerformeln: Ja, dann hätte sie geweint und ihrer umfassenden, diffusen, doppelbödigen Trauer freien Lauf gelassen. Aber nicht bei diesem Mann, der angesichts der Trauer um die Kultur aufrichtigen Schmerz empfand. Das waren tatsächlich seine Worte: Unsere Kultur verliert heute ihre bedeutendste Stimme. Und das war richtig und unwiderlegbar, ließ keinen Raum zum Weinen. Sie dankte ihm mit einer aufrichtigen und eindeutigen, mit fester Stimme vorgebrachten Phrase: Und auch das war ein Teil der kultivierten und ehrlichen Trauer, die die Menschen erfunden haben und die für die dunklen Formen des Schmerzes keinen Platz läßt. Ach, wie gerne hätte sie geweint. Und dann spielte er auf die Dankbarkeit an, die Rührung hervorruft und die eine kleinere Form des Schmerzes ist und die sich in einer sehr peripheren Zone ihrer Seele befand, dort, wo auch die wehmütige Erinnerung zu Hause war. Und mit Dankbarkeit sprach er auch von Projekten, von Initiativen, von einer Dankesschuld, die der Staat einlösen wollte: eine Stiftung, vielleicht ein Museum, mit Stipendien und offiziellen Feierlichkeiten. Regelmäßig wiederkehrenden, erklärte er. Und das heiterte sie auf, gab ihr ein Gefühl der Erleichterung ohne Trost, ließ sie an eine bereits vollendete Zukunft denken, an die obligate Errichtung eines Monuments. Sie dachte auch, wie sehr die Nation gewachsen und wie reif sie geworden sei, auf ihre Weise sogar intelligent, was sie sich ihr ganzes Leben gewünscht hatte, und sie sagte, ja, gewiß, das Land verdiene dieses Erbe, sie dankte für das Angebot und den Vorschlag, aber in diesem Haus lebe noch immer sie, sie würde hier noch ein wenig leben, das Leben dauere nicht lange, und sie wolle es nicht mit dem Gefühl einer Nation teilen, auch wenn es noch so edel sei.

Und inzwischen war der Vormittag fortgeschritten, und im Garten stand eine große Menschenmenge. Der Minister ging, und sie trat ans Fenster. Der starke Regen war einem feinen Nebel gewichen, der von der Erde aufzusteigen schien. Sie sah die Autos, die lautlos vorfuhren und denen Herren mit ernsthafter Miene entstiegen, die vom Zeremonienmeister mit dem Schirm empfangen und zum Eingang geleitet wurden. Die effiziente und praktische Formalität des Staatsbegräbnisses gab ihr ein leises Gefühl der Erleichterung, denn sie weckte ihren praktischen Sinn für das Ritual. Sie spürte, daß sie nicht länger in der Einsamkeit ihres Zufluchtsortes verweilen durfte; sie schloß die Vorhänge, ging zur Treppe und stieg hinab, ohne sich an der Handleite festzuhalten: Langsam, erhobenen Kopfes, blaß, stolz, angespannt und trockenen Auges blickte sie den Leuten ins Gesicht und gab ihnen gleichzeitig zu verstehen, daß sie niemandem ins Gesicht blickte, daß ihr Blick woandershin gerichtet war: in ihre Vergangenheit vielleicht, oder in das Innere ihrer Seele; auf keinen Fall jedoch war er hier, zwischen den Dingen dieser tadellosen, geschmackvoll und gediegen ausgestatteten Aufbahrungskammer. Am Kopfende des Sarges stehend, so wie man bei einem Lebenden wacht und nicht bei einem Toten, harrte sie darauf, daß die Leute an ihr vorbeizogen, daß sie ihr die Hand küßten, sich vor ihr verbeugten, Phrasen der Trauer und des Abschieds murmelten. Und während sie da wachte, stehend, auch sich selbst fern, schlug ihr Herz ruhig, regelmäßig und langsam, ohne etwas von der totalen Zerstörung zu ahnen, die sie jedoch seltsamerweise physisch auf den Schultern spürte: eine fürchterliche und unwiderrufliche Feststellung.

Sie ließ sich von Françoise unterbrechen, die sie fast wie einen der Trauergäste, mit heiterer Gelassenheit, empfing, und folgte ihr ohne Einwand; sie überließ sich den tröstlichen Anweisungen, ließ sich an der Hand durch den Korridor führen, der ihr endlos lang erschien, und auch die heiße Consommé erschien ihr obligat und unumgänglich. Nein, ich möchte mich nicht ausruhen, antwortete sie auf die liebevolle Fürsorge des Mädchens, ich bin nicht müde, machen Sie sich keine Sorgen, ich halte schon durch. Aber die Worte waren weit weg, als hätte sie jemand anderer an ihrer Stelle ausgesprochen; und sie ließ es zu, daß Françoise sie mit sanfter Gewalt auf das Sofa drängte, daß sie ihr die Schuhe auszog und ihr ein mit Kölnischwasser getränktes Taschentuch auf die Stirn legte. Er lief den Strand entlang, am Ende des Strandes stand die Ruine eines griechischen Tempels, und er war nackt. Nackt wie ein heidnischer Gott, mit einem Lorbeerkranz auf dem Kopf, und das Laufen ließ seine Hoden lustig auf- und abhüpfen, und sie konnte sich vor Lachen kaum halten; sie lachte so sehr – so sehr, daß sie zu ersticken glaubte, und sie wachte auf.

Sie wachte mit einem Satz auf, panisch, denn gewiß hatte sie zu lange geschlafen, und inzwischen war alles vorbei: Gespräche, Besuche, Trauerfeier, Begräbnis, vielleicht auch der Tag, und inzwischen war tiefe, dunkle Nacht, und gewiß stand Françoise im Gang, schlaflos, mit geröteten Augen und ihrem üblichen stoischen Spatzenblick, Françoise, die zu ihr sagen würde: Ich mußte Sie schlafen lassen, Madame, Sie konnten einfach nicht mehr. Sie trat an die Tür und sofort vernahm sie das Flüstern der Trauergäste im Erdgeschoß.

Aber wie spät war es, um Himmels willen? Sie ging zum Fenster und riß die Fensterläden auf: Milchiggraues Tageslicht überflutete sie. Sie hörte, wie die chinesische Pendeluhr im Vorzimmer zweimal schlug. Diese affektierte Pendeluhr aus gelacktem Holz, so winzig, so ... monströs. Und sie spürte deutlich, plötzlich und zum ersten Mal, daß sie sie haßte. Und dabei hatte sie sie gekauft und immer geglaubt, sie zu lieben. Nein, sagte sie sich mit Heftigkeit, ich werde nicht mehr an Macao denken, ich will mich an nichts erinnern, heute nicht. Sie hatte zehn Minuten geschlafen. Sie schloß sich im Bad ein und erneuerte ihr Make-up. Der kurze Schlaf hatte ihr die Frisur durcheinandergebracht und ihr zwei tiefe Furchen in den hellen Puder gegraben. Zuerst wollte sie die Blässe mit Schminke überdecken, aber dann ließ sie es bleiben. Sie putzte sich die Zähne, um den Kampfergeschmack zu vertreiben, den sie im Mund hatte; komisch, ein Kampfergeschmack: Das kam von dem Ekelgefühl, das ihr die vielen Blumen im Haus verursachten. Sie ging hinaus, weil sie wußte, Françoise wartete im Wohnzimmer auf sie; sie hatte sich für zwei mit dem deutschen Verleger verabredet und wollte ihn nicht warten lassen. Als sie eintrat, erhob sich der feierliche Herr und machte eine kleine Verbeugung. Er war übergewichtig, und seltsamerweise munterte sie das auf. Françoise hatte einen Notizblock auf den Knien liegen. Wenn Sie lieber in Ihrer Sprache sprechen, wird meine Sekretärin dolmetschen. Der korpulente Herr nickte, er ersparte ihr die den Umständen entsprechenden Reden, er war exakt, konkret, aufrichtig geschäftlich, und das hatte seinen Vorteil. Ich kaufe das Tagebuch, sagte er auf französisch. Ihr Gatte hat in einer entscheidenden Zeit in meinem Land gelebt, er kannte bedeutende Persönlichkeiten aus Politik und Kultur, seine Erinnerungen stellen für uns ein Dokument von größtem Wert dar. Er hüstelte und schwieg, in Erwartung einer Antwort, die nicht kam. Das irritierte ihn vielleicht, denn er richtete sich auf und rückte heldenhaft auf geschäftliches Terrain vor. Ich zahle in Mark, sagte er, sofort und ohne Vertrag, es genügt mir eine Option. Er sagte es auf deutsch, und Françoise übersetzte prompt.

Durch den vermittelnden Charakter der Übersetzung klang der Vorschlag weniger vulgär, und sie war ihm dankbar, wenigstens dieses Feingefühl besessen zu haben. Und das erleichterte die Antwort, denn auch sie verzichtete auf das Französische; und die Worte, die sie aussprach, und die von Françoise in anderen, unverständlichen Worten wiedergegeben wurden, hatten ein Eigenleben, das nichts mit ihr zu tun hatte; sie gehörten ihr nicht, hatten keinen Sinn mehr. Ihre Sekretärin würde ihm schreiben, jetzt sei nicht der Augenblick, Entscheidungen zu treffen, sie hoffte, daß er verstand; sicher würde sie daran denken, daß sein Angebot das erste gewesen sei, aber jetzt, wenn er sie bitte entschuldigen wolle, habe sie andere Pflichten. Sie sah Françoise an. Andere Pflichten wie ... sie wußte es nicht, es war ihr egal; Françoise warf einen Blick in ihren Notizblock und dachte an alles. Sie überließ sich diesem kindlichen Gefühl und folgte Françoise. Und dieses Gefühl, ein verlassenes Kind zu sein, das, durch den Schutt der Jahre hindurch, aus verborgenen Tiefen ihres müden Altfrauenkörpers auftauchte, ließ sie wieder den quälenden Wunsch verspüren, zu weinen, haltlos zu schluchzen; aber gleichzeitig spürte sie auch eine Leichtigkeit, fast eine Hysterie; und einen Augenblick lang hatte sie das Gefühl, das Kind, das in ihr zum Vorschein gekommen war, könnte springen, Ringelreihen tanzen, einen Auszählreim trällern. Und das, was sie den Wunsch hatte verspüren lassen zu weinen, nahm ihr auch den Wunsch zu weinen; und dann sickerte aus der Bibliothek ein hartes Licht, auf dem Boden wanden sich Kabel, und jemand sprach viel zu laut. Sie möchten ein Interview für die Abendnachrichten, sagte Françoise, der Präsident des Fernsehens hat persönlich angerufen, ich habe ihnen höchstens drei Minuten zugestanden, aber wenn Sie sich nicht danach fühlen, schicke ich sie wieder weg. Ils sont des bêtes, fügte sie verächtlich hinzu.

Aber das stimmte eigentlich nicht. Der Journalist war ein junger Mann mit magerem, intelligentem Gesicht und knochigen Händen, die das Mikrophon malträtierten; er schien das Werk des Verstorbenen sehr gut zu kennen, er begann mit ein paar Zitaten aus einem Jugendwerk, und hinter seiner intelligenten Gelassenheit versteckte sich auch eine leise Verlegenheit, das sah sie. Er bat sie um die Interpretation eines Satzes, der zu einem Motto geworden war, fast zum Symbol einer ganzen Generation: Auch die Schulen hatten sich ihn inzwischen angeeignet, in einer positiven Bedeutung natürlich, denn die Schulen liebten positive Definitionen; aber, und das fragte er nun sie, enthielt diese Definition der Menschen nicht vielleicht eine leise Ironie, einen maskierten und ein wenig hinterhältigen, negativen Kern? Die Unterstellung stimmte sie fröhlich und gestattete ihr eine oberflächliche, als Unvorbereitetsein getarnte Antwort; es war eine Frage, die ihr so großzügig den Rückzug auf die Rolle der Schriftstellerwitwe gestattete, auf die Rolle derer, die von den Lieblingskrawatten ihres Mannes sprechen kann; und somit war die Antwort banal und entwaffnend, weit unter dem Niveau der Frage, und genau das erwartete der Journalist von ihr. Er bestätigte ihr auf sublime Art und Weise, daß sie eine feinsinnige, intelligente Frau war, eine hervorragende *Gefährtin,* und daß sie wertvolles Zeugnis ablegen konnte. Und das führte direkt zur biographischen Indiskretion, zu einer eleganten Indiskretion, denn der junge Mann war ein liebenswürdiger Mensch, den es im Namen seiner Zuseher freuen würde, wenn sie eine Episode aus ihrer beider Leben erzählen könnte. Was natürlich heißen sollte, eine Episode aus seinem Leben. Und sie erzählte ihm eine, warum auch nicht?, und sie wählte eine keusche, natürlich – eine keusche mit einem Tüpfelchen von Noblesse, denn die Leute, vor allem die vulgären, lieben die Noblesse. Und dabei verspürte sie einen dumpfen Groll gegen sich, denn sie hätte gern eine ganz andere Episode erzählt, aber gewiß nicht diesem höflichen jungen Mann, und nicht im grellen Licht der Scheinwerfer. Sie schwieg. Und verzog den Mund zu einem müden, würdevollen Lächeln.

Von der Fahrt zum Dom nahm sie nichts zur Kenntnis, nur verschwommene, rasch vorbeiziehende Bilder, die von den Sinnen aufgenommen, aber nicht behalten werden. Man ließ sie in einen dunklen, grau ausgekleideten Wagen einsteigen, mit lautlosem Motor und lautlosem Chauffeur; und auch bei der Trauerfeier war sie anwesend, als ob sie nicht anwesend wäre; sie war nur mit dem Körper da, und ihr Geist schweifte nach Belieben in anderen Gefilden, in der Geographie der Erinnerungen. Paris, Capri, Taormina; und dann tauchte eine bescheidene, malerische Hütte auf, die sie nicht zu lokalisieren vermochte, und das kam ihr komisch vor; sie konzentrierte sich voll und ganz auf ein Zimmer, an das sie sich in unbedeutenden und leuchtenden Details erinnerte – ein einfaches Messingbett, über dem Bett eine auf volkstümliche Weise gemalte Heilige Familie, aber unglaublich, sie erinnerte sich nicht an den Ort. Wo war das? Und in der Zwischenzeit hatte der Erzbischof seine lange Rede gehalten, die sicherlich ganz hervorragend gewesen war. Ihr war kalt. Und das war die einzige Empfindung, oder vielmehr das einzige *Gefühl*, dachte sie, das ihren Geist zu beschäftigen vermochte: die enorme Kälte im Bauch, als drückte ein Eisblock gegen ihre Magenwände, so daß sie den Rest der Feier mit in den Schoß gepreßten Händen verbrachte. Und dann breitete sich die Kälte aus und kroch in ihre Glieder: in die Hände nicht, denn die waren glühend heiß, aber in die Schultern und die Unterarme, und auch in die Beine und Füße, die sie schon gar nicht mehr spürte, als wären sie bereits gefroren, obwohl sie die Zehen in den Schuhen krampfhaft bewegte. Sie fröstelte, und es gelang ihr nicht, es zu verbergen. Um nicht mit den Zähnen zu klappern, preßte sie die Kiefer aufeinander, bis die Gesichts- und Halsmuskeln schmerzten. Françoise bemerkte ihr Unwohlsein und nahm ihre Hände in die ihren; sie flüsterte ihr etwas ins Ohr, das sie nicht verstand, vielleicht, daß sie hinausgehen sollte, aber das war jetzt nicht mehr wichtig, denn die Feier war bereits vorbei, der Sarg durchquerte auf den Schultern der Träger das Mittelschiff, und sie fand sich, ohne zu wissen wie, in demselben Wagen mit demselben Chauffeur wieder, der sie nach Hause brachte, und Françoise hatte sie mit ihrem Mantel zugedeckt und legte ihr einen Arm um die Schultern, um sie zu wärmen. Und es war nicht einfach, sie freundlich zu verabschieden, ihr sanft, aber bestimmt zu verstehen zu geben, daß sie sie diese Nacht nicht bei sich haben wollte, daß sie dieses riesige, leere Haus allein betreten und daß sie allein darin verweilen wollte, daß ihr – wenn sie etwas benötigen sollte – die Fürsorge der Hausangestellten genügte, daß dies der erste Abend der Einsamkeit war und daß sie der Einsamkeit allein entgegentreten wollte. Schließlich löste sie sich, Françoise küßte sie mit glänzenden Augen, und sie betrat das stille Vorzimmer, klingelte, ohne zu zögern, um sich der Hausangestellten zu entledigen; sie könne sich ruhig zurückziehen, sagte sie, sie brauche nichts, nur das Telefon solle sie bitte ausstecken. Als sie die Treppe hinaufstieg, hörte sie, wie die widerwärtige chinesische Pendeluhr siebenmal schlug. Sie blieb auf dem Treppenabsatz stehen und öffnete fast begierig das Glastürchen, hinter dem sich das Zifferblatt befand. Sie drehte die Zeiger mit dem Finger, absichtlich langsam, und die Pendeluhr schlug fröhlich achtmal, und dann neun-, zehn-, elf- und zwölfmal. Sie machte eine volle Umdrehung und sagte: Es ist schon morgen. Und dann machte sie noch eine Umdrehung und sagte: Es ist schon übermorgen. Und dann drehte sie die Zeiger zurück, und die Pendeluhr schlug gehorsam in umgekehrter Reihenfolge. Sie stieg wieder die Treppe hinab und betrat die Bibliothek, wo ein leichter Geruch von Zigarettenrauch in der Luft lag. Um ihn zu mildern, zündete sie ein Räucherstäbchen an und öffnete das Fenster. Inzwischen regnete es stark. Die Hausangestellte hatte im Kamin eine kleine Pyramide aus Holzscheiten und harzigen Pinienzapfen errichtet. Es genügte ein Streichholz, und sofort loderten die Flammen auf, zuckend und so hell, daß sie auch das große Licht ausmachen konnte. Sie machte es aus. Sie öffnete den Safe und nahm die Mahagonischatulle heraus. Darin lagen säuberlich geordnet die Manuskripte, in Bündeln, wie Banknoten von einem Gummiband zusammengehalten. Auf jedem Bündel stand ein Datum und seine Unterschrift. Sie nahm sie alle heraus und betrachtete sie einzeln. Die Wahl fiel ihr sehr schwer. Zuerst dachte sie an den Roman, aber dann verwarf sie die Idee. Den Roman zuletzt, im Februar vielleicht. Und auch nicht das Theaterstück. Und den Briefwechsel? Die Gedichte vielleicht, aber möglicherweise war das Tagebuch besser. Sie wog es in der Hand und betrachtete die Seiten. Dreihundert, stand mit Bleistift geschrieben auf der letzten Seite. Gott im Himmel. Sie setzte sich in den Sessel vor dem Kamin und knüllte die erste Seite zu einer Kugel zusammen, damit sie sie in die Flammen werfen konnte, ohne sich viel bewegen zu müssen. Sie sah zu, wie sie braun wie Tabak wurde, bevor sie zu Asche zerfiel. Armer Idiot, sagte sie, mein lieber armer Idiot. Sie ließ sich zurücksinken und blickte zur Decke empor. Der Winter würde lang sein, er hatte noch kaum begonnen. Sie spürte, wie sich ihre Augen mit Tränen füllten, und sie ließ es geschehen, daß sie ihr über das Gesicht flossen, reichlich, unaufhaltsam.

Wie macht der Winter froh!

Herr Robert Schmidt nieste mehrere Male. Aus dem Publikum rief man: »Zum Wohlsein!« Herr Schmidt kehrte sich erbittert nach den Rufern um, wollte etwas sagen. Der Richter klopfte mit dem Hämmerchen ungeduldig auf sein Pult.

»Angeklagter Robert Schmidt, erzählen Sie, wie sich der Vorfall abgespielt hat.«

Herr Schmidt zog aus der rechten Rocktasche ein Taschentuch, schneuzte sich, dann zog er aus der linken Rocktasche ein anderes Taschentuch und schneuzte sich abermals. Dann zog er aus der rechten Rocktasche ein drittes Tuch.

»Zur Sache«, rief der Richter.

»Ich bin bei der Sache«, sagte der Angeklagte und schneuzte sich kräftig. Dann begann er:

»Ich muß vorausschicken, daß ich sehr empfindliche Bronchien habe, an Frostballen leide, daß mir die Kälte Haut- und Gliederschmerzen verursacht, und daß mein jährlicher Schnupfen im September einsetzt und im August langsam abklingt.

Also, an jenem Tag, einem Sonntag, begann es damit, daß Thomas, mein Jüngster, daß also Thomas sich lautlos an mich, während ich das Morgenblatt las, heranschlich, und mir Schnee, den er vom Fensterbrett gesammelt hatte, zwischen Rock- und Hemdkragen steckte. Thomas ist ein sehr aufgewecktes Kind. Mit seinen Einfällen könnte mancher professionelle Humorist sein Auslangen finden.

Nachdem der Kleine gegangen war, setzte ich, während mir das Wasser aus den Augen rann, meine Lektüre fort und las in der Zeitung, daß die Stadt in weißer Pracht erglänzt, daß die Schneemassen, in denen die Autos stecken bleiben, ein Hermelinmantel um ihre Schultern sind, und daß die beschneiten Bäume, die den Bürgersteig säumen, aussehen wie in Watte gewickelt. Weiter erfuhr ich aus der Zeitung, daß auf den gefrorenen Straßen der Boden unter den Schuhen der Fußgänger melodisch knirscht. Ich kann es verstehen, daß es knirscht.

Meine Frau, die immer den Nagel auf die empfindlichste Stelle des Kopfes trifft, sagte: ›Sieh doch die schönen Eisblumen am Fenster.‹ Sie blickte gedankenvoll auf die Straße hinab, und da ich ihr von den Augen ablas, daß sie im Begriff war, etwas über fröhliches Flockenwirbeln zu sagen, ging ich früher, als ich geplant hatte, fort.

Auf der Straße begegnete ich einer Schar Kinder, die einander mit Schneebällen bewarfen. Im Bestreben, ihnen eiligst auszuweichen, kollidierte ich mit einem Laternenpfahl, den ich, da meine Brillengläser angelaufen waren, übersehen hatte.

Ich nahm die Brille ab, um sie zu putzen – und das war mein Glück! Denn eben in diesem Moment traf mich ein Schneeball ins rechte Auge. Der Schneeball war mit ziemlich viel grobem Sand und etwas Kieselsteinen gemischt. Doch dies nur nebenbei.

Sie werden vielleicht sagen, Herr Richter, daß ich, mit meiner Empfindlichkeit gegen Kälte, bei fünfzehn Grad unter Null überhaupt nicht hätte auf die Straße gehen sollen. Aber Sonntag ist der einzige Tag, an dem Molly für mich Zeit hat.«

»Molly?«

»Das ist ihr Kosename. Eigentlich heißt sie Melanie.«

»Aha!« sagte der Richter und blickte mißbilligend auf die Glatze des Beschuldigten, der mit einer resigniert entschuldigenden Geste die Arme hob und sie wieder fallen ließ, als wollte er sagen: Das Leben ist nun einmal so und der Mensch schwach, und Alter schützt vor Torheit nicht.

»Ich war also schon sehr gereizt«, fuhr er fort, »als ich vor das Schaufenster der Kunsthandlung kam, wo Molly und ich unser Stelldichein hatten. Der Wind blies abscheulich. Ich besah mir die Bilder im Schaufenster: ›Der Schnee als Plastiker‹; ›Winterzauber‹; ›Im Schmuck der Eisblumen‹.

Das Dutzend Taschentücher, das ich jeden Morgen zu mir

stecke, war aufgebraucht, als mit der üblichen Verspätung Melanie erschien. Sie hatte einen Umweg durch den Park gemacht, der, sagte sie, wie in weiße Wolle gepackt daläge. Und die Bäume sähen aus wie mit …

›Liebes Kind‹, unterbrach ich sie, ›ich bitte dich, sage nicht: wie mit Zucker bestreut. Bitte, sage das nicht.‹

Sie erwiderte: ›Ist dir lieber: mit Diamanten besetzt, die in der Sonne glitzern?‹

›Nein, weder Zucker noch Diamanten‹, antwortete ich. ›Mir scheint das pure Verhöhnung der armen Bäume, denen jetzt das, was bei ihnen Herz heißt, vor Kälte im Leib erstarrt ist.‹

Melanie behauptete, Bäume haben kein Herz.

Ich entgegnete: ›Du hast keines.‹

Ein Wort gab zehn andere, und als ich vom Glatteis wieder aufstand, war sie verschwunden.

Dann also kam die unglückliche Begegnung mit dem Herrn im Pelz. Er hatte schmunzelnd zugesehen, wie ich mich mühselig vom Pflaster in die Höhe rappelte, und als ich fertig war, sagte er vergnügt: ›Sie sind seit einer Stunde schon der Sechste, der an dieser Stelle ausgleitet.‹ Und herzlich lachend setzte er noch hinzu: ›Winterzeit, Winterfreud.‹

›Der Teufel hol' den Winter!‹ rief ich.

›Was haben Sie denn gegen ihn?‹ meinte der Pelzmann. ›Ist es nicht schön, wenn der Schnee in lustigen Flocken herunterwirbelt, Eisblumen an den Fenstern blühen, die Bäume dastehen wie mit Zucker …‹ Hier traf ihn mein Stock auf den Schädel.«

Der Richter wickelte sich fester in seinen Talar: »Herr Zeuge, haben Sie gesagt: wie mit Zucker?«

»Gewiß, Euer Ehren. Ist es nicht ein zauberhafter Anblick, wenn die Äste in blendend weißem Schmuck …«

Der Richter klopfte mit dem Hammer, so kräftig ihm das Rheuma in seinem Arm dies erlaubte. Dann sprach er den Angeklagten frei, weil dieser offenbar in augenblicklicher Sinnesverwirrung gehandelt hatte.

Zu Hause wurde Herr Schmidt schon ungeduldig von seinem Sohn Fred, Gymnasiast in der IV B, erwartet. Fred plagte sich eben mit der Abfassung eines Schulaufsatzes: »Warum lieben wir den Winter?«

»Vater, warum lieben wir den Winter?«

»Aus demselben Grund, mein Sohn, aus dem wir, wie das biblische Gesetz es verlangt, unsere Feinde lieben und des Schicksals züchtigende Hand und die Ehe und die harten Pflichten, die das Leben uns auferlegt.«

Aber das dachte Herr Schmidt nur so für sich. Laut sagte er: »Schreibe: Wie schön, wenn an den Fenstern die Eisblumen blühen, Bäume und Sträucher glitzern, als wären sie mit Diamantenstaub bestreut ...«

Der Schnee von heute

Der Schnee ist gefallen, wie es sich im Winter in unseren Breitengraden gehört. Die Stadt ist schöner geworden, fast weihnachtlich feierlich; das unerträgliche trübe Grau ist weg, es ist viel heller geworden, man muß nicht mehr gleich am Morgen die Lampen anzünden, wenn man lesen oder schreiben will. Die Kinder freuen sich, sie können Schneeballschlachten ausfechten und ihre Schlitten aus den Kellern holen. Und wenn sie Glück haben, wird soviel Schnee fallen, daß die Schule ausfällt.

Der Schnee ist gefallen, und unsere ganze fabelhafte gesellschaftliche Organisation fällt zusammen. Züge haben Verspätung, eine Taxe ist kaum aufzutreiben, beim Kurierdienst gibt es stundenlange Wartezeiten; Bekannte sagen Besuche ab, so manche kulturelle Veranstaltung platzt ... Die Tatsache, daß viele Menschen zu spät oder gar nicht zur Arbeit kommen, mag ich gar nicht erwähnen, weil ich nicht weiß, wie viele von ihnen den Schnee und das Glatteis nur zum Vorwand genommen haben.

Einerseits ist dies alles sehr erfreulich. Es beweist, daß die Natur noch immer stärker ist als wir und unsere stolze Technik. Und dies wird auch so bleiben. Der Schnee in unseren Städten ist zwar nicht so beweiskräftig wie Vulkanausbrüche, Erdbeben oder Orkane, aber auch er zeigt uns, daß wir die Natur nie ganz unterkriegen können, und mögen wir uns auf unsere ungern denkenden Köpfe stellen.

Andererseits ist es natürlich ärgerlich. Warum klappt nichts mehr so richtig? Schnee im Winter ist doch wahrhaftig keine Überraschung, man müßte längst auf ihn vorbereitet sein!

In den sozialistischen Ländern sagte man, daß es für den Aufbau des Sozialismus vier Haupthindernisse gibt: Winter, Frühling, Sommer und Herbst. Aber bei uns, in einem hochentwickelten Industrieland?! Wir haben doch unser Leben, unseren Alltag viel effizienter organisiert ...

Außerdem, das bißchen Schnee, ich bitte Sie ... Wir haben doch keine Schneestürme wie in Sibirien oder auf Alaska; auch keine zwei Meter hohe Schneedecke, wie ich sie seinerzeit im Tajga-Dorf am Ural erlebt habe. Wir mußten zwar manchmal zweimal am Tag den Schnee vom Dach schippen, damit unser Häuschen nicht zerbrach, sonst aber lief das Leben weiter wie gehabt. Wir holten, wie immer, unsere zwei Eimer Wasser von dem etwa eineinhalb Kilometer entfernten Fluß – es mußten nur zwei Männer mit Eisenstangen das Loch im Eis freihalten. Wir gingen zur Schule – gäbe es da schnee- oder frostfrei, hätten wir zusätzliche neun Monate Ferien gehabt.

Nun ist es eben so: Je bequemer das Leben eingerichtet ist, je besser, also auch komplizierter organisiert, um so anfälliger ist es für jede Störung. Der Schnee braucht nur irgendeinen Mast außer Betrieb zu setzen – schon sitzt die Bevölkerung einer Millionenstadt ohne Strom, also in kalten und dunklen Wohnungen, und man kann sich nicht einmal eine Tasse Tee zum Aufwärmen kochen. Aber sonst – sonst ist der Schnee schön und im Dezember eine normale Sache. Ich freue mich über ihn – trotz allem – wie ein Kind.

Der Eisbaum

Letzten Samstag, als zögernd der erste Schnee fiel, gegen fünf Uhr nachmittags, war ich am Hauptbahnhof, um jemanden zum Zug zu bringen. Zuerst bemerkte ich gar nicht, daß es schneite, aber als ich wieder hinaustrat, kam es mir so vor, als hätten sich Stimmung und Färbung des vor dem Bahnhof gelegenen Platzes leicht verändert. Der Platz war genauso, wie man ihn zu jeder beliebigen Tages- oder Nachtzeit sehen kann; das große Hotel mit der plattgedrückten Kuppel auf der rechten Seite, links die Gleise der Straßenbahnen, die ins Zentrum führen, und verschiedene Cafés mit ihren heller-leuchteten Scheiben, hinter denen im weißen Dunst flüchtig das Rot und Gelb der Likörflaschen schimmert. Aber die Cafés – und das wurde mir erst nach ein paar Augenblicken bewußt – lagen, obwohl sie geöffnet waren, völlig im Dunkeln und waren leer, und Straßenbahnen kamen auch nicht vorbei, nicht das leiseste Klingeln war zu hören. Ich überlegte mir, daß der Strom ausgefallen sein mußte, in diesem Stadtviertel und vielleicht noch in anderen, und so schickte ich mich an, zu Fuß nach Hause zu gehen, wobei mir zugute kam, daß das Hotel nicht weit entfernt lag und es nicht kalt war.

Während ich etwas zerstreut nach der richtigen Straße Ausschau hielt (mindestens zehn gehen von diesem Punkt ab), kehrte das unbestimmte Gefühl wieder, daß etwas Außergewöhnliches passiert sein mußte, diesmal allerdings nahm es wirklich störende Ausmaße an. Wo ich mich hier befand, das war nicht Mailand, ebensowenig wie Hamlet und Ophelia englische Bürger waren. Die nichtssagenden, gleichförmigen Häuser, die in den vielen Straßen rund um den Platz emporwachsen, waren von einer quälenden Verschwommenheit und Blässe. Es schien, als glühten die Mauern in einem inneren Licht, den Sternen und überhaupt jedem Lichtstrahl von dieser Welt entrückt. »Das muß wohl immer so sein, zu bestimmten Stunden des Jahres«, sagte ich mir, »und die Tatsache, daß es mir auffällt, läßt sich durch besondere Nervenschwäche erklären.«

Ich betrat die Via P., von der aus ich über den großen Platz zu meinem Hotel kommen mußte. Und als ich dicht an den Mauern entlangschlich, fühlte ich mich wieder so merkwürdig versunken, wie jemand, dem kurz zuvor eine wichtige Nachricht eröffnet worden ist, die sein Leben betrifft. Aber um ehrlich zu sein, ich erinnerte mich nicht, was für eine Nachricht das war, und so bekam diese Ruhe nach und nach Risse und knirschte wie eine Eisscholle, unter der gurgelnd dunkles, warmes Wasser läuft.

»Also wirklich«, sagte ich mir. »Im Hotel, alles in Ordnung, die Rechnungen bezahlt. Die Arbeit für morgen ... auch in Ordnung. Was soll denn sein?« Und da plötzlich begriff ich die Ursache für das Unbehagen, das mich beim Verlassen des Bahnhofs befallen hatte. Dieses Unbehagen hatte seinen Grund in einer absolut banalen und doch alarmierenden Tatsache: ich erinnerte mich nicht mehr, wen ich zum Bahnhof gebracht hatte.

»Nichts normaler als das«, begann ich mir nach einem Moment des Nachdenkens zuzureden. »Wenn wir sehr müde sind, kann uns sogar der Name des Monats oder der Jahreszeit entfallen, in der wir uns gerade befinden. Wahrscheinlich war der Name auch nicht wichtig. Jedenfalls wird er mir gleich wieder einfallen.«

Ich wollte den Dingen eine vernünftige Erklärung geben, aber als ich sie gefunden hatte, fühlte ich mich keineswegs erleichtert, ja, ich hatte das Gefühl, eine Maus sei in mein Kleid geschlüpft und bis dicht an mein Herz gelangt, dem sie nun zärtliche Bisse versetzte, dann, kühner geworden, tiefere. Schließlich biß sie dort zu, wo das Leben pulsiert, und ich verspürte einen heftigen, reißenden Schmerz.

Die Maus floh. Ich sah ganz deutlich, wie sie vor mir am Boden dahinhuschte, lautlos die Straße überquerte und sich unter dem Gehsteig verkroch, von wo aus sie mich anstarrte, ein merkwürdiges Funkeln in den winzigen Pupillen. Obwohl der Schmerz noch immer grauenhaft war und das Tier dort saß, weigerte ich mich, mir das einzugestehen. »Das Wetter schlägt wirklich um«, sagte ich mir. »Dieser Stich, das war eine Vorwarnung. Ich werde einen heißen Rum trinken, sobald ich zu Hause bin.«

Mir wurde kalt, aber mit dem schönsten Gleichmut schaute ich nach oben, hierhin und dorthin, betrachtete diese Gebäude, die wie ausgestorben dalagen, dabei wie von einem unbestimmten Dämmerlicht, einem diffusen Widerschein überrieselt, betrachtete diese Fassaden, in denen sich kein Fenster und keine Tür öffnete, um ein Gesicht oder ein Licht erkennen zu lassen, wo keine Stimmen und kein noch so leises Geräusch von Schritten zu vernehmen war. »Um diese Zeit schlafen in Mailand alle«, fuhr ich fort, mir einzureden. »Es ist eine Arbeiterstadt. Hier gehen alle früh schlafen, um neun.«

Da schlug in der Ferne eine Kirchturmuhr, eine Uhr, ganz bestimmt nicht von dieser Welt, die einzelnen Schläge von einer reinen, ernsten Melodie begleitet: halb sechs.

»Da haben wir's, eine Uhr, die falsch geht«, murmelte ich nach einer Weile.

So kam ich zum Park, und hier bemerkte ich, daß es wirklich schneite, und zwar heftig. Der Schnee fiel wie in einem leuchtenden Wirbel vom Himmel, und wenn man versuchte, ihn ins Auge zu fassen, sah es aus, als stiege er dauernd wieder in die Höhe. Er fiel herab und stieg wieder auf. Wie schön das war! Er berührte die Erde nicht, streifte mit seinen großen, durchsichtigen Flocken nur eben die Äste einiger Bäume und entschwand wieder. Es war wie eine Hand, die sich anschickt, etwas Unerhörtes zu schreiben oder eine Stirn zu streicheln, aber immer wieder zaudert, bebt, zurückweicht. Man empfand ein unbestimmtes und tiefes Verlangen, in diesem Lichtgewand entführt zu werden, sich loszumachen von der schwarzen Erde und zu fliehen, dorthin, wo alles Heiterkeit, Musik und Freude ist. Ach, warum nur war das nicht möglich?

Da war eine Bank, zu der ich hinüberging. Ich setzte mich,

und den Mantelkragen hochgeschlagen und fest ums Gesicht gelegt, verharrte ich still und schaute. In dem unausgesetzten Hin und Her des weißen Wirbels, in dieser großartigen Ruhe, wie wenn ein Teppich aus weißem Samt sich rasch um die ganze Erde wickelte, vernahm ich noch einen fernen, harmonischen Nachhall jener Kirchturmuhr, einen Stundengesang. Viele Dinge stiegen in der Erinnerung auf, aber ohne Hast: ich sah meine Mutter wieder und meinen Vater, die sonnigen Morgen im Garten, ich hörte das gleichmäßige Brausen des Märzwindes über dem Hügel. Dann plötzlich verschwanden all diese Bilder und Lichttöne, und ich sah mich selbst in meinem Hotelzimmer in dieser Stadt, wie ich mich zum Ausgehen bereitmachte und sämtliche Lichter löschte ... Ja, *plötzlich erloschen sämtliche Lichter*, und große Verwirrung erfaßte meinen Geist, und ich verspürte wieder diesen brutalen Schmerz am Herzen. Irgend etwas mußte geschehen sein, da gab es keinen Zweifel.

Ach, was hätte ich darum gegeben, daß mich niemand daran erinnerte, daß alles so bliebe, gestaltlos und ohne Namen. Ich erhob mich von der Bank, und taumelnd, den Blick so gut es ging geradeaus gerichtet, lenkte ich meine Schritte in die Richtung, in der ich den Ausgang vermutete.

Aber da war kein Ausgang mehr, oder wenigstens sah man ihn nicht wegen des Schnees, der gefallen war. Dagegen sah man viele Bäume: mit ihren krummen, schwarzen Wurzeln kamen sie direkt aus dem Boden heraus, und einige von ihnen glichen Menschen, die, von allem befreit, am Ende ihres Lebens angelangt sind und an einer Mauer kauern und weinen. Und auf diese Wesen fiel in einer reinen, vollkommenen Stille weiterhin der Schnee. Ich ging zwischen ihnen umher, und ich hätte geschworen, sie traten bei meinem Vorübergehen stillschweigend beiseite. Noch nie hatte ich gehört, daß es im Park so viele und so sensible Bäume gab. Ihr Anblick fing an, mich zu bedrücken, zu schrecken. Warum litten sie? Mir ging es gut, sehr gut. Nein, das war nichts für mich.

»Das Hotel müßte in dieser Richtung liegen«, sagte ich mir wieder mit lächerlichem Eifer. »Die Fenster werden natürlich dunkel sein, aber die Halle ist erleuchtet und voller Leute. Da sind sie ja, Corrado, Daniele, die schöne Iris und die anderen.«

Ein überdimensionales Schild, in allem genauso wie die, die längs der Autobahnen vorbeihuschen, war an der Spitze eines in die Erde gerammten Pfahls befestigt, und auf diesem Schild sah ich in riesigen Lettern und in leuchtendem Grün diese Worte geschrieben:

»STILLE. VERSCHWUNDEN. RUHE.«

»Verschwunden« war das Wort, das ich länger als die anderen anstarrte. Es zog mich in seinen Bann und weckte einen Widerhall von so tiefen Ahnungen in meinem Herzen, daß wirkliches Entsetzen die Wärme aus meiner Stirne sog und einen Moment lang die Reglosigkeit selbst und ich uns umfangen hielten.

»Also immer noch«, sagte ich da zu mir selbst und riß mich mit einem Seufzer aus diesem Zustand des Grauens los, »stellt man auf den Rasenflächen Schilder auf; als ob nicht erwiesen wäre, daß sie völlig sinnlos sind ...« Und während ich mir dies vorsagte, wanderten meine Augen, verschleiert von völlig grundlosen Tränen, in die Ferne bis zu einem Platz, wo früher ein kleines Denkmal für Cavour gestanden hatte. Das Denkmal war nicht da, dafür aber stand an seiner Stelle ein sehr großer, glitzernder Baum.

Diesmal redete ich mir nichts ein, versuchte nur, die Angst abzuschütteln, die wie ein aufgescheuchter Vogel gegen meine Schädeldecke hämmerte, und bemühte mich, diesen einsamen und riesengroßen Eisbaum, der sich da vor mir in die Höhe reckte, lediglich als einen künstlichen, kindischen Weihnachtsbaum zu betrachten. Aber auf diesen Ästen war nichts als Eis, auch der Stamm war von Eis bedeckt, und in seinem Wipfel leuchtete kein anderes Licht als das von Eis. Hier und da traten aus dem Weiß gewisse scharfe Krallen hervor und schimmerten in dem dunklen Blau des Eises.

Höchste Not – nicht wahrhaben zu müssen, was hier vor

sich ging und was es bedeutete – trieb mich bis unter den Baum, um wie ein ganz normaler Bürger seine winterliche Verwandlung zu bewundern, und so stand ich da, lächelnd und von Kälte und Schmerz zugleich erfüllt, als der Baum sich bewegte und sich unter seiner glitzernden Eiseslast herabneigte zu mir, um meine Stirn zu berühren. Ich wich zurück, und dieses Geschöpf bewegte sich immer noch.

Seine Wurzeln waren aus der Erde herausgetreten wie Pfoten und regten sich sacht im Schneelicht. Sie bewegten sich, um mir zu folgen. Das war natürlich ein Traum, wenn auch ein grauenhafter Traum. Und so beschleunigte ich meine Schritte, sosehr ich konnte, und lenkte sie dorthin, wo ich das Tor vermutete, und wiederholte mir dabei die ewig gleichen, monotonen Geschichten: »Arbeit, in Ordnung; morgen ist Sonntag ... Corrado anrufen ... Schauen wir mal, was sonst noch.« Während ich mir in meinem geschwächten und umnachteten Geist diese Dinge vorsagte, bemerkte ich die Erscheinung aus Eis und Ästen: da, neben mir, schleppte sie sich auf ihren elenden Wurzeln dahin und gab einen so tiefen und modulationsreichen Ton von sich, daß es der Erzählung einer Lebensgeschichte glich und jeden, auch euch, zu Tränen gerührt hätte.

»Aber die knacken wirklich, diese Äste«, sagte ich zu mir selbst, immer noch in dem verzweifelten Bemühen, mir etwas vorzumachen, »aber nie hätte ich gedacht, daß Schnee wie Metall ist. Sicher, dieser Baum ist so leicht geworden, daß der Wind ihn wie ein Blatt fortweht, während er in seinen Ästen ein so verwunschenes Geräusch erzeugt ...«

Indem ich mir dies vorsagte, begann ich zu rennen, auf das Tor zu, dort drüben, ich sah es, das zur Via Boschetti. Ich trat auf die Straße hinaus, und da ich immer noch das Gefühl hatte, dieses übernatürliche Wesen aus Eis sei hinter mir her, blieb ich stehen, denn mein Herz war am Zerspringen. Und sah, daß der Baum nicht mehr da war.

Derart in Sicherheit, verspürte ich den leisen Wunsch, ihn wiederzusehen und noch einmal zu hören, als ob in jenem Licht und in jenem Schmerz das Geheimnis verborgen läge, der Name, die Sache, alles das, was sich meiner Kenntnis entzog und was mein Herz an jenem Abend hatte verrückt werden lassen.

Den Baum sah ich nicht wieder. Dafür aber hier die Porta Venezia, dort den Viale Vittorio Veneto und an der gegenüberliegenden Seite des Parks das Hotel. Vor diesem großen, modernen Gebäude mit achtzehn Stockwerken, in dem mehr als tausend Fenster klafften, blieb ich stehen, und während ich hervorstieß: »Endlich«, mit einer Stimme, die gebrochen war von schmerzlicher Erinnerung und vom Sehnen nach einer Wahrheit, der ich ausgewichen war, der ins Gesicht zu sehen ich mich gefürchtet hatte, geschah etwas Ungewöhnliches.

Vor der Halle, dort, wo ansonsten ein kleiner Liftboy steht und meine Freunde ein und aus gehen, vor der hellerleuchteten und verlassenen Hotelhalle, hockten zwei Distelfinken in menschlicher Größe auf einem schneebedeckten Zweig, der über der Glasfront aus der Mauer herauswuchs, als ob die ganze Wand aus Erde wäre und das Hotel ein vergessener Garten.

Starr, blank und traurig waren ihre kleinen, runden schwarzen Augen, und ein heller Gesang, ich kann nicht sagen, ob süß oder eher matt, kam aus ihren reglosen Schnäbeln, ein Gesang von Zärtlichkeit und Abschied, von der Hoffnung der Wälder und vom Zweifel, von Jubel, bedroht durch Kälte und Nichts. Tot waren diese Vögel mit der feuerroten Stirn und den gelbschwarzen Flügeln, wie sie da hockten auf ihren feinen Krallen aus einem golden schimmernden Stoff, tot, schon kalt unter dem seidigen Gefieder. Ihr Gesang, Erinnerung. Und angesichts ihrer Anmut und ihres Todes begriff ich mit einem Male, warum die Stadt dunkel war, warum mir die Maus ins Herz gebissen hatte, warum der eisbeladene Baum sich von der Erde losgemacht hatte, um mit mir zu gehen und mir Geschichten aus der Vergangenheit vorzusingen. Ich begriff plötzlich, wen ich zum Bahnhof gebracht hatte und wer diese beiden wunderbaren Vogelschatten waren. Ich begriff auch, daß meine Jugend, die ich hinter all dem: »Gut ... was soll denn sein ...

die Rechnungen ... in Ordnung ... morgen ...« zu vergessen suchte, daß meine Jugend und alles das, was auch ihr verloren habt, in dieser Nacht überall war, daß sie zurückgekehrt war; und nun lief sie verschüchtert und seufzend wie ein junges Mädchen über diese dürftige Welt.

Wintermorgen

Die Fee, bei der er einen Wunsch frei hat, gibt es für jeden. Allein nur wenige wissen sich des Wunsches zu entsinnen, den sie taten; nur wenige erkennen darum später im eignen Leben die Erfüllung wieder. Ich weiß den, der mir in Erfüllung ging, und will nicht sagen, daß er klüger gewesen ist als der der Märchenkinder. Er bildete sich in mir mit der Lampe, wenn sie am frühen Wintermorgen um halb sieben sich meinem Bette näherte und den Schatten des Kindermädchens an die Decke warf. Im Ofen wurde Feuer angezündet. Bald sah die Flamme, wie in ein viel zu kleines Schubfach eingepfercht, wo sie vor Kohlen kaum sich rühren konnte, zu mir hin. Und doch war es ein so Gewaltiges, das dort in nächster Nähe, kleiner als ich selbst, sich einzurichten anfing, und zu dem die Magd sich tiefer bücken mußte als zu mir. Wenn es versorgt war, tat sie einen Apfel zum Braten in die Ofenröhre. Bald zeichnete sich das Gatter der Kamintür im roten Flackern auf der Diele ab. Und meiner Müdigkeit kam vor, sie habe an diesem Bilde für den Tag genug. So war es um diese Stunde immer; nur die Stimme des Kindermädchens störte den Vollzug, mit dem der Wintermorgen mich den Dingen in meinem Zimmer anzutrauen pflegte. Noch war die Jalousie nicht hochgezogen, da schob ich schon zum erstenmal den Riegel der Ofentür beiseite, um dem Apfel in seiner Röhre nachzuspüren. Manchmal hatte er sein Aroma noch kaum verändert. Und dann geduldete ich mich, bis ich den schaumigen Duft zu wittern glaubte, der aus einer tieferen und verschwiegeneren Zelle des Wintertages kam als selbst der Duft des Baums am Weihnachtsabend. Da lag die dunkle, warme Frucht, der Apfel, der sich vertraut und doch verändert wie ein guter Bekannter, der verreist war, bei mir einfand. Es war die Reise durch das dunkle Land der Ofenhitze, der er die Arome von allen Dingen abgewonnen hatte, welche der Tag mir in Bereitschaft hielt. Und darum war es auch nicht sonderbar, daß immer, wenn ich an seinen blanken Wangen meine Hände wärmte, ein Zögern mich beschlich, ihn anzubeißen. Ich spürte, daß die flüchtige Kunde, die er in seinem Dufte brachte, allzu leicht mir auf dem Wege über meine Zunge entkommen könne. Jene Kunde, die mich manchmal so beherzte, daß sie mich noch auf dem Marsch zur Schule tröstete. Dort angelangt, kam freilich bei Berührung mit meiner Bank die ganze Müdigkeit, die erst verflogen schien, verzehnfacht wieder. Und mit ihr jener Wunsch: ausschlafen zu können. Ich habe ihn wohl tausendmal getan und später ging er wirklich in Erfüllung. Doch lange dauerte es, bis ich sie darin erkannte, daß noch jedesmal die Hoffnung, die ich auf Stellung und ein sicheres Brot gehegt hatte, umsonst gewesen war.

GÜNTER KUNERT

Winterabend

Der Blick aus einem der Fenster meiner Kindheit richtet sich
hinunter auf die Straße, deren Namen ich noch kenne, auch
wenn er schon lange nicht mehr auf den Schildern an ihren
Ecken steht: Weißenburger. Und die Stunde des Hinaus-
schauens heißt: »Früher Winterabend« – eine Phase bezeich-
nend, scheinbar unendlich länger als der gesamte Tag, zu
dessen Nachmittagsstunde sie sich bereits anzeigt.

Im Zimmer brennt kein Licht, ohne daß ich den Grund
dafür wüßte. Mir ist, ich sei allein in der Wohnung. Die einzige Helligkeit kommt von draußen und sammelt sich drinnen als matter Widerschein an der Decke. Von einer Zim-
merecke her spüre ich die Wärme des Ofens im Rücken. Es
schneit schwere, senkrecht sinkende Flocken, aus denen die
Gaslaterne auf dem Bürgersteig gegenüber einen in sich bewegten Kegel schafft. In ihrem Leuchten, das um den Eisen-
sockel eine weiße Kreisfläche legt, blinken die Flocken auf,
während sie außerhalb des Scheins kaum zu bemerken sind.
Es hat den Anschein, als falle der Schnee aus der Laternen-
kuppel wie aus einer Düse sich verbreiternd zu Boden. Ein
glanzvoller Anblick ohne Anfang und Ende, durch die Ein-
heit von Reglosigkeit und Bewegung hypnotisch wirkend:
die geglückte Übersetzung des Begriffs »Ewigkeit« ins Opti-
sche. Aber sie hält nicht vor. Denn mein Großvater, aus dessen Fenster ich ja sehe, wird in einigen Monaten nach There-
sienstadt deportiert werden, der Durchgangsstation zu den
Gaskammern. Das Haus selber, in dessen zweitem Stockwerk ich mich aufhalte, trifft eine Bombe und fällt in sich zusammen, wie so viele Häuser der Weißenburger Straße.
Auch die Gaslaternen werden verschwinden; nur die Win-
terabende kommen wieder, später, an anderer Stelle, vor
meinen anderen Augen, aber mit dem Schnee von gestern.

ITALO CALVINO

Die Stadt, die sich im Schnee verloren hatte

An diesem Morgen weckte ihn die Stille. Marcovaldo erhob sich von seinem Bett mit dem Gefühl, irgend etwas Sonderbares müsse in der Luft liegen. Er begriff nicht, was das sein könnte, das Licht zwischen den Streben und den Fensterläden schien anders als zu allen sonstigen Tages- und Nachtstunden. Er öffnete das Fenster: Die Stadt war nicht mehr da, an ihrer Stelle lag ein weißes Tuch. Bei genauerem Hinsehen unterschied er mitten in dem Weiß ein paar fast verwischte Linien, die denjenigen des gewohnten Anblicks entsprachen: die Fenster und Dächer und Laternen ringsum, doch alle verborgen unter dem Schnee, der über Nacht gefallen war.

»Schnee!« rief Marcovaldo seiner Frau zu, das heißt, er wollte es rufen, doch seine Stimme klang ganz gedämpft. Wie auf die Linien und Farben und die Aussicht hatte sich der Schnee auch auf alle Geräusche gelegt, ja sogar auf die Fähigkeit, Geräusche zu machen; die Töne vibrierten nicht im abgepolsterten Raum.

Er ging zu Fuß zur Arbeit; die Straßenbahnen fuhren nicht wegen des Schnees. Auf der Straße, wo er sich selbst einen Weg bahnen mußte, fühlte er sich so frei wie noch nie. In der Stadt war jeder Unterschied zwischen Fußweg und Fahrweg verschwunden, alle Verkehrsmittel waren im Schnee steckengeblieben, und Marcovaldo, wenn er auch bei jedem Schritt bis zum Knie einsank und spürte, wie der Schnee ihm in die Strümpfe rutschte, konnte endlich einmal mitten auf der Straße laufen oder die Beete zerstampfen oder sich außerhalb der Begrenzungslinien bewegen oder im Zickzack laufen. Straßen und Alleen öffneten sich unendlich weit wie blendend weiße Schluchten zwischen Bergfelsen. Wer weiß, ob die Stadt unter diesem Mantel überhaupt noch dieselbe war oder ob man sie nachts mit einer anderen vertauscht hatte. Wer weiß, ob unter diesen weißen Hügeln noch die

Tankstellen, die Zeitungskioske, die Straßenbahnhaltestellen waren oder nur noch Säcke und Säcke voll Schnee. Wie Marcovaldo so dahinging, träumte ihm, er habe sich in einer anderen Stadt verirrt: Doch seine Schritte trugen ihn nirgend anderswo hin als zu seinem tagtäglichen Arbeitsplatz, zum vertrauten Lagerraum, und als der Hilfsarbeiter über die Schwelle trat, wunderte er sich sogar, in den stets gleichbleibenden Wänden zu stehen, als hätte die Veränderung, die die Außenwelt ausgelöscht hatte, einzig und allein seine Firma verschont.

Eine Schaufel wartete auf ihn, größer als er selbst. Herr Viligelmo, der Lagerverwalter, reichte sie ihm und sagte: »Schneeräumen vor dem Geschäft ist unsere Aufgabe, folglich die deine.« Marcovaldo ergriff die Schaufel und trollte sich hinaus.

Schneeschaufeln ist kein Kinderspiel, besonders nicht für einen, der kaum etwas im Magen hat, doch Marcovaldo empfand den Schnee als einen Freund, als ein Element, das den gemauerten Käfig zunichte machte, in dem er lebenslänglich eingesperrt war. Und mit viel Schwung machte er sich ans Werk, ließ große Schaufeln voller Schnee mitten auf die Fahrbahn fliegen.

Auch der Arbeitslose Sigismondo war dem Schnee dankbar, denn er hatte sich heute morgen zum Schneeräumen gemeldet und sah nun endlich ein paar Tage gesicherter Arbeit vor sich. Doch dieses Bewußtsein verleitete ihn nicht etwa zu Phantastereien wie Marcovaldo, sondern zu genauen Berechnungen, wieviel Kubikmeter Schnee er zu schaufeln habe, um soundso viele Quadratmeter zu räumen; er hatte es darauf abgesehen, sich beim Vorarbeiter in gutes Licht zu setzen und – geheimer Ehrgeiz – Karriere zu machen.

Sigismondo drehte sich um, und was mußte er sehen? Die soeben geräumte Strecke der Fahrbahn bedeckte sich von neuem mit Schnee unter den unordentlichen Schaufelwürfen eines Burschen, der sich auf dem Bürgersteig abplagte. Fast hätte ihn der Schlag getroffen. Er stürzte auf ihn zu, hielt ihm die Schneeschaufel vor die Brust: »He, du da! Bist du das, der den Schnee dahin geworfen hat?«

»Wie? Was?« Marcovaldo fuhr zusammen, aber er leugnete nicht. »Ja, schon möglich.«

»Also, entweder du holst ihn dir wieder zurück mit deiner Kinderschaufel, oder ich laß ihn dich fressen bis zur letzten Flocke!«

»Aber ich muß doch den Bürgersteig räumen!«

»Und ich die Straße. Also?«

»Wohin soll ich denn damit?«

»Gehörst du zur Stadtreinigung?«

»Nein. Zur Firma Sbav.«

Sigismondo zeigte ihm, wie man den Schnee auf dem Straßenrand anhäuft, und Marcovaldo machte seine Wegstrecke wieder frei. Zufrieden, die Schaufeln in den Schnee gesteckt, betrachteten sie das vollbrachte Werk.

»Hast du eine Kippe?« fragte Sigismondo.

Sie zündeten sich gerade jeder eine halbe Zigarette an, als ein Schneeräumwagen durch die Straße fuhr und große weiße Wellen aufwarf, die seitwärts herunter fielen. Jeder Laut war an diesem Morgen nur ein leises Geräusch: Als die beiden aufsahen, war die ganze Strecke, die sie geräumt hatten, wieder mit Schnee bedeckt. »Was ist denn los? Schneit es schon wieder?« Und sie sahen zum Himmel. Der Lkw mit seinen Rollbürsten bog schon um die Ecke.

Marcovaldo lernte den Schnee zu festen Mäuerchen aufschichten. Wenn er weiter solche Mäuerchen baute, könnte er Wege nur für sich machen, Wege, die an einen Ort führten, den er allein kannte, und in denen sich alle andern verirren würden. Die Stadt neu bauen, Berge aufschichten hoch wie Häuser, die kein Mensch von den richtigen Häusern unterscheiden könnte. Oder vielleicht waren jetzt alle Häuser aus Schnee, innen und außen; eine ganze Stadt aus Schnee, mit Denkmälern und Kirchtürmen und Bäumen, eine Stadt, die man mit der Schaufel abreißen und woanders wieder aufbauen könnte.

Am Rande des Bürgersteigs lag an einer Stelle ein tüchtiger Schneehaufen. Marcovaldo war schon dabei, ihn auf die Höhe seiner Mäuerchen einzuebnen, als er gewahr wurde, daß dies ein Auto war: das Luxusauto des Aufsichtsratsvorsitzenden Alboino, ganz von Schnee bedeckt. In Anbetracht der Tatsache, daß der Unterschied zwischen einem Auto und einem Schneehaufen so gering war, machte sich Marcovaldo daran, mit der Schaufel die Umrisse eines Autos zu modellieren. Es gelang ihm prächtig: Man konnte nicht mehr unterscheiden, welches von beiden das echte war. Um seinem Werk den letzten Schliff zu geben, benutzte Marcovaldo ein paar Stücke Alteisen, die er gefunden hatte: Eine verrostete Büchse kam ihm gerade recht, um die Form eines Scheinwerfers zu modellieren; mit einem halben Wasserhahn bekam die Tür ihren Griff.

Großes Mützenziehen von Portiers, Bediensteten, Laufburschen, und Aufsichtsratsvorsitzender Alboino trat aus der Tür. Kurzsichtig und imposant schritt er entschlossen daher, um rasch seinen Wagen zu besteigen, legte die Hand an den hervorstehenden Wasserhahn, zog an, senkte den Kopf und kroch bis zum Hals in den Schneehaufen.

Marcovaldo war schon um die Ecke gebogen und schaufelte im Hof.

Die Jungen im Hof hatten einen Schneemann gebaut. »Dem fehlt ja noch die Nase!« sagte einer von ihnen. »Was nehmen wir bloß? Eine Mohrrübe!« Und jeder lief in seine Küche, um unter dem Gemüse zu kramen.

Marcovaldo betrachtete den Schneemann. »Ja, unterm Schnee kann man nicht unterscheiden, was Schnee ist und was nur vom Schnee zugedeckt ist. Mit einer Ausnahme: der Mensch, denn jedermann weiß ja, daß ich eben ich bin und nicht so einer da!«

Ganz in seine Überlegungen versunken, achtete er nicht darauf, wie zwei Männer vom Dach herunterriefen: »Hallo! Sie da unten! Gehen Sie mal ein bißchen zur Seite!« Das waren die Männer, die den Schnee von den Dachziegeln herunterschoben. Und plötzlich fiel eine drei Doppelzentner schwere Schneelast auf seinen Kopf.

Die Kinder kamen zurück mit ihrer Ausbeute an Mohrrüben. »He! Da hat jemand noch einen Schneemann gebaut!« Mitten im Hof standen zwei Schneemänner Seite an Seite, glichen einander wie ein Ei dem andern.

»Geben wir allen beiden eine Nase!« Und sie steckten zwei Mohrrüben in die Gesichter der zwei Schneemänner.

Marcovaldo, mehr tot als lebendig, merkte, wie auf ihn durch die Hülle, in der er begraben und eingefroren war, Essen zukam. Und er kaute.

»Meine Güte! Die Mohrrübe ist verschwunden!« Die Kinder waren furchtbar erschrocken.

Der Verwegenste unter ihnen ließ sich nicht aus der Fassung bringen. Er hatte eine Ersatznase: eine Paprikaschote; und er heftete sie dem Schneemann an. Der Schneemann verspeiste auch diese.

Dann versuchten sie, ihm ein Stück Kohle als Nase einzusetzen, ein Stück Holzkohle. Marcovaldo spuckte sie mit voller Kraft aus. »Hilfe! Der ist lebendig! Der ist lebendig!« Die Jungen nahmen Reißaus.

In einer Ecke des Hofs war ein Gatter, aus dem eine Wolke von Wärme drang. Mit schwerem Schneemannschritt stapfte Marcovaldo dorthin. Der Schnee taute ab, lief ihm in Bächen über die Kleidung: Zum Vorschein kam ein Marcovaldo, ganz verschwollen und verschnupft vor Kälte.

Er packte den Spaten, hauptsächlich um sich zu wärmen, und machte sich im Hof an die Arbeit. In ihm steckte ein Nieser, der sich in der Nasenspitze festgesetzt hatte und dort hockte und sich nicht entschließen konnte, herauszukommen. Marcovaldo schaufelte mit halbgeschlossenen Augen, und der Nieser hockte unablässig in seiner Nasenspitze. Auf einmal: »Ha ...«, das war fast wie ein Donner, und das: »... tschi!« tönte lauter als eine explodierende Mine. Durch den Luftdruck wurde Marcovaldo an die Wand geschleudert.

Von wegen Luftdruck: eine Windhose war's, die der Nieser ausgelöst hatte. Aller Schnee im Hof stieg in die Höhe, wirbelte wie im Sturm umher, wurde nach oben gezogen, zerstäubte am Himmel.

Als Marcovaldo aus seiner Betäubung erwachte und die Augen öffnete, war der Hof ganz leer gefegt, kein Flöckchen Schnee lag mehr da. Und vor Marcovaldos Augen zeigte sich der Hof von eh und je, die grauen Wände, die Lagerkisten, die unangenehmen, feindlichen Dinge des Alltags.

Eine tröstliche Geschichte

Charles Despard, der Schriftsteller, betrat ein kleines Café in Paris und erblickte dort einen Freund und Landsmann, der an einem Tisch beim Fenster behaglich zu Abend speiste. Er ließ sich vis-à-vis von ihm nieder, gab einen tiefen Seufzer der Erleichterung von sich und bestellte einen Absinth. Bevor er ihn bekommen und gekostet hatte, sagte er kein Wort, hörte aber einigen belanglosen Bemerkungen seines Tischgenossen aufmerksam zu.

Draußen schneite es. Die Schritte der Passanten waren in der dünnen Schneeschicht auf dem Trottoir unhörbar; die Erde war stumm und tot. Die Luft jedoch war höchst lebendig. In den dunklen Intervallen zwischen den Straßenlaternen machte sich der fallende Schnee den Wandernden in einer mannigfachen, kristallischen, eisigen Berührung an Wimpern und Mund bemerkbar. Doch rings um die hellen Scheiben der Gaslaternen sprang er in Sicht: ein Wirbel kleiner, durchleuchteter Flügel, die hinauf und hinab zu tanzen schienen, ein winziges weißes Weltensystem, wie ein quirlender, lautloser, toller Bienenkorb. Die Kathedrale von Notre-Dame ragte groß und grimmig, wie ein gewaltiger Fels, schräg und grenzenlos in die blinde Nacht hinein.

Charlie hatte jüngst mit einem neuen Buch einen großen Erfolg gehabt und verdiente viel Geld. Er verstand sich aber nicht darauf, es auszugeben, denn er war sein Leben lang arm gewesen und hatte keine kostspieligen Neigungen oder Wünsche, und wenn er anderen Menschen zusah, um von ihnen zu lernen, welche Mittel und Wege sie fanden, ihre Einnahmen wieder loszuwerden, dann kamen ihm die meisten davon töricht und abgeschmackt vor. So vertraute er seinen Reichtum den Händen der Bankmenschen an, den Leuten also, die unerklärlicherweise erpicht darauf waren, und sich mit dieser Seite der Existenz auskannten, und war für gewöhnlich knapp an Bargeld. Um diese Zeit war seine Frau zu ihrer Familie zurückgegangen, und er hatte keinen festen Wohnsitz mehr, sondern lebte auf Reisen. Er fühlte sich an den meisten Orten zu Hause, hatte aber in seinem Herzen ein stetes, leichtes Heimweh nach London und nach seinem alten Leben dort.

Er war nun schweigsam und scheute menschliche Gesellschaft, jener besonderen Trauer unterworfen, die in dem alten Wort ausgedrückt wird: *Omne animal post coitum triste.* Denn für Charlie waren Schreiben und Lieben eng miteinander verwandt. Es geschah ihm manchmal, daß er eine Melodie hörte oder einen Duft roch und zu sich selber sagte: »Ich habe diese Melodie schon einmal gehört oder diesen Duft schon einmal gerochen, zu einer Zeit, da ich entweder liebte oder an einem Buch arbeitete. Ich kann mich nicht besinnen, welches. Aber ich erinnere mich, daß ich damals, auf dem Gipfel meiner Lebenskraft, mein Wesen in Harmonie und Entzücken verströmte und daß alles, auf seltene und selige Weise, an seinem richtigen Platz zu sein schien.« So saß er nun an seinem Tisch wie ein Mann, dessen Liebesaffäre soeben ein Ende genommen hat, fröstelnd und erschöpft, mit einem starken Empfinden der Leere und Vergeblichkeit aller menschlichen Ambitionen. Dennoch war er erfreut, seinen Freund getroffen zu haben, mit dem er sich stets gut verstand.

Charlie war ein kleiner, schlanker Mann und sah für seine Jahre sehr jung aus, sein Gegenüber jedoch war noch kleiner als er und von unbestimmbarem Alter, wenn der Dichter auch wußte, daß er zehn oder fünfzehn Jahre älter war als er selbst. Er war so zierlich gestaltet, mit zarten Händen, Füßen und Ohren, mit fein geschnittenen Gesichtszügen, einem edlen kleinen Mund, frischem Teint und wohlklingender Stimme, daß er sich als Miniaturmodell der menschlichen Gestalt für ein Museum geeignet hätte. Seine Kleider waren gut geschnitten und korrekt; sein Zylinder lag auf dem Garderobenbord hinter ihm, über seinem Mantel und seinem Schirm.

Sein Name war Aeneas Snell, so nannte er sich jedenfalls, denn trotz seines leichten und heiteren Wesens waren seine

Herkunft und sein vergangenes Leben selbst seinen Freunden dunkel. Es hieß, er sei einmal Geistlicher gewesen und in einem frühen Stadium dieser Laufbahn aus der Kirche ausgestoßen worden. Später im Leben war er dann Arzt für Hautkrankheiten geworden und hatte in diesem Beruf Erfolg gehabt. Er war in Europa, Afrika und Asien weit gereist und kannte viele Städte und Menschen. Keine großen Ereignisse, weder glückliche noch traurige, schienen ihm je persönlich widerfahren zu sein, es war jedoch sein Schicksal gewesen, daß dort, wo er war, sich merkwürdige Geschehnisse zutrugen, Dramen und Katastrophen. Er hatte die Pest in Ägypten miterlebt und während des Aufstandes im Dienst eines indischen Fürsten gestanden, und er war zu der Zeit Sekretär des Herzogs von Choiseul de Praslin, als dieser Edelmann seine Gemahlin ermordete. Gegenwärtig war er Bevollmächtigter eines großen Parvenüs in Paris. Seine Freunde wunderten sich zuweilen darüber, daß ein Mann von solchen Talenten und solcher Erfahrung sein Leben lang sich damit zufriedengeben sollte, im Dienste anderer Leute zu stehen. Aeneas erklärte es ihnen jedoch, indem er auf das Phlegma oder die Passivität seines Naturells hinwies. Er könne, sagte er, aus eigenem Antrieb keinen Grund finden, weswegen etwas so unbedingt getan werden müsse, daß er es täte, die Tatsache jedoch, daß ihn jemand darum bitte oder es ihm befehle, sei für ihn ein hinreichender Grund, die Sache zu besorgen. Er hatte Erfolg als Bevollmächtigter und besaß seines Prinzipals volles Vertrauen in allen Dingen. Etwas in seiner Haltung und seinem Auftreten brachte zum Ausdruck, daß er mit der Übernahme seiner Aufgabe sowohl sich selbst als auch seinem Arbeitgeber eine Ehre erwies, und dieser Zug fand bei dem reichen französischen Ehrenmann großen Anklang. Er war ein angenehmer Gefährte, ein aufmerksamer, geduldiger Zuhörer und ein glänzender Erzähler; in seinen Geschichten ließ er die eigene Person nie die Hauptrolle spielen, schilderte aber selbst die wundersamsten Geschichten so, als hätten sie sich vor seinen Augen ereignet, was wohl auch oft der Fall gewesen sein mochte.

Als Charlie seinen Absinth getrunken hatte, wurde er mitteilsam; er stützte den Arm auf den Tisch und das Kinn in die Hand und sagte langsam und schwer: »Du sollst lieben deine Kunst von ganzem Herzen, von ganzer Seele und von ganzem Gemüt. Und du sollst dein Publikum lieben wie dich selbst.« Und nach einer Weile fügte er hinzu: »Alle menschlichen Beziehungen haben etwas Gräßliches und Grausames an sich. Die Beziehung des Künstlers zu seinem Publikum jedoch gehört unter die gräßlichsten. Ja, sie ist so furchtbar wie die Ehe.« Hierbei warf er Aeneas einen tiefen, bitteren und gequälten Blick zu, als sehe er in ihm sein fleischgewordenes Publikum.

»Denn«, fuhr er fort, »wir sind, der Künstler und das Publikum, und zwar sehr gegen unseren eigenen Willen, voneinander abhängig, was unsere Existenz an sich betrifft.« Hier feuerten Charlies Augen, finster vor Schmerz, wieder eine tödliche Anklage auf seinen Freund ab. Aeneas spürte, daß sich der Dichter in einer derart gefährlichen Gemütsverfassung befand, daß alles andere als eine banale Bemerkung ihn wohl vollends aus dem Gleichgewicht werfen würde. »Wenn es so ist«, sagte er, »hat dir dann nicht dein Publikum ein angenehmes Dasein verschafft?« Doch selbst diese Worte brachten Charlie derart durcheinander, daß er lange Zeit stumm dasaß. »Mein Gott«, sagte er schließlich, »denkst du denn, daß ich von meinem täglichen Brot redete – von diesem Glas hier, oder von meinem Rock und meiner Krawatte? Um Christi Barmherzigkeit willen, versuche doch zu verstehen, was ich sage! Nein, wir bedürfen, jeder von uns, der Zustimmung oder der Mitarbeit des anderen, um überhaupt existent zu werden. Wo es kein Kunstwerk zum Anschauen gibt oder zum Anhören, da kann es auch kein Publikum geben; das müßte doch eigentlich sogar dir klar sein. Und was nun dieses Kunstwerk selbst angeht, sage mir, existiert ein Gemälde, das niemand anschaut? – existiert ein Buch, das nie gelesen wird? Nein, Aeneas, sie müssen betrachtet werden, sie müssen gelesen werden. Und nur durch diesen Akt des Betrachtetwerdens, des Gelesenwerdens, erschaffen sie jenes fürchterliche Wesen, den Betrachter, den Leser, der bei genügender Vervielfachung – und wie wünschen wir ihn vervielfacht, elende Kreaturen, die wir sind – das Publikum wird. Und so sind wir denn, wie du wohl einsiehst, ihm auf Gnad und Barmherzigkeit ausgeliefert.« »In diesem Falle«, sagte Aeneas, »solltet ihr einander ein bißchen Barmherzigkeit erweisen.« »Barmherzigkeit? Wovon redest du eigentlich?« sagte Charlie und versank in tiefes Nachdenken. Nach einer langen Pause sagte er, sehr langsam: »Wir können einander keine Barmherzigkeit erweisen. Das Publikum kann gegen einen Künstler nicht barmherzig sein; wenn es barmherzig wäre, wäre es nicht das Publikum. Wenigstens dafür sei Gott gedankt! Und ebensowenig kann der Künstler gegen sein Publikum barmherzig sein, oder es ist zumindest bis jetzt noch nie versucht worden.«

»Nein«, sagte er, »ich werde dir erklären, wie es mit uns steht. Alle Kunstwerke sind schön und vollkommen. Und alle sind sie, zugleich, häßlich, lächerlich, völlig mißraten. In dem Augenblick, da ich ein Buch beginne, ist es immer wunderschön. Ich sehe es an, und siehe, es ist sehr gut. Während ich an seinem ersten Kapitel schreibe, ist es so wunderbar, ausgewogen, herrscht ein solch süßes Übereinstimmen zwischen den einzelnen Teilen, daß seine Gesamtheit zu einem Wunder an Harmonie wird, und für gewöhnlich ist zu diesem Zeitpunkt das letzte Kapitel des Buches das beste von allen. Aber zugleich wird es, vom Augenblick des Anfangs an, von einem schrecklichen Schatten verfolgt, von einer abscheulichen, widerwärtigen Mißgestalt, die ihm dennoch gleicht und bisweilen – ja, häufig sogar – den Platz mit ihm tauscht, so daß ich mein eigenes Werk nicht mehr erkenne, sondern vor ihm zurückpralle, wie die Bauersfrau vor dem Wechselbalg in ihrer Wiege, und mich bekreuzige bei dem Gedanken, daß ich dies jemals für mein eigen Fleisch und Blut hatte halten können. Ja, in Kürze und Wahrheit: Jedes Kunstwerk ist zugleich sein eigenes Ideal und sein eigenes Zerrbild, die Karikatur seiner selbst. Und das Publikum hat die Macht, im guten wie im bösen, es zum einen oder zum anderen zu machen. Wenn das Herz des Publikums von diesem Kunstwerk so bewegt und erschüttert wird, daß es mit Tränen der Zerknirschung und des Stolzes ihm als einem Meisterwerk zujauchzt, dann wird es zu jenem Meisterwerk, das ich zuerst darin sah. Und wenn das Publikum es als abgeschmackt und wertlos schmäht, dann wird es wertlos. Doch wenn das Publikum mein Werk erst gar nicht ansieht – *voilà*, wie man in dieser Stadt sagt, dann existiert es nicht. Vergeblich werde ich ihm dann zurufen: ›Siehst du denn dort nichts?‹ Es wird mir, ganz zu Recht, antworten: ›Nicht das geringste, obwohl ich alles sehe, was da ist.‹ Aeneas, wenn der Fall zwischen dem Künstler und seinem Publikum so steht, dann ist es nicht gut zu malen oder Bücher zu schreiben.«

»Aber glaube nur nicht«, sagte er nach einiger Zeit, »daß ich kein Erbarmen mit dem Publikum hätte oder mir meiner Schuld ihm gegenüber nicht bewußt wäre. Ich habe Erbarmen mit ihm, und die Schuld bedrückt mir das Herz. Ich habe das Buch Hiob lesen müssen, um die Kraft zu bekommen, meine Verantwortung überhaupt tragen zu können.« »Siehst du dich an Hiobs Stelle, Charlie?« fragte Aeneas. »Nein«, sagte Charlie feierlich und stolz, »an der Stelle des Herrn.«

»Ich habe mich gegen meinen Leser verhalten«, fuhr er langsam fort, »wie sich der Herr gegen Hiob verhält. Ich weiß, niemand weiß besser als ich, wie sehr der Herr den Hiob als Publikum braucht und ohne ihn nicht sein kann. Ja, es ist sogar zweifelhaft, ob nicht der Herr mehr von Hiob abhängig sei als Hiob vom Herrn. Ich habe mit Satan um die Seele meines Lesers gewettet. Ich habe seinen Weg verzäunt und Angst und Schrecken auf ihn gehetzt, gemacht, daß er auf dem Winde fährt und kräftig zerschmolzen wird, und als er des Lichtes harrte, kam Finsternis über ihn. Und Hiob will so wenig das Publikum des Herrn sein, wie mein Publikum das meine sein will.« Charlie seufzte und sah in sein Glas hinein, dann hob er es an seine Lippen und leerte es.

»Aber«, sagte er, »zuletzt werden die beiden versöhnt; es tut gut, das zu lesen. Denn im Wirbelwind führt der Herr die Verteidigung des Künstlers, und nur die des Künstlers. Er macht die moralischen Skrupel und die moralischen Leiden seines Publikums zunichte; er versucht nicht, seinen Auftritt durch die Darlegung, was Recht und Unrecht sei, zu begründen. ›Solltest du mein Urteil zunichte machen?‹ fragt der

Herr. ›Weißt du des Himmels Ordnungen? Bist du in den Grund des Meeres gekommen und in den Fußtapfen der Tiefe gewandelt? Kannst du deine Stimme zu der Wolke erheben? Kannst du die Bande der Sieben Sterne zusammenbinden?‹ Ja, er spricht über die Schrecken und Greuel des Lebens und fragt sein Publikum so obenhin, ob es wohl mit ihnen spielen wolle, wie mit einem Vogel, und ob sie ihre Kinder das gleiche tun lassen wollten. Und Hiob ist fürwahr das ideale Publikum. Wer unter uns wird je wieder ein solches Publikum finden? Vor solchen Argumenten neigt er sein Haupt und nimmt seine Anklage zurück; er sieht ein, daß er in den Händen des Künstlers besser aufgehoben ist, und sicherer, als in denen irgendeiner anderen Macht auf Erden, und er gibt zu, daß er sich über Dinge geäußert hat, die er nicht verstand.« Charlie machte eine Pause. »Der Herr hat es so auch einmal mit mir gemacht«, sagte er schwer, seufzte und fuhr fort: »Ich habe das Buch Hiob viele Male gelesen«, und schloß dann, »des Nachts, wenn ich nicht schlafen konnte. Und ich habe schlecht geschlafen in diesen letzten Monaten.« Er saß stumm da, verloren in Erinnerung.

»Aber dennoch frage ich mich«, sagte er nach einer langen Pause, »was wohl der Sinn des Ganzen ist. Weshalb können wir die Malerei und die Schreiberei nicht einfach aufgeben und das Publikum in Frieden lassen? Was tun wir ihm letzten Endes Gutes an? Was nutzt, letzten Endes, die Kunst dem Menschen? Es ist alles ganz eitel, ganz eitel!«

Aeneas hatte inzwischen sein Mahl beendet und trank jetzt geruhsam seinen Kaffee. »Monsieur Kohl, mein Prinzipal«, sagte er, »beschäftigt sich als Dilettant mit Bildern und möchte in seinem Stadtpalais unbedingt eine Galerie einrichten. Da er aber von Malerei nichts versteht und keine Muße hat, etwas darüber zu lernen, quälte und beunruhigte ihn früher die Auswahl seiner Bilder. Nun habe ich, in seinem Auftrag, die Runde unter den Künstlern gemacht, und habe jeden von ihnen gebeten, mir dasjenige seiner Bilder zu verkaufen, das er unter allen, die er je gemalt hat, persönlich für sein bestes hält. Unsere Sammlung wächst, und sie wird etwas Großartiges werden.«

»Er irrt sich«, sagte Charlie düster. »Der Künstler selbst kann nicht sagen, welches sein bestes Werk ist. Selbst wenn deine Künstler ehrliche Leute wären und wenn dir nicht das Bild angedreht wurde, das sie niemandem sonst verkaufen können – wie du es wahrlich verdientest –, können sie es nicht beurteilen.« »Nein, sie können es nicht beurteilen«, sagte Aeneas. »Doch eine Sammlung von Bildern, von denen jedes einzelne von seinem Maler als das beste ausgesucht wurde, das er je gemalt hat, wird mit der Zeit wohl die Neugier des Publikums kitzeln und bei einem Verkauf einen guten Preis erzielen.«

»Dann spielst du also«, sagte Charlie bitter, »den Laufburschen für einen reichen Dilettanten und rennst von einem Künstler zum anderen. Aber du selbst hast nie, aus eigenem Antrieb, ein Bild gemalt oder eines gekauft. Wenn du dereinst diese schöne Welt verlassen wirst, dann könntest du ebensogut überhaupt nie gelebt haben.« Aeneas nickte. »Wozu nickst du jetzt?« fragte Charlie. »Zu dem, was du sagst«, sagte Aeneas. »Ich könnte ebensogut überhaupt nie gelebt haben.«

Charlie hatte sich jetzt seiner Unruhe und seines Mißmuts entledigt, die ihn besessen hatten, als er ins Café gekommen war, und er spürte, daß es angenehmer ward zuzuhören, als weiterzureden. Er entdeckte auch, daß er hungrig war, und bestellte das Abendessen. Als er mit der Suppe fertig war, lehnte er sich auf seinem Stuhl zurück, blickte sich in dem Raum um, als sähe er ihn zum ersten Mal, und sagte mit leiser und matter Stimme, der eines Genesenden gleich, zu Aeneas: »Kannst du mir denn nicht einmal eine Geschichte erzählen?«

Aeneas rührte in seinem Kaffee und löffelte den Zucker herauf, der sich am Boden der Tasse gesammelt hatte. Er führte die Serviette an seinen kleinen Mund, faltete sie zusammen und legte sie auf den Tisch. »Ja, ich kann dir eine Geschichte erzählen«, sagte er. Er saß eine Weile still da, sein Gedächtnis durchstöbernd. Während dieser Zeit ging, obwohl er sich so still verhielt, eine Verwandlung mit ihm vor; der korrekte Bevollmächtigte verblaßte und statt seiner saß auf seinem Stuhl eine abgründige und gefährliche kleine Gestalt, gesammelt, gewappnet und erbarmungslos – der Geschichtenerzähler aller Zeiten. »Ja«, sagte er schließlich und lächelte, »ich kann dir eine tröstliche Geschichte erzählen«, und mit einer sanften und melodischen Stimme hob er an:

»Als ich ein junger Mann war, stand ich im Dienste einer angesehenen Firma in London, die mit Teppichen handelte, und wurde von ihr ausersehen, nach Persien zu reisen, um dort alte Teppiche aufzukaufen. Durch die Fügungen des Schicksals jedoch wurde ich auf die Dauer von zwei Jahren, während einer Zeit politischer Unruhen und Intrigen, als Engländer und Russen miteinander um größeren Einfluß am persischen Hofe wetteiferten, Leibarzt des Herrschers über Persien, Mohammed Schah, einem höchst verdienstvollen Fürsten. Er litt schreckliche Schmerzen durch die Wundrose, eine Krankheit, gegen die ich so glücklich gewesen war, eine Heilmethode zu finden. Der jetzige Schah, Nasrud-Din Mirza, war damals Thronerbe.

Nasrud-Din war ein lebhafter junger Prinz, versessen auf Fortschritt und Reform, und von eigenwilligem und phantasievollem Temperament. Er war begierig, die Umstände und Lebensbedingungen seiner Untertanen kennenzulernen, vom höchsten bis zum geringsten, und gönnte im Verfolgen dieser Absicht weder sich selbst noch seiner Umgebung Ruhe. Er hatte die Geschichten aus Tausendundeiner Nacht gründlich gelesen und nach dieser Lektüre Geschmack an der Rolle des Kalifen Harun-al-Raschid von Bagdad gefunden. So wanderte er nun oft, in Nachahmung dieses klassischen Mimen, ganz allein und in der Verkleidung eines Bettlers, eines Hausierers oder Gauklers, durch seine Stadt Teheran und besuchte deren Marktplätze und Schänken. Dort hörte er den Gesprächen der Taglöhner, Wasserträger und Huren zu, um von ihnen ihre wahre Meinung über die Amtsinhaber und Würdenträger zu erfahren und über den Zustand der Rechtspflege in seinem Reiche.

Diese Laune des Prinzen versetzte seine alten Wesire in Bestürzung und große Aufregung. Denn sie hielten es für einen unhaltbaren und widersinnigen Zustand, daß ein Prinz derart *au fait* mit dem Treiben und den Gefühlen seines Volkes sein sollte, und für einen Zustand, der das gesamte althergebrachte Regierungssystem des Landes durcheinanderzubringen drohte. Sie hielten ihm die Gefahren vor Augen, denen er sich aussetzte, und das Unrecht, das er mit seiner Waghalsigkeit dem persischen Reiche antat, das auf diese Weise, ohne Not, den traurigsten Verlust erleiden konnte. Doch je mehr sie redeten, desto versessener wurde Nasrud-Din auf seine Liebhaberei. Die Wesire mußten zu anderen Mitteln Zuflucht nehmen. Sie trugen Sorge dafür, daß ihm auf allen seinen Wegen heimlich bewaffnete Wächter folgten; sie bestachen auch seine Diener und Pagen, um zu erfahren, welche Verkleidung er anlegen und in welchen Stadtteil er seine Schritte lenken würde, und oft war dann der Bettler oder die Hure, mit denen der Prinz sich in ein Gespräch einließ, von den klugen alten Männern vorher unterwiesen worden. Hiervon ahnte Nasrud-Din nichts, und die Räte fürchteten seinen Zorn, sollte er es je herausfinden, so daß sie selbst untereinander über ihre Listen schwiegen.

Nun begab es sich zu der Zeit, da ich am Hofe war, daß der alte Großwesir Mirza Aghai eines Tages beim Prinzen um Audienz ersuchte und ihm, in feierlichem Ernste, eine Neuigkeit von seltsamer und finsterer Natur eröffnete.

Es gebe, sagte er, in der Stadt Teheran einen Mann, der von Gesicht, Gestalt und Stimme dem Prinzen Nasrud-Din so ähnlich sei, daß die Königin, seine Mutter, kaum den einen vom anderen unterscheiden könne. Ferner ahme der Fremde in seinem ganzen Gebaren das Verhalten und die Gewohnheiten des Prinzen auf das Genaueste nach. Dieser Mann ziehe seit einigen Monaten durch die ärmsten Viertel der Stadt, in der Verkleidung eines Bettlers, ähnlich jener, die der Prinz zu tragen pflege, lasse sich bei den Toren oder an der Stadtmauer nieder, frage dort das Volk aus und halte ihm Reden. Beweise das nicht, fragte der alte Wesir, wie gefährlich die Kurzweil des Prinzen sei? Denn was könne wohl dahinterstecken? Der Schwindler sei entweder ein Werkzeug in den Händen der Feinde des Schahs, von ihnen eingesetzt, unter der Bevölkerung Unzufriedenheit und Aufruhr zu säen, oder er sei ein Betrüger von unerhörter Verwegenheit, der seine eigenen finsteren Ränke schmiede und womöglich den schrecklichen Plan hege, den Thronerben zu beseitigen und sich dann selbst vor dem Volke als der Prinz auszugeben. Der alte Mann hatte in Gedanken alle Feinde des Königshauses an sich vorüberziehen lassen. Dabei hatte sich vor ihm der Schatten eines mächtigen Fürsten erhoben, eines Vetters des Schahs, der während eines Aufstandes vor zwanzig Jahren enthauptet worden war, und es war ihm eingefallen, daß ihm damals Gerüchte zu Ohren gekommen waren, wonach dem Empörer ein postumer Sohn geboren worden sei. Dieser Jüngling, meinte Mirza Aghai, könne nur zu gut danach trachten, seinen Vater zu rächen und sein Fürstentum zurückzugewinnen. Er flehte seinen jungen Gebieter an, seinen Streifzügen bis zu dem Zeitpunkt zu entsagen, da der Intrigant ergriffen und bestraft worden sei.

Nasrud-Din hörte den Vorschlag seines Großwesirs an und spielte indes mit den seidenen Troddeln seiner Säbelquaste. Was, fragte er, erzähle dieser seltsame Verschwörer, sein Ebenbild, dem Volke denn, und welchen Eindruck habe er auf die Leute gemacht? ›Mein Gebieter‹, sagte Mirza Aghai, ›was genau er dem Volke gesagt hat, kann ich nicht berichten, zum einen, weil seine Rede so tief und doppeldeutig zu sein scheint, daß jene, die sie gehört haben, sich nicht daran erinnern können, und zum anderen, weil er eigentlich nicht viel sagt. Der Eindruck aber, den er gemacht hat, ist fürwahr gewaltig. Denn er gibt sich nicht damit zufrieden, ihr Los zu erkunden, sondern hat es sich zur Aufgabe gemacht, dieses mit ihnen zu teilen. Man weiß, daß er in Winternächten an der Stadtmauer geschlafen hat, daß er von den Brosamen gelebt hat, die sich die Ärmsten der Armen für ihn vom Munde absparten, und daß er, wenn sie gar nichts mehr zu geben hatten, einen ganzen Tag lang gefastet hat. Er sucht die billigsten Huren der Stadt auf, um die Armen von seinem Mitleiden und seiner Nächstenliebe zu überzeugen. Ja, um sich bei den geringsten deiner Untertanen in Teheran einzuschmeicheln, hält er es, mit Verlaub gesagt, mit einem

Mädchen, das in der Schänke eines Marktplatzes Vorstellungen mit einem Esel gibt. Und dies alles, mein Prinz, in deiner Gestalt!‹

Der Prinz war ein fröhlicher und furchtloser junger Mann; es belustigte ihn, die alten, vorsichtigen Räte seines Vaters zu ängstigen, und Mirza Aghais Erzählung verhieß ihm ein außergewöhnliches Abenteuer. Als er die Sache überdacht hatte, sagte er dem Großwesir, daß er die Gelegenheit, seinem *Doppelgänger* zu begegnen, nicht vorübergehen lassen wolle. Er werde ihn aufsuchen, um mit ihm zu sprechen, und um herauszufinden, was es mit ihm auf sich habe. Er verbot den alten Männern, sich in seinen Plan einzumischen, und traf dieses Mal solche Vorkehrungen, daß es ihnen unmöglich war, ihm nachzuspionieren oder ihm zu folgen. Vergeblich beschwor ihn Mirza Aghai, von einem derart gefährlichen Unternehmen abzusehen. Das einzige Zugeständnis, das er ihm schließlich abrang, war das Versprechen, daß er wohlbewaffnet gehen werde und daß er einen Begleiter mitnehmen werde, dem er trauen konnte.

Ich hatte gerade damals häufig Umgang mit dem jungen Prinzen. Denn Prinz Nasrud-Din hatte auf seinem linken Backenknochen ein Muttermal von der Größe einer Kirsche. Es war an sich schon leicht entstellend, und natürlich war es ihm hinderlich, wenn er inkognito auf seine Streifzüge gehen wollte. Deshalb bat er mich, nachdem er gesehen hatte, wie ich seinen Vater, den Schah, heilte, ihn von seinem Naevus zu befreien. Die Behandlung war langwierig; ich hatte also Zeit, den Prinzen mit Geschichten zu unterhalten, die er liebte, und ich verfügte, der Natur der Dinge nach, über einen ganzen Sack voller Erzählungen, die unserer klassischen westlichen Kultur angehören, ihm aber neu waren.

Der Prinz fürchtete auch, fett zu werden, weswegen er zuweilen sehr wenig aß. Seine Mutter, die Königin, die meinte, nie habe er niedlicher ausgesehen als zu der Zeit, da er noch seinen Kinderspeck hatte, gab sich große Mühe, Hoflieferanten und Leibköche alle erdenklichen Leckereien herbeischaffen und zubereiten zu lassen, um ihrem Sohne Appetit zu machen. Nun bemerkte sie, daß meine Geschichten den Prinzen an der Tafel festhielten, und sie bat mich huldreich, ihm beim Essen Gesellschaft zu leisten. Ich erzählte dem Prinzen so viel aus der *Divina Commedia* wie ich noch wußte und aus einigen von Shakespeares Tragödien, ebenso die ganzen »Geheimnisse von Paris« von Eugene Sue, die ich gerade vor meiner Abreise aus Europa gelesen hatte. Durch unsere Gespräche über solche Kunstwerke gewann ich sein Vertrauen, und als er dann einen Gefährten für seine geheimen Expeditionen auszusuchen hatte, bat er mich, ihn zu begleiten.

Er fand Vergnügen daran, mich als einen persischen Bettler ausstaffieren zu lassen, mit einem weiten Mantel und Pantoffeln und mit einer Augenklappe. Jeder von uns trug einen Dolch im Gürtel und eine Pistole in der Brusttasche; der Prinz machte mir diesen Dolch, der einen silbernen, mit Türkisen besetzten Griff hatte, dann zum Geschenk. Der alte Wesir Mirza Aghai suchte mich auf und versicherte mich seiner Dankbarkeit und eines ständigen und einträglichen Amtes bei Hofe, sollte es mir am Ende gelingen, Nasrud-Din von seiner gefährlichen Liebhaberei abzubringen. Ich traute mir jedoch nicht die Macht zu, den Sinn eines Prinzen zu wandeln, und ich verspürte auch nicht den Wunsch dazu.

So streiften wir denn an einigen Abenden zu Frühlingsbeginn durch die Straßen und die Armenviertel von Teheran. Auf den Terrassen der königlichen Gärten standen die Pfirsichbäume schon in Blüte, und im Grase blühten Krokus und Jonquillen. Die Luft jedoch war schneidend kalt und der Nachtfrost nicht fern.

In der Stadt Teheran sind um diese Jahreszeit die Abende wunderbar blau. Die uralten grauen Mauern, die Platanen und Olivenbäume in den Gärten, die Menschen in ihren eintönigen Gewändern und die langen, langsam schreitenden Reihen schwerbeladener Kamele, die durch das Tor heimkommen – alles scheint in einem zarten Schleier von Azur zu schweben.

Der Prinz und ich besuchten die merkwürdigsten Orte und machten die Bekanntschaft von Tänzerinnen, Dieben, Kupplern und Wahrsagern.

Wir führten verschiedentlich lange Diskussionen miteinander über Religion und Liebe, und oftmals lachten wir auch zusammen von Herzen, denn wir waren beide jung. Doch den Mann, dem wir auf der Spur waren, fanden wir eine ganze Weile nicht; und wir hörten auch nirgendwo viel von ihm. Immerhin brachten wir den Namen in Erfahrung, den er führte, es war derselbe, den der Prinz als Bettler benutzt hatte. Und schließlich wurden wir eines Abends von einem kleinen Jungen zu einem Marktplatz geführt, in der Nähe des ältesten Stadttores, wo, wie uns gesagt wurde, der Gesuchte zu dieser Stunde sich niederzulassen pflege. Am Brunnen des Platzes blieb der barfüßige Junge stehen und zeigte auf eine kleine Gestalt, die in einiger Entfernung auf der Erde saß. Er warf uns einen klaren, festen Blick zu, sagte: »Weiter gehe ich nicht«, und rannte davon.

Wir blieben einen Augenblick stehen und faßten nach unseren Dolchen und Pistolen. Es war ein armseliger und abstoßender Platz; enge Gassen führten auf ihn zu; die Häuser waren erbärmlich und verfallen; die Luft war erfüllt von ekelerregenden Dünsten, die Erde rissig und voller Staub. Die zerlumpten Bewohner der Gassen waren von der Arbeit heimgekehrt und pflegten in dieser letzten hellen Stunde des Müßiggangs und schwatzten im Freien oder schöpften Wasser am Brunnen. Einige wenige von ihnen kauften Wein an einer offenen Schankbude, und wir folgten ihrem Beispiel, wobei wir den billigsten verlangten, den der Wirt feilbot, denn heute abend waren wir ja Bettler. Während wir tranken, behielten wir den Mann auf der Erde im Auge.

Aus einer Mauerspalte wuchs ein alter, verkrüppelter Feigenbaum, und unter diesem saß er. Keine Menschenmenge scharte sich um ihn, wie wir es auf die Auskünfte hin erwartet hatten. Doch während ich ihn beobachtete, sah ich, daß die Vorbeikommenden ihren Schritt verlangsamten, wenn sie an ihm vorübergingen. Der eine oder andere von ihnen blieb stehen und wechselte ein paar Worte mit ihm, bevor er wieder weiterging; und jeder von ihnen schien das Gesicht halb von dem Bettler abzuwenden und sich in seiner Nähe voll Verehrung und Scheu zu verhalten. Wie ich allmählich das ganze Bild vor mir aufnahm, empfand ich es in gewisser

Weise als ungewöhnlich und ergreifend. Dieser Marktplatz war so elend und jämmerlich wie nur irgendeiner, über den ich in dieser Stadt gekommen war, doch lag in seiner Atmosphäre eine Würde und eine Stille, die Hoffnung und Zuversicht zu verheißen schien. Die Kinder spielten ohne Streit und Geschrei miteinander, die Frauen schwatzten und lachten leise und fröhlich, und die Wasserschöpfenden warteten geduldig, bis sie an die Reihe kamen.

Der Schankwirt unterhielt sich mit einem Eselstreiber, der ihm zwei große Körbe mit frischen Bohnen, Kohl und Salat gebracht hatte. Der Eselstreiber sagte: ›Was meinst du wohl, was sie heute abend im Palast speisen werden?‹ ›Was die speisen?‹ sagte der Wirt. ›Das läßt sich nicht leicht sagen. Vielleicht gibt es einen Pfauen, mit Oliven gefüllt. Oder sie essen Karpfenzungen, in Rotwein gesotten. Oder sie verleiben sich ein fettes, in Zimt gedünstetes Schaf ein.‹ ›Bei Gott, ja‹, sagte der Eselstreiber. Wir lächelten ob der Beschreibung dieser außerordentlichen Gerichte, die für die Armen offensichtlich Köstlichkeiten darstellten. Prinz Nasrud-Din zahlte den Wein, zog die Kapuze seines Bettlermantels über den Kopf, ging ohne ein Wort hinüber und setzte sich ein Stückchen von dem Fremden entfernt auf die Erde. Ich setzte mich neben diesen, dicht an die Mauer.

Der Mann, den wir so lange gesucht hatten und über den wir soviel miteinander geredet hatten, war ein stiller Mensch; er hob nicht einmal die Augen, um die Ankömmlinge zu betrachten. Er saß auf der Erde mit gekreuzten Beinen und gesenktem Kopf, und seine gefalteten Hände ruhten auf dem Boden vor ihm. Seine Bettlerschale stand neben ihm, und sie war leer.

Er hatte einen weiten Mantel an, dem gleich, den der Prinz trug, nur noch zerfledderter und geflickter. Die Kapuze daran verdeckte sein Gesicht zum Teil, doch wie er so ruhig dasaß, mit niedergeschlagenen Augen, hatte ich Zeit, sein Gesicht zu studieren. Es traf zu, daß er dem Prinzen ähnlich war. Er war ein dunkler, schmächtiger junger Mann, ein paar Jahre älter als Nasrud-Din, in dem Alter, das der Prinz in seiner Bettlerrolle anzunehmen pflegte. Er hatte lange, schwarze Wimpern und einen kleinen, schmalen, schütteren schwarzen Bart, ähnlich dem Barte, den der Prinz in seiner Bettlerverkleidung anlegte, nur daß dieser wirklich auf dem Gesicht seines Trägers wuchs. Auf seinem linken Backenknochen hatte er ein braunes Mal, in der Größe einer Kirsche, und ich sah, da ich hierin Erfahrung besaß, daß es künstlich angebracht war, mit großer Geschicklichkeit. Was sein Aussehen und Verhalten anlangte, so glich er in keiner Weise dem verwegenen und gefährlichen Verschwörer, dem zu begegnen ich erwartet hatte. Sein Gesicht war so friedvoll, daß ich mich nicht entsinnen kann, jemals ein heitereres Menschenantlitz gesehen zu haben. Es war auch einzigartig bar aller Schläue, ja, auch nur größerer Intelligenz. Jene Würde und Gesammeltheit, die ich vor kurzem auf dem Marktplatz um ihn herum mit Überraschung wahrgenommen hatte, wiederholten sich in der Person dieses Mannes, als seien diese Eigenschaften in dieser zerlumpten und mageren Bettlergestalt konzentriert oder strömten von ihr aus. Vielleicht, dachte ich, gibt es wenige Dinge, die der Ausstrahlung eines Menschen eine solch große Würde leihen, wie der Ausdruck völliger Zufriedenheit und Selbstgenügsamkeit.

Als wir so eine Weile schweigend beieinander gesessen hatten, begab es sich, daß ein ärmlicher Leichenzug daher kam, auf dem Wege zur Begräbnisstätte vor der Stadtmauer, der Leichnam auf einer Bahre und mit einem Tuch bedeckt; einige wenige Trauernde folgten ihm, und ein paar Müßiggänger aus den umliegenden Gassen schlenderten hinterher. Als sie des Bettlers unter dem Feigenbaum ansichtig wurden, schienen auch sie von einer Art Furcht oder Verehrung ergriffen zu werden; sie wandten sich im Vorübergehen etwas von ihm ab, sprachen ihn aber nicht an.

Als sie vorüber waren, hob der Bettler den Kopf, sah vor sich hin und sagte mit einer leisen und sanften Stimme: ›Leben und Tod sind zwei verschlossene Schreine, deren jeder den Schlüssel zum anderen enthält.‹

Der Prinz zuckte zusammen, als er seine Stimme hörte, so sehr glich die Sprechweise seiner eigenen, sogar mit dem leichten Näseln darin. Nach einem Augenblick sprach er den

Fremden an. ›Ich bin ein Bettler wie du‹, sagte er, ›und ich bin hierhergekommen, um die Almosen zu sammeln, die barmherzige Menschen mir geben mögen. Laß uns die Zeit nicht vergeuden, während wir auf sie warten, sondern miteinander über unsere Leben sprechen. Ist dir dein Bettlerleben von so geringem Wert, daß du es mit dem Tod vertauschen möchtest?‹ Der Bettler schien auf eine derart energische Anrede nicht gefaßt zu sein. Eine Weile lang antwortete er nicht, dann schüttelte er sanft den Kopf und sagte: ›Ganz und gar nicht.‹

Eine alte arme Frau kam über den Platz herüber auf uns zugewankt, näherte sich dem Bettler in der scheuen und unterwürfigen Weise der anderen, ihr Gesicht abwendend, während sie mit ihm sprach. Sie hielt einen Laib Brot an ihre Brust gepreßt, und als sie stehenblieb, streckte sie es ihm mit beiden Händen hin. ›Um Gottes Barmherzigkeit willen‹, sagte sie, ›nimm dieses Brot und iß es. Wir haben gesehen, daß du zwei Tage lang hier an der Mauer gesessen bist und nichts zu essen hattest. Nun bin ich eine alte Frau, die ärmste der Armen hier, und ich glaube, daß du ein Almosen von mir nicht zurückweisen wirst.‹ Der Bettler hob sanft die Hand, um die Gabe abzuweisen. ›Nein‹, sagte er, ›nimm dein Brot zurück, ich werde heute abend nicht essen. Denn ich weiß von einem Bettler, meinem Bruder in Armut, der volle drei Tage lang an der Stadtmauer saß und dem nichts gegeben wurde. Ich will jetzt erfahren, was er dabei fühlte und dachte.‹ ›Ach Gott‹, seufzte die alte Frau, ›wenn du das Brot nicht essen willst, so werde ich es auch nicht essen, sondern werde es den Zugochsen geben, die zum Tor hereinkommen und müde und hungrig sind.‹ Und damit wankte sie wieder davon.

Als sie fort war, wandte sich der Prinz zum zweiten Mal an den Bettler. ›Du irrst dich‹, sagte er. ›Kein Bettler dieser Stadt mußte drei Tage lang an der Mauer sitzen, ohne daß er ein Almosen bekommen hätte. Ich habe ja selbst um milde Gaben gebettelt, und bin niemals auch nur einen Tag lang ohne Speise geblieben. Die Menschen von Teheran sind weder so hartherzig noch so arm, als daß sie den geringsten unter den Bettlern drei Tage lang hungern ließen.‹ Hierauf antwortete der Bettler mit keinem Wort.

Es wurde jetzt kälter. Der große Raum über unseren Köpfen war immer noch glasklar und von köstlichem Licht erfüllt; unzählige Fledermäuse waren aus den Löchern in der Mauer gekommen und durchkreuzten ihn lautlos, niedrig und hoch. Die Erde aber und alles, was ihr angehörte, lag in einem blauen Schatten, als sei sie von einer feinen Schicht Lazulit überzogen. Der Bettler zog seinen alten Mantel enger um sich und zitterte. ›Wir täten wohl gut daran‹, sagte ich, ›uns drüben im Tor ein wenig Schutz zu suchen.‹ ›Nein, ich werde nicht dorthin gehen‹, sagte der Bettler. ›Die Torwächter jagen alle Bettler mit Stockschlägen vom Tor weg.‹ ›Du irrst dich wieder‹, sagte der Prinz. ›Ich, der ich selbst ein Bettler bin, habe Schutz in den Toren gesucht, und kein Torwächter hat mir je befohlen zu verschwinden. Denn es ist Gesetz, daß arme und obdachlose Menschen in den Toren meiner Stadt sitzen dürfen, wenn der Verkehr des Tages vorüber ist.‹

Der Bettler überdachte diese Worte eine Weile; dann wandte er den Kopf und sah ihn an. ›Bist du der Prinz Nasrud-Din?‹ fragte er ihn.

Prinz Nasrud-Din ward von der direkten Frage des Bettlers überrascht und erschreckt; seine Hand fuhr zu seinem Dolch, und auch ich griff nach meinem. Doch einen Moment später sah er ihm stolz ins Gesicht. ›Ja, ich bin Nasrud-Din‹, sagte er. ›Du mußt mein Gesicht kennen, denn du hast es ja nachgemacht. Du mußt mir lange und sehr nahe gefolgt sein, um in den Augen meines Volkes diese Rolle mit soviel Geschick spielen zu können. Auch weiß ich von deinem Treiben schon seit einiger Zeit. Nur deinen Beweggrund dafür, den kenne ich nicht. Ich bin heute abend hierhergekommen, um ihn aus deinem Munde zu erfahren.‹

Der Bettler antwortete nicht sogleich; dann schüttelte er wieder den Kopf. ›Oho, edler Herr‹, sagte er. ›Kannst du das zu Recht sagen, wo ich gerade jenes Gewand und jenes Äußere angelegt habe, von denen du glaubst, sie seien deinen eigenen am unähnlichsten und am besten geeignet, dich unkenntlich zu machen und die Bewohner deiner Stadt zu täuschen? Könnte nicht ich mit gleichem Recht dich beschuldigen, in all deiner Größe mein armseliges Äußeres nachgeahmt und meine Bettlererscheinung gestohlen zu haben? Ja, es ist wahr, daß ich dich einmal gesehen habe, aus einiger Entfernung, in deinem Bettlergewand, aber ich habe mehr von jenen gelernt, die dir folgten und dich bewachten. Es ist auch wahr, daß ich aus der Ähnlichkeit, die Gott zwischen dir und mir zu erschaffen geruhte, Nutzen gezogen habe. Ich habe sie genutzt, um stolz zu werden und dankbar gegen Gott, wo ich zuvor niedergeschmettert war. Kann ein Fürst seinen Diener darum tadeln?‹

›Und für wen‹, fragte der Prinz mit einem durchdringenden Blick auf den Bettler, ›halten die Menschen auf dem Marktplatz und in den Gassen dich?‹ Der Bettler sah sich rasch und verstohlen um. ›Scht, mein Gebieter, sprich leise‹, sagte er. ›Die Menschen auf dem Marktplatz und in den Gassen wagen es bei ihrem Leben nicht, mich wissen zu lassen, für wen sie mich halten. Hast du nicht gesehen, wie sie ihre Köpfe abwendeten und ihre Augen niederschlugen, als sie an mir vorbeikamen oder mit mir sprachen? Sie wissen, daß ich nicht erkannt zu werden wünsche; sie haben Angst, daß mein Zorn gegen sie, sollte ich je herausfinden, für wen sie mich halten, so furchtbar sein wird, daß ich gehe und nie wieder zu ihnen zurückkomme.‹

Bei diesen Worten errötete der Prinz und verstummte. Schließlich sagte er ernst: ›Sie glauben also, du seiest Prinz Nasrud-Din?‹ Der Bettler zeigte für einen Augenblick seine weißen Zähne in einem Lächeln. ›Ja, sie glauben, ich sei der Prinz Nasrud-Din‹, sagte er. ›Sie glauben, daß ich einen Palast zur Wohnung habe und dorthin zurückgehen kann, wann es mir beliebt. Sie glauben, daß ich den Keller voller Wein habe, meinen Tisch mit köstlichen Speisen besetzt, meine Truhen voll von Gewändern aus Seide und Pelz.‹

›Wer aber‹, fragte der Prinz, ›bist du dann, den es stolz und dankbar gegen Gott gemacht hat, mich nachzuahmen?‹ ›Ich bin, was ich scheine‹, sagte der Bettler. ›Ich bin ein Bettler von Teheran. Als solcher wurde ich geboren. Meine Mutter war eine Bettlerin und sie prügelte diesen Beruf in mich hinein, bevor ich soviel wog wie eine Katze. Ich habe um Almosen gebettelt in den Straßen und an den Mauern der Stadt mein Leben lang.‹ ›Wie heißt du, Bettler?‹ fragte der Prinz. ›Ich heiße Fath‹, sagte der Bettler.

›Und hast du nicht‹, fragte der Prinz nach einigem Schweigen, ›geplant, in jenen Palast zu gelangen, von dem du sprichst, kraft der Ähnlichkeit zwischen dir und mir?‹ ›Nein‹, sagte Fath. ›Hast du nicht danach getrachtet‹, fragte der Prinz wieder, ›Einfluß und Macht beim Volke zu gewinnen und deine Absichten mittels dieser Ähnlichkeit zu fördern?‹ ›Nein‹, sagte Fath. Er saß eine Weile nachdenklich da; dann sagte er: ›Nein. Ich bin ein Bettler und mag Geschick für das Bettlerhandwerk haben. Doch von diesen anderen Dingen verstehe ich nichts, und an keinem von ihnen liegt mir etwas. Ich wäre hilflos, wenn ich mit ihnen umgehen müßte. Ich habe Macht über die Menschen erlangt, das ist wahr, und es kann wohl sein, daß sie tun würden, was ich wünschte; was aber könnte ich mir von ihnen wünschen?‹

›Was hast du dann eigentlich getan‹, fragte der Prinz, ›nachdem du so schlau mein Aussehen und mein Benehmen ausgeforscht und die Menschen von Teheran glauben gemacht hattest, du seiest Prinz Nasrud-Din?‹ ›Ich habe‹, sagte Fath, ›um Almosen gebettelt in den Straßen und an den Mauern der Stadt.‹ Er sah den Prinzen an und rief dann aus: ›Was hast du mit dem Mal auf deiner Wange gemacht?‹ Der Prinz legte die Hand an seine Wange. ›Ich habe es entfernen lassen‹, sagte er. Fath hob ebenfalls die Hand an die Wange. ›Dem Volke wird das nicht gefallen‹, sagte er ernst.

›Aber weshalb verleumdest du mein Volk?‹ fragte der Prinz, ›und stellst das Los der Bettler in meiner Stadt schwerer dar, als es in Wirklichkeit ist? Weshalb erzähltest du, daß ein Bettler drei Tage lang an der Mauer gesessen sei, ohne etwas zu erhalten, und daß du zu erfahren wünschtest, was er dabei fühlte?‹ ›So wahr Gott lebt‹, sagte Fath, ›das ist keine Verleumdung, sondern die Wahrheit.‹ ›Wer‹, fragte der Prinz ihn streng, ›war der Bettler, der so grausam behandelt wurde?‹ ›Mein Gebieter, das war ich selbst‹, sagte Fath, ›in den Tagen, bevor ich dich gesehen hatte.‹

›Aber erkläre mir nun, denn ich verstehe es nicht‹, sagte
der Prinz, ›weshalb du von dem Volk in meiner Stadt jetzt
nichts annehmen willst, nachdem du es dazu gebracht hast,
daß es dir das beste anbietet, was es hat? Weshalb hast du
den Laib Brot zurückgewiesen, den dir die alte Frau brachte,
und hast sie so traurig von dannen geschickt?‹ Fath bedachte
diese Worte eine Weile. ›Gut, mein Gebieter‹, sagte er dann.
›Ich erkenne, mit Verlaub gesagt, daß du nur wenig weißt
von der Bettelei. Du, nehme ich an, hast dein Leben lang so
viel zum Essen gehabt, wie du wolltest. Wenn ich nehme,
was sie mir anbieten, wie lange werden sie mir dann ihre
Gaben wohl noch anbieten? Und wie lange werden sie dann
wohl noch glauben, daß ich in meinem Palast die köstlich-
sten Speisen habe und alle Leckerbissen der Welt, vom Okzi-
dent zum Orient?‹

Der Prinz blieb eine Weile stumm; dann fing er zu lachen
an. ›Bei den Gräbern meiner Väter, Fath‹, sagte er, ›ich hielt
dich für einen Narren, doch jetzt denke ich, daß du der geris-
senste Mann in meinem Reiche bist. Denn siehe, meine Höf-
linge und meine Freunde wollen alle Ämter von mir haben,
Auszeichnungen und Gold, und wenn sie die bekommen haben, dann lassen sie mich in Frieden. Doch ein Bettler zu Teheran hat mich vor seinen Wagen gespannt und von nun an,
im Wachen und im Schlafen, werde ich mich für Fath plagen
müssen. Wenn ich eine Provinz erobere, wenn ich einen Löwen erlege, wenn ich ein Gedicht schreibe oder wenn ich die
Tochter des Sultans von Sansibar heirate – es läuft alles auf
eins hinaus: Es dient dem höheren Ruhme Faths!‹

Fath sah den Prinzen unter seinen langen Wimpern hervor an. ›Das könnte man sagen‹, sagte er, ›und nun hast du
es gesagt. Ich könnte aber dagegenhalten, daß du selbst es
warst, der Fath erschaffen hat und alles, was es von ihm gibt.
Du hast nicht, während du als ein Bettler durch die Straßen
gingst, danach getrachtet, weiser oder größer zu sein, edler
oder hochherziger als die anderen Bettler der Stadt. Du hast
dich nur zu einem Bettler unter vielen gemacht und hast es
dir angelegen sein lassen, dich in nichts von den anderen zu
unterscheiden, um dein Volk zu täuschen und, unerkannt,

zu hören, was die Leute untereinander reden. Daher bin ich nun auch nicht mehr als ein gewöhnlicher Bettler. Im Wachen und im Schlafen bin ich nichts als die Bettlermaske des Prinzen Nasrud-Din.‹ ›Auch das könnte man sagen‹, sagte der Prinz.

›Ich beschwöre dich, Prinz‹, fuhr Fath feierlich fort, ›Provinzen zu erobern, Löwen zu erlegen, Gedichte zu schreiben. Ich habe Sorge dafür getragen, daß der Name des Prinzen Nasrud-Din und daß der Ruhm seiner allumfassenden Güte unter den Armen von Teheran groß wurden. Sorge du nun dafür, daß der Name Faths und sein Ruf, kühn und weise zu sein, unter den Königen und Fürsten groß werde. Wenn du einen Löwen erlegst, dann bedenke, daß Faths Herz ob deiner Tapferkeit frohlockt, und wenn du die Sultanstochter geheiratet hast, welch hohe Meinung werden dann deine Untertanen von dir haben, wenn sie dich dann immer noch an der Mauer sitzen sehen, die ganze kalte Nacht hindurch, auf daß du ihr schweres Los teilest. Welch hohe Meinung werden sie von dir haben, wenn du, um an dem traurigen Los der Ärmsten teilzuhaben, dich immer noch zu den Huren dieser Gassen setzest und mit ihnen sprichst.‹ ›Die Huren dieser Gassen‹, fragte der Prinz, ›umarmen sie dich jetzt glutvoll und erbeben sie in deinen Armen vor Wonne? Komm, du mußt es mir sagen, da ich nichts darüber weiß und da ihr Erbeben ja eigentlich mir zukommt.‹ ›Nein, ich kann es dir nicht sagen‹, sagte Fath. ›Ich weiß nicht mehr darüber als du. Ich wage nicht, sie zu umarmen; sie sind klug und könnten die Umarmung eines großen Herren kennen.‹ ›So fürchtest du dich also vor meinen Frauen, Fath?‹ sagte der Prinz. ›Du, der keine Furcht zeigte, als ich mich dir zu erkennen gab?‹ ›Mein Gebieter‹, sagte Fath, ›Mann und Frau sind zwei verschlossene Schreine, deren jeder den Schlüssel zum anderen enthält.‹

›Strecke deine Hände aus, Fath‹, sagte der Prinz, und als der Bettler dies tat, nahm er seinen Bettlerbeutel vom Gürtel und leerte dessen Inhalt in die ausgestreckten Hände. Fath ließ die Münzen auf seinen Handflächen liegen und betrachtete sie. ›Ist das Gold?‹ fragte er. ›Ja‹, sagte der Prinz. ›Ich habe davon gehört‹, sagte Fath. ›Ich weiß, daß es sehr mächtig ist.‹

Er ließ den Kopf hängen und saß lange Zeit da, trauernd, in tiefem Schweigen. ›Jetzt verstehe ich‹, sagte er endlich, ›weshalb du heute abend hierhergekommen bist. Du willst meiner Herrlichkeit ein Ende machen. Du willst, daß ich meine Ehre und meinen Ruhm beim Volke für dieses mächtige und gefährliche Metall verkaufe.‹ ›Nein, bei meinem Schwerte‹, sagte der Prinz, ›ich hatte nichts dergleichen im Sinn.‹ ›Was soll ich dann mit dem Gold?‹ fragte Fath. ›Wahrlich, Fath‹, sagte der Prinz in einiger Verlegenheit, ›das ist eine Frage, die mir noch nie gestellt wurde. Wenn du selbst keine Verwendung dafür hast, kannst du es ja den Armen hier auf dem Marktplatz geben.‹ Fath saß still da und betrachtete das Gold. ›Ich könnte‹, sagte er, ›wie der Mann in Ali Baba und die vierzig Räuber mir eine Bettlerschale borgen und versehentlich, wenn ich sie zurückgebe, auf ihrem Boden ein Goldstück liegenlassen, um das Volk von meinem Überfluß zu überzeugen. Es würde aber, mein Gebieter, weder ihnen noch mir gedeihlich sein. Sie würden mehr wollen, und mehr, als du mir gegeben hast, und mehr, als du mir je geben könntest. Sie würden mich nicht länger lieben, wie sie mich jetzt lieben, und nicht mehr an mein Mitleiden oder an meine Weisheit glauben. Nimm es zurück, der Bettler bittet dich. Das Gold ist besser bei dir als bei mir.‹

›Was dann kann ich für dich tun?‹ fragte der Prinz. Fath überdachte seine Worte, und dann erglänzte sein Gesicht wie das Gesicht eines Kindes.

›Höre, mein allmächtiger Gebieter‹, sagte er. ›Es gibt da eine Szene, die ich mir oft ausgemalt habe; du kannst sie Wirklichkeit werden lassen, wenn du es willst. Laß eines Tages dein stolzestes Reiterregiment über diesen Marktplatz hier reiten, mit deinem Hauptmann an der Spitze. Dann werde ich mich ihnen in den Weg setzen, und wenn sie kommen, rühre ich mich nicht vom Fleck. Befiehl deinem Hauptmann, er solle, wenn er meiner ansichtig wird, wie in großer Überraschung und Schrecken sein Pferd anhalten und dem ganzen Regiment Halt gebieten, damit ich nicht berührt werde; ja, so jäh soll er das Regiment anhalten, daß die feurigen Rosse sich alle bäumen. Und dann, befiehl ihm, soll er weiterreiten, wenn ich ihm mit der Hand das Zeichen dazu gebe, und über mich hinweg, ohne auf mich zu achten – nur sag' ihm, man möge ein wenig Vorsicht walten lassen, damit die Pferde nicht auf mich treten. Dies ist, was du für mich tun kannst, mein Gebieter.‹

›Was für einen wunderlichen Einfall hast du da, Fath?‹ fragte der Prinz und lächelte. ›Noch nie ist es vorgekommen, daß meine Reiter in den Gassen oder auf den Marktplätzen einen Menschen niedergeritten haben.‹ ›Doch, es ist vorgekommen, mein Gebieter‹, sagte Fath; ›auf diese Weise wurde meine Mutter getötet.‹

Der Prinz saß einige Zeit gedankenverloren da. ›Es ist alles ganz eitel, ganz eitel‹, sagte er schließlich. ›Ich habe vor dem heutigen Tage, an meinem Hofe, viel über die Eitelkeit des Menschen gelernt. Heute abend jedoch habe ich von dir, einem Bettler, mehr gelernt. Es will mich nun dünken, als speise Eitelkeit den Darbenden und wärme den Bettler in seinem zerrissenen Mantel. Ist es so, Fath?‹ ›Siehe, mein Gebieter‹, sagte Fath, ›in hundert Jahren wird in den Büchern geschrieben stehen, daß Nasrud-Din ein solcher Fürst war und sein Reich von Persien auf solche Weise regierte, daß noch die ärmsten seiner Untertanen ihre Eitelkeit völlig befriedigt bekamen, während sie in ihren Lumpen an den Mauern von Teheran hungerten.‹

Der Prinz zog wieder seinen Mantel enger um sich und schlug die Kapuze über den Kopf.

›Ich werde jetzt zurückgehen‹, sagte er. ›Gute Nacht, Fath. Ich wäre eines Abends gern wieder einmal hierhergekommen, um mich mit dir zu unterhalten. Doch auf die Dauer würden meine Besuche wohl deinen Ruf ruinieren. Ich werde dafür sorgen, daß du von nun an in Frieden an deiner Mauer sitzen kannst. Und Gott möge mit dir sein.‹

Als er eben gehen wollte, hielt er inne. ›Nur ein Wort noch, bevor ich gehe‹, sagte er mit einigem Stolz. ›Es ist mir zu Ohren gekommen, daß du die Frau besuchst, die in der Schänke dieses Marktplatzes Vorstellungen mit einem Esel gibt. Es ist zwar gut, daß die Menschen von meinem Wunsche erfahren, ihre Lebensbedingungen kennenzulernen und sie sogar mit ihnen teilen zu wollen. Doch nimmst du dir mit unserer Person eine große Freiheit heraus, wenn du uns sozusagen in die Fußtapfen eines Esels treten läßt. Von heute abend an darfst du diese Frau nicht mehr sehen.‹ Ich hatte nicht bemerkt, daß gerade dieser Umstand in des Bettlers Treiben sich dem Herzen des Prinzen so tief eingeprägt hatte; nun erkannte ich, daß es ihn empört und beleidigt hatte und daß er glaubte, Fath habe Dinge, die wirklich groß und erhaben seien, in den Schmutz gezogen. Aber schließlich war er nicht nur ein Fürst, sondern auch ein junger Mann.

Auf dieses Wort hin sah Fath ganz verstört und entsetzt aus; er schlug die Augen nieder und rang die Hände. ›O mein Gebieter‹, rief er, ›dein Befehl kommt mich hart an. Diese Frau ist mein Eheweib. Ihre Einnahmen aus diesem Gewerbe sind es, von denen ich lebe!‹

Der Prinz stand lange da und sah ihn an. ›Fath‹, sagte er schließlich, sehr milde und wahrhaft königlich, ›wenn ich in der Sache zwischen dir und mir dir in allem nachgebe, so vermag ich selbst nicht zu sagen, ob dies aus Schwäche geschieht oder aus Stärke. Sage mir, mein Bettler von Teheran, wofür du es in deinem Herzen hältst?‹ ›Mein Gebieter‹, sagte Fath, ›du und ich, die Reichen und die Armen dieser Welt, sind zwei verschlossene Schreine, von denen jeder den Schlüssel zum anderen enthält.‹

Als wir durch die Nacht zurückgingen, spürte ich, daß der Prinz nachdenklich und in seinem Seelenfrieden gestört war. Ich sagte zu ihm: ›Du wirst, Hoheit, heute abend etwas Neues gelernt haben, was Größe und Macht des Fürsten angeht.‹ Prinz Nasrud-Din antwortete mir eine Zeitlang nicht. Doch als wir aus den engen, stinkenden Gassen herausgekommen waren und die schöneren und stattlicheren Stadtviertel betraten, sagte er: ›Ich werde in meiner Stadt nicht mehr verkleidet umhergehen.‹

So kamen wir gegen Mitternacht in den Palast zurück und speisten dort gemeinsam zur Nacht.«

Hier schloß Aeneas seine Geschichte. Er lehnte sich in seinem Stuhl zurück, holte Zigarettenpapier und Tabak aus der Tasche und drehte sich eine Zigarette.

Charlie hatte der Erzählung aufmerksam gelauscht, ohne ein Wort, die Augen auf den Tisch geheftet. Auf das Schweigen seines Freundes hin sah er auf, wie ein Kind, das aus dem Schlaf erwacht. Es fiel ihm wieder ein, daß es Tabak auf der Welt gab, und nach Aeneas' Beispiel drehte er sich gemächlich eine Zigarette und entzündete sie. Die beiden kleinen Herren, jeder auf seiner Seite des Tisches, rauchten in Frieden und sahen den blauen Rauchschleiern nach.

»Ja, das war eine gute Geschichte«, sagte Charlie, und, nach einem Weilchen, fügte er hinzu: »Ich werde jetzt nach Hause gehen. Ich glaube, daß ich heute nacht schlafen werde.« Doch als er seine Zigarette zu Ende geraucht hatte, lehnte auch er sich in seinem Stuhl zurück und wurde nachdenklich. »Nein«, sagte er. »Es war keine wirklich gute Geschichte. Aber sie hat etwas, womit sich arbeiten ließe und woraus man eine gute Geschichte machen könnte.«

Der Polizist und der Choral

Soapy rutschte unruhig auf seiner Bank im Madison-Park hin und her. Wenn die Wildgänse hoch am nächtlichen Himmel kreischen, wenn Frauen ohne Seehundsfellmäntel plötzlich nett zu ihren Männern werden und Soapy auf seiner Bank im Park unruhig wird, dann weiß man, daß der Winter vor der Tür steht.

Ein welkes Blatt fiel in Soapys Schoß. Das war Vater Frosts Visitenkarte. Vater Frost meint es gut mit den ständigen Bewohnern des Madison-Parks und warnt sie zeitig vor seinem alljährlichen Besuch. An den Ecken der vier Straßen übergibt er seine Karten dem Nordwind, dem Lakaien im weiten Haus der Natur, so daß dessen Bewohner sich vorbereiten können.

Soapy wurde sich darüber klar, daß es Zeit für ihn geworden war, sich zu einem Ein-Mann-Ausschuß zur Beratung der Mittel und Wege gegen die kommende Kälte zusammenzufinden. Und deshalb rutschte er so unruhig auf seiner Bank hin und her.

Soapys winterliche Ambitionen waren nicht sehr hoch gesteckt. Eine Mittelmeerreise, ein Aufenthalt unter einschläfernden südlichen Himmeln oder eine Bootsfahrt in der Bucht von Neapel, an derartiges dachte er gar nicht. Drei Monate Gefängnis auf der Insel, das war alles, was sein Herz begehrte. Drei Monate gesicherte Kost und Unterkunft im Kreise gleichgesinnter Kollegen, geschützt vor Nordwind und Polizei, das erschien Soapy als der Inbegriff alles Wünschenswerten.

Seit Jahren schon war das gastfreundliche Blackwell-Gefängnis sein Winterquartier. Ebenso wie seine glücklicheren New Yorker Mitbürger in jedem Winter ihre Fahrkarten nach Palm Beach oder an die Riviera lösten, so traf Soapy seine bescheidenen Vorbereitungen für seine alljährliche

Flucht auf die Insel. Und jetzt war es wieder Zeit dafür. In der Nacht zuvor hatten die Wochenendausgaben von drei Zeitungen, die Soapy sich unter die Jacke geschoben, um die Knöchel gewickelt und über die Knie gebreitet hatte, nicht die Kälte abwehren können, als er auf seiner Bank neben dem plätschernden Springbrunnen in dem alten Park schlief. Deshalb erschien das Inselgefängnis groß und verlockend in seiner Vorstellung. Er verschmähte die Vorkehrungen, welche die Stadt im Namen der Nächstenliebe für ihre Bürger getroffen hatte. In seinen Augen war das Gesetz von größerer Güte als die Menschenfreundlichkeit. Es gab eine Unzahl städtischer und karitativer Einrichtungen, wohin er hätte gehen können, um Essen und Obdach seinen bescheidenen Ansprüchen gemäß zu erhalten. Aber, stolz wie er war, fand er die milden Gaben mit manch lästiger Bedingung verknüpft. Wenn nicht mit klingender Münze, zahlt man für jede Wohltat aus mildtätiger Hand mit einer Demütigung. So wie zu Cäsar Brutus gehörte, so gibt es in einer Fürsorgeanstalt kein Bett ohne vorausgehendes Bad und keinen Laib Brot ohne private und persönliche Inquisition. Daher fährt man besser als Gast des Gesetzes, das, wenngleich an Vorschriften gebunden, nicht ungebührlich in das Privatleben eines Gentleman eingreift.

Nachdem sich Soapy einmal entschlossen hatte, auf die Insel zu gehen, machte er sich sogleich daran, seinen Wunschtraum zu verwirklichen. Dazu gab es viele einfache Wege. Der angenehmste war ein lukullisches Abendessen in irgendeinem teuren Lokal; danach brauchte man nur seine Zahlungsunfähigkeit zu erklären und sich ruhig und ohne Krawall einem Polizisten übergeben zu lassen. Ein entgegenkommender Richter erledigte dann schon den Rest.

Soapy stand auf, verließ gemächlichen Schrittes den Park und überquerte die glatte Asphaltfläche, wo sich der Broadway mit der Fifth Avenue vereint. Er ging den Broadway entlang und blieb vor einem eleganten Café stehen, das allabendlich den erlesensten Produkten des Weinbaus, der Seidenzucht und der Gattung Mensch als Treffpunkt diente.

Vom untersten Knopf seiner Weste nach oben war Soapy

seiner sicher. Er war rasiert, die Jacke war ganz ordentlich, und die schmucke schwarze Selbstbindeschleife hatte er von einer Dame der Inneren Mission am Thanksgiving Day geschenkt bekommen. Konnte er, ohne Argwohn zu erregen, einen Tisch im Restaurant erreichen, so war der Erfolg ihm sicher. Was von ihm über dem Tisch zu sehen sein würde, könnte bei dem Kellner keinerlei Bedenken aufkommen lassen. Ein Wildentenbraten, so dachte Soapy, wäre gerade das Richtige, dazu eine Flasche Chablis, danach Camembert, ein Mokka und eine Zigarre. Eine Zigarre zu einem Dollar dürfte genügen. Die Rechnung würde nicht so hoch werden, um die Geschäftsführung zu einem übertriebenen Racheakt zu reizen; aber mit dem Fleisch im Bauch könnte er satt und zufrieden in sein Winterasyl abreisen.

Doch als Soapy das Restaurant betrat, fiel der Blick des Kellners auf seine abgewetzten Hosen und auseinanderfallenden Schuhe. Und da packten ihn auch schon kräftige Fäuste, drehten ihn um die eigene Achse, beförderten ihn wortlos und schnell auf den Bürgersteig und bewahrten somit die bedrohte Wildente vor unwürdigem Schicksal.

Soapy wandte sich vom Broadway ab. Es hatte nicht den Anschein, als sei die Straße zu der ersehnten Insel mit leiblichen Genüssen gepflastert. Er mußte sich einen anderen Weg ausdenken, um ins Kittchen zu kommen.

An einer Ecke von der Sixth Avenue war ein Schaufenster, das mit seiner elektrischen Beleuchtung und verführerisch ausgestellten Waren Aufsehen erregte. Soapy hob einen Pflasterstein auf und schleuderte ihn durch die Scheibe. Einige Leute kamen um die Ecke gerannt, allen voraus ein Polizist. Soapy blieb, die Hände in den Taschen, ruhig stehen und lächelte, als er die Messingknöpfe sah.

»Wer hat das getan?« fragte der Schutzmann aufgeregt.

»Können Sie sich nicht vorstellen, daß ich damit etwas zu tun gehabt habe?« fragte Soapy nicht ohne Spott, aber immerhin so freundlich, wie man eine glückliche Fügung begrüßt.

Der Polizist schien nicht geneigt, Soapy überhaupt in Zusammenhang mit der Angelegenheit zu sehen. Männer, die

Fenster zertrümmern, bleiben nicht stehen, um sich mit den Hütern des Gesetzes zu unterhalten. Sie geben Fersengeld. Da sah der Schutzmann einen halben Häuserblock entfernt einen Mann hinter einer Straßenbahn herrennen, und mit dem Gummiknüppel in der Faust nahm er die Verfolgung auf.

Soapy schlich sich fort, das Herz voll Gram über seine beiden Mißerfolge.

Auf der gegenüberliegenden Straßenseite stand ein anspruchsloses Gasthaus, das auf Gäste mit großem Appetit und geringen Mitteln eingestellt war. Dort waren die Teller ebenso dick wie die Luft und die Suppe so dünn wie das Tischtuch. Und hier trat Soapy ein, ohne mit seinen schandbaren Schuhen und verräterischen Hosen Anstoß zu erregen. Er setzte sich an einen Tisch und vertilgte Beefsteak, Pfannkuchen, Krapfen und Torte. Dann verriet er dem Kellner, daß auch nicht die winzigste Münze bei ihm zu finden sei.

»Los, machen Sie schnell und rufen Sie einen Schutzmann«, sagte er. »Einen Gentleman läßt man nicht warten.«

»Das würde dir passen«, sagte der Kellner mit einer Stimme wie Butterkeks, und seine Augen sahen aus wie Kirschen auf einem Manhattan-Cocktail. »He, Con!«

Genau mit dem linken Ohr landete Soapy auf dem harten Pflaster, als ihn die beiden Kellner hinauswarfen. Langsam, wie ein Zimmermann Glied um Glied seinen Zollstock aufklappt, so richtete sich Soapy empor und klopfte sich den Staub von den Kleidern. Die Verhaftung schien nur ein rosiger Traum zu sein und die Insel in weitester Ferne. Ein Polizist, der zwei Türen weiter vor einem Drugstore stand, lachte und ging die Straße hinunter.

Fünf Häuserblocks legte Soapy zurück, bevor er wieder Mut faßte, sich um seine Verhaftung zu bemühen. Diesmal bot sich eine Gelegenheit, die er innerlich in seiner Einfalt ein Kinderspiel nannte. Eine junge Frau von sittsamer und anmutiger Erscheinung stand vor einem Schaufenster und betrachtete mit lebhaftem Interesse die ausgestellten Rasierschalen und Tintenfässer, und zwei Meter davon entfernt lehnte an einem Hydranten ein mächtiger Schutzmann mit grimmiger Miene.

Soapy nahm sich vor, die verächtliche und verabscheuungswürdige Rolle jener Vorstadtcasanovas zu spielen, die Frauen auf offener Straße belästigen. Das vornehme und elegante Äußere seines Opfers und die Nähe des gewissenhaften Polizeibeamten ermutigten ihn zu der Hoffnung, auf seinem Arm bald jenen angenehmen Griff der Staatsgewalt zu spüren, der ihm sein Winterquartier auf der schönen, kleinen, abgeschiedenen Insel sichern würde.

Soapy rückte die Krawatte der Missionsdame zurecht, zog seine zusammengeschrumpften Manschetten aus dem Ärmel, schob den Hut unternehmungslustig in den Nacken und machte sich an die junge Frau heran. Er warf ihr herausfordernde Blicke zu, mußte plötzlich husten und sich räuspern, lächelte, schmunzelte und spielte frech die unverfrorene und verachtungswürdige Rolle des Schwerenöters. Mit halbem Auge sah Soapy, daß der Polizist ihn unverwandt beobachtete. Die junge Frau entfernte sich ein paar Schritte und vertiefte sich erneut in die Betrachtung der Rasierschalen. Soapy ging ihr nach, trat keck neben sie, zog den Hut und sagte:

»Hallo, Mausi! Möchtest du nicht mit mir kommen und in meinem Hof spielen?«

Der Schutzmann schaute immer noch auf die zwei. Die verfolgte junge Frau brauchte nur mit dem Finger zu winken, und Soapy befände sich so gut wie sicher auf dem Weg zu seinem Inselasyl. Schon glaubte er die behagliche Wärme der Wachtstube zu spüren. Da wandte sich die junge Frau ihm zu, streckte die Hand aus und faßte ihn am Ärmel.

»Na klar, Egon«, sagte sie gut gelaunt, »wenn du mir 'ne Pulle Bier schmeißt. Ich hätte dich ja schon längst angequatscht, aber der Schupo da hat dauernd hergeschaut.«

Mit der jungen Frau, die sich an ihn wie Efeu an eine Eiche klammerte, ging Soapy trübsinnig an dem Schutzmann vorbei. Er schien zur Freiheit verurteilt. An der nächsten Ecke schüttelte er seine Begleiterin ab und rannte los. Er blieb erst wieder in dem Stadtteil stehen, wo man bei Nacht die lebenslustigsten Straßen, die spritzigsten Cabarets, die fröhlichsten Herzen und die leichtfertigsten Treueschwüre findet. Frauen in Pelzmänteln und Männer in Überziehern promenierten frohgestimmt durch die Winterluft. Eine plötzliche Angst ergriff Soapy, daß irgendein entsetzlicher Zauberbann ihn gegen jede Festnahme gefeit habe. Dieser Gedanke jagte ihm fast panischen Schrecken ein, und als er auf den nächsten Schutzmann stieß, der hoheitsvoll vor einem hellerleuchteten Theater herumstand, griff er nach dem nächstbesten Strohhalm: er probierte es mit »Ungebührlichem Benehmen«.

Auf dem Bürgersteig begann Soapy, aus Leibeskräften wie ein Betrunkener zu grölen. Er tanzte, heulte und tobte, als wolle er den Himmel zum Einsturz bringen. Der Schutzmann wirbelte seinen Gummiknüppel durch die Luft, kehrte Soapy den Rücken und bemerkte zu einem Passanten:

»Einer von den Yale-Studenten, die ihren Sieg über das Hartford College feiern. Radaubrüder, aber harmlos. Wir haben Anweisung, sie in Ruhe zu lassen.«

Untröstlich brach Soapy seinen unnützen Lärm ab. Wollte ihn denn kein Polizist haben? In seiner Vorstellung erschien ihm die Insel unerreichbar wie das Paradies. Er knöpfte seine Jacke zu, um sich gegen den schneidenden Wind zu schützen.

In einem Tabakladen sah er einen gutgekleideten Mann, der sich eine Zigarre an einer bereitstehenden Flamme anzündete. Seinen seidenen Regenschirm hatte er am Eingang abgestellt. Soapy trat ein, griff nach dem Schirm und schlenderte langsam davon. Der Mann an der Flamme folgte ihm hastig nach. »Der Schirm gehört mir«, sagte er energisch. »Wirklich?« fragte Soapy mit einem Grinsen, das zum Diebstahl hinzu noch den Tatbestand der Beleidigung erfüllte. »Na schön, warum rufen Sie dann keinen Polizisten? Ich habe ihn doch genommen, Ihren Schirm! Warum also rufen Sie keinen Schutzmann? Dort an der Ecke steht einer.«

Der Schirmbesitzer wurde langsamer. Soapy folgte seinem Beispiel, mit der dumpfen Ahnung, daß das Glück wieder nicht seinen Weg kreuzen würde. Der Polizist schaute den beiden neugierig zu.

»Natürlich«, sagte der Schirmbesitzer, »das heißt – na ja,

Sie wissen schon, wie solche Versehen vorkommen – ich – wenn der Schirm Ihnen gehört, dann hoffe ich, Sie werden entschuldigen – ich habe ihn heute morgen aus einem Gasthaus mitgenommen – wenn Sie ihn wiedererkennen, dann – ich hoffe, Sie werden –«

»Natürlich gehört er mir«, sagte Soapy böse.

Der Ex-Schirmbesitzer zog sich zurück. Der Schutzmann eilte zu einer hochbeinigen Blondine im Theatermantel, um ihr vor einer noch zwei Häuserblocks entfernten Trambahn über die Straße zu helfen.

Soapy wanderte ostwärts durch eine Straße, die wegen Erdarbeiten aufgerissen war. Zornig schleuderte er den Regenschirm in eine Baugrube. Er schimpfte vor sich hin auf die Leute, die Helme und Gummiknüppel tragen. Weil er ihnen in die Klauen fallen wollte, schienen sie ihn für einen König zu halten, der kein Unrecht tun konnte.

Endlich erreichte Soapy eine der nach Osten führenden Straßen, in denen der Lichterglanz und der Trubel nur noch schwach zu bemerken waren. Diese Straße entlanggehend, steuerte Soapy wieder auf den Madison-Park zu, denn der Ruf der Heimat verstummt selbst dann nicht, wenn man nur eine Bank im Park sein Zuhause nennt.

Aber an einer ungewöhnlich stillen Straßenecke hielt Soapy an. Hier stand eine alte Kirche, altmodisch, stillos und mit einem Giebel. Durch ein violettfarbenes Fenster schimmerte sanftes Licht; zweifellos ließ dort der Organist jetzt seine Finger über die Tasten gleiten, um seinem Choral für den kommenden Sonntag den letzten Schliff zu geben. Denn an Soapys Ohr drang süße Musik, die ihn ergriff und gegen die verschlungenen Stäbe des Eisenzauns preßte.

Der Mond stand am Himmel, strahlend und klar; Wagen und Fußgänger waren kaum noch zu sehen; einige Spatzen zwitscherten schlaftrunken in der Dachrinne – für einen Augenblick glaubte man sich auf einen ländlichen Kirchhof versetzt. Der Choral, den der Organist spielte, schmiedete Soapy an das Eisengitter, denn er kannte dieses Lied aus der Zeit seines Lebens, in der es für ihn noch eine Mutter, Rosen, Zukunftspläne, Freunde, saubere Gedanken und Kragen gab.

Das Zusammenwirken von Soapys empfänglicher Stimmung und dem Einfluß der alten Kirche schuf eine augenblickliche und wunderbare Wandlung in seiner Seele. Mit plötzlichem Schaudern sah er vor sich den Abgrund, in den er hineingetaumelt war, all die Tage der Erniedrigung, die unwürdigen Begierden, toten Hoffnungen, verpfuschten Möglichkeiten und niedrigen Triebkräfte, die sein Leben erfüllt hatten.

Und mit einemmal öffnete sich sein Herz erbebend dieser neuartigen Stimmung. Ein spontaner und mächtiger Drang befahl ihm, mit seinem verzweifelten Schicksal den Kampf aufzunehmen. Er würde sich aus dem Sumpf herausziehen; er würde wieder ein anständiger Mensch werden; er würde das Böse überwinden, das von ihm Besitz ergriffen hatte. Noch war es Zeit; er war verhältnismäßig jung; er würde seine ehrgeizigen Pläne von einst wieder ausgraben und sie verfolgen, ohne vom Wege abzuweichen. Die feierlichen und doch so süßen Orgelklänge hatten sein Innerstes aufgewühlt. Morgen schon würde er in die lärmende Innenstadt gehen und sich eine Arbeit suchen. Ein Pelzimporteur hatte ihm einmal die Stelle eines Kraftfahrers angeboten. Er würde ihn morgen aufsuchen und um die Stelle bitten. Er würde wieder jemand sein auf dieser Welt. Er würde –

Soapy spürte eine Hand auf seinem Arm. Er wandte sich schnell um und blickte in das breite Gesicht eines Polizisten.

»Was tun Sie hier?« fragte der Beamte.

»Nichts«, antwortete Soapy.

»Na, dann kommen Sie mal mit«, sagte der Schutzmann.

»Drei Monate Insel«, sagte der Schnellrichter am nächsten Morgen.

Der Schneemann

In diesem Winter fiel Schnee, soviel man nur wünschen konnte. Auf dem Marktplatz errichteten die Kinder einen Schneemann.

Es war ein geräumiger Marktplatz, über den täglich viele Menschen gingen. Die Fenster zahlreicher Ämter sahen auf ihn. Der Marktplatz machte sich nichts daraus; er lag einfach so da. Genau in seiner Mitte bauten die Kinder unter Lärm und Freudenschreien den drolligen Kerl.

Sie rollten den Schnee zu einer großen Kugel, das war der Bauch, dann zu einer kleineren, für Rücken und Schultern, und schließlich zu einer noch kleineren, aus der sie den Kopf formten. Aus schwarzen Kohlebröckchen machten sie dem Schneemann Knöpfe, so daß er sich von oben bis unten zuknöpfen konnte. Seine Nase war eine Rübe – ein ganz gewöhnlicher Schneemann also, wie sie jährlich zu Tausenden im ganzen Lande entstehen, wenn die Schneefälle es gestatten.

Die Kinder hatten ihren Spaß daran und waren sehr glücklich.

Verschiedene Leute kamen vorbei, sahen sich den Schneemann an und gingen weiter. Die Verwaltungen verwalteten, als wäre nichts geschehen.

Der Vater freute sich darüber, daß seine Kinder in der frischen Luft herumtobten, daß sie davon rote Backen bekämen und einen guten Appetit nach Hause brächten.

Aber am Abend, als schon alle daheim waren, klopfte jemand an die Tür. Es war der Zeitungsverkäufer, der am Marktplatz sein Büdchen hatte. Er entschuldigte sich, daß er so spät noch störe, aber er halte es für seine Pflicht, mit dem Vater ein offenes Wort zu sprechen. Sicherlich, die Kinder seien noch klein, man sehe es ja, aber man müsse jetzt schon auf sie aufpassen, sonst würde aus ihnen nichts Gescheites.

Nur aus dem Grunde sei er gekommen, andernfalls hätte er sich nicht unterstanden; es gehe ihm nur um das Wohl der Kinder; ihre Erziehung sei ihm ein Herzensanliegen. Er komme dieser Rübennase wegen, die die Kinder dem Schneemann gemacht hätten. Es sei eine rote Nase. Er, der Zeitungsverkäufer, habe auch eine rote. Weil er sie sich einmal erfroren hätte und keineswegs vom Schnapstrinken. Aber das sei doch wohl kein Grund, ihn in aller Öffentlichkeit dieser roten Nase wegen zu verspotten. Er möchte also bitten, daß so etwas nicht mehr vorkäme, wie gesagt, nur aus erzieherischen Gründen.

Der Vater war von diesen Bemerkungen stark beeindruckt. Natürlich haben sich die Kinder über niemanden lustig zu machen, selbst wenn der Betreffende eine rote Nase hat – auch wenn sie das jetzt noch nicht verstehen. Er rief die Kleinen herbei und fragte sie streng, indem er auf den Zeitungsverkäufer wies:

»Ist es wahr, daß ihr dem Schneemann eine rote Nase gemacht habt, um diesen Herrn hier zu verspotten?«

Die Kinder waren so aufrichtig verwundert, daß sie zunächst gar nicht verstanden, worum es ging. Als sie endlich begriffen, erklärten sie steif und fest, nichts dergleichen sei ihnen in den Sinn gekommen.

Aber für alle Fälle gab ihnen der Vater zur Strafe kein Abendessen.

Der Zeitungsmann bedankte sich und ging. Unter der Tür stieß er auf den Vorsitzenden der Gemeindegenossenschaft. Dieser begrüßte den Hausherrn, dem es sehr angenehm war, eine immerhin so wichtige Persönlichkeit unter seinem Dach empfangen zu dürfen. Als der Herr Vorsitzende die Kinder erblickte, runzelte er die Stirn und sagte barsch: »Gut, daß ich sie sehe, die Bengel! Sie sollten ihnen die Zügel etwas strammer ziehen. Noch so klein und schon so frech! Schaue ich da heute aus den Fenstern unseres Magazins auf den Marktplatz – und was sehe ich? Die machen ganz ruhig einen Schneemann.«

»Ach, es handelt sich um die Nase ...«, warf der Vater ein.

»Was geht mich die Nase an! Aber stellen Sie sich vor, erst

machen sie eine Kugel, dann eine zweite und eine dritte. Dann stellen sie die zweite auf die erste und die dritte auf die zweite. Ist das nicht empörend?«

Da der Vater nicht verstand, wurde der Vorsitzende noch aufgeregter: »Aber das ist doch ganz klar, was sie hiermit zu verstehen geben wollten. Sie wollten damit sagen, daß in unserer Gemeindegenossenschaft ein Dieb auf dem andern sitzt. Das ist eine Verleumdung. Selbst wenn man so etwas in die Zeitung bringt, muß man Beweise dafür haben und erst recht, wenn man auf dem Marktplatz darauf öffentlich anspielt.« Aber er, der Vorsitzende, wolle des jungen Alters und seiner Unbedachtheit wegen Nachsicht üben; er verlange daher keinen Widerruf, nur dürfe dergleichen nicht noch einmal vorkommen.

Auf die Frage, ob sie tatsächlich zu verstehen geben wollten, daß in der Gemeindegenossenschaft ein Dieb auf dem andern sitze, als sie ihre Schneekugeln aufeinanderstellten, schüttelten die Kinder den Kopf und brachen in Tränen aus. Aber der Vater schickte sie zur Vorsorge in die Ecke.

Damit war dieser Tag jedoch noch nicht zu Ende. Draußen ertönten die Glöckchen eines Schlittens, die plötzlich unmittelbar vor dem Hause verstummten. An die Tür klopften zwei Männer auf einmal. Ein Unbekannter in einem Schafsfellmantel und der Herr Vorsitzende des Nationalrates persönlich.

»Bürger, wir kommen Eurer Kinder wegen«, sagten sie im Chor schon von der Schwelle aus.

Der Vater war jetzt schon an solche Besuche gewöhnt; er schob also Stühle heran, damit sich die beiden setzen konnten. Der Vorsitzende schaute verstohlen auf den Unbekannten und fragte sich verwundert, wer das sein könne. Dann begann jener:

»Ich bin erstaunt, daß Sie in Ihrem Hause feindliche Propaganda dulden. Vermutlich haben Sie keinerlei politisches Bewußtsein. Am besten ist, Sie geben es gleich zu.«

Der Vater verstand nicht, warum er kein politisches Bewußtsein haben solle.

»Man sieht es nämlich gleich an Ihren Kindern. Wer verspottet die Organe des Arbeiter- und Bauernstaates? Ihre Kinder tun das. Sie haben diesen Schneemann genau vor den Fenstern meiner Kanzlei aufgestellt.«

»Ich verstehe«, seufzte der Vater verzagt, »es handelt sich um diese Anspielung auf Diebstahl ...«

»Diebstahl? Unsinn! Aber wissen Sie denn nicht, was die Aufstellung eines Schneemannes direkt vor dem Fenster des Nationalratsvorsitzenden bedeuten soll? Ich weiß genau, was böse Zungen über mich sagen. Warum stellen Ihre Kinder denn nicht dem Adenauer einen Schneemann vors Fenster? Ha, da schweigen Sie. Ein beredtes Schweigen, mein Herr. Ich kann daraus meine Konsequenzen ziehen.«

Beim Wort »Konsequenzen« stand der dicke Unbekannte auf, sah sich im Zimmer um und ging dann ganz leise, auf den Zehenspitzen, hinaus. Vor dem Fenster ertönten wieder die Schlittenglöckchen, dann wurde ihr Klingeln allmählich leiser und verlor sich schließlich in der Ferne.

»Ja, mein lieber Freund, ich rate Ihnen, darüber einmal nachzudenken«, fuhr der Vorsitzende fort. »Aha, und noch eins. Wenn ich manchmal mit offenem Hosentürchen aus dem Haus gehe, dann ist das meine private Angelegenheit. Ihre Kinder haben kein Recht, darüber Witze zu reißen. Daß dieser Schneemann von oben bis unten Knöpfe hat, ist nämlich sehr zweideutig. Ich erkläre Ihnen noch einmal, wenn es mir paßt, dann gehe ich überhaupt ohne Hose aus dem Haus, und Ihre Kinder geht das gar nichts an. Merken Sie sich das!«

Der Angeschuldigte rief seine Kinder aus der Ecke und verlangte, sie sollten auf der Stelle zugeben, daß sie bei der Anfertigung des Schneemanns an den Herrn Vorsitzenden gedacht hätten und daß die Knöpfe eine zusätzliche geschmacklose Anspielung auf den Umstand seien, daß dem Herrn Vorsitzenden gelegentlich einige Knöpfe offenstünden.

Unter Schluchzen und Tränen versicherten die Kinder, daß sie ihren Schneemann einfach so, zu ihrem Vergnügen und ganz ohne Hintergedanken, gemacht hätten. Zur Vorsicht aber ließ der Vater sie nicht nur ohne Abendessen, schickte sie nicht nur in die Ecke, sondern befahl ihnen auch noch, auf dem harten Fußboden niederzuknien.

Noch einige Male wurde an diesem Abend an die Tür geklopft, aber der Vater öffnete nicht mehr.

Am nächsten Tag kam ich an einem Gärtchen vorbei, wo die Kinder spielten. Der Marktplatz war ihnen verboten. Die Kinder besprachen gerade, was sie spielen sollten.

»Machen wir einen Schneemann«, schlug das erste vor.

»Ach, so ein gewöhnlicher Schneemann, das ist doch nichts«, sagte das zweite.

»Gut, dann machen wir den Mann, der die Zeitungen verkauft. Er bekommt eine rote Nase; denn er hat eine rote – vom Schnapssaufen. Er hat es gestern selbst zugegeben«, erklärte das dritte.

»Quatsch, ich mache die Genossenschaft.«

»Und ich mache den Herrn Vorsitzenden, denn der ist sowieso ein Schneemann. Und Knöpfe bekommt er, weil ihm immer das Hosentürl offensteht.«

Die Kinder stritten sich, aber dann beschlossen sie, alles der Reihe nach auszuführen. Eifrig begaben sie sich an die Arbeit.

Als Ägyptenland im Schnee versank

Kurz hinter Brüssel beginnt es zu schneien, große, wäßrige Flocken, die kleiner werden, weißer, härter, je weiter ich vordringe. Never mind, sage ich, ruhig Blut bewahren, es wird schon nicht so schlimm werden. Ich habe keine Winterreifen, wo ich herkomme, braucht man sie nicht, ich weiß nicht, wie man auf vereisten Straßen fährt. Es gibt bestimmte Tricks. Ich habe sie nicht gelernt.

Ägyptenland verschleiert sich.

Der Verkehr ist dünn auf der kerzengeraden Autobahn, die wie eine Schnur über die Landschaft gespannt ist. Bald bleibt der Schnee liegen. Nur auf der zweiten Überholspur, die für meinen Mini nicht in Frage kommt, ist es besser, da wirbeln die schnellen schwarzen Limousinen den Schnee weg. Mit hundertachtzig rasen sie auf die weißgraue Wand im Osten zu.

Der Schnee quillt aus dieser Wand heraus, wie ein Dampf weht er mir entgegen, ein eisiger Nebel, der alles bedeckt, kaum sind die Straßenränder noch zu erkennen.

Auf der leeren Lastwagenspur, im zweiten Gang, krieche ich durch die weiße Luft. Aber immerhin fahre ich, mein Mini bewegt sich. Ruhig Blut, ruhig Blut, nicht schlafen, sage ich, obwohl die Aussicht, falls man überhaupt von Aussicht sprechen kann, das gleichmäßige Dröhnen des Motors und die aus sämtlichen Heizungskanälen dringende trockene, staubige Wärme schon einschläfernd wirken. Ägyptenland läßt mich nicht herein.

Es wäre mir ganz egal, schnuppe geradezu, ich komme ja nicht freiwillig, jede Verzögerung ist willkommen, wenn nur der Schnee nicht wäre. Soviel Schnee habe ich dort, wo ich herkomme, nie gesehen. Was nützt mir, wenn ich von dieser Straße abkomme, wenn ich mit meinem Mini in den Schnee stürze, wenn ich in die Grube falle, was nützt mir da die

Fahrkarte, die ich gestern gekauft habe? Ich trage sie auf der Handfläche unter dem Handschuh, dort sitzt sie stramm, allzeit zu spüren. Eine Metrokarte, grün, unbenutzt, der Name des Bahnhofs, an dem ich sie gekauft habe, steht darauf. Finchley Road.

Vor mir, aus den Schneewolken auftauchend, gelbe Blinklichter, rotweiße Baken, eine Umleitung ist ausgeschildert. Das hat mir gerade noch gefehlt. Sämtliche Straßenkarten in den Bücherkisten verpackt, im Möbelwagen, der mir vor zwei Tagen vorausgefahren ist. Vereisten Landstraßen, womöglich noch mit Steigungen, bin ich nicht gewachsen.

Da schelte ich meine Dummheit. Da tadle ich meine Firma, die von mir verlangt, daß ich hier durch die Gegend schlittere. Jetzt wird umgekehrt, sage ich, jetzt überwintere ich auf halber Strecke, in Brüssel oder sonstwo am Wege.

Das ist leichter befohlen als getan. Es schneit immerzu. Die Straßen laufen nicht so, wie sie sollten. Mehrmals passiere ich offene Schranken und Bretterbuden, das müssen Zollstationen sein, doch der Schnee hat die Grenzwächter vertrieben. Wenn ich das Fenster herunterkurble und den Paß in die eisige Luft hineinhalte, winken aus Luken Wollhandschuhe, ungeduldig. Weiterfahren! Sie wollen nichts sehen, nichts wissen. Daran tun sie gut, habe ich doch nichts bei mir als die letzten Reste meines aufgelösten Haushalts in der Finchley Road.

Ich habe keine Ahnung, wo ich bin. Offenbar auf einer Schnellstraße, vielleicht einer Autobahn. Aber in welchem Land? Es gibt viele Länder in dieser Gegend. Eine Tankstelle, die ich anfahre, um nachzufragen, ist geschlossen. Außer Betrieb. Ägyptenland ist abgesperrt.

Immer noch sinkt der Schnee aufs Land, nun schon ein weißes Tuch. Ganz unmöglich, meinen Bestimmungsort noch heute zu erreichen, zumal es allmählich immer dunkler wird.

Als ich auf die Uhr schauen will, merke ich, daß sie nicht mehr da ist. Sie muß mir beim Hinausstrecken des Passes vom Handgelenk gefallen sein. Da schelte ich meinen Leichtsinn. Eine schöne Uhr. Ein Konfirmationsgeschenk, aus

Gold. Hatte ich nicht in den letzten Tagen festgestellt, daß sich die Metallschließe gelockert hatte? Warum tat ich sie bloß nicht in die Handtasche?

Nun aber Schluß mit dem Leichtsinn, sage ich, jetzt wird haltgemacht. Unverzüglich steuere ich den nächsten Rasthof an. Tankstelle und Gaststätte liegen direkt neben der Autobahn, das Hotel etwas unterhalb am Berg.

Die Straße, die in zwei Serpentinen hinunterführt, ist total vereist. Ich rutsche im ersten Gang hinunter. Wenn nicht gestreut wird, komme ich diesen Berg nie mehr hinauf. Eine Falle. Wenn ich nicht unterkomme, sitze ich fest. Dann kann ich die ganze Nacht im Auto verbringen. Begraben von Schnee, bei laufendem Motor, bis mir das Benzin ausgehen wird.

Die Aussichten scheinen nicht gut zu sein. Der ganze Parkplatz steht voll mit Autos, ihre Umrisse verschwinden bereits unter den Schneemassen, Leichentücher über Särgen.

O yes, Madam, sagen sie, für Sie haben wir ein Zimmer. Da freue ich mich sehr, besonders als sie sagen, es sei das letzte, das allerletzte.

Erst nachher fällt mir auf, daß sie Englisch sprachen. Wo bin ich? Schon in Ägyptenland oder noch jenseits der Grenze? Aus den Aufschriften im Zimmer kann man nichts schließen. Sie sind mehrsprachig, beginnen bald deutsch, bald englisch, und im Bad, wo steht, daß man die Steckdose nur für den Rasierapparat benutzen darf, ist die erste Zeile französisch abgefaßt.

Offen gestanden, interessiert es mich wenig, ob ich schon da bin oder noch nicht. Die Vorstellung, noch nicht in dem Land zu sein, in das ich zurückbeordert wurde, geschäftehalber, tut mir eher wohl.

Deshalb unterlasse ich es, mich zu erkundigen, sondern frage nur nach dem Essen. Hier nicht, sorry, Madam, sagen sie, morgen früh das Frühstück, aber jetzt nichts, doch die Gaststätte, oben neben der Tankstelle, ist geöffnet.

Das ist mir zu weit, bei diesem Wetter, zumal ich nicht sehr hungrig bin. Schließlich habe ich im Auto noch Reste aus meiner Küche in der Finchley Road, die steht jetzt leer und kalt. Für einen Augenblick rieche ich die übergelaufene Tomatensuppe und das ausströmende Gas, keine Angst, es passiert nichts, kein Fenster schließt dicht in diesem Haus, ich rieche den indischen Binsenteppich und die Feuchtigkeit, die in den Mauern sitzt, seit hundert Jahren oder mehr.

Draußen in der Dunkelheit heult ein Schneesturm. Er reißt die Tür aus der Hand, kehrt den Schirm um, wirft eiskaltes Konfetti ins Gesicht, Händevoll, gestanzte Ware, scharf wie Glassplitter. Die geparkten Autos liegen da in exakter Ordnung, Grabhügel, Reihengräber, namenlos.

Mit der Beute kehre ich zurück, Butangaskocher in Mini-Format, Büchsenöffner, Campbell's Tomato Soup. Der Whisky steht schon auf dem Nachttisch, der Handtasche entnommen, auf dem Fährschiff gekauft. Unabhängig sein, sage ich, wenigstens bei solchen Dingen.

Bald ist der Spiegel über der Frisierkommode in dem nur mäßig warmen, doch mit Neonlicht taghell erleuchteten Zimmer von Dampf beschlagen. In den knöchellangen Wintermantel gehüllt, sitze ich am Tisch, auf dem die Metrokarte liegt. Ich nahm die teuerste Fahrkarte, die es gibt. Damit kommt man durch die ganze Stadt, bis hinaus an die Ränder, zum fernsten Ziel, nach Wimbledon, New Cross, Upminster. Und wenn ich Lust hätte, stiege ich unterwegs aus. Wer sagt denn, daß man bis ans Ende jeder Strecke fahren muß? Piccadilly Circus, Sloane Square, South Kensington, überall möchte ich die Rolltreppen hinauffahren, hinaustreten ins Regenlicht.

In der mit einem Waschlappen umwickelten Hand halte ich ein Zahnglas mit Suppe, in der anderen Hand ein Zahnglas mit Whisky. Wo ich Tomatensuppe rieche, ist Finchley Road.

Noch während ich trinke, mal aus dem rechten, mal aus dem linken Glas, lege ich die Ohrenschützer an und beginne zu lesen. Der Überwurf der Wörter wärmt besser als Whisky und Tomato Soup. Ganz heiß wird mir vor Wortgeglühe, ganz heimatlich, Wärme durchwölkt mich.

Betrunken von Wörtern und vom Whisky schlafe ich ein, in meinem Ägyptenland, in das ich verkauft bin, in die Grube geworfen, von wollenen Fausthandschuhen, ins Loch gestoßen, ich schwebe hinunter wie Schnee. Mein knöchellanger Mantel wird in Campbell's rote Suppe getaucht und meiner Firma als Beweis für mein Ableben geschickt.

Ich träume, das Land sei ein Wolf. Der jagt durch Nacht und Schnee, er riecht die Tomatensuppe, er jagt auf die Grube zu, in der ich liege und friere.

Ich träume, das Land sei ein Elefant. Der steht auf tönernen Füßen, der zertrampelt die Bretter, die meine Grube vor dem Schnee schützen, daß sie splitternd zerbersten.

Ich träume, das Land sei eine Fledermaus, die hockt mir auf der Brust und wird immer schwerer.

Als ich schon keine Luft mehr bekomme, läutet das Telefon. Im ersten Moment habe ich überhaupt keine Stimme. Yes? sage ich schließlich. Das ist noch die Gewohnheit aus der Finchley Road.

Eine Frauenstimme fragt, wie die Reise gewesen sei. Ich, in Gedanken auf der Finchley Road, dortzulande, wo bis gestern mein Hierzulande war, wundere mich nicht, daß sie Deutsch spricht, sondern frage ohne Umschweife: Können Sie mir sagen, wo ich bin?

Sie lacht: Herzlich willkommen in der Heimat!

Moment mal, sage ich, Heimat? Sagten Sie Heimat? Die erste wegbombardiert, die zweite wegsaniert, die dritte, aus der ich komme, weggenommen, vertrieben nach Ägyptenland, wo mir Glassplitter wie Geschosse immerzu ins Auge fliegen und Streusand zwischen den Zähnen knirscht.

Die Dame am Telefon hält jetzt einen kleinen Vortrag. Atemlos kommen die Sätze durch die Leitung, sie spricht ohne Punkt, ohne Komma. Soviel verstehe ich nach einer Weile, daß sie alles gut findet in Ägyptenland. Sie lobt die neuen Pyramiden, die Rennbahnen, die Satellitenstädte, sie preist die geschaffene Ordnung, daß hier jeder das Maul aufreißen und reden dürfe, wie ihm der Schnabel gewachsen, sie rühmt die Tugenden der Landesbewohner, selbst für die Aufschneider, die Besserwisser, die Trimm-dich-Fanatiker, für die Vogelzeiger, Lichthuper, Schrebergärtner findet sie schöne Worte der Verteidigung. Das Land, sagt sie, sei weder dumpf noch langweilig, und es sei böswillige Verleumdung zu behaupten, die Landesbewohner hätten den Charme von Schaufensterpuppen.

Ich bin ganz verblüfft. Meine Dame, sage ich, aus Ihrer interessanten Rede geht hervor, daß Ägyptenland besser als, sagen wir, Babylonien ist, eine Tatsache, die mir schon des längeren bekannt war. Kein Anlaß, großzutun, glauben Sie mir. Wollen Sie die Güte haben, mir die Bemerkung zu erlauben, daß Ihr beeindruckendes Land mich dennoch nicht sonderlich interessiert. Vielleicht ein Geburtsfehler. Jedenfalls möchte ich hier nicht leben. Nicht freiwillig. Nein, danke schön. Ihr Land gefällt mir nicht.

Eine Weile rauscht es in der Leitung, so als würde ein Band gewechselt oder als käme eine neue Sprecherin. Doch die Stimme, die weiterspricht, ist dieselbe, wenn auch in anderem Tonfall: Sie tun mir leid, sagt sie, armes Kind. Sie sind verblendet. Da uns daran gelegen ist, Sie auf den rechten Weg zu bringen, wären wir Ihnen verpflichtet, wenn Sie die Übel des Landes detailliert aufführen würden, möglichst in alphabetischer Reihenfolge.

Nein, rufe ich feindselig, das werde ich nicht tun. Ihnen gegenüber bin ich zu keiner Auskunft verpflichtet. Wessen Agentin sind Sie überhaupt?

Ich merke, wie die Aufregung in mir wächst, zur Wut schwillt, die nicht mehr zu bremsen ist.

Meine Dame, schreie ich ins Telefon, wenn Sie es ganz genau wissen wollen: Nur da ist Ihr Land erträglich, wo es mit Fremdem vermischt, wo es verwässert ist, wo es angrenzt. Rittlings auf der Grenze sitzend, ein Bein in den Weinterrassen jenseits des Nils, das andere in meinen südlichen Wäldern – wenn es schon nicht die Finchley Road sein kann –, so hielte ich es vielleicht aus.

Meine Gesprächspartnerin, bisher so beredt, schweigt.

Hallo, meine Dame, rufe ich, sind Sie noch da?

Ich sehe schon, sagt sie, wir müssen Sie mit unserem Spezial-Spray behandeln. Das wird Ihrer Optik guttun. Seien Sie nicht beunruhigt, wenn Ihre Augen vorübergehend eine rosa Färbung aufweisen. Das geht wieder weg. Das wird bald keiner mehr sehen.

In der Leitung rauscht und zischt und knackt es.

Als ich erwache, liege ich auf dem Fußboden vor dem Bett, auf der Brust das Telefon, ich muß es im Schlaf heruntergerissen haben.

Meinem Blick im Spiegel weiche ich aus.

Die Serviererin im Frühstückszimmer begrüßt mich mit einem herzlichen Guten Morgen.

Da merke ich, daß ich schon tief im Lande bin.

Munter trete ich hinaus auf den Parkplatz. Ein strahlender Tag, rosig überhaucht vom Licht der Sonne, weiß und blau die Landschaft, durch die wie glänzende Schlangen die salzbestreuten Straßen laufen.

Da werfe ich die unbenutzte Metrokarte in den Schnee, der schon zu schmelzen beginnt, und fahre weiter nach Ägyptenland hinein.

Wer einen nächtlichen Weg entlanggeht, spät abends auf dem Land im Dezember, und es ist Neuschnee gefallen, der kann an den Fährten der Tiere erkennen, je nachdem, wie sie im Lichtkreis der Laterne auftauchen, daß es kein Zurück mehr gibt.

Da klart das Wetter auf, es fällt kein Schnee mehr, und mit ihren uralten Zeichen treten die Sterne am Himmel hervor.

Und der Engel fängt mit seinen feinen Sinnen die geheimnisvolle Sprache von binären Sequenzen auf, die der Mensch in seinem Gehirn mit sich selbst spricht, die er selber jedoch nicht hören kann. Von dieser Sprache ist seine gewöhnliche Sprache ein Widerschein, ein Echo. Und daher glaubt der Mensch, seine Gedanken kämen fertig zu ihm, und nennt sie seine »Einfälle«; sie »gehen ihm auf«. Doch diese zweite Sprache ist nur das Echo seiner ersten Sprache, die er selbst nicht hören und verstehen kann.

Der Schatten selbst kann keinen Schatten werfen. Und der Engel, der alle Wahrscheinlichkeiten abwägen kann, wie wir schwer und leicht in der Hand wägen, versteht, daß diese Zeichenfolge nicht vom Zufall gelenkt wird, sondern von einer Absicht.

Der eine geht den Weg entlang, erhellt vom Lichtkreis seiner Laterne. Der andere brütet in seiner Dunkelheit. Er *steht* in der Bewegung.

Diese Wesen begegnen sich jetzt, und staunend nehmen sie einander in ihrer Besonderheit und Grausamkeit wahr.

Und das geht so zu:

Als der Mann an eine Wegbiegung kommt, wo eine Brücke über ein fast gänzlich zugeschneites Bachbett führt, spürt er, daß ein *Schatten* auf ihn fällt. Und er hält die Laterne hoch, um zu sehen, er leuchtet nach allen Seiten, sieht aber nur die verschneiten Fichten sich schwach gegen den Himmel abzeichnen. Einer der schweren Zweige gerät in Bewegung, und ein dicker Brocken Schnee fällt zu Boden.

Da schraubt er seine Laterne hoch und will weitergehen, spürt aber wiederum, daß ein *Schatten* auf ihn fällt, diesmal noch dichter als vorhin. Da bleibt er stehen, hebt seine Laterne und mustert die Stämme der Bäume am Wegrand, einen nach dem anderen.

Da steht er ratlos und wiederholt laut für sich jedes einzelne von den Worten, die er unterwegs gedacht hat. Und alle diese Worte handeln von Kälte und Eis und von den Fährten der Tiere im Schnee und von den Aalquappen, die regungslos mit weit geöffneten Augen im Eis stehen.

Nachdem er verstummt ist, wird es ganz still. Doch von den Zweigen fällt mehr Schnee.

Da überkommt den Engel ein Grauen, und er läßt den Schatten sich heben. Doch der Mann bleibt stehen, ratlos, mit seiner Laterne in der Hand, und sammelt Silben und Worte. Er wägt sie im Mund.

In diesem Augenblick erkennt der Engel die ungeheuren Mauern, die Engel und Menschen trennen. Und der Engel sieht, daß das sinnreiche Wesen, das vor ihm steht, ein Kunstprodukt ist, ein geschickt programmiertes Geschöpf, gesteuert von einer geheimen Absicht, die ihm selbst nicht bekannt ist, an der es aber gleichwohl teilhat. Und der Engel ahnt, daß der Mann, den er sieht, aus einem größeren Zusammenhang stammt, in dem ihm die Aufgabe zukommt, einen kleinen Teil davon mit sich zu tragen, einen Schlüssel.

Da empfindet der Engel einen furchtbaren Neid, eine furchtbare Liebe, einen furchtbaren Trieb, in den Mann *hineinzusehen*. Und mit einem unhörbaren Dröhnen sammelt er seine entsetzliche Liebe zu einer sehr schmalen, heißen Flamme und richtet sie auf den Mann.

– Gib mir deinen Schlüssel!

Da zählt der Mann wieder laut all die Worte auf, die er unterwegs gedacht hat.

»Die toten Vögel ruhen unter dem Schnee.«

»Trockener weißer Schnee fällt in Brocken von den Bäumen.«

»Alle Pfosten stehen im Eis still.«

»Die eingefrorenen Aalquappen stehen regungslos mit weit geöffneten Augen im Eis.«

»Wenn man im Winter ein Haus verläßt, wird es immer

kälter, und schließlich ist nur noch das Ticken der Uhren zu hören. Es hallt in den kalten Häusern wider.«

Und der Mann sucht nach Worten und Silben. Er wägt sie im Mund.

Da versteht der Engel, daß es nicht einen Schlüssel gibt, sondern tausend, und daß da kein Geheimnis zu durchschauen ist. Wortlos betrachten die beiden Wesen einander, und mehr Schnee fällt von den Bäumen.

Da überkommt den Mann eine plötzliche Verzweiflung, Verlorenheit und Angst: die Erinnerung an tausend graue Wintertage zieht vorüber, einer wie der andere. Die Wolken grau und niedrig, eine sehr kleine Welt unter der Wolkenkuppel, die Wagenräder fressen sich immer tiefer in den Schneematsch der Wege, über dem Eis steht das Wasser zwei Zoll hoch.

Und es scheint ihm, sein Leben sei ihm verlorengegangen.

Der Engel, gewaltig, brütet über seinen Geheimnissen. Stetig muß er die enorme Geschwindigkeit steigern, in der er *steht*, um so lange in dieser Welt verweilen zu können, bis er seinen Entschluß über dieses Wesen gefaßt hat. Das ist eine Folge der geheimnisvollen Eigenschaften von Zeit und Raum.

Wahrend er auf diese Weise unablässig seine relativistische Bewegung beschleunigt, treten immerzu neue, hochempfindliche Sinne in Funktion. In seiner unmittelbaren Nähe fühlt er, daß ein winziges Geschöpf unter dem Schnee, mit weichem Fell, aufgestört wurde und sich in seinem Schlaf regt. Es liegt zwei Meter unter der Erde.

Da faßt er seinen Entschluß.

Und er erwartet bebendes Schluchzen, überströmende Verzweiflung, machtlose Trauer, ohnmächtigen Zorn, all das, worin sich die Liebe vorbereitet, und der Tod.

Der Mann aber nimmt seine Zuflucht zu dem kleinen festen Punkt von Kälte, der in seinem tiefsten Inneren steckt. Und mächtig strömt ihm von dem Engel *Tod* entgegen.

Da zeigt es sich, daß all dieser *Tod* vergeudet und ohne

Wirkung ist. Denn der kleine feste Punkt im Inneren des Mannes, wo alles Frost und Kälte ist, birgt schon den Tod, und er kann mehr davon aufnehmen, als der Engel zu geben hat.

Er nährt sich vom Tod, und er bleibt eingeschlossen.

Unter der Erde schläft der kleine Zeuge wieder ein. Die Aalquappen stehen regungslos im Eis, mit ihren klugen, weit geöffneten Augen. Und über dem Horizont steigt senkrecht der schmale Streifen blauweißen Lichts auf, der den Fahrweg des Engels anzeigt, als er den Luftkreis der Erde verläßt.

Und wie ein kleinerer Kreis von Licht ist der Schein der Laterne auf dem fallenden Schnee.

Dezember

Nichts konnte besser zu Schnee und Stille, zu frühem Dunkel und spätem Tagwerden passen als die täglichen Rorateämter, die mit dem ersten Adventsonntag begannen und in der Christmette ihr überschwenglich schönes Ende fanden. Es war selbstverständlich, daß wir den ganzen Dezember hindurch täglich um sechs Uhr morgens die Messe besuchten, obwohl es tiefste Nacht war, wenn wir uns noch halb schlafend auf den Weg machten. Aufstehn, Waschen, Ankleiden – alles vollzog sich wie eine Fortsetzung des Traums, aus dem uns die Stimme der Mutter geholt hatte. Die Petroleumlampe täuschte mit ihrem Schimmer noch eine Weile Bettwärme vor; wenn sie dann der letzte ausblies, während schon das Aufsperren der Haustüre ins Zimmer klang, erlosch der Trug, eiskalter Hauch strich ins Finstre herein, man zog die Wollmütze ganz über die Ohren, stellte den Mantelkragen hoch, grub die behandschuhten Fäuste in die Hosensäcke, so tief es ging, und zog die Schultern in die Höhe, als gelänge es so, den Weg gleichsam noch im Bett hinter sich zu bringen. Hatte es gefroren, dann durfte man die dicken Filzpatschen anbehalten. Den ganzen Tag über blieb dieser nächtliche Aufbruch etwas Unglaubhaftes, Geträumtes, das schon unendlich weit zurücklag, sobald man nach dem Gottesdienst in der Küche beim Frühstück saß und es draußen allmählich grau werden sah. In der Kirche aber ging trotz der Kälte von allem ein warmes Behagen aus; jeder hatte neben sich eine Kerze oder einen Wachsstock brennen, so daß Hunderte von kleinen Lichträumen entstanden, zwischen denen das Dunkel in rötlicher Dämmerung schwamm. Vom Chor herab, das mit seinen Lichtern über den Notenpulten, eine traulich erhellte Insel, in der Nacht des Kirchenraumes hing, klang das holde Schalmeienspiel der Pastoralmesse und erfüllte das Gemüt mit weihnachtlicher Ahnung; der ganze Monat war voll selig stiller Versponnenheit.

Aber schon damals begann ich zu erkennen, daß alles Festliche, Erwartung sowohl wie Erfüllung, von Jahr zu Jahr an Glanz und Innigkeit verlor. Auch im neuen Heim kam der heilige Nikolaus, aber der Morgen, da im aufgestellten Teller die Äpfel, Nüsse und Lebkuchen lagen, beglückte mich nicht mehr mit der Unmittelbarkeit, mit der mich die gleiche noch nächtliche Frühstunde in den Jahren vor dem Waisenhaus beseligt hatte. Schon mischte sich Erinnerung in den gegenwärtigen Augenblick und verlieh ihm einen sehnsüchtig unbefriedigten Zug. Ich zergrübelte mir das Herz mit der Frage, was denn heute fehle, daß es nicht zu dem innigen Jubel komme, der damals den ganzen Leib mit bebender Glut durchdrungen hatte. Und da es mir von Jahr zu Jahr quälender widerfuhr, daß den Festen das eigentlich Festliche abging, erglühte ihr früheres Bild immer reiner, und ich fing an, sie in träumerischen Stunden erinnernd nachzufeiern, ganz für mich, mit allen Sinnen in den Augenblick entrückt, der mir einst ganz so gehört hatte wie ich ihm. So gelangte ich dazu, frühzeitig die völlige Beschwörung entschwundenen Lebens zu üben – eine Farbe, ein Geruch, ein bestimmter Zustand des Wetters genügten, um mit einem Zauberschlag Vergangenes wiederzubringen und dies so deutlich, daß es mich vor Ergriffenheit durchschauerte. Nicht mehr zurückzufinden aber ist in das Grundgefühl der pflanzenhaft stillen Geborgenheit; das Ich ist längst aus dem dunkel behütenden Raum auf eine taghelle Fläche herausgetreten und hat das Leben so nah und unvermittelt vor sich, daß es oft erschrickt und sich in Lust und Leid unsagbar allein weiß.

Am vierten, fünften und sechsten Dezember wurde alljährlich der Nikolausmarkt abgehalten. Die Mariatheresienstraße war voll von Buden und Ständen; an den meisten bot man Nüsse, Feigen, Orangen, Datteln, heiße Kastanien und Lebzelt feil, aber auch handgenähte Hausschuhe, Fäustlinge und Wollmützen, Griffel und Bleistifte standen zum Verkauf. Heimelig, altväterisch behaglich war's, wenn Laternen und Windlichter die offenen Stände mit goldrotem Geflacker füllten, da und dort die Glut der Kastanienöfen durchs Dunkel glänzte und über das Gedränge der Kauflustigen die Flocken niedertanzten, weihnachtlich glitzernd im Umkreis der rötlichen Lichter. Wir Buben strichen von Stand zu Stand, in den kauffiebrigen Händen immer zu wenig Geld, von der Begierde nach allem zugleich ratlos hin- und hergetrieben, und wenn die paar Kreuzer zu Ende waren, trostlos über die verfehlte Wahl. Am dritten Marktabend war es Brauch, mit Krampusruten durch die Menge zu flitzen und den Mädchen heimlich eins zu versetzen. Meist begegnete man dann auch dem ungleichen Paar, dem weißbärtigen Heiligen mit Bischofsmütze und goldflittrigem Krummstab und seinem Begleiter aus der unteren Welt, mit Teufelshörnern, flammenroter Zunge, Ofengabel und dem Ruckkorb, in welchem die schlimmen Kinder zur Hölle sollten. Dieser Gestalt, der kein so nüchternes Wissen um ihre Verkleidung den Reiz einer ängstigenden Unheimlichkeit nehmen konnte, galt das Gejohl der Buben; Wagemutige sprangen sie mit der Rute an, versuchten sie am Schweif zu ziehen und verschwanden ebenso flink in der lachenden Menge, wie sie aus ihr vorgeprellt waren. Übrigens gab es auch Paare, die, von wohlhabenderen Leuten zu ihren Kindern bestellt, vornehm im Schlitten fuhren – ein Märchen selbst für Vierzehnjährige, wenn das Gefährt im Flockengeglitzer klingelnd entschwand.

Ein einzigesmal – noch lebte die Mutter, und der Bruder war etwa fünf Jahre alt – pochte es auch an unsere Tür, rasselte es mit Ketten, und eine krächzend verstellte Stimme begehrte Einlaß. Der Bruder war den ganzen Tag widerspenstig gewesen, die Mutter hatte ihm immer wieder mit dem Krampus gedroht, er hatte den Unbekümmerten gespielt und bramarbasiert, er fürchte sich vor keinem Nikolaus und keinem Gangger, er werde den schon zur Tür hinaushauen, wenn er auch nicht glaube, daß es ihn überhaupt gebe. Am späten Nachmittag ging die Mutter fort, um einen kurzen Besuch zu machen, wie sie sagte. Der Vater begann Cello zu spielen und schmunzelte nur, wenn der Bruder, in welchem an diesem Tage wirklich der Teufel zu stecken schien, herumtobend seine frevlerischen Sprüche von sich gab. Obwohl sein wildes Treiben mitreißend wirkte, hielt mich doch eine gewisse Vorsicht, eine Art berechnender Bravheit zurück, mich anders daran zu beteiligen als indem ich beifällig mitlachte und ihn durch Zweifel an seiner Tapferkeit zu immer keckeren Droh- und Hohnreden reizte.

Plötzlich das Pumpern an der Tür, das Geschepper von Ketten, die atemraubende Pause, das neuerliche Gepolter, das krächzende Geheiß aufzutun. Als der Vater zur Türe ging, war der Bruder verschwunden. In schauerlicher Wirklichkeit trat der Krampus ins Zimmer. Das schwarz zottige Fell, die rote Zunge, die Teufelshörner – alles, wie es sich gehörte; ich schaute ihn genau an, ich glaubte nicht ganz an seine Echtheit und ließ mich durch die Gestalt, die mir von den Lebkuchenbildern her vertraut war, doch immer wieder ins Bockshorn jagen. So schwankte ich zwischen belustigter Neugier, was denn etwa dahinterstecke, und ängstlicher Verzauberung hin und her. Der Krampus aber wünschte den Bruder zu sehen und es gelang seinen immer bedrohlicheren Rufen auch bald, ihn hinter dem Ofen hervorzuziehen. Den angekündigten Zweikampf blieb er uns nun freilich schuldig, schlotternd stand er vor dem Höllischen und zog es vor, mit bebender Stimme das Vaterunser zu stammeln und heulend zu versichern, daß er sich bessern wolle. Ich schloß mich solcher Versöhnlichkeit eifrig an; der Krampus aber ließ die Rute zurück, damit sie uns zur rechten Zeit fühlbar daran erinnere, was wir so großherzig versprochen hatten.

Als die Mutter heimkam, erzählten wir ihr, glühend von dem Erlebnis, der Teufel sei dagewesen, und obwohl es uns wunderlich verwirrte, daß seine Stimme fast aufs Haar der ihren geglichen, ließen uns ihr gut gespieltes Erstaunen, ihr vertrautes Kleid und Gesicht doch völlig im ungewissen, ob sie der Krampus gewesen oder ob am Ende nicht doch die Hölle persönlich an unsere Tür geklopft hatte.

Dies schwebende Zugleich zweier Möglichkeiten, in eine einzige, unlösbare Wirklichkeit verschlungen, machte Stunden der Kinderzeit oft so traumhaft unbestimmt. So erging es mir mit dem Weihnachtsabend, den ich als Fünfjähriger erlebte und nicht begriff; es lag in meiner Art, das schwer zu Lösende auf sich beruhen zu lassen, und so nahm ich Christbaum und Gabentisch dennoch als das Wunder hin, an das ich seit dem frühen Nachmittag nicht mehr glaubte. Der Vater hatte uns mit der Rodel fortgeschickt und schon dies, daß wir nicht wie sonst darum zu bitten brauchten, machte mich stutzig. Während ich den kleinen Schlitten über den Hof zog und der Bruder neben mir herstapfte, ließ mir die Frage, warum uns der Vater das Rodeln herwärts angetragen, keine Ruhe und ich schaute nochmals zu den Fenstern unserer Wohnung hinauf. Da wurde mir Antwort: Ich sah den Vater auf einem Stuhl stehen, er war gerade dabei, an den Zweigen eines Tannenbaumes kleine Kerzen festzumachen. Der Traum vom himmlischen Kind und seinen geflügelten Gehilfen, den ich tagelang geträumt hatte – das Brieflein zwischen den Fenstern sollte sie in die Stube bitten –, zerbrach wie eine zu zarte gläserne Kugel, ich hielt die Scherben in den Händen und sah, daß sie leer gewesen. Ich liebte den Vater in diesem Augenblick nicht weniger, ich teilte plötzlich ein Geheimnis mit ihm, in das ich auch den Bruder nicht einweihte. Freilich ein sehr nüchternes; als aber am Abend der Baum in seiner ewig unwahrscheinlichen Pracht strahlte, überwog der Glanz der Kerzen und das Flirren der Goldfäden mein armseliges Wissen so sehr, daß ich noch einmal ans Christkind glaubte, das der Vater vor meinen Augen verdrängt hatte.

Wie aber verstand er es, Feste zu feiern! Er freute sich selbst wie ein Kind über den neuen Malkasten, die Eisenbahn, die Kindertrompete. Er setzte sich zu uns, füllte die Schälchen mit Wasser und zeigte uns, wie man Farben aufträgt; man trat gemeinsam in einen Zauberraum ein, der von Gold und Kostbarkeit flimmerte, man versank gemeinsam in das Glück stiller Geschäftigkeit, das die Stunden des Kindes bis zum Rande füllt. Über allem hing der Duft des Baumes und war auch im wirklicheren Licht des nächsten Morgens noch da, während man noch einmal die schönen Dinge der Reihe nach vornahm und es nun erst ganz genoß, daß sie einem auch tatsächlich gehörten.

HERBERT ROSENDORFER

Die stille Zeit

Es ist üblich, sagte mir Herr Shi-shmi, daß man anläßlich des Gottes-Geburtsfestes, das auch »die Heilige Nacht« genannt wird, seinen Verwandten oder Freunden etwas schenkt. Es ist nicht nur üblich, es ist förmlich ein Zwang. Der Sohn schenkt den Eltern, die Eltern den Kindern, die Schwester dem Bruder, Onkel, Tante, aber auch Schwägern und Cousinen, selbst Nachbarn, Kollegen und Geschäftsfreunden wird geschenkt, die Untergebenen schenken dem Vorgesetzten, alle beschenken sich, ob sie sich leiden können oder nicht. Herr Shi-shmi stöhnt schon bei dem Gedanken, daß er ja rechtzeitig alle Geschenke beisammen hat. Seit Anfang des Monats sind die Großnasen in einem einzigen Rennen begriffen und jagen nach den unsäglichsten Dingen, die sie einander schenken könnten. Die Kaufleute reiben sich natürlich die Hände. Wenn alle ihre Geschenke selber behalten würden, sagt Herr Shi-shmi, gäbe es das ganze Gewürge nicht und es hätte noch den Vorteil, daß man weiß, was man hat, denn in der Regel bekommt man unnötige, überflüssige und unschöne Dinge geschenkt, die man nicht wegwerfen darf, weil sonst der Schenkende beleidigt wäre, und auch nur unter Aufbietung größter Vorsicht und in gebührendem Abstand von einigen Jahren weiterschenken darf. Die Geschenke werden auf den Schlag am Abend des 24. Tages dieses Monats ausgetauscht. Das Schlimmste, was einem passieren kann, ist, daß man von jemandem etwas geschenkt bekommt, dem man seinerseits – entweder, man hat es für unnötig befunden oder gar vergessen – nichts geschenkt hat. Da die Geschenke auf einen Schlag ausgetauscht werden, ist dieser Fehler irreparabel und der betreffende vergeßliche oder nachlässige Beschenkte muß ein Jahr lang den Kopf einziehen und darf sich bei dem anderen nicht blicken lassen.
So zermartern sich die Großnasen die Köpfe, daß sie ja

keinen noch so entfernten Stief-Onkel vergessen, und ich sehe Männer wie Weiber wie von Dämonen gepeitscht durch die schneenassen und eisverkrusteten Straßen hecheln, mit großen und kleinen Paketen bis über den Kopf beladen, die sie aus den Läden – wo sie sich hoch verschulden – nach Hause schleppen, um sie dort zu horten, und am 24. Tag gegenseitig austauschen. Oft rutschten sie aus auf dem Eis. Ich beobachte das gern aus meinem Fenster des Hong-tel, das auf eine Straße hinausgeht, in der viele Läden sind. Es reißt ihnen die Beine in die Luft, die Pakete fliegen den anderen um die Köpfe. Manche Pakete rollen auf die Fahrbahn, wo die A-tao-Wägen darüberrollen. Achtlos steigen die anderen gehetzten Großnasen über die Gestürzten hinweg, die verzweifelt versuchen, ihre Pakete wieder einzusammeln.

Das nennen die Großnasen »die stille Zeit«. So feiern sie die Ankunft ihres Gottes. Der wird eine Freude haben. Ich fürchte übrigens, daß ich auch, obwohl so denkbar fernstehend, in den Strudel des Geschenkaustausches hineingezogen werde. Wenn ich einige Andeutungen von Herrn Shishmi richtig verstanden habe, so bereitet er meuchlings ein Geschenk für mich vor. Und so werde ich auch nicht umhinkönnen, ihm etwas zu schenken.

Wer glaubt noch an den Weihnachtsmann?

»Dein neuer Anzug ist gekommen. Eine Nummer größer als im Vorjahr. Möchtest du ihn anprobieren?«

»Ich will ihn nicht haben.«

»Aber warum denn nicht?«

»Ich werde diese lächerlichen Klamotten nie wieder anziehen.«

»Was ist denn damit?«

»Vergiß nicht, ich bin ein alter Mann. Alt und müde und … kurz und gut: Ich reise nicht mehr. Nirgendwohin.«

»Was?«

»Es bleibt dabei. Und jetzt laß mich in Ruhe.«

»Das kannst du doch nicht machen! Denk bloß an all die Kinder! Überall auf der Welt warten Kinder auf dich, träumen von …«

»Die warten auf ihre Geschenke – nicht auf mich! Glaubt ja auch kaum noch einer an mich.«

»Also, komm jetzt! Und was bedeuten all diese Briefe? Tausende von Briefen aus jedem Winkel der Erde? Und alle an dich adressiert …«

»Und was steht drin? *Lieber Weihnachtsmann, bring mir* … Bring mir! Wenn du einen findest, in dem *Bitte bring mir* steht, ist das eine echte Rarität. Bei den meisten heißt es bloß *Bring mir dieses, bring mir jenes, bring mir, bring mir, bring mir!* Was glauben die, was ich bin? Ein Versandhandel?«

»Also – sei mir nicht böse – aber daran bist du auch ein wenig selbst schuld«, brummelte das älteste Rentier. »Du hast die Bälger verzogen. Jahrelang hast du ihnen anstandslos gebracht, was sie sich wünschten – ohne auch nur ein einziges Mal den Nachweis zu verlangen, daß sie das Jahr über auch wirklich brav gewesen sind.«

»Das ist nicht zu machen. Es sind zu viele. Ich muß froh sein, wenn ich es schaffe, alles pünktlich an die richtige

Adresse zu liefern. Du warst doch selbst dabei, du weißt doch, wie wir uns immer abstrampeln mußten!«

»Aber diese Freude! Dieses Glück, durch die Luft zu fliegen, wir drei voraus, du hinten im Schlitten, in der frostklaren Nacht ...«, schwärmte das mittlere Rentier von seiner letzten Tour – noch ganz erfüllt vom aufregenden Abenteuer der Fernreise.

»Ich hasse die Reiserei. Mir wird schwindlig auf diesem Schlitten. Ich darf gar nicht nach unten sehen, sonst wird mir übel. Ich bin zu alt für dieses ewige Rauf und Runter. Und diese lächerliche, rote Montur ... Nein, wenn ich noch einmal meine Pflicht tun soll – dann wenigstens in einem vernünftigen Aufzug.«

»Das heißt?«

»Da ich nun einmal nicht mehr bin als ein Bote oder ein Lieferant, also jemand, der in Geschäften reist, will ich auch wie ein Geschäftsmann gekleidet sein.«

»... und in den südlichen Ländern«, sinnierte und brabbelte das jüngste Rentier, das zum ersten Mal mit auf die Reise gehen sollte, vor sich hin, »in den südlichen Ländern soll es immer warm sein, sogar nachts. Was ist das: warm?«

»Ich will einen anständigen Anzug, etwas Geschmackvolles: grauer Flanell vielleicht. Oder auch Tweed – mit Weste und goldener Taschenuhr an einer Kette. Und mit ganz vielen Taschen. Und keine Schaftstiefel mehr! Ich möchte elegante schwarze Halbschuhe mit Gummizug, die man mühelos ausziehen kann. Und dann noch einen passenden Hut. Eine Melone vielleicht ...«

»Kein Mensch trägt mehr Melone. Nicht mal in London.«

»Was ist *warm?* Wie fühlt sich das an?« Das jüngste Rentier ließ sich nicht abbringen und stieß dem Weihnachtsmann die Schnauze direkt ins Gesicht.

»Mir gleich, ob man das noch trägt. Ich wollte schon immer eine Melone. Und einen Stockschirm.«

»Mit einem schweren Sack auf dem Rücken über die Dächer klettern und durch die Schornsteine rutschen, das alles im Tweedanzug und mit Melone, weißt du, was da passiert?« fragte das älteste Rentier.

»Was denn?«

»Der erstbeste Polizist, der uns über den Weg läuft, sperrt dich ein. Ich sehe es schon vor mir: *Was* tun Sie, Sie? Geschenke ausliefern? Auf dem Dach? Durch den Schornstein? Ich verstehe ... Würden Sie bitte kurz Ihren Sack öffnen, Sir? Ah. Computer, Videospiele, ein Fahrrad ... eine Puppe? Wohl im Dunkeln danebengegriffen, Sir? Und wie sagten Sie gleich, was Ihr Name? Nikolaus? *Sankt* Nikolaus? Ha, ha, ha! Nein, ich finde das überhaupt nicht witzig. Ein Mann in Ihrem Alter? Das beste wird sein, Sie erklären uns das alles noch einmal genauer. Auf der Wache.«

»Da gibt es Palmen und Kakk-k-tuss-tusse« – das jüngste Rentier hatte Schluckauf. Und glasige Augen.

»Habt ihr getrunken?« Der Weihnachtsmann schnüffelte argwöhnisch.

»'türlich nicht«, protestierte das Rentier und schwankte entrüstet.

»Was habt ihr denn gegessen?«

»Äh ... Moos, Flechten und ...«

»Und – was noch?«

»Äh ... Beeren. Unter dem Schnee gab es Beeren, und die waren irgendwie ... sagt man *vergoren?*«

»Wunderbar! Dann soll ich jetzt wohl Leib und Leben einer Bande betrunkener Rentiere anvertrauen?«

»Heißt das, es geht los?« Mit neu erwachter Begeisterung warfen die Rentiere ihre Köpfe hoch, ihre Geweihe stießen klirrend aneinander, rot glänzten ihre Nasen vor Freude.

Der Weihnachtsmann seufzte und griff zu seiner Flasche: Met, extra stark. »Vielleicht. Vielleicht nur noch dieses eine Mal.«

»Woher kommen denn plötzlich deine Zweifel? Warum hast du überhaupt daran gedacht, aufzugeben?« wollte das älteste Rentier wissen.

»Also, wißt ihr, das ist so: Immer mehr Leute behaupten, es gibt mich gar nicht. Und wenn niemand an mich glaubt ... wie soll ich dann selber an mich glauben?« Der Weihnachtsmann genehmigte sich einen tiefen Schluck, bevor er weitersprach: »In all den Jahren – und es waren harte, arbeitsreiche

Jahre – hat *mir* niemals jemand etwas geschenkt! Nicht die kleinste Anerkennung habe ich bekommen! Nach all den Mühen und Plagen, die ich auf mich genommen habe, um ihre Träume, ihre Wünsche und Forderungen zu erfüllen, ihre Bestellungen auszuführen ... Als Gegenleistung? Als Dank? Nichts ... Weil niemand mich liebt. So ist es doch: Niemand liebt den Weihnachtsmann.«

Die drei Rentiere schnieften, kämpften mit den Tränen und scharrten betreten im Schnee.

»Das stimmt nicht, Nikolaus. Wir lieben dich. Und zum Beweis dafür ...« Sie kamen ins Stottern, sahen einander verlegen an: Sie hatten nichts, was sie dem Weihnachtsmann zum Beweis ihrer Liebe hätten schenken können.

»Augenblick! Bleib du nur hier sitzen und warte. Es wird nicht lange dauern!« Sie nahmen den Schlitten und eilten davon, verschwanden im Dunkel der Polarnacht.

Und deshalb, lieber Freund: Wenn du es einmal in einer dunklen Winternacht an deine Tür klopfen hörst und wenn du dann öffnest und drei Rentiere stehen vor dir, die einen leeren Schlitten ziehen, die leicht schwanken, nach vergorenen Beeren riechen und um eine kleine Gabe bitten, gib großzügig und mit frohem Herzen, wenn du, ja, wenn du an den Weihnachtsmann glaubst.

Die Falle

Da Herr Lemm, der ein reicher Mann war, seinen beiden Kindern zum Christfest eine besondere Freude machen wollte, rief er Anfang Dezember beim Studentenwerk an und erkundigte sich, ob es stimme, daß die Organisation zum Weihnachtsfest Weihnachtsmänner vermittle. Ja, das habe seine Richtigkeit. Studenten stünden dafür bereit, 25 DM koste eine Bescherung, die Kostüme brächten die Studenten mit, die Geschenke müßte der Hausherr natürlich selbst stellen. »Versteht sich, versteht sich«, sagte Herr Lemm, gab die Adresse seiner Villa in Berlin-Dahlem an und bestellte einen Weihnachtsmann für den 24. Dezember um 18 Uhr. Seine Kinder seien noch klein, und da sei es nicht gut, sie allzulange auf die Bescherung warten zu lassen. Der bestellte Weihnachtsmann kam pünktlich. Er war ein Student mit schwarzem Vollbart, unter dem Arm trug er ein Paket.

»Wollen Sie so auftreten?« fragte Herr Lemm.

»Nein«, antwortete der Student, »da kommt natürlich noch ein weißer Bart darüber. Kann ich mich hier irgendwo umziehen?«

Er wurde in die Küche geschickt. »Da stehen aber leckere Sachen«, sagte er und deutete auf die kalten Platten, die auf dem Küchentisch standen. »Nach der Bescherung, wenn die Kinder im Bett sind, wollen noch Geschäftsfreunde meines Mannes vorbeischauen«, erwiderte die Hausfrau. »Daher eilt es etwas. Könnten Sie bald anfangen?«

Der Student war schnell umgezogen. Er hatte jetzt einen roten Mantel mit roter Kapuze an und band sich einen weißen Bart um. »Und nun zu den Geschenken«, sagte Herr Lemm. »Diese Sachen sind für den Jungen, Thomas«, er zeigte auf ein kleines Fahrrad und andere Spielsachen –, »und das bekommt Petra, das Mädchen, ich meine die Puppe und die Sachen da drüben. Die Namen stehen jeweils drauf, da wird wohl nichts schiefgehen. Und hier ist noch ein Zettel, auf dem ein paar Unarten der Kinder notiert sind, reden Sie ihnen mal ins Gewissen, aber verängstigen Sie sie nicht, vielleicht genügt es, etwas mit der Rute zu drohen. Und versuchen Sie, die Sache möglichst rasch zu machen, weil wir noch Besuch erwarten.«

Der Weihnachtsmann nickte und packte die Geschenke in den Sack. »Rufen Sie die Kinder schon ins Weihnachtszimmer, ich komme gleich nach. Und noch eine Frage. Gibt es hier ein Telefon? Ich muß jemanden anrufen.«

»Auf der Diele rechts.«

»Danke.«

Nach einigen Minuten war dann alles soweit. Mit dem Sack über dem Rücken ging der Student auf die angelehnte Tür des Weihnachtszimmers zu. Einen Moment blieb er stehen. Er hörte die Stimme von Herrn Lemm, der gerade sagte: »Wißt ihr, wer jetzt gleich kommen wird? Ja, Petra, der Weihnachtsmann, von dem wir euch schon so viel erzählt haben. Benehmt euch schön brav ...«

Fröhlich öffnete er die Tür. Blinzelnd blieb er stehen. Er sah den brennenden Baum, die erwartungsvollen Kinder, die feierlichen Eltern. Es hatte geklappt, jetzt fiel die Falle zu. »Guten Tag, liebe Kinder«, sagte er mit tiefer Stimme. »Ihr seid also Thomas und Petra. Und ihr wißt sicher, wer ich bin, oder?«

»Der Weihnachtsmann«, sagte Thomas etwas ängstlich.

»Richtig. Und ich komme zu euch, weil heute Weihnachten ist. Doch bevor ich nachschaue, was ich alles in meinem Sack habe, wollen wir erst einmal ein Lied singen. Kennt ihr ›Stille Nacht, heilige Nacht‹? Ja? Also!« Er begann mit lauter Stimme zu singen, doch mitten im Lied brach er ab. »Aber, aber, die Eltern singen ja nicht mit! Jetzt fangen wir alle noch mal von vorne an. Oder haben wir den Text etwa nicht gelernt? Wie geht denn das Lied, Herr Lemm?«

Herr Lemm blickte den Weihnachtsmann befremdet an. »Stille Nacht, heilige Nacht, alles schläft, einer wacht ...«

Der Weihnachtsmann klopfte mit der Rute auf den Tisch: »Einsam wacht! Weiter! Nur das traute ...«

»Nur das traute hochheilige Paar«, sagte Frau Lemm betreten, und leise fügte sie hinzu: »Holder Knabe im lockigen Haar.«

»Vorsagen gilt nicht«, sagte der Weihnachtsmann barsch und hob die Rute. »Wie geht es weiter?«

»Holder Knabe im lockigen ...«

»Im lockigen Was?«

»Ich weiß es nicht«, sagte Herr Lemm. »Aber was soll denn diese Fragerei? Sie sind hier, um ...«

Seine Frau stieß ihn in die Seite, und als er die erstaunten Blicke seiner Kinder sah, verstummte Herr Lemm.

»Holder Knabe im lockigen Haar«, sagte der Weihnachtsmann, »Schlaf in himmlischer Ruh, schlaf in himmlischer Ruh. Das nächste Mal lernen wir das besser. Und jetzt singen wir noch einmal miteinander: ›Stille Nacht, heilige Nacht‹.«

»Gut, Kinder«, sagte er dann. »Eure Eltern können sich ein Beispiel an euch nehmen. So, jetzt geht es an die Bescherung. Wir wollen doch mal sehen, was wir hier im Sack haben. Aber Moment, hier liegt ja noch ein Zettel!« Er griff nach dem Zettel und las ihn durch.

»Stimmt das, Thomas, daß du in der Schule oft ungehorsam bist und den Lehrern widersprichst?«

»Ja«, sagte Thomas kleinlaut.

»So ist es richtig«, sagte der Weihnachtsmann. »Nur dumme Kinder glauben alles, was ihnen die Lehrer erzählen. Brav, Thomas.«

Herr Lemm sah den Studenten beunruhigt an.

»Aber ...« begann er. »Sei doch still«, sagte seine Frau.

»Wollten Sie etwas sagen?« fragte der Weihnachtsmann Herrn Lemm mit tiefer Stimme und strich sich über den Bart.

»Nein.«

»Nein, lieber Weihnachtsmann, heißt das immer noch. Aber jetzt kommen wir zu dir, Petra. Du sollst manchmal bei Tisch reden, wenn du nicht gefragt wirst, ist das wahr?« Petra nickte. »Gut so«, sagte der Weihnachtsmann. »Wer immer nur redet, wenn er gefragt wird, bringt es in diesem Leben zu nichts. Und da ihr so brave Kinder seid, sollt ihr nun noch belohnt werden. Aber bevor ich in den Sack greife, hätte ich gerne was zu trinken.« Er blickte die Eltern an.

»Wasser?« fragte Frau Lemm.

»Nein, Whisky. Ich habe in der Küche eine Flasche ›Chivas Regal‹ gesehen. Wenn Sie mir davon etwas einschenken würden? Ohne Wasser, bitte, aber mit etwas Eis.«

»Mein Herr!« sagte Herr Lemm, aber seine Frau war schon aus dem Zimmer. Sie kam mit einem Glas zurück, das sie dem Weihnachtsmann anbot. Er leerte es und schwieg.

»Merkt euch eins, Kinder«, sagte er dann. »Nicht alles, was teuer ist, ist auch gut. Dieser Whisky kostet etwa 50 DM pro Flasche. Davon müssen manche Leute einige Tage leben, und eure Eltern trinken das einfach 'runter. Ein Trost bleibt: der Whisky schmeckt nicht besonders.«

Herr Lemm wollte etwas sagen, doch als der Weihnachtsmann die Rute hob, ließ er es.

»So, jetzt geht es an die Bescherung.«

Der Weihnachtsmann packte die Sachen aus und überreichte sie den Kindern. Er machte dabei kleine Scherze, doch es gab keine Zwischenfälle, Herr Lemm atmete leichter, die Kinder schauten respektvoll zum Weihnachtsmann auf, bedankten sich für jedes Geschenk und lachten, wenn er einen Scherz machte. Sie mochten ihn offensichtlich.

»Und hier habe ich noch etwas Schönes für dich, Thomas«, sagte der Weihnachtsmann. »Ein Fahrrad. Steig mal drauf.« Thomas strampelte, der Weihnachtsmann hielt ihn fest, gemeinsam drehten sie einige Runden im Zimmer.

»So, jetzt bedankt euch mal beim Weihnachtsmann!« rief Herr Lemm den Kindern zu. »Er muß nämlich noch viele, viele Kinder besuchen, deswegen will er jetzt leider gehen.« Thomas schaute den Weihnachtsmann enttäuscht an, da klingelte es. »Sind das schon die Gäste?« fragte die Hausfrau. »Wahrscheinlich«, sagte Herr Lemm und sah den Weihnachtsmann eindringlich an. »Öffne doch.«

Die Frau tat das, und ein Mann mit roter Kapuze und rotem Mantel, über den ein langer weißer Bart wallte, trat ein. »Ich bin Knecht Ruprecht«, sagte er mit tiefer Stimme.

Währenddessen hatte Herr Lemm im Weihnachtszimmer noch einmal behauptet, daß der Weihnachtsmann jetzt leider gehen müsse. »Nun bedankt euch mal schön, Kinder«, rief er, als Knecht Ruprecht das Zimmer betrat. Hinter ihm kam Frau Lemm und schaute ihren Mann achselzuckend an.

»Da ist ja mein Freund Knecht Ruprecht«, sagte der Weihnachtsmann fröhlich.

»So ist es«, erwiderte dieser. »Da drauß' vom Walde komm ich her, ich muß euch sagen, es weihnachtet sehr. Und jetzt hätte ich gerne etwas zu essen.«

»Wundert euch nicht«, sagte der Weihnachtsmann zu den Kindern gewandt. »Ein Weihnachtsmann allein könnte nie all die Kinder bescheren, die es auf der Welt gibt. Deswegen habe ich Freunde, die mir dabei helfen: Knecht Ruprecht, den heiligen Nikolaus und noch viele andere …«

Es klingelte wieder. Die Hausfrau blickte Herrn Lemm an, der so verwirrt war, daß er mit dem Kopf nickte; sie ging zur Tür und öffnete. Vor der Tür stand ein dritter Weihnachtsmann, der ohne Zögern eintrat. »Puh«, sagte er. »Diese Kälte! Hier ist es beinahe so kalt wie am Nordpol, wo ich zu Hause bin!«

Mit diesen Worten betrat er das Weihnachtszimmer. »Ich bin Sankt Nikolaus«, fügte er hinzu, »und ich freue mich immer, wenn ich brave Kinder sehe. Das sind sie doch – oder?«

»Sie sind sehr brav«, sagte der Weihnachtsmann. »Nur die Eltern gehorchen nicht immer, denn sonst hätten sie schon längst eine von den kalten Platten und etwas zu trinken gebracht.«

»Verschwinden Sie!« flüsterte Herr Lemm in das Ohr des Studenten.

»Sagen Sie das doch so laut, daß Ihre Kinder es auch hören können«, antwortete der Weihnachtsmann.

»Ihr gehört jetzt ins Bett«, sagte Herr Lemm.

»Nein«, brüllten die Kinder und klammerten sich an den Mantel des Weihnachtsmannes.

»Hunger«, sagte Sankt Nikolaus.

Die Frau holte ein Tablett. Die Weihnachtsmänner begannen zu essen. »In der Küche steht Whisky«, sagte der erste, und als Frau Lemm sich nicht rührte, machte sich Knecht Ruprecht auf den Weg. Herr Lemm lief hinter ihm her. In der Diele stellte er den Knecht Ruprecht, der mit einer Flasche und einigen Gläsern das Weihnachtszimmer betreten wollte.

»Lassen Sie die Hände vom Whisky!«

»Thomas!« rief Knecht Ruprecht laut, und schon kam der Junge auf seinem Fahrrad angestrampelt. Erwartungsvoll blickte er Vater und Weihnachtsmann an.

»Mein Gott, mein Gott«, sagte Herr Lemm, doch er ließ Knecht Ruprecht vorbei.

»Tu was dagegen«, sagte seine Frau. »Das ist ja furchtbar. Tu was!«

»Was soll ich tun?« fragte er, da klingelte es.

»Das werden die Gäste sein!«

»Und wenn sie es nicht sind?«

»Dann hole ich die Polizei!«

Herr Lemm öffnete. Ein junger Mann trat ein. Auch er hatte einen Wattebart im Gesicht, trug jedoch keinen roten Mantel, sondern einen weißen Umhang, an dem er zwei Flügel aus Pappe befestigt hatte.

Der Weihnachtsmann, der auf die Diele getreten war, als er das Klingeln gehört hatte, schwieg wie die anderen. Hinter ihm schauten die Kinder, Knecht Ruprecht und Sankt Nikolaus auf den Gast.

»Grüß Gott, lieber …« sagte Knecht Ruprecht schließlich.

»Lieber Engel Gabriel«, ergänzte der Bärtige verlegen. »Ich komme, um hier nachzuschauen, ob auch alle Kinder artig sind. Ich bin nämlich einer von den Engeln auf dem Felde, die dem Hirten damals die Geburt des Jesuskindes angekündigt haben. Ihr kennt doch die Geschichte, oder?«

Die Kinder nickten, und der Engel ging etwas befangen ins Weihnachtszimmer. Zwei Weihnachtsmänner folgten ihm, den dritten, es war jener, der als erster gekommen war, hielt Herr Lemm fest. »Was soll denn der Unfug?« fragte er mit einer Stimme, die etwas zitterte. Der Weihnachtsmann zuckte mit den Schultern. »Ich begreif auch nicht, warum er so antanzt. Ich habe ihm ausdrücklich gesagt, er solle als Weihnachtsmann kommen, aber wahrscheinlich konnte er keinen roten Mantel auftreiben.«

»Sie werden jetzt alle schleunigst hier verschwinden«, sagte Herr Lemm.

»Schmeißen Sie uns doch raus«, erwiderte der Weih-

nachtsmann und zeigte ins Weihnachtszimmer. Dort saß der
Engel, aß Schnittchen und erzählte Thomas davon, wie es im
Himmel aussah. Die Weihnachtsmänner tranken und brachten Petra ein Lied bei, das mit den Worten begann: »Nun
danket alle Gott, die Schule ist bankrott.«

»Wieviel verlangen sie?« fragte Herr Lemm.

»Wofür?«

»Für ihr Verschwinden. Ich erwarte bald Gäste, das wissen Sie doch.«

»Ja, das könnte peinlich werden, wenn Ihre Gäste hier
hereinplatzen würden. Was ist Ihnen denn die Sache wert?«

»Hundert Mark«, sagte der Hausherr. Der Weihnachtsmann lachte und ging ins Zimmer. »Holt mal eure Eltern«,
sagte er zu Petra und Thomas. »Engel Gabriel will uns noch
die Weihnachtsgeschichte erzählen.«

Die Kinder liefen auf die Diele. »Kommt«, schrien sie,
»Engel Gabriel will uns was erzählen.« Herr Lemm sah seine
Frau an.

»Halt mir die Kinder etwas vom Leibe«, flüsterte er, »ich rufe jetzt die Polizei an!« – »Tu es nicht«, bat sie, denk doch daran, was in den Kindern vorgehen muß, wenn Polizisten ...« –
»Das ist mir jetzt völlig egal«, unterbrach Herr Lemm. »Ich
tu's.«

»Kommt doch«, riefen die Kinder. Herr Lemm hob den Hörer ab und wählte. Die Kinder kamen neugierig näher. »Hier
Lemm«, flüsterte er. »Lemm, Berlin-Dahlem. Bitte schicken
Sie ein Überfallkommando.« – »Sprechen Sie bitte lauter«, sagte der Polizeibeamte. »Ich kann nicht lauter sprechen, wegen
der Kinder. Hier, bei mir zu Haus, sind drei Weihnachtsmänner und ein Engel und die gehen nicht weg ...«

Frau Lemm hatte versucht, die Kinder wegzuscheuchen,
es war ihr nicht gelungen. Petra und Thomas standen neben
ihrem Vater und schauten ihn an. Herr Lemm verstummte.

»Was ist mit den Weihnachtsmännern?« fragte der Beamte, doch Herr Lemm schwieg weiter.

»Fröhliche Weihnachten«, sagte der Beamte und legte auf.

Da erst wurde Herrn Lemm klar, wie verzweifelt seine
Lage war.

»Komm, Pappi«, riefen die Kinder, »Engel Gabriel will anfangen.« Sie zogen ihn ins Weihnachtszimmer.

»Zweihundertfünfzig«, sagte er leise zum Weihnachtsmann, der auf der Couch saß.

»Pst«, antwortete der und zeigte auf den Engel, der »Es begab sich aber zu der Zeit« sagte und langsam fortfuhr. »Dreihundert.« Als der Engel begann, den Kindern zu erzählen, was der Satz »Und die war schwanger« bedeutete, sagte Herr Lemm »Vierhundert« und der Weihnachtsmann nickte.

»Jetzt müssen wir leider gehen, liebe Kinder«, sagte er. »Seid hübsch brav, widersprecht euren Lehrern, wo es geht, haltet die Augen offen und redet, ohne gefragt zu werden. Versprecht ihr mir das?«

Die Kinder versprachen es und nacheinander verließen der Weihnachtsmann, Knecht Ruprecht, Sankt Nikolaus und der Engel Gabriel das Haus. »Ich fand es nicht richtig, daß du Geld genommen hast«, sagte Knecht Ruprecht auf der Straße.

»Das war nicht geplant.«

»Leute, die sich Weihnachtsmänner mieten, sollen auch dafür zahlen«, meinte Engel Gabriel.

»Aber nicht so viel.«

»Wieso nicht? Alles wird heutzutage teurer, auch das Bescheren.«

»Expropriation der Expropriateure«, sagte der Weihnachtsmann.

»Richtig«, sagte Sankt Nikolaus. »Wo steht geschrieben, daß der Weihnachtsmann immer nur etwas bringt? Manchmal holt er auch was.«

»In einer Gesellschaft, deren Losung ›Hastduwasbistduwas‹ heißt, kann auch der Weihnachtsmann nicht sauber bleiben«, sagte der Engel Gabriel. »Es ist kalt«, sagte der Weihnachtsmann.

»Vielleicht sollten wir das Geld einem wohltätigen Zweck zur Verfügung stellen«, schlug Knecht Ruprecht vor.

»Erst einmal sollten wir eine Kneipe finden, die noch auf hat«, sagte der Weihnachtsmann. Sie fanden eine, nahmen ihre Bärte ab, setzten sich und spendierten eine Lokalrunde, bevor sie weiter beratschlagten.

PATRICIA HIGHSMITH

Eine Uhr tickt zu Weihnachten

»Haben Sie vielleicht einen Franc für mich, Madame?«

So fing es an.

Michele hatte die Arme voller Schachteln und Plastikbeutel und blickte über sie hinweg, auf einen kleinen Jungen in einem lose hängenden Tweedmantel und mit einer Tweedmütze, die ihm bis über die Ohren ging, herab. Er hatte große dunkle Augen und ein bittendes Lächeln.

»Ja!« Es gelang ihr, die zwei Francs, die sie noch, seit sie das Taxi bezahlt hatte, in der Hand hielt, loszulassen.

»Merci, Madame!«

»Und dies hier noch«, sagte Michele. Ihr war plötzlich eingefallen, daß sie gerade einen Zehn-Francs-Schein in eine Manteltasche gesteckt hatte.

Der Mund des Jungen klappte auf. »O Madame! Merci!«

Die eine glatte Einkaufstasche war runtergefallen. Der Junge hob sie auf.

Michele lächelte, umfaßte den Henkel mit einem Finger und drückte mit einem Ellbogen auf den Türknopf. Die schwere Tür öffnete sich, und Michele trat über die erhöhte Schwelle. Mit der Schulter drückte sie die Tür wieder zu und ging dann über den Innenhof ihres Apartmenthauses. Bambusbäumchen standen wie schlanke Wächter zur Linken und Rechten, und Lorbeerbäume und Farne wuchsen zu beiden Seiten des gepflasterten Weges, den sie zum Block E einschlug. Charles war sicher schon zu Hause; es war fast sechs. Was er wohl sagen würde zu all den Päckchen und den über dreitausend Francs, die sie heute ausgegeben hatte? Nun, sie war mit den Weihnachtseinkäufen fast fertig; eins der Geschenke sollte Charles seiner Familie geben – darüber konnte er sich kaum beschweren –, und die übrigen waren für Charles und für Micheles Eltern. Für sie selber war nur ein Gürtel von Hermès, dem sie nicht hatte widerstehen können.

»Der Weihnachtsmann!« sagte Charles, als Michele hereinkam. »Oder die Weihnachtsfrau?«

Sie hatte die Päckchen in der Diele auf den Boden fallen lassen. »Uhh! Ja, das war ein guter Tag! Habe eine Menge geschafft, meine ich. Aber wirklich!«

»Sieht ganz so aus.« Charles half ihr beim Aufsammeln der Schachteln und Tüten.

Michele hatte den Mantel ausgezogen und war aus den Schuhen geschlüpft. Sie warfen die Päckchen auf das große Doppelbett im Schlafzimmer, wobei Michele die ganze Zeit über redete. Sie erzählte ihm von der hübschen weißen Tischdecke für seine Eltern und von dem kleinen Jungen unten, der sie um einen Franc gebeten hatte. »Ein Franc! Wo ich heute so viel eingekauft habe! So ein goldiger kleiner Junge, ungefähr zehn Jahre alt. Und seine Kleidung sah so ärmlich aus. Genau wie in den alten Weihnachtsmärchen, dachte ich. Wo jemand, der weniger hat, um so was Kleines bittet.« Michele lächelte breit und glücklich.

Charles nickte. Micheles Familie war reich. Charles Clément hatte sich heraufgearbeitet, vom Maurerlehrling mit sechzehn bis zum Leiter seiner Firma, ›Athenas Construction‹, mit achtundzwanzig. Mit dreißig hatte er Michele kennengelernt, die Tochter eines seiner Kunden, und hatte sie geheiratet. Manchmal war Charles fast schwindlig zumute bei dem Gedanken an den Erfolg sowohl bei seiner Arbeit als auch in seiner Ehe, denn er liebte Michele zärtlich; und sie war auch reizend. Aber er wußte, er konnte sich eher vorstellen, der kleine Junge zu sein, der um einen Franc bettelte (was Charles nie getan hätte), als, zum Beispiel, Micheles Bruder, der Freigebigkeit ausstrahlte in der auch ihr eigenen Weise: zugleich überlegen und liebenswürdig; er hatte diese Haltung schon früher an Michele bemerkt.

»Nur ein Franc?« sagte Charles endlich und lächelte.

Michele lachte. »Nein, ich habe ihm einen Zehn-Francs-Schein gegeben. Den hatte ich noch lose in der Tasche. Und schließlich ist ja Weihnachten.«

Charles lachte. »Der wird wiederkommen, der kleine Junge.«

Michele stand vor ihrem Kleiderschrank; die Schiebetür hatte sie geöffnet. »Was soll ich heute abend anziehen? Das hellila, das du so gern magst, oder das gelbe? Das gelbe ist neuer.«

Charles legte ihr einen Arm um die Taille. Die Reihe der Kleider, Blusen und langen Röcke sah aus wie ein greifbarer Regenbogen: goldschimmernd, samtblau, beige und grün, Satin und Seide. Das hellila Kleid konnte er unter den anderen gar nicht finden, aber er sagte: »Ja, das hellila. Das ist dir doch recht?«

»Aber ja, Lieber, natürlich.«

Sie waren bei Freunden zum Dinner eingeladen. Charles ging ins Wohnzimmer zurück und nahm seine Zeitung wieder auf, während Michele duschte und sich umzog. Charles hatte seine Hausschuhe an – die Angewohnheit eines alten Mannes, dachte er, obgleich er erst zweiunddreißig war. Jedenfalls war sie ihm seit den Teenagerjahren eigen. Damals hatte er mit seinen Eltern in der Gegend von Clichy gewohnt und war häufig mit nassen Schuhen und Socken nach Hause gekommen, weil er auf einem Bauplatz im Schlamm oder Wasser herumgestanden hatte, und da hatten die wollenen Hausschuhe gutgetan. Von den Schuhen abgesehen, war Charles in Abendkleidung: er trug einen dunkelblauen Anzug, ein Hemd mit Manschettenknöpfen und eine Seidenkrawatte, die nur lose gebunden, aber noch nicht zum Kragen hochgezogen war. Charles zündete seine Pfeife an – Michele würde sicher noch eine Weile brauchen – und betrachtete sein schönes Wohnzimmer. Er dachte dabei an Weihnachten. Das erste Anzeichen war der dunkelgrüne Kranz von etwa dreißig Zentimeter Durchmesser, den Michele offenbar heute morgen gekauft hatte und der jetzt auf dem Eßtisch an der Obstschale lehnte. Den würde Michele auf den Klopfer an der Wohnungstür hängen, das wußte er. Die Messinggeräte am Kamin schimmerten wie immer; der Feuerhaken und die Zange wurden von Geneviève, der Haushilfe, blankgeputzt. Vier von den sechs oder sieben Ölbildern an den Wänden stellten Micheles Vorfahren dar, zwei in weißen gerüschten Spitzenkragen. Charles schenkte sich einen kleinen Glynfiddigh-Whisky ein und trank ihn pur. Der beste Whisky auf der Welt, seiner Ansicht nach. Ja, das Schicksal hatte es gut mit ihm gemeint. Luxus und Komfort, wohin er auch blickte. Er schlüpfte aus den plumpen Hausschuhen und trug sie ins Schlafzimmer, wo er mit Hilfe eines silbernen Schuhlöffels die Schuhe für den Abend anzog. Michele war im Badezimmer noch mit ihrem Make-up beschäftigt; sie summte vor sich hin.

Zwei Tage später traf Michele wieder mit dem kleinen Jungen zusammen, dem sie den Zehn-Francs-Schein gegeben hatte. Sie war schon fast an ihrer Haustür angelangt, bevor sie ihn sah, denn sie hatte sich auf den eben gekauften weißen Pudel konzentriert. Ihr Taxi hatte sie an der Straßenecke weggeschickt und führte nun den kleinen Hund an der neuen schwarz-goldenen Leine vorsichtig am Randstein entlang. Das Hündchen wußte nicht, in welche Richtung es gehen sollte, wenn Michele nicht an der Leine zog. Es drehte sich im Kreise herum, hüpfte in die falsche Richtung, bis das Halsband ihm Einhalt gebot, und blickte dann lächelnd Michele an und trottete hinter ihr her. Ein Mann blieb stehen und bewunderte das Tierchen.

»Noch keine drei Monate«, erwiderte Michele auf seine Frage.

Und da sah sie den kleinen Jungen. Er trug denselben Tweedmantel und hatte den Kragen gegen die Kälte hochgeschlagen. Sie erkannte, daß es die Anzugjacke eines Mannes war, viel zu groß für ihn; die Ärmel waren hochgeschlagen und die Knöpfe versetzt, damit sie enger um den Kinderkörper anlag.

»B'jour, Madame!« sagte der Junge. »Ist das *Ihr* Hund?«

»Ja, ich habe ihn gerade gekauft«, sagte Michele.

»Was hat er gekostet?«

Michele lachte.

Ruckartig zog der Junge etwas aus der Tasche. »Ich habe Ihnen was mitgebracht.«

Es war ein winziger Strauß Stechpalmenzweige mit roten Beeren. Michele ergriff ihn mit der freien Hand und sah, daß er aus Plastik war; die Beeren waren auf den künstlichen

117

Stielen zurechtgebogen, der unechte Kelch zerdrückt. »Danke schön«, sagte sie amüsiert. »Und was schulde ich dir dafür?«

»Gar nichts, Madame!« In seinem Gesicht stand Stolz, und er sah ihr offen in die Augen und lächelte. Seine Nase lief.

Sie drückte auf den Türknopf des Hauses. »Möchtest du einen Augenblick mit raufkommen und mit dem Hündchen spielen?«

»O ja, danke!« sagte er freudig überrascht.

Michele ging voran über den Innenhof und in den Fahrstuhl. Sie schloß die Wohnungstür auf und machte den Hund von der Leine los. Dann gab sie dem Jungen ein Papiertaschentuch aus ihrer Handtasche und er schneuzte sich. Der Junge und der Hund benahmen sich ganz gleich, dachte Michele; sie sahen sich um, drehten sich im Kreis, schnüffelten.

»Wie soll ich das Hündchen nennen?« fragte Michele. »Fällt dir was ein? Wie heißt du?«

»Paul, Madame«, antwortete der Junge und betrachtete weiter die Wände und das große Sofa.

»Komm! Wir gehen in die Küche. Ich werde dir eine Coca-Cola geben.«

Der Junge und der Hund folgten ihr. Michele stellte dem Hund einen Napf mit Wasser hin und nahm eine Flasche Coca-Cola aus dem Kühlschrank.

Der Junge trank seine Cola aus einem Glas, während seine Blicke durch die große, weiße Küche schweiften; seine Augen erinnerten Michele an offene Fenster oder an die Linse einer Kamera.

»Sie geben dem Hündchen *biftek hâché*, Madame?« fragte der Junge.

Michele schabte das rote Fleisch mit einem Löffel aus dem Einwickelpapier des Schlachters auf eine Untertasse. »Ja, heute schon. Vielleicht jeden Tag ein bißchen. Später kann er dann Dosenfutter kriegen.« Die Kinderaugen fixierten das Fleisch, das sie wieder einpackte. Impulsiv fragte sie: »Möchtest du etwas? Einen Hamburger?«

»Auch ungekocht. O ja – ein kleines bißchen.« Er streckte

eine Hand aus – die Nägel waren sehr schmutzig – und nahm, was ihm Michele auf einem Teelöffel entgegenhielt. Paul schob sich das Fleisch in den Mund.

Michele legte das Fleischpäckchen in den Kühlschrank und drückte die Tür fest zu. Der Hunger des Jungen machte sie irgendwie nervös. Natürlich – wenn er arm war, aß die Familie nicht oft Fleisch. Sie wollte ihn nicht danach fragen. Leichter fiel es ihr, ihm einen Augenblick später Kekse aus einer fast vollen Dose anzubieten. »Nimm dir mehrere!« Sie gab ihm die Dose.

Langsam und gelassen aß der Junge sie alle auf, während er mit Michele zusah, wie der kleine Hund die letzten Bröckchen von der Untertasse leckte. Dann nahm Paul die Untertasse hoch und trug sie an den Spülstein.

»Ist das recht, Madame?«

Michele nickte. Charles und sie hatten eine Geschirrspülmaschine und benutzten den Spülstein selten zum Abwaschen. Der Junge steckte jetzt die leere Keksdose in den gelben Abfalleimer. Der Eimer war fast voll, und der Junge fragte, ob er ihn für sie ausleeren könnte. Michele schüttelte leicht den Kopf, erstaunt, als wäre ein Weihnachtsengel zu ihr in die Wohnung gekommen. Der Junge und der kleine weiße Hund! Der Junge so hungrig, und er und das Hündchen so jung! »Hier geht's runter. Aber du brauchst das nicht zu tun.«

Der Junge wollte ihr helfen, und so zeigte sie ihm den grauen Plastiksack am Dienstboteneingang, in den er den Abfalleimer ausleeren konnte. Dann gingen sie ins Wohnzimmer zurück und spielten mit dem Hund auf dem Teppich. Michele hatte einen blauen Gummiball gekauft, mit einer Glocke im Innern. Paul rollte den Ball behutsam dem Hund zu. Er hatte es höflich abgelehnt, seinen Mantel auszuziehen oder sich zu setzen. Michele entdeckte Löcher an den Fersen seiner beiden Socken. Die Schuhe waren in noch schlechterem Zustand und aufgerissen zwischen den Sohlen und dem Oberleder. Und die Aufschläge der Blue jeans waren ausgefranst. Wie konnte es einem Kind in Blue jeans bei diesem Wetter warm sein?

»Danke schön, Madame«, sagte Paul. »Ich werde jetzt gehen.«

»Arr-ruff!« sagte der kleine Hund. Er wollte, daß der Junge ihm den Ball noch einmal zurollte.

Michele war plötzlich so verlegen, als hätte sie einen Erwachsenen aus einem anderen Land und Kulturkreis vor sich. »Ich danke dir für den Besuch, Paul. Und ich wünsche dir ein frohes Fest, für den Fall, daß ich dich nicht mehr sehen sollte.«

Paul sah ebenso unsicher aus. Er verdrehte den Hals und sagte: »Frohe Weihnachten auch für Sie, Madame! Und für dich!« Das war an den kleinen Hund gerichtet. Abrupt wandte er sich der Tür zu.

»Paul – ich möchte dir gern etwas schenken«, sagte Michele und folgte ihm. »Vielleicht ein Paar Schuhe? Welche Größe hast du?«

»Ohhh!« War der Junge rot geworden? »Zweiunddreißig. Oder vielleicht dreiunddreißig. Mein Vater sagt, ich wachse.« Er hob auf komische Art den einen Fuß an.

»Was ist dein Vater?« Michele war froh, daß ihr eine praktische Frage eingefallen war.

»Austräger. Er nimmt Flaschen vom Lastwagen runter.«

Michele sah im Geist einen kräftigen Mann vor sich, der Kästen mit Mineralwasser, Wein oder Bier von einem großen Lastwagen herunterhob und leere Kisten hinaufschmiß. So was sah sie überall in Paris, jeden Tag; vielleicht hatte sie sogar Pauls Vater schon mal kurz gesehen. »Hast du noch Geschwister?«

»Einen Bruder und zwei Schwestern.«

»Und wo wohnt ihr?«

»Ooch – wir wohnen in einer Kellerwohnung.«

Michele mochte ihn nicht weiter nach der Kellerwohnung fragen, ob sie direkt im Keller oder im Souterrain lag; auch nicht, ob seine Mutter ebenfalls arbeitete. Der Gedanke an ein Geschenk für ihn machte ihr Freude. Schuhe. »Komm morgen gegen elf her! Dann habe ich ein Paar Schuhe für dich.«

Paul sah ungläubig aus und wühlte nervös mit den Händen in den Manteltaschen herum. »Ja, gut. Um elf dann.«

Der Junge wollte gern mit dem Lift allein hinunterfahren, also ließ ihn Michele.

Am nächsten Vormittag schlenderte Michele ein paar Minuten nach elf mit dem Hündchen an der Leine über den Gehweg in der Nähe ihrer Wohnung. Gestern abend hatten sie und Charles beschlossen, den Hund Ezekiel zu nennen, woraus schon jetzt die Kurzform Zeke geworden war. Plötzlich sah sie Paul und eine kleinere Gestalt neben ihm.

»Meine Schwester, Marie-Jeanne«, sagte Paul und blickte mit seinen großen, dunklen Augen erst Michele an und dann seine Schwester, deren Hand er Michele zuschob.

Michele nahm die kleine Hand, und sie begrüßten einander. Die Schwester war eine kleinere Ausgabe von Paul, nur mit längerem schwarzem Haar. *Die Schuhe!* Zwei Paar hatte Michele für Paul gekauft. Sie forderte beide Kinder auf, mit nach oben zu kommen. Wieder der Fahrstuhl, die Wohnungstür wurde erneut geöffnet, und das gleiche Staunen stand nun in den Augen der Schwester.

»Probier sie mal an, Paul! Beide Paare!« sagte Michele.

Paul setzte sich auf den Boden und gehorchte, glücklich und aufgeregt. »Sie passen beide! Beide Paare!« Aus Spaß zog er einen rechten und einen linken Schuh an, die nicht zusammengehörten.

Marie-Jeanne interessierte sich mehr für die Wohnung als für die Schuhe.

Michele holte Coca-Cola. Eine Flasche für jeden war wohl genug, dachte sie. Ihr wurde ganz warm ums Herz, als sie die Kinder ansah, aber sie wollte es nicht übertreiben und nicht irgendwie die Kontrolle verlieren. Als sie die Flaschen hereinbrachte, fing Zeke gerade an, an dem einen neuen Schuh zu nagen, und Paul lachte, während seine Schwester eilig den Schuh rettete. Etwas Coca-Cola floß über den Teppich; Michele holte einen Schwamm, und Paul rieb an dem Fleck herum und spülte dann den Schwamm aus.

Dann waren sie plötzlich beide fort, jeder mit einem Schuhkarton unter dem Arm.

An diesem Abend konnte Charles seinen Brieföffner nicht finden. Er lag immer auf seinem Schreibtisch in einem Zimmer, das vom Wohnzimmer abging und Bibliothek und zugleich Charles' Arbeitszimmer war. Er fragte Michele, ob sie ihn vielleicht an sich genommen hatte.

»Nein. Vielleicht ist er runtergefallen?«

»Da habe ich schon nachgesehen«, sagte Charles.

Aber sie suchten beide noch einmal. Er war aus Silber, sah wie ein flacher Dolch aus, und der Griff hatte die Form einer eingerollten Schlange.

»Geneviève wird ihn schon irgendwo finden«, sagte Michele, aber kaum hatte sie ausgesprochen, da verdächtigte sie Paul – ja, sogar seine Schwester. Heiße Wellen wallten durch ihren Körper, kamen einem Gefühl persönlicher Verlegenheit gleich, als wäre sie verantwortlich für den Diebstahl, der zunächst nur eine Möglichkeit und noch keine Tatsache war. Etwas wie Schuld stieg in ihr auf, als sie einen Blick auf das leicht bekümmerte Gesicht ihres Mannes warf. Er öffnete einen Brief mit dem Daumennagel.

»Und was hast du heute getrieben, Darling?« fragte Charles, nun wieder lächelnd, und legte den Brief in einen Aktendeckel.

Michele erzählte, sie hätte mit der Telefongesellschaft über ihre letzte Rechnung gestritten und gewonnen; das war im Auftrag Charles' geschehen, der die Belastung für ein Ferngespräch angezweifelt hatte. Dann hatte sie beim Friseur hereingeschaut, etwa eine Stunde, und dreimal Zeke ausgeführt. Sie meinte, das Hündchen lernte recht schnell. Von den zwei Paar Schuhen für den Jungen namens Paul erzählte sie Charles nichts, auch nichts von seinem und seiner Schwester Besuch in der Wohnung.

»Und den Kranz habe ich an die Tür gehängt«, sagte Michele. »Keine große Arbeit, das weiß ich, aber hast du's bemerkt?«

»Natürlich. Wie hätte ich das übersehen können?« Er umarmte sie und küßte sie auf eine Wange. »Wirklich hübsch, der Kranz, Darling.«

Das war am Sonnabend. Am Sonntag arbeitete Charles ein paar Stunden allein in seinem Büro, wie er es oft tat. Michele kaufte einen kleinen Weihnachtsbaum mit einem x-förmigen Fuß und verbrachte einen Teil des Nachmittags mit dem Schmücken. Sie hatte ihn schließlich auf den Eßtisch und nicht auf den Fußboden gestellt, denn der kleine Hund ließ sich nicht davon abbringen, mit dem Tannenbaumschmuck zu spielen. Michele freute sich nicht gerade auf den Pflichtbesuch bei Charles' Eltern am Montag, dem Heiligen Abend, um fünf Uhr. Die Eltern hatten niemals einen Baum; und sogar Charles hielt Weihnachtsbäume für eine dumme, aus England importierte Sitte. Die Eltern wohnten in einem großen alten Mietshaus, ohne Lift, im achtzehnten Arrondissement. Erst wurden die Geschenke ausgetauscht und dann wurde heißer Rotwein getrunken, von dem Michele immer etwas übel wurde. Der Rest des Abends verlief dann fröhlicher bei ihren Eltern in Neuilly. Gegen Mitternacht gab es dort ein kaltes Buffet mit Sekt, und im Farbfernseher würden sie sehen, wie es überall in der Welt Weihnachten wurde. Das alles erzählte sie Zeke.

»Dein erstes Weihnachten, Zeke! Und du kriegst – ein Putenbein!«

Der kleine Hund schien sie zu verstehen; er schoß mit heraushängender Zunge und schalkhaft dreinblickenden schwarzen Augen im Zimmer umher. Und Paul und Marie-Jeanne? Ob sie jetzt lachten? Paul vielleicht, mit seinen zwei Paar Schuhen. Vielleicht hatte sie vor dem Weihnachtsabend noch so viel Zeit, daß sie eine Bluse für Marie-Jeanne und einen Kuchen für die anderen beiden Geschwister kaufen konnte. Montag ging das; vielleicht sah sie Paul noch mal und konnte ihm die Geschenke geben. Weihnachten – das hieß doch schenken, teilen, in Verbindung treten mit Freunden, Nachbarn und sogar mit Fremden. Mit Paul hatte sie schon angefangen.

»Auuwaoo-waoo«, sagte der kleine Hund und kauerte sich nieder.

»Ja – eine Sekunde, Zeke, Liebster!« Michele lief und holte die Leine. Dann warf sie sich eine Pelzjacke um und ging mit Zeke nach draußen. Zeke strebte sofort auf den Rinnstein zu und wurde von Michele gelobt. Das Feinkostgeschäft gegenüber war geöffnet, und Michele kaufte eine Dose Pralinen –

das heißt, es war eine prachtvolle Zinndose, die mehr als hundert Francs kostete –, nur weil ihr die rote Schleife auf dem Deckel ins Auge gefallen war.

»Madame – bonjour!«

Wieder mal blickte Michele in Pauls Gesicht, das zu ihr aufsah. Seine Nase war hellrot vor Kälte.

»Frohe Weihnachten noch einmal, Madame!« sagte Paul, lächelte und stampfte mit den Füßen auf. Er trug die neuen braunen Schuhe. Die Hände hatte er in die Taschen gesteckt.

»Möchtest du eine heiße Schokolade?« fragte Michele. Eine Imbißstube war nur wenige Schritte entfernt.

»Nein, danke schön.« Paul wandte schüchtern den Kopf ab.

»Oder eine Suppe?« fragte Michele eifrig. »Komm doch mit nach oben!«

»Ich habe meine Schwester bei mir.« Paul wandte sich schnell um, steif vor Kälte, und im gleichen Augenblick kam Marie-Jeanne aus der Imbißstube gelaufen.

»Ah, bonjour, Madame!« Marie-Jeanne lachte. Sie trug eine blaue Strohtasche, die leer aussah, aber sie machte sie auf und zeigte den Inhalt ihrem Bruder. »Zwei Päckchen. Ist doch richtig? Zigaretten für meinen Vater«, sagte sie zu Michele.

»Wollt ihr ein paar Minuten mit mir raufkommen und meinen Weihnachtsbaum ansehen?« Die Flamme der Hilfsbereitschaft loderte immer noch stark in Michele. Warum sollte sie diesen beiden nicht ein Schüsselchen heiße Suppe und ein paar Süßigkeiten geben?

Sie kamen mit. In der Wohnung stellte Michele das Radio auf London ein, das Weihnachtslieder sendete. Genau das Richtige! Marie-Jeanne hockte sich vor den Weihnachtsbaum und schwatzte mit ihrem Bruder über die vielen hübschen Päckchen, die darunterlagen, den Baumschmuck und die kleinen Geschenke, die in den Zweigen hingen. Michele wärmte inzwischen eine Dose Erbsensuppe, der sie die gleiche Menge an Milch hinzugefügt hatte. Schön nahrhaft. Die englischen Chorknaben sangen ein französisches Weihnachtslied, in das sie alle mit einstimmten.

Il est né le divin enfant
Chantez hautbois, résonnez musettes …

Dann waren sie wieder, wie neulich, ganz plötzlich fort. Ihr Lachen und Schwatzen … Zeke bellte, als wolle er sie zurückrufen, und Michele saß da und mußte die leeren Suppenschüsseln und das zerknüllte Schokoladenpapier wegräumen. Spontan hatte sie den beiden den schönen Pralinenkasten für zu Hause geschenkt. In ein paar Minuten mußte Charles kommen. Michele hatte die Küche aufgeräumt und ging gerade ins Wohnzimmer, als sie das Klicken der Fahrstuhltür und Charles' Schritt auf dem Treppenhausflur hörte und im gleichen Moment auf dem Kaminsims eine Lücke wahrnahm. Die Uhr! Charles' Ormoulu-Uhr! Sie konnte nicht weg sein! Aber sie *war* weg.

Ein Schlüssel wurde im Schloß umgedreht, die Tür ging auf.

Michele ergriff einen Karton – gelb verpackt, Hausschuhe für Charles – und stellte ihn auf den Platz, wo die Uhr gestanden hatte.

»Hallo, Darling!« sagte Charles und gab ihr einen Kuß.

Charles wollte eine Tasse Tee trinken. Die Temperatur war gesunken, und er hatte sich fast erkältet, als er eben auf ein Taxi warten mußte. Michele machte Tee für sie beide und versuchte, sich so zu setzen, daß Charles gezwungen war, in einem Sessel Platz zu nehmen, der mit dem Rücken zum Kamin stand, aber das klappte nicht; Charles setzte sich in einen anderen Sessel als den, den sie bestimmt hatte.

»Was bedeutet denn das Geschenk da oben?« fragte Charles. Er meinte das gelbe Paket. Charles hatte Sinn für Ordnung. Immer noch gut gelaunt, ließ er lächelnd seine erste Tasse Tee stehen und trat an den Kaminsims. Er nahm das Paket, wandte sich zum Weihnachtsbaum um und blickte dann zurück zum Kaminsims. »Und wo ist die Uhr? Hast du sie weggenommen?«

Michele preßte die Zähne zusammen. Allzu gern hätte sie gelogen und gesagt: Ja, sie hätte sie in einen Schrank gestellt, um Platz für die Weihnachtsdekoration auf dem Kaminsims zu haben. Aber wäre das einleuchtend? »Nein, ich …«

»Ist was los mit der Uhr?« Charles' Gesicht war ernst geworden, als erkundige er sich nach dem Gesundheitszustand eines geliebten Angehörigen.

»Ich weiß nicht, wo sie ist«, sagte Michele.

Charles senkte die Brauen. Sein Körper straffte sich. Er warf das leichte Paket auf den Tisch mit dem Weihnachtsbaum. »Hast du den Jungen noch mal getroffen? Hast du ihn heraufkommen lassen?«

»Ja, Charles. Ja – ich weiß …«

»Und war er vielleicht heute schon das zweite Mal hier?« Michele nickte. »Ja.«

»Herrgott noch mal, Michele! Dahin ist also auch mein Brieföffner verschwunden, stimmt's? Aber die Uhr! Himmel noch mal, die ist doch noch um einiges wichtiger! Wo wohnt dieser Junge?«

»Das weiß ich nicht.«

Charles machte einen Schritt auf das Telefon zu und blieb dann stehen. »Wann war er hier? Heute nachmittag?«

»Ja, es ist noch keine Stunde her. Charles, es tut mir wirklich ganz schrecklich leid!«

»Er kann nicht weit von hier wohnen. Wie konnte er das tun – mit dir hier im Zimmer?«

»Seine Schwester war auch mit hier.« Michele hatte ihr gezeigt, wo das Badezimmer war. Natürlich hatte Paul die Uhr in dieser Zeit genommen und sie in den blauen Einkaufsbeutel gesteckt.

Charles verstand und nickte zornig. »Nun, das versetzen sie jetzt und dann können sie schön Weihnachten feiern. Von den beiden sehen wir in den nächsten Tagen keinen hier wieder – falls überhaupt je. Wie konntest du solche Strolche ins *Haus* bringen?«

Michele zögerte. Charles' Zorn hatte sie erschreckt. Es war ein Zorn, der gegen sie gerichtet war. »Sie froren und sie waren hungrig – und arm.« Sie sah ihrem Mann in die Augen.

»Das war mein Vater auch, als er die Uhr erstand«, sagte Charles langsam.

Das wußte Michele. Die Ormoulu-Uhr war Stolz und Freude der Familie Clément, seit Charles etwa zwölf gewesen war. Die Uhr war das einzige hübsche Stück in ihrem Arbeiterhaushalt. Sie war Michele gleich beim erstenmal aufgefallen, als sie die Cléments besuchte, denn der Rest der Einrichtung war schrecklicher *style rustique,* billiger Lack und Resopal. Und Charles' Vater hatte ihnen die Uhr zur Hochzeit geschenkt.

»Dreckschwein«, murmelte Charles. Er zog an seiner Zigarette und blickte auf die Lücke auf dem Kaminsims. »Du kennst solche Leute wahrscheinlich nicht, meine liebe Michele, aber ich kenne sie. Ich bin mit ihnen aufgewachsen.«

»Dann könntest du wirklich mehr Mitgefühl haben! Charles, wenn wir die Uhr nicht zurückkriegen, kaufe ich uns eine neue, so ähnlich wie irgend möglich. Ich weiß genau, wie sie aussah.«

Charles schüttelte den Kopf, schloß fest die Augen und wandte sich ab.

Michele ging hinaus und nahm das Teegeschirr mit. Es war das erstemal, daß sie Charles den Tränen nahe gesehen hatte.

Charles wollte nicht mitgehen zu der Dinnerparty, zu der sie abends eingeladen waren. Er meinte, Michele sollte allein gehen und für ihn eine Ausrede finden. Zuerst sagte Michele, sie würde auch zu Hause bleiben, dann änderte sie ihren Entschluß und zog sich um.

»Ich weiß nicht, was du dagegen hast, daß ich eine neue Uhr kaufe«, sagte Michele. »Ich kann nicht einsehen …«

»Wahrscheinlich wirst du es wohl niemals einsehen«, sagte Charles.

Michele kannte Bernard und Yvonne Petit schon lange. Sie war schon mit beiden befreundet gewesen, bevor sie Charles heiratete. Michele hätte Yvonne die Geschichte von der Uhr sehr gern erzählt, aber so was konnte man nicht erzählen, wenn man um acht beim Essen saß; und als dann der Kaffee serviert wurde, war sie zu der Ansicht gekommen, es wäre das beste, gar nichts zu erzählen: Charles hatte sich ernsthaft aufgeregt, und schuld daran war sie. Doch beim Abschied fragte Yvonne sie, ob sie etwas auf dem Herzen hätte, was Michele erleichtert zugab. Sie ging mit Yvonne in die Bibliothek, die sehr ähnlich war wie die in ihrer eigenen Wohnung, und erzählte die Geschichte mit wenigen Worten.

»Du, wir haben genau die Uhr *hier*, die du brauchst!« sagte Yvonne. »Bernard hat sie gar nicht mal gern. Das klingt schrecklich, wenn man es so sagt, nicht wahr? Aber liebste Michele, die Uhr steht hier. Schau!« Yvonne schob ein paar Einladungskarten zur Seite, so daß man die Uhr mit dem flachen Sockel deutlich auf dem Kaminsims stehen sah; sie hatte schwarze Zeiger, und das runde Zifferblatt war gekrönt mit einer Tiara aus vergoldeten Zierknäufen und Schnörkeln.

Tatsächlich war die Uhr der gestohlenen sehr ähnlich. Während Michele noch zögerte, holte Yvonne schon Zeitungspapier und einen Plastikbeutel aus der Küche und verpackte die Uhr fest. Sie drückte sie Michele in die Hand und sagte: »Ein Weihnachtsgeschenk.«

»Aber hier geht es um das Prinzip. Ich kenne Charles, und du auch, Yvonne. Wenn die gestohlene Uhr aus meiner Familie stammte, auch wenn ich sie mein Leben lang gekannt hätte, für mich wäre das nicht so wichtig.«

»Ich weiß, ich weiß.«

»Tatsache ist, daß die Kinder arm waren – und daß Weihnachten ist. Ich habe sie mit raufgenommen, zuerst Paul allein. Einfach mit anzusehen, wie ihre Augen aufleuchteten, das war schon ganz wunderbar für mich. Sie waren so dankbar für ein Schüsselchen Suppe. Paul hat mir erzählt, sie wohnen irgendwo im Keller.«

Yvonne hörte zu, obgleich Michele ihr alles schon zum zweitenmal erzählte. »Stell die Uhr einfach auf den Kaminsims, wo die andere gestanden hat – und hoffe das Beste!« Yvonne sprach mit zuversichtlichem Lächeln.

Als Michele mit dem Taxi zu Hause ankam, war Charles im Bett und las. Michele packte die Uhr in der Küche aus und stellte sie auf den Kaminsims. Erstaunlich, wie sehr sie der anderen glich! Hinter seiner Zeitung verborgen erklärte Charles, er hätte Zeke vor einer halben Stunde nach draußen geführt. Weiter sagte er nichts, und Michele versuchte nicht, mit ihm zu reden.

Am nächsten Morgen – Heiligabend – erblickte Charles die neue Uhr auf dem Kaminsims, als er aus der Küche – wo er und Michele gerade gefrühstückt hatten – ins Wohnzimmer kam. Empörung stand in seinen Augen, als er sich zu Michele umwandte. »Also, Michele – das reicht.«

»Yvonne hat sie mir geschenkt. *Uns* geschenkt. Ich dachte – nur für Weihnachten ...« Was hatte sie denn gedacht? Wie hatte sie den Satz beenden wollen?

»Du verstehst *überhaupt* nichts«, sagte er bestimmt. »Ich habe gestern abend eine Beschreibung der Uhr an die Polizei gegeben. Ich bin aufs Polizeirevier gegangen, und ich habe vor, die Uhr zurückzubekommen! Ich habe sie auch über den Jungen informiert, der ›ungefähr zehn‹ ist, und über seine Schwester, die beide irgendwo hier in der Gegend in einem Keller wohnen.«

Charles sprach, als hätte er einem furchtbaren Feind den Krieg erklärt. Michele kam das absurd vor. Als Charles dann im Ton kaum unterdrückter Wut weiterredete von Unehrlichkeit, von milden Gaben an Verantwortungslose, an Leute, die sie nicht verdient hatten und sich auch gar nicht bemühten, sie zu verdienen, von Rowdies und ihrer Verachtung für das Privateigentum, da begann Michele zu verstehen. Für Charles war es, als hätte man seine Festung gestürmt und als wäre der Feind von seiner eigenen Frau hereingelassen worden – und als stünde sie auf der anderen Seite. Bist du vielleicht Kommunist, hätte Charles fragen können, aber das tat er nicht. Michele betrachtete sich nicht als Kommunistin und hatte es auch niemals getan.

»Ich finde einfach, die Reichen müßten teilen«, unterbrach sie ihn.

»Seit wann sind wir denn reich – wirklich reich, meine ich?« erwiderte Charles. »Ja, ich weiß. Deine Familie ist reich, und du bist daran gewöhnt. Du hast die Einstellung geerbt. Es ist nicht deine Schuld.«

Warum um Himmels willen sollte es ihre Schuld sein? fragte sich Michele. Sie begann sich jetzt sicherer zu fühlen. Oft genug hatte sie in Büchern und Zeitungen gelesen, man müßte die Reichtümer in diesem Jahrhundert aufteilen, sonst würde es schlimm enden. »Ja – und was die Kinder betrifft, so würde ich dasselbe noch mal tun«, sagte sie.

Charles' Wangen bebten vor Erbitterung. »Sie haben uns beleidigt! Das war Diebstahl!«

Micheles Gesicht begann zu glühen. Sie verließ das Zimmer, jetzt ebenso erzürnt wie Charles. Aber sie spürte, sie hatte einen Pluspunkt. Mehr als das, sie war im Recht. Sie müßte es nun in Worte fassen, sich ihre Argumente zurechtlegen. Ihr Herz schlug schnell. Sie blickte auf die offene Schlafzimmertür und erwartete Charles zu sehen, erwartete seine Stimme, die sie bat, zurückzukommen. Alles blieb still.

Charles ging eine halbe Stunde später in sein Büro und erklärte, er werde wahrscheinlich nicht vor halb vier zurück sein. Zwischen vier und fünf sollten sie zu seinen Eltern gehen. Michele rief Yvonne an, und im Laufe der Unterhaltung wurden ihre Gedankengänge klarer, und der langsame Tränenstrom versiegte.

»Ich finde Charles' Haltung falsch«, sagte Michele.

»Aber das darfst du einem Mann nicht sagen, liebe Michele. Sei nur vorsichtig!«

Nachmittags um vier begann Michele ein taktvolles Gespräch mit Charles. Sie fragte ihn, ob ihm die Verpackung des Geschenks für seine Mutter gefiele. Das Päckchen enthielt die weiße Tischdecke, die sie Charles schon gezeigt hatte.

»Ich gehe nicht mit. Ich kann nicht.« Und über Micheles Protest hinweg: »Glaubst du denn, ich kann meinen Eltern gegenübertreten und zugeben, daß die Uhr gestohlen ist?«

Warum mußte er die Uhr denn erwähnen? Es sei denn, er hatte vor, das Weihnachtsfest zu verderben, dachte Michele. Aber sie wußte, es hatte keinen Zweck, ihn zum Mitkommen zu überreden, und gab es daher auf. »Dann gehe ich – und nehme die Geschenke mit.« So geschah es. Sie ging und überließ Charles seinem Groll und dem Warten auf einen möglichen Anruf von der Polizei, wie er gesagt hatte.

Michele war gegangen, beladen mit den Geschenken für Charles' Eltern und auch mit denen für ihre eigenen Eltern. Charles hatte gesagt, er werde etwa um acht in der Wohnung ihrer Eltern in Neuilly erscheinen. Aber er kam nicht. Micheles Eltern rieten ihr, Charles anzurufen; vielleicht war er eingeschlafen, oder er hatte gearbeitet und die Zeit darüber vergessen. Aber Michele rief ihn nicht an. Bei ihren Eltern war alles so schön und fröhlich – ihr Baum, die Sektbehälter, ihre schönen Geschenke, darunter ein Reiseschirm im Lederetui. Charles und die Uhrgeschichte zeichneten sich wie ein drohender, garstiger, schwarzer Schatten im goldenen Glanz des Wohnzimmers ihrer Eltern ab. Michele kam noch einmal mit der ganzen Geschichte heraus.

Ihr Vater lachte. »Ja, ich glaube, ich erinnere mich an die Uhr. Nichts weiter Fabelhaftes. War schließlich nicht von Cellini.«

»Aber der Gefühlswert, Edouard«, sagte Micheles Mutter. »Schade, daß es gerade zu Weihnachten passieren mußte. Und es war leichtsinnig von dir, Michele. Aber – ja, da gebe ich dir recht, es waren einfach kleine Straßengören, und die Versuchung war groß.«

Michele fühlte sich noch weiter gestärkt.

»Nicht das Ende der Welt«, murmelte Edouard und füllte die Gläser von neuem mit Sekt.

Am nächsten Tag, dem ersten Weihnachtstag, und auch am Tag darauf dachte Michele an die Worte ihres Vaters. Es war nicht das Ende der Welt, aber das Ende von etwas. Die Polizei hatte die Uhr nicht gefunden, doch Charles war der Ansicht, man würde sie finden. Er hatte, wie er Michele versicherte, recht energisch mit ihnen gesprochen und ihnen eine farbige Zeichnung der Uhr, die er selbst mit vierzehn angefertigt hatte, vorgelegt.

»Natürlich werden die Diebe sie nicht sofort versetzen«, sagte Charles zu Michele, »aber in die Seine schmeißen sie sie auch nicht. Über kurz oder lang werden sie versuchen, sie zu Geld zu machen, und dann nageln wir sie fest.«

»Offen gestanden, ich finde deine Haltung unchristlich und grausam«, sagte Michele.

»Und ich finde deine Haltung – dumm.«

Es war nicht das Ende der Welt, aber es war das Ende ihrer Ehe. Keine späteren Worte, keine Umarmung – falls es je wieder dazu kam – konnten bei Michele diese Bemerkung ihres Mannes wiedergutmachen. Und ebenso stark spürte sie in Charles' Herzen und in seinen Gedanken eine tiefe Abneigung, eine echte Aversion gegenüber seiner Frau. Und sie bei ihm? War das nicht ein ganz ähnliches Gefühl? Charles hatte etwas verloren, das Michele als »human« bezeichnete – wenn er es je besessen hatte. Mit seinem ärmeren, weniger privilegierten Hintergrund hätte Charles mehr Mitgefühl als sie aufbringen müssen, dachte Michele. Was war unrecht, und was war recht? Sie war verwirrt, wie es zuweilen geschah, wenn sie versuchte, die Verse von Weihnachtsliedern oder von Gedichten zu ergründen, die man auf verschiedene Weisen auslegen konnte; doch das Herz oder das Gefühl suchte und fand wohl immer seinen eigenen Weg, wie das ihre es getan hatte. Und war das nicht richtig? War es nicht richtig, Verzeihung zu üben, besonders zu dieser Zeit im Jahr?

Ihre Freunde und Eltern rieten zur Geduld. Sie sollten sich eine Woche oder so trennen. Weihnachten machte die Menschen immer nervös. Michele könnte zu Yvonne und Bernard kommen und eine Weile dort bleiben, was sie auch tat. Dann konnten sie und Charles noch einmal miteinander reden, was sie auch taten. Doch es änderte sich nichts – gar nichts.

Vier Monate später waren Michele und Charles geschieden. Und die Uhr hat die Polizei nie gefunden.

MARTIN WALSER

Überredung zum Feiertag

Ich sage mir: Nimm ein Blatt vor den Mund, die Feiertage nahen.

Ich sage mir: Mach, was du willst, Edelrauhreif fällt gezielt auch auf den sprödesten Fleck, das Klima ist teuer präpariert, mach, was du willst: Es weihnachtet sehr. Zögere, ganz zuletzt schlüpfst du doch noch in eine Rolle. Es muß ja nicht gleich das am meisten getragene Drogistenlächeln sein. Schau einen Winterbaum an, beachte den durchdringenden Ernst, mit dem er auf dürren Zweigen Schnee trägt, als ginge ihn der was an. Mach, was du willst, du wirst mitmachen. Schließlich sind das deine Festspiele. Ich sage mir: Wer jetzt eine Großmutter hat oder ganz kleine Kinder, der hat Glück, der hat rasch eine Rolle. Gib dir feierlich Mühe, sag ich mir. Dazu stehen ja die Feiertage mit hohen Wänden im Wind als Vitrinen auf Zeit, daß wir in angestrengter Gelassenheit darin spielen, für uns, für den beliebten Himmel, oder bloß so, daß gespielt wird. Am Ende hat jedes Jahr seine gefürchteten Feiertage verdient. Die Schneegrenze sinkt ins Tal, Maiwege sind nur noch mit Ketten befahrbar, nun rück schon zusammen mit allen, der traurige Gemeinplatz wärmt auch dich. Schellengeläut der Erinnerung und so. Taube Nüsse, Wehmut, der Geruch der Jahrzehnte. Lach doch mit. Das ganze Jahr flüssiger Maskenwechsel, jetzt wird dir doch nicht zuletzt noch das Gesicht ausgehen für ein bißchen Kerzengerechtigkeit. Und ist denn das gar nichts, wenn dir im Halse das Silberglöcklein wächst, die Kerze dir fünfsterniges Edelweiß auf dem Zahnschmelz züchtet und in deinen Ohrgängen Chöre nisten, daß es dich vor inwendigem Brausen auf die Zehenspitzen hebt? Du kannst sogar ausführlich von Liebe reden. Das ist das rechte Wort für diese Festspiele. Das hat Kunstcharakter, darin klirrt Leistung. Denk, was das Ballett der schieren Natur abringt. Trau dir was zu. Ganz posi-

...chtig in Rechtshändermanier. Tu, als könntest du
...tan nicht anders. Wähl also Liebe, wähl Heimlichkeit,
...igen Ernst, wähl einen weißen Bart oder verhalten
...ckernde Würde, beobachte die Wirkung, und dein Lam-
penfieber ist weg. Du spielst dich frei, und ringsum verfallen
die Glocken sofort in wildfröhliches Läuten.

Ich sage mir: Was soll dir jetzt Asien? Vergiß doch Asien.
Vergiß alle möglichen Brüder. Ausgerechnet zur hohen Fest-
spielzeit fällt es dir ein, den Christenmenschen zu spielen,
dem sein Punsch nicht schmeckt, weil andere noch immer
kein gutes Wasser haben. Überhaupt, wenn du an Christus
denkst, hört sich sowieso alles auf. Dann können wir ein-
packen. Hübsch barbarisch-kultivierte Feiertage, mehr ist
nicht drin. Falls zwiespältige Empfindungen dich stören,
bleib schön irdisch, bleib hart. Keine christlichen Anfechtun-
gen. Du willst am Leben bleiben und deine Anzüge selber
tragen. Das ist schon eine Welt, in der man sich wegen eines
so schlichten Vorsatzes gleich Gewissensbisse einbilden muß
zur eigenen Beruhigung. Zum Beispiel, nein, bitte keine Bei-
spiele. Daß das Fräulein im fünften Stock besonders kalte
Füße hat und irgendwo einen Pilz, ist ja auch kein Beispiel.
Die Misere blüht so gut wie die Riviera. Darum haben wir
doch die Vitrinen. Also Vorsicht. Sonst zieht es gleich, und
die Feiertage kriegen die Schwindsucht. Bewegungen nur
wie am Steuer eines Autos auf Glatteis. Und allen Mitspie-
lern einen um Beschränktheit bemühten Verschwörerblick.
Wir wollen Feiertag spielen, auch wenn uns auf blankem Eis
Asche und Asche serviert wird. Daß Regen als Schnee fällt
zur Zeit, ist kalkuliert. Wer ein Glas hebt, zerbricht es, vielleicht. Aber wenn du dann trotz allem deinem Freund übern
Kopf streichst, beherrsche dich, zähl nicht seine Haare. Wir
kommen sonst einfach nicht in die richtige Stimmung. Zuletzt müssen wir die Feiertage noch abblasen mit Trompeten
aus Himmelsrichtungsschrott. Wenn aber jeder weiß, er ist
ein ungesunder Elefant, dann wird schon ein Zauber mäßig
gelingen. Viel Musik, wenig Text. Den Blick starr auf die
Kerze. Bis sie qualmt. Dann dürfte es ohnehin spät genug
sein, Zeit, das Blatt wieder vom Mund zu nehmen.

Weihnachtserinnerungen

Ein Weihnachten war dem anderen so gleich in jenen Jahren, die nun um die Meerecke der Stadt entschwunden und außer aller Hörweite sind, bloß daß ich manchmal einen Augenblick lang vor dem Einschlafen noch das ferne Gespräch ihrer Stimmen höre, daß ich jetzt nie mehr sagen kann, ob es sechs Tage und sechs Nächte lang geschneit hat, als ich zwölf war, oder ob es zwölf Tage und zwölf Nächte lang geschneit hat, als ich sechs war. Oder damals, als das Eis brach und der Schlittschuh laufende Schnittwarenhändler wie ein Schneemann durch eine weiße Falltür verschwand, ob das derselbe Weihnachtstag war, an dem die Rosinenkuchen Onkel Arnold fertigmachten und wir den seeseitigen Hügel hinunterrodelten, den ganzen Nachmittag lang, auf dem besten Teetablett; und Mrs. Griffith beschwerte sich, und wir warfen einen Schneeball nach ihrer Nichte, und als ich die Hände vors Feuer hielt, da brannten sie vor Kälte und Hitze so sehr, daß ich zwanzig Minuten lang weinte; und dann aß ich Wackelpudding.

Alle Weihnachten rollen den Hügel hinunter zum walisischsprechenden Meer, wie ein Schneeball, der immer weißer und größer und runder wird, wie ein kalter kopfüber kollernder Mond, der den Himmel hinunterbollert, der unsere Straße war; und alle Weihnachten machen halt am Ufer der eisgeränderten, fischefrierenden Wellen, und ich fahre mit den Händen tief in den Schnee und hole alles heraus, was ich finden kann: Tannenzweige und Weihnachtssingvögel, oder Pudding, Gezänk und Gesänge, und Orangen und blecherne Pfeifchen, und das Kaminfeuer in der Guten Stube, und Bums die Knallbonbons, und Heilig, Heilig, Heilig läuten die Glocken und die Glasglocken beben am Baum, und Mutter Graugans aus der Weihnachtspantomime, und der Struwwelpeter – ach, die paulinchenverbrennenden

Flammen und der klappernde Scherenmann. Und Billy Bunter aus dem bunten Groschenheft und die Schwarze Schönheit, und Goldelse, und die kleine Frau; und Jungen, die drei Portionen essen, und Alice im Wunderland, und Mrs. Potters Dachse, und Federmesser und Teddybären – benannt nach einem Mr. Theodor Bär, ihrem Erfinder oder Vater, der vor kurzem in den Vereinigten Staaten starb –, Mundharmonikas, Bleisoldaten, und Milchpudding, und Tante Bessy, die auf dem ungestimmten Piano in der Guten Stube »Ein Männlein steht im Walde« und »Orangen und Lemonen« spielt, den ganzen Pfänder und Blindekuh spielenden Abend lang am Ende des unvergeßlichen Tages am Ende des nicht mehr erinnerten Jahres.

Tief taucht meine Hand in jenen watteweißen glockenklingenden Ball von Festtagen, der am Rande des lobliedersingenden Meeres ruht, und heraus kommen Mrs. Prothero und die Feuerwehrmänner.

Es war am Nachmittag des Weihnachtsabends, und ich war in Mrs. Protheros Garten und wartete mit ihrem Sohn Jim auf Katzen. Es schneite. Zu Weihnachten schneite es immer. Der Dezember ist in meinen Erinnerungen weiß wie Lappland, nur Rentiere waren keine da. Aber dafür waren Katzen da. Geduldig, mit eiskalten Fingern und eiskaltem Herzen, unsere Hände in Socken gehüllt, warteten wir, um Schneebälle nach den Katzen zu werfen. Geschmeidig und lang wie Jaguare und mit furchtbaren Schnurrbärten, spukkend und fauchend würden sie über die weißen Mauern am unteren Ende der Gärten huschen und jagen, und die luchsäugigen Jäger, Jim und ich, Trapper von der Hudson Bay gleich hinter der Gasthausstraße, in Pelzmützen und Mokassins, würden unsere tödlichen Schneebälle gerade ins Grüne ihrer Augen schleudern. Die klugen Katzen ließen sich niemals blicken. Wir waren so still – eskimofüßige arktische Scharfschützen im alles erstickenden Schweigen des ewigen Schnees, der schon seit Mittwoch lag –, daß wir Mrs. Protheros ersten Schrei aus ihrem Schneehaus am unteren Ende des Gartens nicht einmal hörten. Oder wenn wir ihn hörten, so war er für uns nur wie der weit entfernte Kriegsruf unseres

Feindes und unserer Beute, des Nachbars Polarkatze. Aber bald wurde die Stimme lauter. »Feuer!« schrie Mrs. Prothero, und sie schlug den Gong, der sonst zum Essen rief. Und wir liefen den Garten hinunter, den Arm voller Schneebälle, auf das Haus zu, und, heißa!, da kam wirklich Rauch aus dem Speisezimmer, und der Gong bummerte und Mrs. Prothero rief die Katastrophe aus, wie ein Stadtschreier in Pompeji. Das war besser als alle Katzen in ganz Wales, auch wenn sie in einer Reihe auf der Mauer gestanden hätten. Wir stürzten ins Haus, beladen mit Schneebällen, und machten an der offenen Türe des raucherfüllten Zimmers halt. Ja, etwas brannte ganz tüchtig. Vielleicht war es Mr. Prothero, der nach dem Mittagessen immer in diesem Zimmer schlief, mit einer Zeitung auf dem Gesicht. Aber nein, der stand mitten im Zimmer und sagte: »Feine Weihnachten, das!« und schlug mit einem Hausschuh auf den Rauch los.

»Ruft die Feuerwehr!« schrie Mrs. Prothero und schlug weiter den Gong.

»Die werden nicht dasein«, sagte Mr. Prothero, »es ist doch Weihnachten.«

Es war kein Feuer zu sehen, nur dichte Rauchwolken, und mittendrin Mr. Prothero, der mit seinem Hausschuh dem Rauch winkte, als dirigiere er ein Konzert.

»Tut doch was!« sagte er.

Und wir warfen alle unsere Schneebälle in den Rauch – ich glaube aber, wir verfehlten Mr. Prothero – und liefen hinaus aus dem Haus zur Telephonzelle.

»Rufen wir doch auch die Polizei an«, sagte Jim.

»Und die Erste Hilfe.«

»Und Ernie Jenkins, der mag Feuer so gern.«

Aber wir riefen nur die Feuerwehr an, und bald kam auch das Feuerwehrauto, und drei große Männer mit Helmen brachten einen Schlauch ins Haus, und Mr. Prothero ging gerade noch rechtzeitig aus dem Wege, ehe sie den Wasserstrahl andrehten. Kein Mensch hätte einen Weihnachtsabend mit mehr Krach haben können, und als die Feuerwehrmänner den Wasserstrahl wieder abstellten und im nassen, rauchigen Zimmer herumstanden, da kam Jims Tante, Miss Prothero, die Treppe herunter, steckte den Kopf herein und sah sie an. Jim und ich warteten, ganz still, um zu hören, was sie zu ihnen sagen würde. Denn sie wußte immer das richtige Wort. Sie sah die drei großen Feuerwehrmänner mit ihren glitzernden Helmen an, wie sie dastanden, umgeben von Rauch und verbranntem Holz und halbgeschmolzenen Schneebällen, und dann sagte sie: »Möchten Sie vielleicht etwas zu lesen haben?«

Und nun kommt aus diesem gleißendweißen Schneeball der verflossenen Weihnachten der Strumpf hervor, der Strumpf aller Strümpfe, der am Fußende des Bettes hing, so daß der Arm einer wuschellockigen Negerpuppe oben hervorbaumelte und unten in den Zehen kleine Glocken läuteten. Da war auch eine ganze Kompanie Soldaten drin, tapfer und scharlachrot, nur daß sie niemals gut schmeckte, obwohl ich sie immer zu kosten versuchte, als ich noch ganz klein war: Bleisoldaten mit Gurt und Bärenfellmützen und Musketen, Schulter an Schulter, die nur allzubald ihre Köpfe und Beine verlieren sollten, in den Kriegen auf dem Küchentisch, wenn das Teegeschirr, die Kekse und die Rosinenkuchen weggeräumt waren, die ich immer backen half, indem ich die Rosinen entkernte und aufaß. Und da war ein Säckchen mit feuchten, vielfarbigen Geleebonbons, die wie kleine Kinder aussahen, und eine eingerollte Flagge, und eine falsche Nase, und eine Straßenbahnschaffnermütze, und eine Maschine, die Fahrscheine lochte und dabei klingelte ... Aber niemals eine richtige Schleuder; einmal, durch einen Irrtum, den niemand erklären konnte, eine kleine Axt und ein Gummibüffel, oder vielleicht war es auch ein Pferd, mit gelbem Kopf und aufs Geratewohl herumschlenkernden Beinen; und eine Zelluloidente, die, wenn man sie drückte, einen ganz unentenhaften Ton von sich gab, ein miauendes Muhen, wie es vielleicht eine ehrgeizige Katze fertiggekriegt hätte, die als Kuh gelten will; und ein Malbuch, in dem ich das Gras, die Bäume, das Meer und die Tiere in jeder Farbe malen konnte, die mir recht war; und bis zum heutigen Tag grasen die blendendhimmelblauen Schafe auf der roten Weide unter einer Schar von regenbogenschnäbeligen und erbsengrünen Vögeln.

Der Weihnachtsmorgen war immer vorüber, noch ehe man Zeit hatte, Hans Schneemann zu sagen. Und, sieh da, auf einmal brannte der Pudding. Soll man nicht wieder den Gong schlagen und die Feuerwehr anrufen und die bücherliebenden Feuerwehrmänner? Jemand fand im Kuchen das eingebackene silberne Dreipennystück mit einer Korinthe dran; und dieser Jemand war immer Onkel Arnold. Das Sprüchlein, das aus seinem Knallbonbon fiel, lautete:

> Lasset uns alle jubeln, denn Weihnacht ist da,
> Laßt uns spielen und singen und rufen hurra!

Und die Erwachsenen blickten dann immer zur Zimmerdecke hinauf, und Tante Bessy, die schon zweimal von einer automatischen Maus mit einem Uhrwerk erschreckt worden war, wimmerte am Büfett und trank ein wenig Holunderwein.

Und jemand stellte eine Glasschüssel voller Nüsse auf den überhäuften Tisch, und mein Onkel sagte ganz genau wie jedes Jahr: »Ich habe da eine Schuhnuß erwischt, hol mir einen Schuhlöffel, Junge, daß ich sie öffnen kann!« Und dann war das Essen vorüber.

Und ich erinnere mich, am Nachmittag des Weihnachtstages, wenn die anderen ums Feuer saßen und einander erzählten, daß dies gar nichts sei, nein, rein gar nichts, verglichen mit den großen, schneeverwehten, bratgans- und truthahnstolzen, julscheitknisternden, tannenreisigen und unter dem Mistelzweig küssenden Weihnachtsfesten, als *sie* noch Kinder waren, daß ich hinausging in Schulmütze und Schal und Handschuhen, mit meinen funkelnagelneuen, knarrenden Stiefeln; in die weiße Welt hinaus, auf den seeseitigen Hügel, um Jim und Dan und Jack zu besuchen und mit ihnen durch die schweigende Schneelandschaft unseres Städtchens zu wandern.

Wir gingen stapfenden Schrittes durch die Straßen und hinterließen gewaltige, tiefe Fußstapfen im Schnee, auf den verborgenen Gehsteigen.

»Ich wette, die Leute werden glauben, da sind Nilpferde gegangen.«

»Was würdest du tun, wenn du ein Nilpferd die Krönungsstraße herunterkommen sähst?«

»Ich? Ich würde so machen, bums! Ich würde das Nilpferd übers Geländer schmeißen und den Hügel hinunterrollen. Und dann würde ich es unter dem Ohr kitzeln, bis es mit dem Schweif wedelt.«

»Aber was würdest du tun, wenn du zwei Nilpferde sehen würdest?«

Eisengepanzerte brüllende Nilpferdhengste klapperten, polterten und dröhnten durch den aufspritzenden Schnee auf uns zu, als wir an Mr. Daniels Haus vorbeikamen.

»Werfen wir Mr. Daniel einen Schneeball als Brief in den Briefkasten.«

»Schreiben wir etwas in den Schnee.«

»Schreiben wir: ›Mr. Daniel sieht aus wie ein Spaniel‹ groß über seinen ganzen Rasen.«

»Seht her«, sagte Jack, »ich esse Schneekuchen.«

»Wie schmeckt's denn?«

»Wie Schneekuchen.«

Oder wir gingen die weiße Küste entlang.

»Können die Fische sehen, daß es schneit?«

»Natürlich, die glauben, der Himmel fällt runter.«

Die schweigenden Himmel, die aus einer einzigen Wolke bestanden, trieben hinaus aufs Meer.

»Alle Hunde sind weg.«

Im Sommer jappten am Ufer Hunde von hundert vermengten Rassen und verbellten die zudringlichen Wogenkämme.

»Ich wette, für Bernhardiner wäre dieses Wetter jetzt aber gerade recht.«

Und wir waren schneeblinde Reisende, verloren auf den Bergen des Nordens, und die großen Hunde mit ihren Schwartenhälsen und Kognakflaschen sprangen auf uns zu und scharrten uns aus und bellten laut: »Branntwein! Marke Excelsior!«

Wir gingen heim, durch die verlassenen, armen Gassen, die zum Meer hinunterführten, wo nur wenige Kinder mit bloßen roten Fingern im tiefen, karrengleiszerfurchten

Schnee herumscharrten und hinter uns eine Katzenmusik erhoben, mit Stimmen, die verhallten, als wir hügelan stapften und die Schreie der Hafenvögel laut wurden, und die Sirenen der Schiffe draußen in der weißen flockenwirbelnden Bucht.

Holt die großen alten Geschichten hervor, die wir am Feuer erzählten, als wir Kastanien rösteten und die kleingestellten Gaslichter rundum summten! Gespenster mit dem Kopf unter dem Arm schleppten ihre Ketten nach und sagten: »Huhhh«, wie Eulen in den langen Nächten, wenn ich es nicht wagte, über die Schulter zu sehen; wilde Tiere lauerten im Verschlag unter der Treppe, wo die Gasuhr tickte. »Vor vielen Jahren einmal«, sagte Jim, »waren drei Jungen, genau wie wir, die bei Nacht im Schnee ihren Weg verloren, hinter dem Bethaus auf dem Friedhof von Bethesda, und hört, was ihnen geschah …«

Es war die schauderhafteste Geschichte, die ich je gehört habe.

Und ich erinnere mich auch, wie wir einmal von Haus zu Haus Weihnachtslieder singen gingen, ein, zwei Nächte vor dem Heiligen Abend, als auch nicht der leiseste Schimmer von Mondschein die geheimnisvollen, weiß durchwehten Gassen erhellte. Am Ende einer langen Straße war ein Weg, der zu einem großen Haus führte, und wir stolperten in jener Nacht durch die Finsternis hinaus, jeder einzelne von uns voll Angst, jeder für alle Fälle mit einem Stein in der Hand, aber wir alle zu tapfer, um auch nur ein Wort davon zu sagen. Durch die Alleebäume des Weges blies der Wind mit Stimmen wie von alten unheimlichen Männern, die vielleicht Schwimmhäute an den Füßen hatten und in Höhlen ächzten und keuchten. Wir erreichten den schwarzen, gewaltigen Klotz des Hauses.

»Was sollen wir ihnen singen?« flüsterte Dan.

»Hört, die Engel singen schon? Weihnachten kommt nur einmal im Jahr?«

»Nein«, sagte Jack, »wir singen ›Der gute König Wenzeslaus‹. Ich zähle bis drei.«

»Eins, zwei, drei«, und wir begannen zu singen, mit Stim-

men, die hoch und weit entfernt klangen in der schneege-
tünchten Finsternis rund um das Haus, in dem niemand
wohnte, den wir kannten. Wir standen eng nebeneinander,
dicht vor der dunklen Türe.

> Der gute König Wenzeslaus
> sah am St.-Stephans-Feste ...

Und dann kam eine kleine trockene Stimme, wie die Stimme
von jemand, der schon lange nicht gesprochen hat, und
stimmte plötzlich in unseren Gesang ein: eine kleine trockene Stimme von der anderen Seite der Türe: eine kleine
trockene Stimme durch das Schlüsselloch. Und als wir wieder aufhörten zu rennen, da waren wir vor unserem eigenen
Haus. Die große Vorderstube war einladend und hell. Das
Grammophon spielte. Wir sahen die roten und weißen Bal-
lons am Arm der Gaslampe hängen. Onkel und Tante saßen
ums Feuer. Es war mir, als könne ich unser Abendessen riechen, das in der Küche gebraten wurde. Alles war wieder
gut, und Weihnachten leuchtete durch die ganze vertraute
Stadt.

»Vielleicht war das ein Geist«, sagte Jim.

»Vielleicht waren es Trolle«, sagte Dan, der immer Bücher
las.

»Gehen wir hinein, und sehen wir, ob noch Wackelpudding übrig ist«, sagte Jack. Und das taten wir.

Weihnachten

Als Victor die Lammkeule in den Backofen schob, hörte er das Wasser strömen. Ihr Badewasser. Es gluckerte durch das graue Rohr, das neben dem Kamin aus der Decke ragte, durch die ganze Küche lief und unter der Spüle zusammen mit den anderen Abflußrohren in die Kanalisation mündete.

»Noch eine halbe Stunde«, sagte er leise.

Länger brauchte sie nicht, Paul hin, Paul her. Sie würde sich in aller Ruhe abtrocknen und anziehen. Bildschön würde sie auf der Bildfläche erscheinen. Was soll ich anziehen, hatte sie ihn mittags gefragt, diese weite schwarze Hose?

Er fing an aufzuräumen. Die Küche war klein und ziemlich unpraktisch, die Arbeitsplatte selbst für Marilou zu niedrig. Er stellte die Töpfe mit getrocknetem Thymian und Basilikum auf die Fensterbank zurück, vor das schwarze Dezemberfenster, und starrte kurz hinaus. Unter der Laterne auf dem Parkplatz wirbelte ein Schneeschleier. Auf der Straße war kein Mensch. Warmes Licht lungerte lustlos hinter den beschlagenen Scheiben auf der gegenüberliegenden Straßenseite herum. Wenn dieser Mistkerl nur rechtzeitig kommt, dachte er.

Er war gerade dabei, eine Serviette auf dem dritten Teller zu falten, als sie ins Wohnzimmer trat. Dieser Duft war ihm noch immer nicht ganz vertraut, er gehörte zu ihrem immer länger werdenden Haar, wie war das möglich nach all den Jahren, und dann dieser schwache rote Schimmer, zu den silbernen Seepferdchen in ihren Ohren, nein, nein; keineswegs, sie hatte sie selbst bei Meyer gekauft, und zu ihrem Geschmatze und Gemurmel neuerdings im Schlaf.

Ernst blieb sie stehen, um sich von ihm betrachten zu lassen. Sie trug ihr Seidenkleid. Paul mochte keine Hosen.

»Hübsch«, sagte er.

»Was meinst du, Victor«, sagte sie, nachdem sie sich sekundenlang angestarrt hatten, »soll ich schon mal die Sahne schlagen?«

Etwa zehn Minuten lang hantierten sie beide in der Küche herum. Sahne schlagen, eine Zitrone auspressen, Schnittlauch und Petersilie zu feinem grünem Grus mahlen. Sie waren auf den engen Raum eingestellt und kamen sich überhaupt nicht ins Gehege. Marilou ließ ein Messer fallen, und er hob es für sie auf und spülte es ab, er hockte sich vor den Backofen, und bevor er die Tür auch nur berührt hatte, reichte sie ihm bereits den wattierten Handschuh, »Pardon«, sagte er, als er über den Kopf seiner Frau hinweg in den Schrank griff, um das Maizena herauszunehmen. Ohne die leiseste störende Bewegung, mit der Präzision eines Pas de deux, legten sie auch heute abend letzte Hand an das Essen.

»Ich hoffe, er wird durch den Schnee nicht aufgehalten«, sagte Marilou. Ihre Hüften wackelten leise im Takt des schlagenden Handgelenks.

Genau in diesem Augenblick klingelte es. Sie lachten beide. Marilou band sich die Schürze ab.

»Hoffentlich hat der Trottel daran gedacht, ihr Blumen mitzubringen«, murmelte Victor auf dem Weg zur Diele.

Er mußte fest zupacken – durch die Kälte hatte sich das Holz verzogen –, bevor die Tür mit einem Schrei aufsprang. Ein eisiger Luftstrom zog ins Haus.

»Hallo.«

»Hallo, Paul!«

Die beiden Männer schüttelten sich die Hand, ein Strauß Rosen wurde auf das Tischchen gelegt, damit man Paul aus dem Mantel helfen konnte, die Tür war bereits wieder zugedrückt, und da kam Marilou, der große Mann küßte sie auf beide Wangen, und sie verbarg das Gesicht in den Blumen, roch und schnupperte und legte in ihre Augen den Ausdruck einer Frau, die verflixt gut weiß, warum ihr auf diskrete Weise Ehre erwiesen wird.

Getrennt durch Beistelltischchen, standen drei Sessel um das kräftig weiß und rot glühende Kaminfeuer, das Victor bereits am Nachmittag angezündet hatte. Aus den Lautsprecherboxen erklang Woody Herman, ein Close-harmony-

Stück mit drei Saxophonen. Für nachher, bei Tisch, lagen Peggy Lee, June Christie und Astrid Gilberto bereit, sinnliche Musik, fast ein wenig weinerlich, aber, so dachte Victor, der Burgunder wäre genau der richtige Ausgleich. Und nach dem Essen vielleicht Piazzolla. Manchmal wollte sie tanzen.

Marilou führte ihren Gast hinein, die Finger an seinem Ellbogen. Ohne sich umzuschauen, leicht seufzend, setzte er sich in den Sessel, auf den sie deutete. Sie konstatierten beide: Er befand sich in einer seiner lustlosen Stimmungen.

»'n kleinen Whisky, Paul?« schlug er vor.

Paul sah auf.

»Soll ich?«

Sie tranken still, als fänden sie es angenehm, eine Weile ohne Konversation der Musik zu lauschen. Victor sah zu seiner Frau, die sich mit einem Lächeln in aller Gemütsruhe zurücklehnte. Diese Ruhe hatte ihn vom ersten Tag an angezogen – und nicht nur ihn, alle Angestellten in der Bank fühlten sich wohl in ihrer Gesellschaft. Man wußte einfach, daß sie sich über nichts wunderte, sie nahm einen so, wie man war, ohne Hintergedanken, ohne heimlichen Spott.

Sie legte die Lippen wieder genau auf den kleinen roten Mond am Rand ihres Glases. Das mußte er Paul lassen, sie wurde immer hübscher. Als er sie kennengelernt hatte, war ihr Körper auch mollig, aber weicher, weniger stolz. Auf dem Platz vor der Bank …

Sie kramte in ihrer Tasche. Dann streckte sie Paul den gespitzten Mund samt Zigarette entgegen. Vielsagend genug. Dennoch dauerte es noch einen Moment, bis der Döskopp merkte, welche Geste von ihm erwartet wurde.

Der Funke flammte in ihren Augen auf.

»Danke dir.«

Ihre gesenkte Stimme und das Lächeln schienen ihm total verschwendet.

… Der Platz vor der Bank, auf dem die ganze Woche Kirmes gewesen war. Jetzt verlassen, in der herrlichen Mainacht. Geruch von Öl, zertrampelten Blumen, Bückling. Ab und zu ein streunender Hund. Und sie beide: ein Pärchen zwischen den Buden. Auf dem Boden Papier, bunte Federn,

Sägespäne. In diesem Traumbild kommen sie auf die Idee, durch einen Spalt in der Plane hineinzukriechen, sie vorneweg, die Kassiererin in ihrer weißen Bluse, die verbeulten Dosen hat man da einfach liegengelassen. Wer wollte die auch schon wegnehmen? Sie flüstern. Komm! Er lacht nervös. Unter der Plane verborgen, aber notgedrungen hastig, winden sie sich in eine Umarmung. Jeden Moment kann der Vorhang beiseite geschoben werden, hier sehen Sie die Büchsen, die Schießscheiben, die Dosentürme, man drängelt, man strengt sich an, es ist jedesmal ein Treffer, aber im Grunde geht es um die Ehre. Seine Verzweiflung, die sie für Verlegenheit hält. Das macht doch nichts? Das ist doch erst der Anfang? Das ist doch das berühmte erste Mal? ...

Sie gaben sich ein Zeichen.

»Laßt uns zu Tisch gehen.«

Er zündete die Kerzen an. Marilou schob die weißen Narzissen zur Seite.

»Setz dich hierher, Paul«, sagte sie. »Dies ist dein Platz.«

Einen Augenblick mußten sie ihn allein lassen, sie richtete in der Küche den Lachs an, und er holte den bereits geöffneten, aber noch kühl gestellten Mosel. Aus dem Zimmer drang plötzlich Totenstille. Die Platte war zu Ende. Sie beeilten sich ein wenig. Als sie wieder hineinkamen, fielen ihnen beiden der schwere, leicht gebeugte Rücken und die reglose Hand auf dem Leinen auf. Jemand, der wartete. Vielleicht nicht einmal auf sie.

»So!«

Marilou stellte die geschmackvoll garnierte Schale auf den Tisch. Victor ging zum Plattenspieler.

»Worauf wollen wir trinken?«

Feierlich lächelnd sahen sie einander an.

»Fröhliche Weihnachten«, ertönte es dreimal.

Die Vorspeise wurde gelobt. »Möchtest du Toast?« wurde gefragt, und: »Nimm noch etwas.« Sie reichten einander die Schale. Währenddessen sang eine gepreßte Frauenstimme *A sleepin' bee*. Sie wurde von einem Orchester mit Geigen begleitet.

Paul begann sich umzusehen.

»He«, sagte er.

Sie folgten seinem Blick und lachten. In der Ecke am Fenster stand auf einem Ständer eine geschmückte Schneiderpuppe. Die Figur mit Marilous Maßen – sie nähte sich ihre Sachen selbst – war über und über bedeckt mit Lametta und behängt mit Girlanden bunter elektrischer Weihnachtsbaumbeleuchtung.

»Sie hatte dieses Jahr keine Lust auf einen Weihnachtsbaum«, sagte Victor.

Zu seiner Erleichterung stellte er fest, daß ihr Gast allmählich etwas lockerer wurde. Einmal kam er sogar auf die Idee, Marilous Glas vollzuschenken, wobei er sich ihr zuwandte und ihr einen Augenblick voll ins Gesicht sah. Mit einemmal verriet die Bewegung der breiten sauberen Hand die Existenz all jener anderen Griffe und einschlägigen Handlungen, und Victor bekam eine Ahnung von den verborgenen Fähigkeiten, über die der andere Mann verfügen mußte.

»Auf dich«, sagte Paul, unerwartet höflich, zu Marilou.

»Auf euch«, antwortete sie. Sie sah vom einen zum anderen.

Das Gespräch kam auf die Bank. Wie war es nur möglich, meinte Paul, daß alle den Umbau akzeptiert hatten.

»Alle zusammen in *einem* Raum. Wie kommen die bloß auf die Idee?«

»Mich stört es nicht«, sagte Victor. »Was ich nicht verstehe, das sind diese tropischen Pflanzen zwischen den Schreibtischen.«

Victor sah, wie die Augen gegenüber stumpf wurden, gerade eben noch kein Gähnen. Nein, natürlich wußte er nichts davon. Er, Leiter der Anlageabteilung, hatte sein Privatbüro behalten. Eine wichtige Position. Wenn er nicht so ein ungehobelter Kerl wäre, hätte man ihn schon längst zum Direktor gemacht. Ein Virtuose. Keiner ihrer Kunden hatte einen Schaden erlitten, als es zum Börsenkrach kam.

Victor stand auf.

»Entschuldigt mich mal eben.«

In der Küche griff er nach einem langen Metallspieß. Die Lammkeule war gar. Er sah sich um. Wo war der Rechaud, natürlich schon drinnen. Ja, mit dieser mürrischen Miene stand er seiner eigenen Karriere im Weg. Und immer dieses Herumkritisieren, das stieß doch jeden ab, als Kollege war er einfach unmöglich. Die Pfefferminzsoße war reichlich würzig, er mag keine scharfen Gerichte. Nur zu ihm, Victor, kam er noch gelegentlich, um ein paar griesgrämige Bemerkungen loszulassen. In der Regel machte er jedoch den Eindruck, die Welt könne ihm gestohlen bleiben. Um Marilou, hübsch zurechtgemacht, gewandt, freundlich hinter dem kugelsicheren Glas der Kasse, kümmerte er sich nie. Das könnte man als korrekt bezeichnen.

Er trat ins Zimmer, nachdem er die Tür vorsichtig mit dem Knie aufgedrückt hatte. Sie hatte den Kopf auf seine Schulter gelegt.

... Sie hat den Kopf auf seine Schulter gelegt. Er lenkt geschickt mit einer Hand. Den Duft seiner Zigarette mag sie. Diese Dinge stimmen einfach. Zu dem Park führen kleine Asphaltwege, sie rollen, gleiten zu der Stelle, an der sie sich verabredet haben. Und alles grün, natürlich, Anfang Juni hat man diese halb hellen, halb dunklen Abende. Steht dieser Kerl vom Gartenamt doch da und schließt die Tore zum Park. Das ist neu. Der Mann weiß, was sie vorhaben, fährt aber ruhig mit seiner Arbeit fort. Verriegelt gebeugt, mit dem ganzen Körper mitziehend, den Eingang. Jetzt verwandelt sich das eigentlich nur zaghaft für tauglich befundene Gelände vor ihren Augen, unerreichbar, verloren. Man fürchtet bestimmt die Übernachter, die Raucher, den Schmarotzertourismus, der sich über alles hinwegsetzt. Pech gehabt. Später zieht er sie trotzdem auf sich, sie findet's ganz nett, den unpraktischen kleinen Raum, sie lacht leise, selbstbewußt, er sieht ihre Schultern, aber es wird jetzt doch rasch dunkler, in äußerster Konzentration schließt er die Augen. Wie fandst du es, würde er sie gern fragen. Sie rücken auseinander. Er ist beunruhigt. Marilou? fängt er an ...

Einen Augenblick lang gingen sie wieder hin und her. Die Platte mußte umgedreht, der Châteauneuf eingeschenkt werden. Sollen wir lieber die großen Gläser nehmen? Marilou stellte ein paar leckere Beilagen auf den Tisch, in Portwein

gedünstete Birnen, eine kleine, gehäufte Schale mit Winter-
gemüse.

»Das sieht ja wie eine Baskenmütze aus«, sagte sie
schmunzelnd.

Ein Gespräch kam jedoch kaum in Gang. Paul war nicht
der Mann, den man fragt: »Erzähl mal was aus deiner Jugend« oder: »Wer war deine erste Liebe?« Und er wiederum,
ach, es war doch auch undenkbar, daß ihr Geschwätz ihn interessieren würde. Mit alten Filmen kannte er sich recht gut
aus.

»*La Femme dans l'eau?*«

Sie schüttelten betreten den Kopf.

»*The Hired Man.*«

Auch nicht.

Victor fing Marilous unbehaglichen Blick auf. Sie hatte
sich so auf diesen Abend gefreut. Jetzt, nach einer ordentlichen Zahl von Gläsern, schien ihre Temperatur so hoch, daß
er die Glut über den Tisch hinweg zu spüren glaubte. Das
hatte schon in der Nacht angefangen. Wie immer vor einer
Begegnung mit ihm, setzte sich die zunehmende Spannung
ihres Körpers in pure Wärme um. Weißt du, hatte sie ihm
anvertraut, er findet es am angenehmsten, mich hier, bei uns
zu Hause, zu treffen.

Sie leerte ihr Glas in einem Zug. Aber Paul sah doch
wahrhaftig zerstreut auf seine Uhr!

Victor griff nach einer neuen Flasche.

»Los, Paul. Trink aus!«

Die Waage begann sich zur richtigen Seite zu neigen. Aus
den Boxen klang ein Samba, sie konnte nicht mehr recht still-
sitzen, die Schneiderpuppe war doch eigentlich wahnsinnig
witzig, sagt mal, riecht ihr die Narzissen, und Paul legte ein
paarmal zielbewußt seine Hand auf die ihre, während er eine kurze Inhaltsangabe eines Films gab.

»… weiß er noch nicht, daß die Tochter dieses Puppenma-
chers den Platz der lebensgroßen Puppe eingenommen hat. Er
benutzt ihren Kopf sogar als Garderobe! Also, und dann …«

Plötzlich sah sie Victor an. Ihre Schläfen schimmerten
feucht. Ihr Mund war rot und geschwollen.

»Was meinst du«, fragte sie ihn, wobei sie Paul einfach unterbrach. »Ob wir diesen Winter noch Schlittschuh laufen können?«

Er kniff die Augen zusammen. Manche Dinge versteht sie einfach.

… Man kann es eine ganze Weile vermeiden, aber früher oder später ist es doch üblich, daß die Umarmungen in weiches Leinen, auf eine federnde Matratze, in Daunen, in Wolle gebettet werden: Jetzt ziehen wir uns ganz aus, das ist doch klar. Er langt noch schnell zum Lichtschalter, aber das ist wahrscheinlich zu blöd, womöglich sogar beleidigend. Sie kniet über ihm und hat von ganz allein begriffen, daß sie ihre Arme fest um ihn schlingen muß, halt mich fest, sagt er erstickt an ihrer Brust, und sie flüstert, ja! ja, mein ganzes Leben lang!, denn sie glaubt, daß er das meint, aber er denkt in diesem Moment, daß er nur jetzt gerade ein wenig Angst hat. Später sagt sie: Bin ich etwa auch so rot? Du glühst, als wärst du stundenlang Schlittschuh gelaufen …

»Aber ja!« sagte er. »Weite Teile des Braassem sind jetzt schon zu.«

Sie sahen sich weiter in aller Gemütsruhe an, ohne auf Paul zu achten, der den Film bis zum Ende erzählte. »Klingt ziemlich blöd, findest du nicht?« fragte sie ihn stillschweigend.

Während des Desserts waren sie alle drei schweigsam, müde von Wärme und vom Essen. Marilou knackte Walnüsse mit den Händen, sie war stolz auf ihre Kraft. Paul schlug den Kaffee aus. Er fürchte, sonst nicht schlafen zu können.

»Laß uns doch einen Tango auflegen«, sagte Marilou.

Bei den ersten Klängen des Akkordeons zog sie Paul hoch. Folgsam schmiegte er sich an sie. Es lief gut, sah Victor, Marilou hatte ganz schön einen sitzen, was bei ihr ja nichts schadete, und Paul war so gespannt wie eine Feder, er würde sich, einer für ihn geltenden Mechanik gehorchend, mit ihr drehen und zum vorgesehenen Zeitpunkt ablaufen.

Victor stützte die Ellbogen auf den Tisch, rauchte und trank. Die weinerliche Musik machte ihn nervös. Diese Klänge fielen aus der Norm. Er sah zu dem tanzenden Paar. Gut in Schwung. Sie schienen schlafzuwandeln, schlafzutanzen. Ohne eigenes Zutun schienen sie die geeigneten Bewegungen zu kennen. Durch die Wimpern betrachtet, waren sie ein schrumpfendes und sich ausdehnendes Insekt mit schwarzen Flügeln.

Sie winkte ihm.

»Komm auch.«

Warum nicht? Er legte seine Zigarre beiseite. Die Hände auf ihren seidenen Hüften, postierte er sich auf ihrer Seite hinter dem tanzenden Paar.

Sie drehten sich in schmissigen Figuren, manchmal erstarrten sie in einem Tableau vivant, Marilou, ausbalanciert zwischen den beiden Männern, hielt ohne Anstrengung ihren Kopf einen halben Meter über dem Boden, wie es bei diesem Tanz erforderlich ist.

In einem bestimmten Moment, als er in eine etwas zu großzügig ausgefallene Umarmung ihres Gastes mit einbezogen wurde – und das ist eigentlich ganz hübsch, Marilou, dieser grobe Mann drückt mich fest an dich, wie ein tropisches Baby liege ich an deinem wogenden Rücken –, meinte Victor in den erweiterten Pupillen des Fremden ihr Gesicht zu sehen. Ihr intimes, sich vor Lust auf die Lippen beißendes Gesicht. Es war niemand anderem als ihm, Victor, zugewandt.

Er war kurz draußen gewesen, und als er ins Zimmer zurückkam, waren sie verschwunden. Die Musik lief noch in voller Lautstärke, daher hatte er nichts davon gemerkt, sie waren also schon nach oben gegangen. Die Katzenklappe ging auf und wieder zu, die Katze kam ins Haus, die merkte immer schnell, wenn die Luft wieder rein war. Er schaltete den Plattenspieler aus und fing an aufzuräumen.

Oben an der Treppe, er war auf dem Weg ins Bett, schoß die Katze an seinen Beinen vorbei. Mit einer raschen Bewegung bekam er sie doch zu fassen, er brachte das Tier in seinen Korb im Wohnzimmer zurück. Als er zum zweitenmal oben angelangt war, mußte er sich auf dem Flur vorbeugen, um seine Schuhe aufzumachen, die von einem Moment zum anderen angefangen hatten zu drücken. Es war absolut still hinter der Schlafzimmertür. Plötzlich durchfuhr ihn ein scharfer Schmerz. Es begann in den Fingern und Füßen und zog durch alle Gelenke seines Körpers.

Der Trottel wird doch wohl nicht einfach eingeschlafen sein?

Er stieg die Treppe zum Dachboden hinauf.

Da schnitt ihm die Eiseskälte den Atem ab. Er hatte vergessen, das Fenster in dem kleinen Raum zu schließen. Verstört stand er an der Schwelle. Ohne Licht zu machen, sah er die Matratze auf dem Fußboden, den rotkarierten Schlafsack darauf und, bis zur schrägen Decke gestapelt, die sorgsam aufbewahrten Jahrgänge der Zeitschrift für Naturschutz. Es war eine klare Nacht.

Die Brust an den Fensterrahmen gedrückt, sah er hinaus. Aller Rauch, aller Alkohol strömte aus ihm heraus und auch, vielleicht damit verbunden, aller Wirrwarr seines Bewußtseins. In den totenstillen Gärten gegenüber standen lichtergeschmückte Tannen. Ihre Schatten huschten über den Schnee, und ihre Funken zogen Streifen, verschwanden manchmal kurz und kehrten wieder zurück. Und auch weiter weg, seitlich, in der Tiefe, ragten sie auf, diese Türme aus Licht, im Wind schwankend oder intimer, verträumter, hinter den Fenstern der Häuser und Wohnungen, Straße um Straße, bis in die Außenbezirke, bis zum Rand des eisigen Polders. Dann wurde sein Blick noch schärfer. Mit zunehmender Geschwindigkeit füllte sich die Leere mit Licht. Victor, obskurer Mittelpunkt eines unbegreiflichen Systems, hatte die Augen zum Nachthimmel aufgeschlagen.

Lieber Dr. Falkenheim

Eine Weihnachtserzählung

Lieber Dr. Falkenheim,
Sie baten mich um einen Bericht – vielleicht sollte ich besser sagen: eine Krankheitsgeschichte – über ein bestimmtes traumatisches Erlebnis aus der Kindheit meines Sohnes, das mit dem Glauben an den Weihnachtsmann zusammenhängt. Ich will versuchen, exakt zu sein und auch meine eigenen Empfindungen nicht zu verbergen, denn es ist mir durchaus klar, daß die Analyse eines Kindes bis zu einem gewissen Grade auch die seiner Eltern ist. Ein Fleisch: wieviel zutreffender ist diese Bezeichnung für das Kind eines Mannes als für seine Ehefrau. Ich habe das ganze Wochenende damit verbracht, das Buch von Dr. Doppeldorf, das Sie mir empfohlen haben, zu lesen. Es hat mich streckenweise sehr beeindruckt; beispielsweise, zu erfahren, daß das Unterbewußtsein Wortspiele liebt oder welche Bedeutung das Zufällige haben kann – weshalb Sie auch nicht erstaunt sein dürfen über die Zufälligkeiten in meinem Bericht. Und hier werde ich auch schon ausschweifend (oder soll ich lieber sagen abschweifend), anstatt den kurzen Bericht zu verfassen, den Sie von mir erwarten. Aber erwarten Sie wirklich einen kurzen Bericht von mir? Nach der Lektüre von Dr. Doppeldorf glaube ich nicht so recht daran.

Ich weiß, daß ich mit Entsetzen Scherz treibe, und ich weiß, daß Sie das durchschauen werden. Ich sehe mein Kind vor mir, wie es jedes Jahr im Dezember aus der Schule nach Hause kommt, mit einem blauen Auge oder aus dem Mund blutend und doch voll von dem furchtbaren Mut, den ein einsames Kind in einer feindlichen Welt demonstriert, weil es nicht glauben kann, daß ausgerechnet wir wissen, was es mit dem Leben auf sich hat. In seinen Augen interessiere ich mich nur für das neue Preistreiben zwischen der Esso und der Shell, meine Frau für den Frauenverein, und wir beide haben seine Unabhängigkeit zu respektieren und ihn in Ruhe zu lassen. Die Wunde existiert nicht, der blaue Fleck kam, weil er gedankenverloren gegen eine Ziegelmauer rannte.

Mein Sohn war sechs Jahre alt, als das, was ich zu beschreiben versuche, geschah. Mit Frau und Kind war ich gerade vor wenigen Monaten von England nach Kanada gezogen, und noch keiner von uns fühlte sich heimisch in der großen, stählernen, neonerleuchteten Stadt, die neunhundert Meter hoch zu Füßen der Rockies lag. Der Himmel schien höher und weiter als unsere englischen Himmel, er lag über den uns bisher bekannten Wolken, und die Luft war klar und frisch wie Quellwasser. Von unserem Bungalow aus, der am Rande der Stadt lag und Kosy Nuick hieß, konnten wir über das hügelige graue Farmland bis hin zu den verschneiten Gipfeln der Rockies schauen; sie änderten stündlich ihre Farbe – waren manchmal ein hartes, glitzerndes Weiß, manchmal ein fahles Rosa und zuweilen sogar ein tiefes Sturmwolkenblau.

Ich erwähne diese Umstände, um zu zeigen, daß wir uns durchaus nicht wie in den Wilden Westen verbannt vorkamen. Im Gegenteil: Über allem lag eine gewisse Heiterkeit, ein Gefühl von Freiheit und Neubeginn. Und natürlich waren wir in keiner Weise auf diesen Blitz aus heiterem Himmel, der uns nach ein paar kurzen Monaten wieder vertreiben sollte, vorbereitet. Wir sind nie wieder an den Ort zurückgekehrt, und so muß das, was mein Sohn davon in Erinnerung behalten hat, eine Sechsjährigenwelt sein. Ein seltsames Sammelsurium kommt zutage, wenn er davon spricht: Männer in Cowboy-Kleidung, die in Selbstbedienungsläden Cornflakes kaufen; der Parkplatz oben auf dem »Hudson Bay«-Kaufhaus, wo man vom Wagen aus den Fluß, die Dächer der Häuser und die Berge sehen konnte; das Brüllen und Stampfen des Schlachtviehs, das in den Viehwaggons am Bahnhof zusammengepfercht war; der Wolkenbogen über den Rockies, der den »Chinook«, einen warmen Wind, ankündigt, wenn die Temperatur innerhalb weniger Stunden von minus 30 Grad über den Gefrierpunkt ansteigt; und natürlich (aber davon spricht er nicht) die schreckliche Erinnerung, der Sie auf der Spur sind. Wir hatten in Westkanada all unsere englischen Bräuche wiederentdeckt – es gab Ostereier und keinen Osterhasen, und lange vor Weihnachten fingen Männer mit weißen Bärten an, in den Spielzeugabteilungen der beiden großen Kaufhäuser, »Hudson Bay« und »Eaton«, Kaugummi und Papierhüte an die Kinder zu verteilen. Irgendwie scheint es von den Kindern stillschweigend hingenommen zu werden, daß diese Männer nur stellvertretend für den richtigen Weihnachtsmann tätig sind. Oder bringen sie sie mit den Heiligen durcheinander, die nach katholischer Lehre zu gleicher Zeit an verschiedenen Orten erscheinen können? Vielleicht ist die Vorstellung eines vielfachen Weihnachtsmannes nicht verwirrender als die Sache mit der Dreieinigkeit, die die Kinder im Religionsunterricht ohne weiteres hinnehmen sollen. Und wenn sie mit dummen Fragen kommen, wird ihnen wahrscheinlich – wie auch uns Erwachsenen bis zum heutigen Tag – vom unbegreiflichen Mysterium gesprochen.

Mein Sohn hatte seinen Wunschzettel schon Anfang November geschrieben. Keine der dort aufgeführten Sachen hätte sich in den Säcken der alten Männer vom »Bay« oder »Eaton« finden lassen, und ich glaube auch nicht, daß er dergleichen erwartete. Immer waren wir im Zweifel – Sie wissen, wie wenig Eltern ihre Kinder kennen –, ob er überhaupt noch an den Weihnachtsmann glaubte. In der Schule hatte er, da in England die Anforderungen höher sind, die erste Klasse übersprungen und saß nun zwischen abgebrühten sieben- und achtjährigen Skeptikern. Wenn ich selber an meine Kindheit zurückdenke, kann ich mich noch dunkel an eine Zeit erinnern, in der ich meinen Eltern das weihnachtsmanngläubige Kleinkind vorspielte. Sie genossen es so ganz offensichtlich: die Zeremonie mit dem Weihnachtsstrumpf am Bett, das Verkleiden (für den Fall, daß ich noch wach war) und Einschleichen in mein Schlafzimmer. Und natürlich war ich einmal zu Weihnachten wach genug gewesen, um zu bemerken, daß der Weihnachtsmann genau die gleichen braunen Delta-Schuhe trug wie mein Vater. Es ist seltsam, wie das Wort »Delta« mir im Gedächtnis hängengeblieben ist. Sie, Doktor, werden vermutlich auch dafür Ihre Erklärung haben. Das Nildelta vielleicht – Moses im Schilf – die sieben Plagen: Wie weit man es doch mit einem Paar Schuhen zu dreißig Mark bringen kann.

Ich sagte zu meiner Frau: »Laß uns doch dieses Jahr den Weihnachtsmann einfach nicht erwähnen. Wir haben mit England Schluß gemacht, also können wir auch mit dem Weihnachtsmann Schluß machen.«

»Es macht solchen Spaß, kleine Geschenke für den Weihnachtsstrumpf zusammenzubekommen«, so oder ähnlich sagte sie (ich gebe das Gespräch so wahrheitsgetreu wieder, wie nur möglich, aber nach sechs Jahren ...). »Und nur allzubald werden wir ihm seidene Krawatten und Ezra Pounds Gesammelte Gedichte schenken.«

»Es spricht ja auch nichts dagegen, daß der Strumpf noch eine Weile weiterbesteht. Wir wollen nur die Verbindung mit dem Weihnachtsmann lösen, das ist alles. Wir könnten anstelle des Strumpfes sogar eine kleine Schüssel nehmen.«

»Die hätte keine Ferse für die Mandarinen.«

Dieses Jahr war der Wunschzettel meines Sohnes ein wenig furchteinflößend, so als sei er von der NATO zusammengestellt worden. Er begann mit einer Weltraumkanone und einer taktischen Atomwaffe, die er in einem Schaufenster des »Bay« gesehen hatte. Noch das Harmloseste auf der Liste – wenn man einmal vom Verwendungszweck des Urans absah – war ein Geigerzähler.

»Bei einem solchen Wunschzettel willst du mir doch nicht weismachen, daß er noch an den Weihnachtsmann glaubt«, sagte ich.

»Warum denn eigentlich nicht? Als du klein warst, hast du dir wahrscheinlich Zinnsoldaten und ein Luftgewehr gewünscht. Das ist eben der Fortschritt.«

»Ich möchte wirklich wissen, ob nicht schon jemand ein Spielzeug-Hiroshima herstellt«, sagte ich, »das dann mit diesen taktischen Atomwaffen bombardiert werden kann. Ich hätte Lust, den Einfall rechtzeitig für nächste Weihnachten patentieren zu lassen.«

Aber nächste Weihnachten war der Weihnachtsmann so tot wie eine Hammelkeule, falls dieser beliebte englische Vergleich auch hier erlaubt ist.

Wir waren uns immer noch nicht ganz einig darüber, ob man den alten Mann dieses oder erst nächstes Jahr liquidieren sollte, als meine Frau ziemlich aufgeregt von einem der großen Selbstbedienungs-Kaufhäuser zurückkehrte, die für unsere Vororte zuständig waren (keine Hausfrau hatte es mehr nötig, überhaupt noch in die Stadt zu fahren, denn in diesen Geschäften konnte man von der Waschmaschine bis zum Paperback alles einkaufen – natürlich auch Cornflakes; und einen großen Parkplatz für mindestens fünfhundert Wagen gab es auch). Sie sagte zu mir: »Der Weihnachtsmann kommt am Heiligabend aus dem Himmel an.«

»Aus dem Himmel? Und seine Rentiere?« fragte ich.

»Per Hubschrauber natürlich. Er wird kurz vor Sonnenuntergang auf dem Parkplatz landen.«

»Wir marschieren hier ganz offensichtlich in der Vorhut des Fortschrittes.«

»Es ist ein ›Eaton‹-Hubschrauber. Sie haben ›Bay‹ den Rang abgelaufen. Unser Kaufhaus ist das letzte auf seiner Route. Du mußt zugeben: Wenn dies Colins letztes Jahr mit dem Weihnachtsmann ist, dann haben wir den Vogel abgeschossen.« (So ging es bei uns immer. Mitfühlend mit dem Kind, mitfühlend mit dem Weihnachtsmann, bemüht, auf taktvolle Art dem Kind nun schonend die Wirklichkeit beizubringen. Ich kann mich nicht erinnern, daß meine Eltern soviel Aufhebens machten.) Nun, da war es also, alles von einem menschenfreundlichen Kaufhaus arrangiert: die Ankunft des Weihnachtsmannes per Hubschrauber. Freier Eintritt. Eine Gratisvorstellung. Es herrscht doch eine Atmosphäre von Großzügigkeit im amerikanischen Werbegeschäft. Und diese Art, anzukommen, hatte den Segen der Geschäftswelt der Stadt und den Segen der Kirchen. Elias hob sich in einem Wagen in die Lüfte, der Weihnachtsmann sollte aus ihnen herniedersteigen. Natürlich war die Geschichte von Elias für Erwachsene wie mich bestimmt, wohingegen der Weihnachtsmann für die Sprößlinge war. (Ich hasse das

Wort die »Sprößlinge«, vielleicht, weil ich Bambussprößlinge sehr gern esse; es ist für mich daher beinahe so, als ob man seine Kinder Kohlköpfe nennen würde.) Aber, ob ich will oder nicht, zurück zum Heiligabend; zurück zum Parkplatz vor dem gläsernen Selbstbedienungskaufhaus mit dem seilumspannten Landeplatz für den Hubschrauber, knapp so groß wie ein Haus, zu uns dreien, die wir seine Ankunft aus der Stadt erwarteten; dem hohen Himmel und der Kälte; meiner Frau, die sagte: »So was gab es zu Hause in England nicht. Mir gefällt Weihnachten hier.« Und wir beide sprachen bestimmt über die großen, weiten Landstriche und das kleine, überfüllte Europa und die beflügelte Phantasie der Werbeleute dieser Stadt, tausend Meter hoch in der Luft. Pater O'Connor stand da auch herum mit einer »Kohlkopf«-Schar aus seiner Gemeinde, die Cowboyhüte, Davy-Crokkett-Mützen mit Pelzschwänzen, Blue jeans und Windjacken mit kariertem Futter trugen. Die Sonne würde bald hinter den Rockies untergehen, und wir hörten den Hubschrauber irgendwo fern im hohen grünen Himmel; er stieg senkrecht von irgendeinem Kaufhaus in der Stadt auf, kreiste wie ein Raubvogel und kam dann eifrig auf uns zugebrummt, während die Babies in den Kinderwagen schrien und krähten. Als der Weihnachtsmann unter den messerscharfen, sausenden Propellerflügeln aus etwa siebzig Meter Höhe herabschaute, muß er Hunderte von offenen Mündern erblickt haben. Der Hubschrauber kreiste über uns, der Weihnachtsmann öffnete einen Sack, und die Luft war voll von kleinen glänzenden Paketchen, die herunterfielen. Sie fielen in die Kinderwagen, in die Cowboyhüte, landeten zwischen hohen Absätzen und Miniatur-Cowboy-Stiefeln. Genau die gleichen Dinge, die täglich vor den Kaufhäusern verteilt wurden, Kaugummi und Papiermützen – aber natürlich hatten sie, als Gaben des Himmels einen ganz anderen Wert. Dann schaukelte der Hubschrauber leicht hin und her, setzte in der Mitte des umzäunten Platzes mit seinen großen Gummikufen auf, und ein Lautsprecher ermahnte die Eltern, ihre Kinder fernzuhalten, solange der Propeller sich noch drehte.

Das Dumme war, daß niemand daran gedacht hatte, den

Weihnachtsmann zu warnen. Das Kreisen der Flügel über seinem Kopf wurde langsamer, und er wartete nicht auf die Leiter, sondern sprang, den großen Sack über der Schulter, auf den Boden. Die Flügel über seinem Kopf schnitten wie eine Sense durch die Luft, und Hunderte von Kindern kreischten vor Vergnügen über seine Landung. Vielleicht gab es auf der Rückseite des Hubschraubers Sonderbeifall, oder aber er hatte das Gefühl, daß die Kinder dort ihn nicht richtig sehen könnten. Jedenfalls ging er um die Maschine herum, um sich auch dort zu zeigen. Aber er hatte völlig vergessen – falls er es je gewußt hatte –, daß ein Hubschrauber nicht nur oben einen Propeller hat, sondern auch hinten, und in den marschierte er prompt hinein. Die Propellerblätter erfaßten seinen Körper und beförderten ihn in einer Art gewaltsamem Tanz den Weg zurück, den er gekommen war, sein Kopf wurde sofort abgesäbelt, durch die Luft gewirbelt, mitsamt dem weißen abnehmbaren Bart und allem, und landete ein paar Schritte weiter, mit offenen Augen und erstauntem Blick, ehe der Körper seinen Tanz zu Ende getaumelt hatte.

So also entstand das Trauma – Ihnen und Dr. Doppeldorf verdanke ich die Kenntnis dieses Wortes. Meine Frau hat außer Beruhigungstabletten eine Menge Zeit darauf verwendet, dem Kind zu erklären, daß es doch nur ein alter Mann namens Jeff Drew war, der da gestorben war, und nicht der Weihnachtsmann. Die Zeitungen taten ihr Bestes, um sie Lügen zu strafen mit ihren eindeutigen Schlagzeilen ›Der Tod des Weihnachtsmannes‹ und ähnlichem, und die Stadtväter trugen das Ihre zu der Verwirrung bei, indem sie dem alten Mann, der nach ein paar Wochen bestimmt wieder Fürsorgeempfänger gewesen wäre, ein aufwendiges Begräbnis mit berittener Polizei und Stechpalmenkränzen gaben. Ein Weihnachtsbaum mit bunten elektrischen Kerzen wurde auf dem Grab aufgestellt, und die Schulkinder veranstalteten eine Prozession, bei der ich meinen Sohn allerdings nicht mitgehen lassen wollte. Ich wollte, daß er die Geschichte so schnell wie möglich vergessen solle, und genau das hat er nicht getan. Und so ist er jetzt im Alter von zwölf Jahren die Zielscheibe des Spottes seiner Altersgenossen geworden: Jedes Jahr, wenn der Dezember naht, muß er sich nicht enden wollende rohe Scherze gefallen lassen, und das Ergebnis ist, daß er sich in Schlägereien einläßt, bei denen er den kürzeren zieht. Wie sollte er auch nicht? Er ist ja in einer ewigen Minderheit, steht immer allein, weil er glaubt, daß es den Weihnachtsmann wirklich gegeben hat. »Natürlich gibt es ihn«, sagt er, einem frühen Christen nicht ganz unähnlich, »ich habe doch gesehen, wie er starb.« Er ist tot und somit unsterblich. Bitte, Doktor, tun Sie, was Sie irgend können ...

Brief an meinen dreijährigen Sohn

Lieber Stefano,

Weihnachten naht, bald wimmeln die Kaufhäuser wieder von aufgeregten Vätern, die das Schauspiel der jährlichen Großzügigkeit aufführen – nachdem sie mit scheinheiliger Freude auf diesen Moment gewartet haben, der ihnen erlaubt, sich unter dem Deckmantel der Beglückung ihrer Kinder die heißersehnten elektrischen Eisenbahnen, Puppentheater, Tischfußball- und Heimpingpongspiele zu kaufen. Ich werde nur zuschauen, denn dieses Jahr bin ich noch nicht an der Reihe, du bist noch zu klein, und für das Anthroposophen-Spielzeug kann ich mich nicht erwärmen, vielleicht weil ich keine Lust verspüre, es mir in den Mund zu stecken, auch wenn mir die Beischrift versichert, daß man es nicht verschlucken kann. Nein, ich muß noch zwei, drei, vielleicht auch vier Jahre warten. Dann bin ich an der Reihe, dann ist die Phase der mütterlichen Erziehung vorbei, dann endet die Zeit der Teddybären, und es kommt der Tag, da ich beginnen werde, mit der sanften und sakrosankten Gewalt meiner *patria potestas* dein soziales und staatsbürgerliches Bewußtsein zu formen. Und dann, lieber Stefano ...

Dann schenke ich dir Gewehre. Doppelläufige. Mit Repetiermechanik. Schnellfeuer- und Maschinengewehre. Kanonen. Bazookas. Säbel. Kriegsstarke Heere von Bleisoldaten. Burgen mit Zugbrücken. Festungen zum Belagern. Kasematten, Pulvertürme, Panzerkreuzer, Düsenjäger, MPs, Dolche, Trommelrevolver, Colts, Rifles, Winchesterbüchsen, Chassepot-, Garand- und Mausergewehre, Mörser, Musketen, Haubitzen, Bombarden, Feldschlangen, Arkebusen, Ballisten, Armbrüste, Katapulte, Schwerter, Speere, Lanzen, Piken, Hellebarden und Enterhaken. Und Achtpfünder wie die von Captain Flint (in memoriam Long John Silver und Ben Gun).

Und Rapiere, wie sie Don Barrejo gefielen, Toledo-Klingen wie jene, mit denen man den berühmten Drei-Pistolen-Coup macht, um den Marquis von Montélimar niederzustrecken, oder den Neapolitanerstich, mit dem der Baron de Sigognac den ersten Strauchdieb durchbohrte, der ihm seine Isabelle rauben wollte. Und weiter Streitäxte, Keulen, Morgensterne, Krummsäbel, Krise, Wurfmesser, Javelots, Dolchstöcke wie der, an dem John Carradine starb, als er getroffen auf der Stromschiene niedersank, und wer's nicht mehr weiß, hat Pech gehabt. Dazu Piratendegen, vor denen Carmaux und Van Stiller erbleichen würden, und feinziselierte Pistolets, wie kein Sir James Brook sie jemals besaß (sonst hätte er sich nicht geschlagen gegeben vor der sardonischen x-ten Zigarette des Portugiesen); und Stilette mit dreikantiger Klinge wie jenes, mit welchem, indes sachte der Tag zur Neige ging in Clignancourt, Sir Williams' Schüler den Finsterling Zampa ins Jenseits beförderte nach vollbrachtem Muttermord an der schmierigen alten Fipart; und Todesbirnen, wie sie dem Kerkermeister La Ramée ins Maul gestopft wurden, während der Duc de Beaufort, das rötliche Barthaar noch verschönt durch lange Pflege mit bleiernem Kamm, von dannen ritt im Vorgeschmack auf den Zorn Mazarins; und Feuermünder, geladen mit Nägeln, abzuschießen mit betelgeschwärzten Zähnen; und Flinten mit perlmuttgeschmücktem Kolben, anzulegen auf Araberhengste mit glänzendem Fell und nervösem Huf; und blitzschnelle Bögen, die den Sheriff von Nottingham hätten grün werden lassen vor Neid; und Skalpiermesser, wie sie Minnehaha besaß oder auch (für Kinder von deutschen Müttern) Winnetou. Flache Brownings, passend zum Frack des Gentleman-Räubers, und schwere Luger, die einem die Taschen ausbeulen oder die Achseln aufblähen wie bei Michael Shayne. Und immer wieder Gewehre. Gewehre in allen Größen und Arten, Typ Bärentöter und Henrystutzen, Typ Ringo in Stagecoach, Typ Wild Bill Hickock oder, als Vorderlader, Typ Lederstrumpf. Mit einem Wort: Waffen, mein Sohn, massenhaft Waffen und nichts als Waffen. Das wird dir der Weihnachtsmann bringen.

Sie setzen mich in Erstaunen, mein Herr, wird man sagen. Sie, der Sie in einem Anti-Atomwaffen-Komitee engagiert sind, der Sie an Ostermärschen teilnehmen und sich zur Mystik des Pazifismus bekennen!? Widerspreche ich mir? Nun gut, ich widerspreche mir (Walt Whitman).

Es war eines Morgens in Frankfurt am Main, ich hatte dem Sohn eines Freundes ein Mitbringsel von der Reise versprochen, betrat ein Kaufhaus und fragte nach einem schönen Trommelrevolver. Entsetzte Blicke. Kriegsspielzeug führen wir nicht, mein Herr! Eisig, das Blut konnte einem in den Adern gerinnen. Beschämt trat ich auf die Straße hinaus und lief direkt in zwei vorübergehende Bundeswehrsoldaten hinein. Die Wirklichkeit hatte mich wieder. Sie sollte mich nie mehr narren, von nun an würde ich einzig auf meine persönlich-private Erfahrung bauen und den Moralaposteln mißtrauen.

Meine Kindheit war ausgesprochen, ja fast ausschließlich kriegerisch gewesen: Ich schoß mit selbstgebastelten Blasrohren in die Büsche, duckte mich hinter die spärlichen Autos am Straßenrand und feuerte Salven aus meinem Repetiergewehr; ich führte mit blanker Waffe Attacken und verlor mich in blutigen Schlachten. Zu Hause Bleisoldaten, ganze Armeen, involviert in aufreibenden Strategien, in Operationen, die Wochen dauerten, in nicht enden wollenden Feldzügen, für die ich noch die Reste des Teddybären und die Puppen der Schwester mobilisierte. Ich gründete Räuber- und Abenteurerbanden, ließ mich von einer Handvoll Getreuer »Schrecken der Piazza Genova« nennen (heute Piazza Matteotti), löste eine Formation »Schwarze Löwen« auf, um mich einer anderen, stärkeren Bande anzuschließen, in der ich sodann eine Meuterei inszenierte, die katastrophal ausging. Ins Monferrat evakuiert, wurde ich zum Eintritt in die »Bande des Gäßchens« gezwungen und erduldete eine Initiationszeremonie, bestehend aus einhundert Fußtritten in den Hintern plus dreistündiger Gefangenschaft in einem Hühnerstall; wir kämpften gegen die Bande vom Rio Nizza, es waren dreckige und gemeine Kerle, das erste Mal kriegte ich Angst und lief weg, das zweite Mal traf mich ein Stein an der Lippe, ich habe noch heute ein Knötchen innen im Mund, das ich mit der Zunge fühlen kann.

(Später kam dann der richtige Krieg, die Partisanen ließen uns ein paar Sekunden lang ihre Sten halten, und wir sahen auch ein paar Freunde daliegen mit einem Loch in der Stirn; aber inzwischen waren wir in das Alter gekommen, wo wir am Ufer des Belbo entlangschlichen, um die Achtzehnjährigen beim Knutschen zu überraschen, außer in den Momenten der ersten mystischen Krisen.)

Aus dieser Orgie von Kriegsspielen ist ein Mann hervorgegangen, der es geschafft hat, achtzehn Monate Militärdienst zu absolvieren, ohne ein Gewehr zu berühren, um statt dessen die langen Stunden in der Kaserne für intensive Studien der mittelalterlichen Philosophie zu nutzen. Ein Mann, der sich mit allerlei Ruchlosigkeiten befleckt hat, nicht aber mit dem tristen Delikt der Waffenliebe und des Glaubens an den heiligen Wert und die wirkende Kraft des Krieges. Ein Mann, der den Wert von Armeen nur begreift, wenn er sie aufgelöst heimkehren sieht im Schlamm des Vajont auf der Suche nach einer noblen und nützlichen Aufgabe im Zivilleben. Der absolut nicht an Heilige Kriege glaubt und nur Bürgerkriege zu schätzen weiß – jene *civil wars*, also »zivilen Kriege«, in denen die Kämpfenden nur widerwillig kämpfen, an den Haaren hineingezogen, auf eigene Gefahr und Verantwortung, immerzu hoffend, daß es bald enden möge, und nur weil es wirklich um jenes essentielle Stück Menschenwürde geht, von dem man nicht absehen kann. Und ich glaube, daß ich diesen meinen tiefen, systematischen, kultivierten und dokumentierten Widerwillen gegen den Krieg eben jenen gesunden, unschuldigen, platonisch blutigen Ausschweifungen meiner Kindheit verdanke, so wie man aus einem Western (mit einer soliden Riesenkeilerei, bei der die Saloonwände wackeln, die Tische und Spiegel zu Bruch gehen, auf den Pianisten geschossen wird und die Gläser zerklirren) geläutert herauskommt, gelöst und friedlich und voller Bereitschaft, den Passanten, der einen anrempelt, freundlich anzulächeln und den aus dem Nest gefallenen kleinen Sperling behutsam aufzulesen – wie schon der alte Aristoteles wußte, als er verlangte, die Tragödie solle vor unseren Augen das rote Banner des Blutes schwenken, um uns zu läutern und gründlich zu reinigen mit dem göttlichen Bittersalz der finalen Katharsis.

Und ich stelle mir demgegenüber die Kindheit Eichmanns vor. Wie er sich geduldig, der Blick schon ganz Buchhalter des Todes, über die schwierige Konstruktion aus dem Metallbaukasten beugt und pedantisch die Instruktionen der Bauanleitung befolgt; wie er sich gierig über die bunte Schachtel mit der Aufschrift »Der kleine Chemiker« hermacht; wie er sich sadistisch seine Ausrüstung als »Der fröhliche Zimmermann«, komplett mit handbreitem Hobel und zwanzig Zentimeter langer Säge, auf einer Sperrholzplatte zurechtlegt. Oh, fürchtet die kleinen Jungen, die Kräne basteln! In ihren kalten und verdrehten Technikerhirnen brauen sich schon die unheilvollen Komplexe zusammen, von denen sie dann im reifen Alter beherrscht sein werden. In jedem kleinen Ungeheuer, das die Weichen seiner Modelleisenbahnanlage stellt, sehe ich schon den künftigen Lagerkommandanten eines KZ. Und wehe, wenn sie ihre Kollektionen von Miniaturautos lieben, die ihnen die Spielzeugindustrie ohne Skrupel in Plastikmodellen anbietet, perfekt mit aufklappbarem Kofferraum und herunterdrehbaren Fensterscheiben – grauenvoll, grauenerregendes Spielzeug für künftige Techniker eines elektronischen Heeres, die leidenschaftslos den roten Knopf zur Auslösung eines Atomkrieges drücken!

Ihr könnt sie schon heute identifizieren. Die großen Bauspekulanten, Spezialisten für Räumungsklagen mitten im Winter, die ihre Persönlichkeit beim Monopoly ausgeprägt haben, jenem infamen Spiel, das sie früh lehrte, sich an den Gedanken des An- und Verkaufs von Immobilien und des ungerührten Abstoßens von Aktienpaketen zu gewöhnen. Die Pères Grandet von heute, die den Geschmack an Akkumulation und Börsengewinnen bei ihren Lottospielchen bekamen. Die Bürokraten des Todes, die sich am Metallbaukasten schulten, die toten Seelen der Bürokratie, die ihre Seelen abzutöten begannen, als sie mit den Formularen, Stempeln und Briefmarken ihrer »Kleinen Post« spielten …

Und morgen? Was wird aus Kindern, denen der industrielle Weihnachtsmann amerikanische Puppen beschert, die sprechen und singen und sich von alleine bewegen können? Japanische Automaten, die springen und tanzen, ohne daß sich die Batterien erschöpfen? Ferngesteuerte Automobile, deren Mechanik man nie ergründet …

Stefano, mein Sohn, ich werde dir Gewehre schenken. Denn ein Gewehr ist kein Spiel. Es ist ein Anstoß zu einem Spiel. Mit ihm mußt du eine Situation erfinden, ein Beziehungsgeflecht, eine Dialektik von Ereignissen. Du machst *Peng* mit dem Mund und entdeckst, daß dein Spiel soviel taugt, wie du selber hineinlegst und nicht schon vorfabriziert darin findest. Du stellst dir vor, daß du Feinde vernichtest, und befriedigst damit einen Urtrieb, den keine Zivilisation dir je austreiben wird (außer sie macht dich zum Neurotiker, reif für betriebliche Eignungstests à la Rorschach). Aber bald geht dir auf, daß dein Feindevernichten eine Spielkonvention ist, ein Spiel unter anderen Spielen, und so lernst du es als ein wirklichkeitsfernes Treiben erkennen, dessen Grenzen dir beim Spielen durchaus bewußt sind. Du reagierst deine Wut und deine Komplexe ab und wirst frei für andere Botschaften, die weder Tod noch Zerstörung betreffen, ja es wird wichtig sein, daß dir Tod und Zerstörung für immer als Phantasiegebilde erscheinen, wie Rotkäppchens böser Wolf, den wir alle als Kinder gehaßt haben, ohne deshalb einen irrationalen Haß auf Wolfshunde zu entwickeln.

Aber vielleicht ist das noch nicht alles und noch nicht genug. Ich werde dir nicht erlauben, mit deinen Colts einfach wild in der Gegend herumzuballern, bloß zur spielerischen Abreaktion deiner Urinstinkte, ich werde den konstruktiven Teil der Erziehung, die Vermittlung von Werten, nicht auf die Zeit nach vollbrachter Abreaktion verschieben. Nein, ich werde versuchen, dir etwas mitzugeben, *während* du hinter dem Sessel hervorballerst.

Vor allem werde ich dich nicht lehren, auf die Indianer zu schießen. Ich werde dir beibringen, auf die Schnaps- und Waffenhändler zu schießen, die den Indianern die Wider-

166

standskräfte zerstören. Und auf die Sklavenhalter des Südens, denn es versteht sich, daß du als ein Lincoln-Mann schießt. Ich werde dir nicht beibringen, auf die Kannibalen im Kongo zu schießen, sondern auf die Elfenbeinhändler, und in einem Moment der Schwäche hole ich dann vielleicht einen Kessel, und wir kochen gemeinsam den Doktor Livingstone, *I suppose.* Wir werden auf seiten der Araber gegen Lawrence kämpfen, der mir sowieso nie als ein Vorbild an Männlichkeit für brave kleine Jungen erschienen ist, und wenn wir Römer spielen, stehen wir auf seiten der Gallier, die ja Kelten waren, wie wir Piemontesen, und sauberer als jener Julius Cäsar, den du schon früh mit Mißtrauen zu betrachten lernen solltest, denn man nimmt einem demokratisch verfaßten Gemeinwesen nicht die Freiheit, um ihm dafür nach dem Tod als gnädiges Almosen die Gärten und Parks zum Spazierengehen zu überlassen. Wir werden mit Häuptling Sitting Bull gegen den Widerling General Custer kämpfen. Und in China mit den Boxern natürlich. Und mit Fantomas eher als mit Juve, der zu pflichtbewußt war, um sich zu weigern, gelegentlich einen Algerier niederzuknüppeln. Aber jetzt mache ich Spaß: natürlich werde ich dir sagen, daß Fantomas ein Bösewicht war, aber ich werde nicht hingehen und dir erzählen (als Komplize der korrumpierenden Baroness Orczy), daß Scarlet Pimpernel ein Held gewesen wäre. Er war ein dreckiger Konterrevolutionär, der dem braven Danton und dem unbestechlichen Robespierre Scherereien machte, und wenn wir diese Geschichte spielen, wirst du am Sturm auf die Bastille teilnehmen.

Oh, das werden herrliche Spiele sein, und denk nur, wir werden sie gemeinsam spielen! Was, Ihr meint, wir sollten Kuchen essen statt Brot? Allons, vite, Monsieur Santerre, laßt die Trommeln rühren, Tricoteusen aller Länder, vereinigt euch zum fröhlichen Stricken. Heute spielen wir die Enthauptung der Marie Antoinette. Perverse Erziehung? Wer sagt das? Sie, mein Herr, der Sie Filme machen über den angeblichen Helden Fra Diavolo, diesen übelsten aller Straßenräuber im Solde der Großgrundbesitzer und der Bourbonen? Haben Sie je Ihrem Sohn beigebracht, zur Abwechslung einmal Carlo Pisacane* zu spielen – oder haben Sie nicht eher zugelassen, daß unsere Schulmeister und der Reimeschmied Mercantini ihn weiter, wie gehabt, unseren Kindern als netten blonden Idioten zum Auswendiglernen vorführen?**

Und Sie, mein Herr, der Sie doch sozusagen ein geborener Antifaschist sind, haben Sie je mit Ihrem Sohn Partisanen gespielt? Sich hinters Bett geduckt und gerufen, als wären Sie beim Maquis in den Bergen: »Achtung, Schwarzbrigadisten von rechts, voll draufhalten, Feuer frei auf die Nazis!« – Nein, Sie schenken Ihrem Sohn lieber bunte Bauklötzchen und schicken ihn mit dem Kindermädchen ins Kino, wo er rassistische Filme sieht, in denen die Vernichtung der Indianer verherrlicht wird …

So, lieber Stefano, werde ich dir Gewehre schenken. Und dich lehren, sehr komplexe Kriege zu spielen, in denen die Wahrheit nie bloß auf *einer* Seite zu finden ist, in denen man manchmal – wie bei uns am 8. September 43 – Seitenwechsel vollziehen muß. Du wirst dich austoben in deinen jungen Jahren, deine Ideen werden ein bißchen durcheinandergeraten, aber langsam werden sich Überzeugungen in dir bilden. Und später, wenn du erwachsen bist, wirst du glauben, daß *alles* nur ein Märchen gewesen war – Rotkäppchen, Aschenbrödel, die Gewehre und die Kanonen, der Mensch gegen die Menschen, die Hexe gegen die sieben Zwerge, die Armeen gegen die Armeen. Und sollten dann zufällig, wenn du groß bist, die Monstergestalten deiner Kinderträume noch nicht verschwunden sein – die Hexen, die Kobolde, die Armeen, die Bomben, die Zwangsrekrutierungen –, wer weiß, vielleicht hast du dann eine kritische Haltung zu Märchen gewonnen und gelernt, dich kritisch in der Wirklichkeit zu bewegen.

---

* Italienischer Patriot und Sozialrevolutionär, 1818–1857 *(A. d. Ü.)*.
** Anspielung auf das patriotische Gedicht *La spigolatrice di Sapri* von Luigi Mercantini, 1821–1872 *(A. d. Ü.)*.

BERTOLT BRECHT

Das Paket des lieben Gottes

Nehmt eure Stühle und eure Teegläser mit hier hinter an den Ofen und vergeßt den Rum nicht. Es ist gut, es warm zu haben, wenn man von der Kälte erzählt.

Manche Leute, vor allem eine gewisse Sorte Männer, die etwas gegen Sentimentalität hat, haben eine starke Aversion gegen Weihnachten. Aber zumindest *ein* Weihnachten in meinem Leben ist bei mir wirklich in bester Erinnerung. Das war der Weihnachtsabend 1908 in Chicago. Ich war Anfang November nach Chicago gekommen, und man sagte mir sofort, als ich mich nach der allgemeinen Lage erkundigte, es würde der härteste Winter werden, den diese ohnehin genügend unangenehme Stadt zustande bringen könnte. Als ich fragte, wie es mit den Chancen für einen Kesselschmied stünde, sagte man mir, Kesselschmiede hätten keine Chancen, und als ich eine halbwegs mögliche Schlafstelle suchte, war alles zu teuer für mich. Und das erfuhren in diesem Winter 1908 viele in Chicago, aus allen Berufen.

Und der Wind wehte scheußlich vom Michigansee herüber durch den ganzen Dezember, und gegen Ende des Monats schlossen auch noch eine Reihe großer Fleischpackereien ihren Betrieb und warfen eine ganze Flut von Arbeitslosen auf die kalten Straßen.

Wir trabten die ganzen Tage durch sämtliche Stadtviertel und suchten verzweifelt nach etwas Arbeit und waren froh, wenn wir am Abend in einem winzigen, mit erschöpften Leuten angefüllten Lokale im Schlachthofviertel unterkommen konnten. Dort hatten wir es wenigstens warm und konnten ruhig sitzen. Und wir saßen, solange es irgend ging mit *einem* Glas Whisky, und wir sparten alles den Tag über auf für dieses eine Glas Whisky, in das noch Wärme, Lärm und Kameraden mit einbegriffen waren, all das, was es an Hoffnung für uns noch gab.

Dort saßen wir auch am Weihnachtsabend dieses Jahres, und das Lokal war noch überfüllter als gewöhnlich und der Whisky noch wäßriger und das Publikum noch verzweifelter. Es ist einleuchtend, daß weder das Publikum noch der Wirt in Feststimmung geraten, wenn das ganze Problem der Gäste darin besteht, mit einem Glas eine ganze Nacht auszureichen, und das ganze Problem des Wirtes, diejenigen hinauszubringen, die leere Gläser vor sich stehen hatten.

Aber gegen zehn Uhr kamen zwei, drei Burschen herein, die, der Teufel mochte wissen woher, ein paar Dollars in der Tasche hatten, und die luden, weil es doch eben Weihnachten war und Sentimentalität in der Luft lag, das ganze Publikum ein, ein paar Extragläser zu leeren. Fünf Minuten darauf war das ganze Lokal nicht wiederzuerkennen. Alle holten sich frischen Whisky (und paßten nun ungeheuer genau darauf auf, daß ganz korrekt eingeschenkt wurde), die Tische wurden zusammengerückt, und ein verfroren aussehendes Mädchen wurde gebeten, einen Cakewalk zu tanzen, wobei sämtliche Festteilnehmer mit den Händen den Takt klatschten. Aber was soll ich sagen, der Teufel mochte seine schwarze Hand im Spiel haben, es kam keine rechte Stimmung auf.

Ja, geradezu von Anfang an nahm die Veranstaltung einen direkt bösartigen Charakter an. Ich denke, es war der Zwang, sich beschenken lassen zu müssen, der alle so aufreizte. Die Spender dieser Weihnachtsstimmung wurden nicht mit freundlichen Augen betrachtet. Schon nach den ersten Gläsern des gestifteten Whiskys wurde der Plan gefaßt, eine regelrechte Weihnachtsbescherung, sozusagen ein Unternehmen größeren Stils, vorzunehmen.

Da ein Überfluß an Geschenkartikeln nicht vorhanden war, wollte man sich weniger an direkt wertvolle und mehr an solche Geschenke halten, die für die zu Beschenkenden passend waren und vielleicht sogar einen tieferen Sinn hatten.

So schenkten wir dem Wirt einen Kübel mit schmutzigem Schneewasser von draußen, wo es davon gerade genug gab, *damit er mit seinem alten Whisky noch ins neue Jahr hinein aus-*

reichte. Dem Kellner schenkten wir eine alte, erbrochene Konservenbüchse, *damit er wenigstens ein anständiges Service-stück hätte,* und einem zum Lokal gehörigen Mädchen ein schartiges Taschenmesser, *damit sie wenigstens die Schicht Puder vom vergangenen Jahr abkratzen könnte.*

Alle diese Geschenke wurden von den Anwesenden, vielleicht nur die Beschenkten ausgenommen, mit herausforderndem Beifall bedacht. Und dann kam der Hauptspaß.

Es war nämlich unter uns ein Mann, der mußte einen schwachen Punkt haben. Er saß jeden Abend da, und Leute, die sich auf dergleichen verstanden, glaubten mit Sicherheit behaupten zu können, daß er, so gleichgültig er sich auch geben mochte, eine gewisse, unüberwindliche Scheu vor allem, was mit der Polizei zusammenhing, haben mußte. Aber jeder Mensch konnte sehen, daß er in keiner guten Haut steckte.

Für diesen Mann dachten wir uns etwas ganz Besonderes aus. Aus einem alten Adreßbuch rissen wir mit Erlaubnis des Wirtes drei Seiten aus, auf denen lauter Polizeiwachen standen, schlugen sie sorgfältig in eine Zeitung und überreichten das Paket unserm Mann.

Es trat eine große Stille ein, als wir es überreichten. Der Mann nahm das Paket zögernd in die Hand und sah uns mit einem etwas kalkigen Lächeln von unten herauf an. Ich merkte, wie er mit den Fingern das Paket anfühlte, um schon vor dem Öffnen festzustellen, was darin sein könnte. Aber dann machte er es rasch auf.

Und nun geschah etwas sehr Merkwürdiges. Der Mann nestelte eben an der Schnur, mit der das ›Geschenk‹ verschnürt war, als sein Blick, scheinbar abwesend, auf das Zeitungsblatt fiel, in das die interessanten Adreßbuchblätter geschlagen waren. Aber da war sein Blick schon nicht mehr abwesend. Sein ganzer dünner Körper (er war sehr lang) krümmte sich sozusagen um das Zeitungsblatt zusammen, er bückte sein Gesicht tief darauf herunter und las. Niemals, weder vor- noch nachher, habe ich je einen Menschen so lesen sehen. Er verschlang das, was er las, einfach. Und dann schaute er auf. Und wieder habe ich niemals, weder vor-

noch nachher, einen so strahlend schauen sehen wie diesen Mann.

»Da lese ich eben in der Zeitung«, sagte er mit einer verrosteten, mühsam ruhigen Stimme, die in lächerlichem Gegensatz zu seinem strahlenden Gesicht stand, »daß die ganze Sache einfach schon lang aufgeklärt ist. Jedermann in Ohio weiß, daß ich mit der ganzen Sache nicht das geringste zu tun hatte.« Und dann lachte er.

Und wir alle, die erstaunt dabeistanden und etwas ganz anderes erwartet hatten und fast nur begriffen, daß der Mann unter irgendeiner Beschuldigung gestanden und inzwischen, wie er eben aus diesem Zeitungsblatt erfahren hatte, rehabilitiert worden war, fingen plötzlich an, aus vollem Halse und fast aus dem Herzen mitzulachen, und dadurch kam ein großer Schwung in unsere Veranstaltung, die gewisse Bitterkeit war überhaupt vergessen, und es wurde ein ausgezeichnetes Weihnachten, das bis zum Morgen dauerte und alle befriedigte.

Und bei dieser allgemeinen Befriedigung spielte es natürlich gar keine Rolle mehr, daß dieses Zeitungsblatt nicht wir ausgesucht hatten, sondern Gott.

Der verlorene Engel

Es schneite in der Nacht vor Weihnachten – ein ununterbrochener Strom kleiner Flocken, die auf den nackten Ästen und den Dächern liegen blieben. Im Morgengrauen legte sich der Sturm, und die Sonne brach hier und da einmal durch die Wolken.

Um sechs Uhr stand Susan Ahearn auf, drehte den Thermostat hoch und kochte Kaffee. Zitternd hielt sie die Hände über die Tasse. Sie fror ständig. Das kam sicherlich daher, weil sie soviel abgenommen hatte, seit Jamie verschwunden war.

Einhundertzehn Pfund waren einfach zuwenig für ihre ein Meter siebzig. Ihre Augen hatten das gleiche Blaugrün wie Jamies. Doch im Moment schienen sie zu groß für ihr Gesicht. Ihre Backenknochen traten hervor. Selbst das kastanienbraune Haar schien noch dunkler geworden zu sein und betonte ihr blasses und verhärmtes Aussehen, das zu einem Dauerzustand geworden war.

Sie fühlte sich so unendlich viel älter als achtundzwanzig. Vor drei Monaten, an ihrem Geburtstag, hatte sie den ganzen Tag damit verbracht, einer falschen Spur nachzujagen. Das Kind, das in einem Pflegeheim in Wisconsin entdeckt worden war, war nicht Jamie. Sie kroch zurück unter die Bettdecke, während der Wind durch das alleinstehende Haus zweiundzwanzig Meilen westlich von Chicago pfiff.

Das Schlafzimmer machte einen uneingerichteten Eindruck. Keine Bilder an der Wand, keine Vorhänge an den Fenstern, kein Teppichboden oder irgendein Läufer auf dem Kiefernholzfußboden. In der Ecke neben dem Schrank standen planlos aufeinandergestapelte, verschlossene Kisten. Jamie war verschwunden, kurz bevor sie aus diesem Haus ausziehen wollten.

Es war eine lange Nacht gewesen. Die meiste Zeit hatte sie wach gelegen und versucht, die Angst zu vertreiben, die mittlerweile ihr ständiger Begleiter war. Was wäre, wenn sie Jamie nicht finden würde? Was wäre, wenn Jamie zu den Kindern gehörte, die einfach verschwunden blieben? Um die Leere des Hauses, das einsame Stöhnen des Windes und das Klappern der Fenster zu vergessen, begann Susan so zu tun, als ob Jamie da wäre.

»Na, du Frühaufsteher«, sagte sie.

Sie stellte sich Jamie in ihrem rot-weißen Flanellnachthemd vor, wie sie durch das Zimmer getrottet kommt und zu ihr ins Bett klettert. »Du hast ja eiskalte Füße ...«

»Ich weiß. Omi würde sagen, ich hol mir den Tod. Omi sagt so was öfters. Du sagst, Oma ist miesepetrig. Erzähl mir die Weihnachtsgeschichte.«

»Komm mir jetzt nicht mit Omi. Ihr Sinn für Humor ist nicht gerade überwältigend.« Sie hatte Jamie in die Bettdecke gewickelt und in ihre Arme genommen. »Also Weihnachten in New York. Nach unserer Spazierfahrt mit der Pferdekutsche durch den Central Park gehen wir ins Plaza Mittagessen. Das ist ein großes, sehr schönes Hotel. Und genau gegenüber ...«

»Gehen wir auch in das Spielzeuggeschäft ...«

»In das berühmteste Spielzeuggeschäft der Welt. Es heißt F A O Schwarz. Dort gibt's Eisenbahnen, Puppen und Püppchen, Bücher und alles.«

»Ich darf mir drei Geschenke aussuchen ...«

»Ich dachte, wir hätten zwei abgemacht. Also gut, sagen wir drei.«

»Und dann besuchen wir das Jesuskind in Sankt Pats ...«

»Eigentlich heißt die Kirche Sankt Patrick, aber wir Iren sind ja ein freundlicher Menschenschlag. Alle sagen Sankt Pats zu ihr ...«

»Erzähl mir von den drei ... und von den Schaufenstern mit den Märchenfiguren ...«

Susan trank den letzten Rest Kaffee aus. Sie hatte einen Kloß im Hals. Das Telefon klingelte und sie versuchte den wilden Sprung – Ausdruck ihrer Hoffnung – zu zügeln, bevor sie den Hörer abnahm. Jamie! Hoffentlich ist es Jamie!

Es war ihre Mutter, die aus Florida anrief. Der sorgenvolle Tonfall, den sich ihre Mutter seit dem Verschwinden Jamies angewöhnt hatte, war heute besonders stark zu spüren. Entschlossen zwang sich Susan positiv zu klingen. »Nein, Mutter. Kein Wort. Natürlich hätte ich dich sofort angerufen ... Es ist für uns alle schwer. Nein, ich bin sicher, daß ich lieber hierbleiben möchte. Vergiß nicht, schließlich hat sie einmal hier angerufen ... Um Gottes willen nein, Mutter, ich glaube nicht, daß sie tot ist. Laß mir Zeit. Jeff ist ihr Vater. Er liebt sie auf seine Weise ...«

Weinend legte sie auf und biß sich auf die Lippen, um nicht in wütende Hysterie auszubrechen – alle Ungeheuer waren entfesselt. Selbst ihre Mutter wußte nicht, wie schlimm es wirklich war.

Bis jetzt waren sechs Ermittlungsverfahren gegen Jeff eingeleitet worden. Der Unternehmer, den sie geheiratet hatte, war in Wahrheit ein international gesuchter Juwelendieb. Dieses abgelegene Haus in diesem abgelegenen Vorort hatte er gemietet, weil es ein gutes Versteck für ihn gewesen war. Letztes Frühjahr hatte sie die Wahrheit erfahren, als das FBI kam und ihn festnehmen wollte, kurz nachdem er auf eine von seinen ›Geschäftsreisen‹ gegangen war. Er kam nie mehr wieder, also hatte sie das Haus zum Verkauf angeboten. Sie traf alle Vorbereitungen, um nach New York umzuziehen – die vier Jahre, die sie dort am College verbracht hatte, waren die glücklichsten ihres Lebens gewesen. Dann, ein paar Wochen nach seinem Verschwinden, war Jeff in Jamies Kindergarten aufgetaucht und hatte sie mitgenommen. Das war jetzt sieben Monate her.

Auf der Fahrt zur Arbeit wurde sie die Angst nicht mehr los, die der Anruf ihrer Mutter bei ihr ausgelöst hatte. *Glaubst du, daß Jamie tot ist?* Jeff war absolut unfähig, eine Verantwortung zu übernehmen. Als Jamie sechs Monate alt war, hatte er sie allein zu Hause gelassen und war Zigaretten holen gegangen. Und als sie zwei war, hatte er nicht gemerkt, daß sie ins tiefe Wasser hineingewatet war. Ein Rettungsschwimmer hatte sie rausgeholt. Wie sollte er da heute richtig auf sie aufpassen können? Warum hatte er sie mitgenommen?

Das Immobilienbüro war festlich geschmückt für Weihnachten. Sie waren eine nette Mannschaft, die sechzehn Leute, mit denen sie zusammenarbeitete, und Susan freute sich über die hoffnungsvollen Blicke, die sie ihr jeden Morgen zuwarfen. Alle warteten sie auf gute Nachrichten. Heute hatte keiner so richtig Lust zum Arbeiten, aber sie beschäftigte sich, indem sie die Zeitungen nach Geschäftsauflösungen durchsah. Egal, was sie auch tat, es erinnerte sie an die Sache. Die Wilkes, die sich ihr erstes Haus gekauft hatten, weil sie Nachwuchs erwarteten. Die Conways, die ihr großes Haus verkauften, um in die Nähe ihrer Enkel zu ziehen. Als sie das Gespräch mit Frau Conway beendete, merkte sie, wie ihr die mittlerweile vertrauten Tränen in die Augen stiegen, und sie drehte den Kopf zur Seite.

Joan Rogers, die Kollegin am Schreibtisch neben ihr, las eine Zeitschrift. Es versetzte Susan einen Stich, als sie die Überschrift des Artikels sah: ›Kinder sind nicht immer wahre Engel an Weihnachten.‹

Süße Fotos von kleinen Kindern in weißen Hemden und mit Heiligenscheinen waren über die Seite verstreut.

Susan erstarrte, beugte sich hinüber und riß Joan verzweifelt die Zeitschrift aus der Hand. Der Engel in der rechten oberen Ecke. Ein kleines Mädchen. Das Haar war so hellblond, daß es fast weiß erschien. Aber die Augen, der Mund und die Pausbäckchen. »Oh, Gott«, flüsterte Susan. Sie zog die Schreibtischschublade auf, durchwühlte deren Inhalt und fand endlich den gesuchten Filzstift. Mit zitternden Händen übermalte sie das blonde Haar des Kindes mit dem warmen Braunton des Stiftes und beobachtete, wie das Engelsgesicht in der Zeitschrift dem gerahmten Foto auf ihrem Schreibtisch immer ähnlicher wurde.

Jamie sah nachdenklich aus dem Schlafzimmerfenster in die kalte Winterlandschaft hinaus und versuchte, nicht auf die streitenden Stimmen zu hören. Papa und Tina stritten sich wieder mal. Irgend jemand aus dem Haus hatte Papa ihr Foto, das in der Zeitung war, gezeigt. Papa schrie gerade: »Was hast du denn damit erreichen wollen? Daß wir alle im Gefängnis landen? Wie oft hat sie Modell gestanden?«

Sie waren Ende des Sommers nach New York gekommen, und Papa war sehr viel ohne sie auf Reisen gegangen. Tina sagte, ihr wäre langweilig und sie könnte mal wieder ein bißchen als Fotomodell arbeiten. Aber die Frau, zu der sie gegangen war, sagte zu ihr: »Von ihrem Typ brauche ich im Moment niemand, aber mit dem kleinen Mädchen da könnte ich was anfangen.«

Es war einfach gewesen, sich als Engel fotografieren zu lassen. Sie hatten ihr gesagt, sie bräuchte nur an was sehr Schönes zu denken, und so dachte sie an Weihnachten, und daß sie und Mami vorgehabt hatten, dieses Jahr den Heiligabend in New York zu verbringen. Jetzt war sie in New York, und alle diese Plätze, wo sie und Mami hingehen wollten, waren ganz nahe – aber es war einfach nicht dasselbe mit Papa und Tina.

»Ich hab dich gefragt, wie oft sie Modell gestanden hat!« schrie Papa.

»Zwei- oder dreimal«, rief Tina.

Das war gelogen. Sie waren oft in die Fotoagentur gegangen, wenn Papa unterwegs war. Aber wenn Papa in New York war, hatte Tina die Termine abgesagt.

Jetzt meinte Tina: »Was erwartest du eigentlich von mir? Soll ich vielleicht Däumchen drehen, solange du weg bist?«

Unten auf der Straße eilten die Menschen vorbei, als wäre ihnen kalt. Es hatte die ganze Nacht geschneit, aber der Schnee schmolz unter den Rädern der Autos und verwandelte sich in dreckige Matschhaufen. Ganz drüben, am Rand ihres Blickfeldes, konnte sie den Central Park sehen, wo der Schnee so schön war, wie er sein sollte.

Jamie hatte einen Kloß im Hals. Sie wußte, daß an Weihnachten das Christkind kam. Jeden Tag hatte sie gebetet, daß der liebe Gott, wenn er das Jesuskind auf die Erde bringt, auch Mami mitbringt. Aber Papa hatte ihr gesagt, daß Mami immer noch sehr krank wäre. Und heute abend würden sie wieder mal in ein Flugzeug einsteigen und irgendwo hinfliegen. Es klang wie ba-na-nas. Nein. Es hieß Ba-ha-mas.

»Jamie!«

Tinas Stimme klang ziemlich ärgerlich, als sie nach ihr rief. Jamie wußte, daß Tina sie nicht besonders mochte. Tina sagte auch immer zu Papa: »Sie ist dein Kind!«

Papa saß im Bademantel am Tisch. Die Zeitschrift mit ihrem Foto hatte er auf den Boden geworfen; jetzt las er die Tageszeitung. Normalerweise sagte er: »Guten Morgen, Prinzeßchen«, aber heute beachtete er sie nicht mal, als sie ihm einen Kuß gab. Papa war nie bösartig zu ihr. Ein einziges Mal hatte er ihr eine Ohrfeige gegeben. Das war, als sie versucht hatte, Mami anzurufen. Genau in dem Moment, als Mami sagte: »Bitte, hinterlassen Sie eine Nachricht«, kam Papa rein. Sie konnte gerade noch sagen: »Ich hoffe, dir geht's besser, Mami, du fehlst mir«, bevor Papa den Hörer auf die Gabel knallte und ihr eine runterhaute. Danach schloß er immer das Telefon ab, wenn er und Tina nicht in der Nähe waren. Papa sagte, daß Mami so krank wäre, daß es ihr weh täte, wenn sie versuchte zu sprechen. Aber Mami hatte sich gar nicht krank angehört, als sie sagte: »Bitte, hinterlassen Sie eine Nachricht!«

Jamie setzte sich an den Tisch, wo schon der Orangensaft und die Cornflakes auf sie warteten. Das war so ziemlich das einzige, was Tina für sie tat – ihr das Frühstück machen.

Papa runzelte die Stirn und klang ärgerlich, als er laut vorlas: »Die Bediensteten vermuten, daß der kleinere der beiden Einbrecher eine Frau gewesen ist.« Dann sagte Papa: »Ich hab dir gleich gesagt, daß diese Aufmachung ein Fehler war.«

Tina beugte sich über seine Schulter. Ihr Morgenrock stand offen, und sie quoll aus ihrem Nachthemd. Ihr Haar war völlig unordentlich, und sie blies Rauchringe in die Luft, während sie vorlas: »*Vielleicht waren es Leute aus dem Haus. Was willst du mehr!*«

»Daß wir so schnell wie möglich abhauen«, sagte Papa. »Wir haben diese Stadt überstrapaziert.«

Jamie dachte an all die Wohnungen, die sie sich angesehen hatten. »Müssen wir denn unbedingt auf die Ba-hamas?« fragte sie. Es klang so weit weg. Weiter und weiter weg von Mami. »Die Wohnung gestern hat mir gefallen«, bemerkte sie. Sie spielte mit den Cornflakes und rührte mit dem Löffel drin herum. »Ihr habt doch der Frau gesagt, ihr glaubt, das wär genau das Richtige für euch?«

Tina lachte. »Stimmt, Kleines, in gewisser Weise war es das auch.«

»Halt den Mund.« Papa klang ziemlich sauer. Jamie dachte daran, wie gestern die Frau, die ihnen die Wohnung gezeigt hatte, sagte, was für eine wunderbare Familie sie wären. Papa und Tina hatten die vornehmen Kleider angezogen, die sie immer trugen, wenn sie sich Wohnungen ansahen, und Tina hatte die Haare zu einem Pferdeschwanz zurückgekämmt und war nur sehr dezent geschminkt.

Nach dem Frühstück gingen Tina und Papa ins Schlafzimmer. Jamie überlegte, was sie anziehen sollte und entschied sich für die lila Hose und das gestreifte, langärmelige Hemd, das sie angehabt hatte an dem Tag, an dem Papa zum Kindergarten gekommen war, um ihr zu sagen, daß Mami krank wäre und er sie mit nach Hause nehmen würde. Obwohl beides ihr langsam zu klein wurde, zog sie es lieber an als ihre neuen Kleider. Sie wußte noch ganz genau, wie Mami sie gekauft hatte.

Sie bürstete sich das Haar und war immer wieder überrascht, wie lustig es jetzt aussah. Es hatte exakt die gleiche Farbe wie Tinas, und wenn sie zusammen weggingen, wollte Papa immer, daß sie ›Mutter‹ zu Tina sagte. Sie wußte, daß Tina nicht ihre Mutter war, und da sie zu Mami immer Mami gesagt hatte, störte es sie nicht weiter, Tina Mutter zu nennen. Es waren zwei unterschiedliche Namen für zwei unterschiedliche Personen.

Als sie ins Wohnzimmer zurückkam, waren Papa und Tina fertig angezogen. Papa trug eine Aktentasche, die schwer aussah. »Ich werd nicht besonders traurig sein, wenn wir heute abend diesen Ort verlassen«, sagte er. Jamie gefiel es hier auch nicht. Sie wußte, daß es schön war, nur einen Block vom Central Park entfernt zu wohnen, aber die Wohnung war dunkel und schmuddelig, und die Einrichtung war alt, und der Teppich hatte einen Riß. Papa sagte immer wieder zu den Leuten, die ihnen ihre Apartments vorführten, wie sehr sie sich auf eine wirklich elegante Wohnung in New York freuten.

»Tina und ich müssen noch was erledigen«, sagte Papa zu ihr. »Ich schließe die Tür zweimal ab, dann kann nichts passieren. Lies oder sieh fern. Nachher wird Tina mit dir Sommerkleider einkaufen für die Bahamas, und du kannst dir ein paar Weihnachtsgeschenke aussuchen. Ist das was?«

Es gelang Jamie, ihm zuzulächeln, aber gleichzeitig blieb ihr Blick am Telefon hängen. Papa hatte vergessen, es abzuschließen. Wenn sie weg waren, würde sie Mami wieder anrufen. Sie wollte mit Mami über Weihnachten reden. Papa würde es gar nicht merken. Sie wartete ein paar Minuten, um sicher zu sein, daß sie weg waren, dann nahm sie den Hörer ab. Jede Nacht vor dem Einschlafen sagte sie sich die Nummer vor, so würde sie sie nicht vergessen. Sie wußte sogar, daß sie die Eins vorwählen mußte. Sie sagte die Nummer laut vor sich hin und wählte: »1 … 312–54 …«

Der Schlüssel drehte sich im Schloß. Sie hörte Papa fluchen, und sie ließ den Hörer los, bevor er ihr ihn wegreißen konnte. Er hielt den Hörer ans Ohr, und als das Freizeichen kam, legte er auf, schloß das Telefon ab und sagte: »Wenn heute nicht Weihnachten wäre, hättest du was erleben können!«

Dann ging er wieder. Jamie verkroch sich im großen Sessel, zog die Beine an und legte den Kopf auf die Knie. Sie wußte, sie war zu alt zum Weinen. Sie war fast viereinhalb. Trotzdem mußte sie sich auf die Lippen beißen, damit sie nicht anfingen zu zittern. Aber nach einer Minute konnte sie schon wieder das So-tun-als-ob-Spiel spielen.

Mami war bei ihr, und sie würden zusammen, wie ausgemacht, Weihnachten verbringen. Als erstes würden sie mit der Kutsche durch den Central Park fahren, und die Glöckchen an den Mähnen der Pferde würden klingeln. Dann würden sie in ein großes Hotel zum Mittagessen gehen. Beunruhigt stellte sie fest, daß sie den Namen des Hotels vergessen hatte. Sie runzelte die Stirn und dachte angestrengt nach. Sie sah das Hotel in Gedanken genau vor sich. Sie hatte Papa dazu gebracht, ihr zu zeigen, wo es war. Jetzt fiel es ihr wieder ein. Das Plaza. Nach dem Mittagessen würden sie in das Spielzeuggeschäft gegenüber gehen. Zu F A O Schwarzzz ... Sie würde sich zwei Geschenke aussuchen. Nein, dachte Jamie, Mami hat gesagt, ich kann mir drei aussuchen. »Wir gehen die Fifth Avenue runter und besuchen das Jesuskind und dann ...«

Tina sagte, sie wäre eine ziemliche Nervensäge, weil sie immer fragte, wo was wäre. Aber jetzt wußte sie ganz genau, wie sie zur Fifth Avenue kam von hier aus, und wo die Plätze lagen, die sie und Mami besuchen wollten. Mami war in New York in die Schule gegangen. Aber das war lange her ... vielleicht hatte Mami vergessen, wo sie waren, aber Jamie wußte es. Mit geschlossenen Augen stellte sie sich vor, wie sie ihre Hand in Mamis Hand legte und sagte: »Der große wunderschöne Baum ist da unten ...«

Die Telefonnummer der Zeitschrift stand im Impressum. Hastig wählte Susan die Nummer 212 ... Sie bemerkte, wie sich alle anderen im Büro um ihren Schreibtisch versammelten, während sie darauf wartete, daß am anderen Ende jemand abhob. *Laß sie nicht geschlossen haben, laß sie nicht geschlossen haben.*

Die Frau in der Vermittlung, die sich endlich meldete, versuchte behilflich zu sein. »Tut mir leid, unter dieser Nummer ist im Moment niemand zu erreichen. Kinderfotos? Darüber erhalten sie Auskunft in der entsprechenden Abteilung, die ist aber heute geschlossen. Sie können dort am 26. wieder anrufen?«

In einem Wortschwall sprudelte Susan heraus, was mit Jamie geschehen war. »Sie müssen mir helfen. Wie bezahlen Sie ein Kind, das Modell steht? Haben Sie denn keine Adresse?«

Die Frau in der Vermittlung unterbrach sie: »Warten Sie, es muß einen Weg geben, das herauszufinden.«

Minuten vergingen. Susan hielt den Hörer fest umklammert und bemerkte kaum, daß sie jemand an den Schultern festhielt. Joan, liebe Joan, die zufällig diesen Artikel gelesen hatte.

Als sich die Vermittlung wieder meldete, sagte sie triumphierend: »Ich habe einen der Herausgeber zu Hause erreicht. Die Kinderfotos, die wir zu diesem Artikel abgedruckt haben, stammen aus der Fotoagentur Lehman. Hier ist die Nummer.«

Susan wurde zu Dora Lehman durchgestellt. Im Hintergrund konnte sie die Geräusche einer Weihnachtsfeier hören. Frau Lehmans durchdringende, aber freundliche Stimme sagte: »Ja, Jamie ist eins meiner Kinder. Sicher ist sie hier in New York. Die Aufnahmen sind von letzter Woche.«

»Sie ist in New York!« rief Susan aus. Nur undeutlich bekam sie mit, wie hinter ihr geklatscht wurde.

Dora Lehman hatte keine Adresse von Jamie. »Eine gewisse Tina holte immer Jamies Schecks ab. Aber ich habe eine Telefonnummer. Eigentlich sollte ich dort nur anrufen, wenn ein wirklich dicker Auftrag auf dem Tisch liegt. Tina sagte, wenn ihr Ehemann am Apparat wäre, sollte ich sagen, ich hätte mich verwählt.«

Susan kritzelte die Nummer auf ein Papier, so nervös, daß es ihr nicht gelang einzuhängen und sie noch hörte, wie Frau Lehman ihr vorschlug, mit Jamie vorbeizuschauen, wenn sie in New York wären.

Joan hielt sie zurück, als sie die Nummer wählen wollte. »Du wirst sie nur warnen. Wir müssen die New Yorker Polizei einschalten. Sie können die Adresse herausfinden, und du buchst einen Flug nach New York.«

Nach all den Monaten des Wartens endlich etwas tun zu können. Irgend jemand sah im Flugplan nach. Die nächste Maschine, die sie nehmen konnte, ging mittags vom O'Hare ab. Aber als sie versuchte, eine Reservierung zu bekommen, mußte die Angestellte fast lachen. »Wir haben heute keinen einzigen freien Platz mehr ab Chicago«, sagte sie. Auf ihr Bitten hin wurde sie mit dem stellvertretenden Chef verbunden. »Sie kommen hier weg«, sagte er ihr. »Sie kriegen einen Platz in diesem Flugzeug, und wenn wir den Piloten rausschmeißen müssen.«

Joan hatte gerade das Gespräch mit der New Yorker Polizei beendet, als Susan den Hörer auflegte. Es dauerte einen Moment, bis Susan auffiel, daß Joan ein finsteres Gesicht machte und der Ausdruck freudiger Erwartung aus ihren Augen verschwunden war. »Jeff ist gerade wegen eines Raubüberfalls verhaftet worden, den er und diese Frau – Tina –, mit der er zusammenlebt, begangen haben. Ein Nachbar will gesehen haben, wie Jamie und die Frau vorfuhren, als sie ihn gerade in den Streifenwagen verfrachteten. Wenn Tina weiß, daß Jeff verhaftet wurde, verschwindet sie mit Jamie Gott weiß wohin.«

Papa und Tina waren nur kurz weggewesen. Jamie konnte die Uhr lesen, und beide Zeiger standen auf elf, als sie zurückkamen. Tina sagte, sie solle ihren Mantel anziehen, weil sie jetzt zu Bloomingdale gingen. Es machte keinen Spaß, mit Tina einzukaufen. Jamie merkte, daß sogar die Frau, die ihnen die Kleider verkaufte, überrascht war, daß Tina sich nicht im geringsten dafür interessierte, was sie kaufte. Sie sagte nur: »Sie braucht ein paar Badeanzüge und ein paar Shorts und Blusen. Das müßte genügen.«

Dann gingen sie in die Spielzeugabteilung. »Dein Vater hat gesagt, du kannst dir ein paar Sachen raussuchen«, sagte Tina.

Sie wollte eigentlich gar nichts. Die Puppen mit den gläsernen Knopfaugen und Rüschenkleidchen sahen nur halb so lieb aus wie ihre Minnie Maus Stoffpuppe zu Hause, die sie immer mit ins Bett nahm. Aber Tina sah ziemlich ärgerlich aus, als sie ihr sagte, sie wollte gar nichts haben, und deshalb zeigte sie schnell auf ein paar Bücher.

Zurück zur Wohnung nahmen sie ein Taxi. Aber als der Fahrer an den Randstein fuhr, fing Tina an, sich komisch zu benehmen. Zwei Polizeifahrzeuge parkten dort, und Jamie sah Papa zwischen zwei Polizisten gehen. Sie zeigte auf ihn, aber Tina zwickte sie ins Knie und sagte zu dem Fahrer: »Ich habe etwas vergessen. Bitte, fahren Sie uns noch einmal zu Bloomingdale zurück.«

Jamie sank entsetzt in den Sitz zurück. Papa hatte heute morgen von der Polizei gesprochen. Hatte Papa Schwierigkeiten? Sie wagte es nicht, Tina zu fragen. Tina hatte einen gemeinen Zug um den Mund, und ihre Hand, mit der sie Jamie gezwickt hatte, war noch in der Luft, bereit wieder zuzuschlagen.

Bei Bloomingdale kaufte jetzt Tina nur noch für sich ein. Sie kaufte einen Koffer, ein Kleid, einen Mantel, einen Hut und eine große dunkle Sonnenbrille. Nachdem Tina bezahlt hatte, schnitt sie alle Etiketten raus und sagte zu der Verkäuferin, daß sie sich entschieden hätte, die neuen Kleider gleich anzuziehen.

Als sie Bloomingdale wieder verließen, sah sie völlig verändert aus. Ihre weiße Nerzjacke und ihre Lederhose waren im Koffer. Der neue Mantel war schwarz, wie der, den sie trug, wenn sie sich Wohnungen ansahen. Der Hut bedeckte ihr Haar vollständig, und die dunkle Sonnenbrille war so groß, daß man kaum ihr Gesicht erkennen konnte.

Jamie hatte Hunger. Sie hatte den ganzen Tag nichts gegessen, nur die Cornflakes und den Orangensaft am Morgen. Die Straße war voller Menschen. Die Leute gingen vorbei mit ihren vollen Einkaufstaschen. Die einen sahen gestreßt aus, andere dagegen glücklich. Da stand ein Weihnachtsmann an der Straßenecke, und die Leute warfen Geld in seine Sammelbüchse.

An der Ecke entdeckte sie einen Imbißstand. Schüchtern zupfte sie Tina am Ärmel. »Könnte ich bitte … Ist es in Ordnung, wenn ich …« Irgendwie schnürte es ihr die Kehle zu. Sie war so hungrig. Sie wußte nicht, warum die Polizei Papa mitgenommen hatte, und sie wußte, daß Tina sie nicht mochte.

Tina hatte versucht, ein Taxi herbeizuwinken. »Na, gut«, sagte sie, »meinetwegen. Aber beeil dich.« Jamie bestellte ein Hot dog mit Senf und eine Cola. Ein Taxi hielt an, noch bevor der Mann Senf auf die Wurst tun konnte, und Tina sagte: »Vergiß das mit dem Senf, komm schon!«

Im Taxi versuchte Jamie so vorsichtig zu essen, daß es keine Krümel gab. Der Fahrer drehte sich herum und sagte zu Tina: »Ich weiß, daß das Kind nicht lesen kann, aber wie ist das mit Ihnen?«

»Oh, Entschuldigung, das habe ich nicht gesehen.« Tina zeigte auf das Schild. »Da steht, daß man im Taxi nicht essen darf; also warte, bis wir am Hafenamt sind.«

Das Hafenamt war ein riesengroßes Gebäude mit vielen Menschen. Sie stellten sich in einer langen Schlange an. Tina drehte sich andauernd um, als hätte sie vor irgend etwas Angst. Am Schalter fragte sie, wann Busse nach Boston gingen. Der Mann antwortete, es gäbe einen um zwei Uhr zwanzig, den sie noch kriegen könnten. Dann kam ein Polizist auf sie zu. Tina drehte den Kopf weg und sagte gepreßt: »Oh, mein Gott!«

Jamie fragte sich, ob der Polizist sie jetzt genauso ins Auto verfrachten würde, wie sie es mit Papa gemacht hatten. Aber er kam überhaupt nicht in ihre Nähe. Statt dessen redete er mit zwei Frauen, die sich anschrien. Mami hatte ihr immer erzählt, daß die Polizisten ihre Freunde wären, aber sie wußte, daß das in New York anders war, weil Papa und Tina Angst vor ihnen hatten.

Tina brachte sie in einen Raum, wo ein paar Leute in einer Reihe auf Stühlen saßen. Eine alte Frau war mit der Hand auf ihrem Koffer eingeschlafen. Tina sagte: »So, Jamie, du wartest hier auf mich. Ich muß noch eine Besorgung machen, und das kann länger dauern. Iß deine Wurst auf und trink die Cola, aber sprich mit niemandem. Wenn dich jemand fragt, sagst du, du gehörst zu der Frau dort.«

Jamie war froh, daß sie sich hinsetzen und essen durfte. Die Wurst war kalt, und sie wünschte, es wäre Senf drauf, aber es schmeckte auch so gut. Sie sah, wie Tina zum Aufzug zurückging.

Sie wartete sehr lange. Irgendwann wurden ihre Augenlider schwer, und sie schlief ein. Als sie wieder aufwachte, rannten ziemlich viele Leute an ihr vorbei, als würden sie zu spät kommen. Die alte Frau, die neben ihr saß, schüttelte sie. »Bist du allein?« Sie sah ärgerlich aus.

»Nein, Tina kommt gleich zurück.«

Das Reden fiel ihr schwer. Sie war immer noch so verschlafen.

»Wartest du schon lange hier?«

Jamie wußte es nicht so genau und sagte deshalb noch mal: »Tina kommt gleich wieder.«

»Also gut. Ich muß zum Bus. Und sprich mit niemandem, bis Tina zurück ist.« Die alte Frau nahm ihren Koffer. Es sah so aus, als wäre er sehr schwer.

Jamie mußte auf die Toilette. Tina würde sehr ärgerlich sein, wenn sie nicht auf sie wartete, aber sie konnte es nicht länger aushalten. Sie fragte sich, wie sie die Toiletten finden könnte, wo sie doch niemand fragen durfte. Da hörte sie auf dem Stuhl hinter ihr eine Frau zu ihrem Freund sagen: »Laß uns noch mal aufs Klo gehen, bevor wir fahren.«

Jamie war klar, daß sie die Toilette gemeint hatte. Tina redete auch immer vom Klo. Sie nahm das Paket mit den Kleidern und den Büchern und folgte den beiden so dicht, daß es so aussah, als gehörte sie zu ihnen.

Auf der Toilette waren viele Leute, und einige von ihnen hatten Kinder dabei, so daß es niemand weiter auffiel, wie sie hinein- und hinausging. Sie wusch sich die Hände und verließ diese schmutzigen Toiletten, so schnell sie konnte. Da fiel ihr das erste Mal die große Uhr an der Wand auf. Der kleine Zeiger stand auf vier und der große auf eins. Das bedeutete: Es war fünf nach vier. Der Mann am Schalter hatte Tina erzählt, der nächste Bus würde um zwanzig nach zwei gehen.

Jamie blieb stehen. Jetzt wurde ihr klar, daß Tina gar nicht die Absicht gehabt hatte, sie mitzunehmen ... Tina kam nicht mehr zurück.

Jamie wußte, wenn sie hier bliebe, würde sie früher oder später ein Polizist ansprechen. Doch wo sollte sie hingehen? Papa war nicht zu Hause, und Tina war weg. Vielleicht konnte sie Mami anrufen; die würde bestimmt jemand schicken, auch wenn sie krank war. Aber sie hatte kein Geld. Sie wünschte sich so sehr, Mami wäre da. Sie merkte, daß ihr die Tränen kamen. Es war Heiligabend, und Mami und sie hatten eigentlich vorgehabt, ihn zusammen zu verbringen.

Durch die großen Türen am Ende der Halle gingen die Menschen rein und raus. Das mußte der Ausgang sein. Das Paket war schwer. Die Schnüre schnitten ihr in die Handflächen. Sie wußte, was sie machen konnte. Die Wohnung war an der Ecke 48. Straße Fifth Avenue. Das war die Adresse, die Tina und Papa immer den Taxifahrern angegeben hatten. Und wenn sie die Wohnung gefunden hatte, konnte sie auch einen Block weiter zum Central Park gehen. Von dort aus wußte sie, wie sie zum Plaza kam. Sie würde das So-tun-als-ob-Spiel spielen. Sie würde sich vorstellen, daß Mami bei ihr wäre und sie zusammen mit der Pferdekutsche durch den Central Park fahren und ins Plaza zum Mittagessen gehen würden. Dann würde sie in den Spielzeugladen gegenüber vom Plaza gehen, genau wie Mami und sie es ausgemacht hatten. Sie würde die Fifth Avenue hinunterlaufen und das Jesuskind besuchen und den großen Baum und die Märchenfenster bei Lord and Taylor anschauen.

Sie stand draußen auf der Straße. Es wurde langsam dunkel, und der eisige Wind biß ihr in die Wangen. Ohne Mütze fror sie am Kopf. Ein Mann mit einem grauen Pullover und einem weißen Kittel verkaufte Zeitungen. Sie wollte nicht, daß er merkte, daß sie allein war, also deutete sie auf eine Frau mit einem Baby auf dem Arm, die versuchte, ihren Kinderwagen aufzuklappen: »Wir müssen zur Fifth Avenue«, sagte sie zu dem Mann.

»Das ist ganz schön weit«, sagte er. Er machte eine ausladende Handbewegung. »Es geht achtzehn Blocks da hinauf und einen Block so rüber.«

Jamie wartete, bis der Mann jemand Kleingeld rausgeben mußte, dann flitzte sie über die Straße und machte sich auf den Weg zur Fifth Avenue. Eine zerbrechliche Gestalt in einem rosa Anorak und mit goldenen Löckchen.

Die Maschine hatte Verspätung beim Anflug, und es dauerte eine Stunde vierzig Minuten, bis sie auf dem LaGuardia Flughafen ankamen. Es war drei Uhr, als sie landeten. Susan rannte durch die Ankunftshalle und versuchte, die freudigen Willkommensgrüße zu ignorieren, die die anderen Passagiere bekamen.

Als sich das Taxi auf der 59. Straße durch den Verkehr schob, versuchte Susan nicht dran zu denken, daß sie und Jamie geplant hatten, heute diesen Tag zusammen in New York zu verbringen. Es war kalt und bedeckt, und der Fahrer sagte ihr, daß es wohl wieder Schnee geben würde. Die Sonnenblende des Autos war zugeklebt mit Familienfotos. »Nach der Fahrt mach ich Schluß und fahr heim zu den Kindern. Haben Sie Kinder?«

Auf der Polizeiwache erwartete sie ein Leutnant Garrigan in seinem Büro.

»Haben Sie Jamie gefunden?«

»Nein. Aber ich versichere Ihnen, wir überwachen alle Flughäfen und jede Busstation.«

Er zeigte ihr ein Foto. »Ist das ihr früherer Ehemann Jeff Randall?«

»So nennt er sich jetzt also?«

»In New York heißt er Jeff Randall. In Boston, Washington, Chicago und einem Dutzend weiterer Städte heißt er anders. Es sieht so aus, als hätten er und seine Freundin sich als reiche Leute vom Land ausgegeben, die nach einer Eigentumswohnung in New York suchten. Offensichtlich hatten sie immer ein kleines Mädchen dabei, was ihren Auftritt noch überzeugender wirken ließ. Er hatte Flugtickets einstecken – sie wollten nach Nassau fliegen heute abend.«

Susan sah das Mitgefühl in seinen Augen. »Kann ich mit Jeff sprechen?« fragte sie.

Er hatte sich nicht verändert im letzten Jahr. Dasselbe gewellte braune Haar, dieselben arglosen blauen Augen, dasselbe entwaffnende Lächeln, dieselbe besorgte und beschützende Art. »Schön dich zu sehen, Susan? Du siehst gut aus, dünner, aber das steht dir.«

Sie hätten alte Freunde sein können, die sich zufällig begegneten. »Wo würde diese Frau Jamie hinbringen?« fragte Susan. Sie krampfte ihre Hände ineinander, voller Angst, daß sie ihm sonst mit den Fäusten ins Gesicht schlagen würde.

»Wovon redest du?«

Sie saßen sich in dem kleinen Büro gegenüber. Jeffs nonchalante Art ließ die Handschellen, die sie ihm angelegt hatten, als gänzlich unwirklich erscheinen. Die beiden Polizisten rechts und links von ihm hätten auch Statuen sein können, so wenig beachtete er sie. Der Leutnant stand immer noch hinter seinem Schreibtisch, aber das Mitgefühl war aus seinen Augen verschwunden. »Sie werden einige Zeit hinter Gitter müssen, auch wenn das Kidnapping-Verfahren fallengelassen wird«, sagte er. »Ich könnte mir vorstellen, daß ihre frühere Frau von einer Anzeige absieht, wenn das Kind sofort gefunden wird.«

Er wollte keinerlei Fragen beantworten, auch nicht als Susan die Selbstbeherrschung verlor und schrie: »Ich bring dich um, wenn ihr irgend etwas zustößt!« Sie biß sich auf die Finger, um das quälende Schluchzen zu unterdrücken, als sie Jeff wegbrachten.

Der Leutnant führte sie in ein Wartezimmer mit einer Lederbank und ein paar alten Zeitschriften. Susan versuchte zu beten, aber sie fand keine Worte. Nur ein einziger Gedanke schoß ihr immer wieder durch den Kopf: ›Ich will zu Jamie. Ich will zu Jamie.‹

Um zehn nach vier erzählte ihr Leutnant Garrigan, daß ein Angestellter im Hafenamt sich an eine Frau und ein Kind erinnerte, auf das Jamies Beschreibung genau passen würde, und daß die Frau Fahrkarten für den Bus um zwei Uhr zwanzig nach Boston gekauft hatte. Sie riefen die Zwischenstationen an und überprüften den Bus. Um vier Uhr dreißig stand fest, daß sie nicht im Bus waren. Um viertel vor fünf wurde Tina am Flughafen Newport verhaftet, als sie versuchte einen Flug nach Los Angeles zu buchen.

Leutnant Garrigan versuchte optimistisch zu klingen, als er Susan erzählte, was sie herausgefunden hatten.

»Tina hat Jamie im Wartesaal am Hafenamt sitzenlassen. Einer vom dortigen Wachpersonal hat noch Dienst. Er erinnerte sich an ein Kind, auf das Jamies Beschreibung paßt, gesehen zu haben, als es mit zwei Frauen wegging.«

»Sie können sie sonstwohin mitgenommen haben«, flüsterte Susan. »Was sind das für Leute, die ein Kind, das offensichtlich vermißt wird, nicht gleich zur Polizei bringen?«

»Einige Frauen nehmen so ein Kind erst mit nach Hause und fragen ihren Mann, was sie tun sollen«, antwortete der

Leutnant. »Das wäre das beste, was passieren kann, glauben Sie mir. Dann wäre sie sicher. Ich möchte gar nicht dran denken, daß Jamie vielleicht ganz allein durch Manhattan irrt. Es gibt 'ne Menge seltsamer Typen, die an den Feiertagen auf den Straßen rumlungern. Sie versuchen, Kinder anzusprechen, die verloren gegangen sind.«

Er mußte das Entsetzen auf Susans Gesicht bemerkt haben, denn er fügte schnell hinzu: »Wir werden versuchen, eine Suchmeldung in den Radiostationen unterzubringen, und heute abend kommt ihr Foto in den Abendnachrichten. Diese Tina sagt, Jamie wüßte die Adresse der Wohnung und die Telefonnummer. Wir haben einen Beamten in die Wohnung geschickt, falls jemand anruft. Vielleicht wollen Sie lieber dort warten. Es ist nur ein paar Blocks entfernt. Ich laß Sie im Streifenwagen hinbringen.«

Ein junger Polizist saß im Wohnzimmer und sah fern. Susan ging durch die Wohnung und bemerkte eine Schüssel mit ein paar eingetrockneten Cornflakes auf dem Tisch in der Eßecke, daneben einen Stapel Bilderbücher. Das kleinere Schlafzimmer … Das Bett war nicht gemacht, und im Kopfkissen war noch eine Mulde. Hier hatte Jamie letzte Nacht geschlafen. Das Nachthemd lag zusammengefaltet über dem Stuhl. Sie hob es auf und drückte es an sich, als könnte sie so ihre Tochter herbeizaubern. Vor ein paar Stunden war Jamie hier gewesen, jetzt schien sie weit weg zu sein.

Susan fühlte, wie ihr der Atem stockte, als ob ihr jemand den Brustkorb in Eisen legen würde; ihre Lippen zitterten, und Hysterie kroch in ihr hoch. Sie ging zum Fenster hinüber, öffnete es und sog die frische Luft ein. Als sie nach unten starrte, erblickte sie den Verkehr auf der Fifth Avenue. Links in der Straße südlich des Central Park standen die Pferdekutschen, eine hinter der anderen. Tränen stiegen ihr in die Augen, als sie sah, wie eine Familie von der Seventh Avenue Richtung Central Park einbog. Mutter und Vater gingen vorneweg. Ihre drei Kinder zuckelten hinterher. Erst die zwei Buben, die sich gegenseitig schubsten, und ihnen dicht auf den Fersen das kleine Mädchen.

Weihnachten. Sie und Jamie hatten hier zusammensein

wollen; es hätte ein besonderer Tag für sie werden sollen. Plötzlich schoß ihr ein völlig abwegiger Gedanke durch den Kopf: Wenn Jamie überhaupt nicht mit den Frauen mitgegangen war ... wenn sie allein unterwegs war?

Der Polizist, dessen Aufmerksamkeit stark durch das Fernsehprogramm in Anspruch genommen war, notierte sich die Plätze, die sie ihm nannte. »Ich sage dem Leutnant Bescheid«, versprach er. »Wir kämmen die Fifth Avenue nach ihr ab.«

Susan griff ihren Mantel. »Und ich tue das gleiche.«

Jamies Beine waren so müde. Sie war weit, sehr weit gelaufen. Am Anfang hatte sie die Blocks gezählt, doch dann war ihr aufgefallen, daß auf den Straßenschildern die Blocknummern standen. Dreiundvierzig, vierundvierzig.

Es gefiel ihr nicht, in dieser Gegend herumzulaufen. Es gab keine schönen Schaufenster, und die Frauen, die an die Häuser gelehnt oder in den Hauseingängen standen, sahen so aus wie Tina.

Sie achtete genau darauf, daß sie immer neben Müttern oder Vätern oder anderen Kindern herlief. Mami hatte ihr das beigebracht. »Wenn du jemals verloren gehst, wende dich an jemand mit Kindern.« Aber sie wollte mit keinem dieser Leute reden. Sie wollte das So-tun-als-ob-Spiel spielen.

Sie wußte genau, wann die 58. Straße kommen mußte. Sie konnte sie an den Geschäften wiedererkennen. Da holten sie immer die Pizza, und dort kaufte Papa immer die Zeitungen. Die Wohnung war in diesem Block.

Ein Mann kam auf sie zu und nahm sie bei der Hand. Sie versuchte, sich loszumachen, aber es ging nicht. »Du bist allein, Kleines, nicht wahr?« flüsterte er.

Er wollte ihre Hand nicht loslassen. Er lächelte, aber irgendwie sah er unheimlich aus. Man konnte kaum etwas von seinen Augen sehen, so schmal waren sie. Er hatte eine schmutzige Jacke an, und die Hose schlotterte ihm um die Beine. Auf keinen Fall durfte sie ihm sagen, daß sie allein war, das wußte Jamie.

»Nein«, sagte sie schnell, »Mami und ich sind hungrig.«
Sie deutete in Richtung Pizzastand, und eine Frau, die gerade eine Pizza kaufte, sah nach draußen und schien zu lächeln.

Der Mann ließ sofort ihre Hand los. »Ich dachte, du brauchst Hilfe?« Jamie wartete, bis er auf die andere Straßenseite gegangen war, und rannte schnell den Häuserblock entlang. Als sie noch drei Häuser von zu Hause weg war, sah sie, wie ein Streifenwagen dort vorfuhr. Für einen Moment lang war sie erschrocken und fürchtete, jetzt würde die Polizei auch sie mitnehmen. Aber dann stieg eine Frau aus und rannte ins Haus und der Wagen fuhr wieder weg. Sie rieb sich mit dem Handrücken über die Augen. Weinen war so kindisch.

Als sie vor dem Haus war, senkte sie den Kopf. Sie wollte nicht, daß sie irgend jemand erkannte und vielleicht festhielt und auch ins Gefängnis brachte. Aber die Schachtel mit ihren neuen Sachen war so schwer. Als sie am Haus vorbei war, blieb sie einen Moment lang stehen und versteckte die Schachtel hinter einem steinernen Blumenkasten. Vielleicht konnte sie sie eine Zeitlang dort lassen. Und selbst wenn jemand sie mitnehmen würde, wär's egal. Sie konnte sowieso keine Badeanzüge oder Shorts mehr gebrauchen. Sie fuhr ja nicht auf die Ba-ha-mas.

Es war viel einfacher, ohne die Schachtel weiterzulaufen. An der Ecke drehte sie sich um und schaute zurück. Der Mann mit der schmutzigen Jacke folgte ihr. Das jagte ihr ein bißchen Angst ein. Sie war froh, daß ein paar Leute an ihr vorbeigegangen waren, eine Mutter und ein Vater mit zwei Jungen. Sie beeilte sich, um dicht bei ihnen zu bleiben. Als sie an die nächste Ecke kamen, bogen sie rechts ab. Sie wußte, das war genau der Weg, den sie gehen mußte. Der Central Park war gegenüber. Sie beobachtete, wie ein paar Leute aus einer Pferdekutsche ausstiegen. Das war der richtige Augenblick, um mit ihrem So-tun-als-ob-Spiel anzufangen.

Susan eilte die Straße am Central Park entlang und sprach mit den Fahrern in ihren hübschen Kutschen. In die Mähnen der Pferde waren bunte Bänder und Glöckchen eingeflochten. Die Kutschen waren geschmückt mit roten und grünen Lämpchen.

Die Fahrer boten ihre Hilfe an. Sie sahen sich alle genau das Foto von Jamie in der Zeitschrift an. »Ein goldiges kleines Mädchen ... sieht aus wie ein Engel.« Alle versprachen, nach ihr Ausschau zu halten. Im Plaza redete sie mit dem Portier, mit den Empfangsdamen und der Bedienung im Palm Court. Die Weihnachtsdekoration erleuchtete die Lobby. Das Palm Court Restaurant in der Mitte der Lobby war besetzt mit gutgekleideten Leuten, die an ihren Cocktails nippten, mit Leuten, die spät und erschöpft vom Einkaufen gekommen waren und sich jetzt auf eine schöne Tasse Tee und ein schmackhaftes Sandwich freuten.

Susan hatte in der Zeitschrift die Seite mit Jamies Foto aufgeschlagen. Immer wieder fragte sie: »Haben Sie sie gesehen?«

Zufällig warf sie einen Blick in den Spiegel neben dem Aufzug. Durch die Feuchtigkeit begann sich ihr Haar um ihr Gesicht und auf der Schulter zu locken. Ihr Gesicht war sehr bleich, aber es war das Gesicht, das Jamie haben würde, wenn sie erwachsen war. Falls sie erwachsen werden würde.

Niemand im Plaza erinnerte sich an ein Kind, das allein gewesen war. F A O Schwarz war ihre nächste Station. Das Spielzeuggeschäft war bevölkert mit Leuten, die noch schnell auf den letzten Drücker Teddybären und Spiele und Puppen kauften. Niemand erinnerte sich an ein Kind ohne Begleitung. Sie ging in den zweiten Stock. Die Verkäuferin studierte nachdenklich das Foto. »Ich bin mir nicht ganz sicher, ich hatte sehr viel zu tun, aber da war ein kleines Mädchen, das nach einer Minnie-Mouse-Stoffpuppe fragte. Ihr Vater wollte sie ihr kaufen, aber sie sagte ›nein‹. Das fand ich ungewöhnlich. Ja, natürlich, das Kind hat eine frappierende Ähnlichkeit mit dem auf dem Foto.«

»Aber ihr Vater war dabei«, murmelte Susan und fügte hinzu, »vielen Dank«, und drehte sich so schnell um, daß sie nicht mehr hörte, wie die Verkäuferin sagte, sie *dachte*, es wäre der Vater gewesen.

Die Verkäuferin starrte Susan hinterher, als diese in den Aufzug einstieg. Wenn sie jetzt so drüber nachdachte: Welches Kind sagte schon nein, wenn ihr der Vater eine Stoffpuppe kaufen wollte? Und irgendwie war der Typ auch unheimlich gewesen. Einen hartnäckigen Kunden nicht weiter beachtend, rannte die Verkäuferin hinter dem Ladentisch hervor, um Susan einzuholen. Zu spät – Susan war schon verschwunden.

Als Jamie die Minnie-Mouse-Puppe sah, hätte sie nur noch heulen mögen. Aber sie konnte nicht zulassen, daß der Mann ihr ein Geschenk kaufte, das wußte sie. Sie hatte Angst, daß er ihr immer noch folgte.

Draußen waren nicht mehr so viele Menschen auf der Straße. Sie vermutete, daß jetzt alle heimgingen. An einer der Straßenecken sangen Leute Weihnachtschoräle. Sie blieb stehen und hörte ihnen zu. Sie wußte, daß der Mann, der ihr gefolgt war, auch stehengeblieben war. Die Frauen, die da sangen, hatten Häubchen statt Hüte auf. Eine von ihnen lächelte ihr zu, als das Lied zu Ende war. Jamie lächelte zurück, und die Frau sagte: »Du bist doch nicht allein unterwegs, Kleines?« Es war ja nicht wirklich geschwindelt, denn sie tat ja so, als wär sie mit Mami unterwegs, also sagte Jamie: »Nein. Mami ist da drüben.« Sie deutete auf eine Menschenmenge, die in ein Schaufenster starrte, und rannte auf sie zu.

In der Sankt Patricks Kathedrale blieb sie stehen und sah sich suchend um. Endlich fand sie die Krippe. Es standen viele Leute drum herum, aber das Jesuskind war nicht in der Krippe. Ein Mann steckte frische Kerzen in die Ständer, und Jamie hörte eine Frau fragen, wo denn die Statue des kleinen Heilands wäre. »Sie wird während der Mitternachtsmesse in die Krippe gelegt«, sagte er ihr.

Jamie gelang es, einen Platz direkt an der Krippe zu ergattern. Sie flüsterte das Gebet, das sie schon dauernd vor sich hingesagt hatte: »Wenn du heute abend kommst, bring bitte auch Mami mit.«

Es kamen sehr viele Leute in die Kirche. Die Orgel fing an

zu spielen. Sie liebte den Klang der Orgel. Es war angenehm, hier ein bißchen zu sitzen und sich auszuruhen, wo es nett und warm war. Als sie gerade der Frau gesagt hatte, Mami wäre bei ihr, schien es plötzlich wahr zu sein. Jetzt würde sie zum Baum gehen und dann zu Lord and Taylor. Und wenn ihr der Mann dann immer noch folgte, würde sie ihn vielleicht fragen, was sie denn tun soll. Vielleicht mochte er sie, weil er ihr schon so lange nachlief, und vielleicht wollte er wirklich auf sie aufpassen.

Susan musterte die Gesichter der Kinder, die vorbeikamen. Ein kleines Mädchen ließ ihren Atem stocken – blondes Haar, eine rote Jacke. Aber es war nicht Jamie. Alle paar Blöcke standen Freiwillige, als Weihnachtsmänner verkleidet, und sammelten für die Wohlfahrt. Jedem einzelnen zeigte sie Jamies Foto. Ein Chor der Heilsarmee sang an der Ecke 53. Straße. Ein Mitglied des Chors hatte ein kleines Mädchen gesehen, das wie Jamie ausgesehen hatte. Aber das Kind hatte gesagt, seine Mutter wäre dabei.

Leutnant Garrigan holte sie ein, als sie gerade in die Kathedrale gehen wollte. Er saß in einem Streifenwagen. Susan bemerkte Mitgefühl in seinen Augen, als er sah, wie sie das Foto hochhielt.

»Ich fürchte, sie verschwenden ihre Zeit, Susan«, sagte er. »Ein Busfahrer hat zwei Frauen und ein kleines Mädchen gesehen, als sie in seine Linie 410 beim Hafenamt eingestiegen sind. Das stimmt zeitlich mit der Aussage des Wachbeamten überein, der sie weggehen sah.«

Susans Lippen fühlten sich an wie Sandpapier. »Wo sind sie hingefahren?«

»Er hat sie an der Pascack Road, Stadt Washington, New Jersey rausgelassen. Die Polizei dort arbeitet mit uns zusammen. Ich hoffe immer noch, daß sich die beiden Frauen melden ... wenn sie sie wirklich mitgenommen haben. CBS ist damit einverstanden, daß Sie kurz vor den Sieben-Uhr-Nachrichten Ihre Suchmeldung verlesen. Aber wir müssen uns beeilen.«

»Können wir die Fifth Avenue runterfahren an Lord and

Taylor vorbei?« fragte Susan. »Ich weiß nicht – ich habe so eine Ahnung ...«

Auf ihr Drängen hin fuhr der Streifenwagen langsam. Susan blickte von einer Straßenseite zur anderen und konzentrierte sich, damit ihr kein Fußgänger entging. Tonlos erzählte Susan, daß eine Verkäuferin ein Kind, das Jamie ähnlich sah, gesehen hätte, aber zusammen mit seinem Vater, und daß eine Frau aus einem Chor der Heilsarmee ein Kind, das Jamie ähnelte, gesehen hatte, doch da wäre die Mutter dabeigewesen.

Sie bestand darauf, daß sie vor Lord and Taylor anhielten. Die Leute standen geduldig in einer Reihe an, um die Märchenausstellung zu sehen. »Ich hab nur daran gedacht: wenn Jamie in New York ist und sich daran erinnert ...« Sie biß sich auf die Lippen. Leutnant Garrigan dachte jetzt bestimmt, sie wäre albern.

Das kleine Mädchen in dem blau-grünen Anorak war ungefähr so groß wie Jamie. Nein. Das Kind dort halb verdeckt hinter dem stämmigen Mann. Sie musterte es genauestens, dann schüttelte sie den Kopf.

Leutnant Garrigan zog sie am Ärmel. »Ehrlich, ich denke, es ist das Beste, was sie tun können, Jamie über das Fernsehen suchen zu lassen.«

Widerwillig gab Susan nach.

Jamie sah den Schlittschuhläufern zu. Sie sausten über die Eisbahn vor dem Weihnachtsbaum, wie lebendig gewordene Puppen. Bevor Papa sie mitgenommen hatte, waren Mami und sie auf einem Weiher in der Nähe ihres Hauses Schlittschuh gelaufen ... Mami hatte ihr Anfänger-Schlittschuhe gegeben.

Der Baum war so hoch, daß sie sich fragte, wie sie die Lichter da dran gekriegt hatten. Letztes Jahr hatte Mami auf der Leiter gestanden, um den Christbaum zu schmücken, und sie hatte ihr die Verzierungen hinaufgereicht.

Jamie legte ihr Kinn auf die Hände. Sie konnte gerade über das Geländer auf den Eisplatz schauen. Sie fing an, im

Geist mit Mami zu sprechen. »Gehen wir nächstes Jahr zum Schlittschuhlaufen hierher? Ob dann meine Schuhe noch passen? Oder vielleicht krieg ich größere?« Sie konnte genau sehen, wie Mami lächelte und sagte: »Natürlich, Liebling.« Oder vielleicht würde sie auch einen Spaß machen und sagen: »Nein, ich glaub, wir schneiden die Füße ab, dann passen deine alten noch.«

Jamie drehte sich von dem Baum ab. Sie hatte nur noch eine Station vor sich, die Märchenfenster von Lord and Taylor. Der Mann und die Frau neben ihr standen Hand in Hand da. Sie zog der Frau am Ärmel. »Meine Mami hat gesagt, ich soll Sie fragen, wie weit es zu Lord and Taylor ist?«

Zwölf Blocks weiter. Das war eine Menge. Aber sie mußte das So-tun-als-ob-Spiel zu Ende spielen. Es fing an, stärker zu schneien. Sie versteckte ihre Hände in den Ärmeln und senkte den Kopf, daß ihr der Schnee nicht in die Augen kam. Sie blickte sich nicht um, ob der Mann ihr immer noch folgte – sie wußte, daß er es tat. Aber solange sie neben anderen Leuten herlief, kam er nicht näher.

Der Streifenwagen fuhr bei den CBS Studios in der 57. Straße nahe der Eleventh Avenue vor. Leutnant Garrigan ging mit ihr hinein. Sie wurden die Treppe hinaufgeschickt, und ein Produktionsassistent sprach mit Susan. »Wir werden diese Suchmeldung ›Der verlorene Engel‹ nennen. Wir senden eine Großaufnahme von Jamie, und dann können Sie Ihre Suchmeldung verlesen.«

Susan wartete in der Ecke des Fernsehstudios. Irgend etwas in ihrem Innersten drohte herauszubrechen. Es war, als hörte sie Jamies Stimme, die nach ihr rief. Leutnant Garrigan wartete mit ihr. Sie packte ihn am Arm. »Sagen Sie ihnen, sie sollen das Foto senden, und jemand anders soll die Suchmeldung verlesen. Ich muß zurück.«

Ein scharfes ›Schsch‹ brachte ihr zu Bewußtsein, daß sie die Stimme erhoben hatte und offensichtlich bis zu einem Mikrofon vorgedrungen war. Sie zog den Leutnant am Arm. »Bitte, ich muß zurück!«

Jamie wartete in der Schlange vor den Märchenfenstern von Lord and Taylor. Sie waren genauso schön, wie Mami es versprochen hatte, wie die Bilder in ihren Märchenbüchern, aber hier bewegten sich die Figuren und verbeugten sich und winkten. Sie merkte, daß sie zurückwinkte. Sie waren wie richtige Menschen. Und es sah fast so aus, als würden sie ihr So-tun-als-ob-Spiel verstehen. »Nächstes Jahr«, flüsterte Jamie, »kommen Mami und ich wieder zusammen her.« Sie wäre gern davor stehengeblieben und hätte den wunderschönen Figuren noch länger zugesehen, wie sie sich verbeugten und drehten und lächelten, aber irgend jemand sagte dauernd: »Bitte weitergehen, danke.«

Leider war das So-tun-als-ob-Spiel hier zu Ende. Sie war überall dort gewesen, wo sie und Mami hatten hingehen wollen. Jetzt wußte sie nicht mehr, was sie tun sollte. Ihre Stirn war ganz naß vom Schnee und sie strich ihr Haar zurück. Sie fühlte die kalte nasse Luft auf ihrem Kopf.

Sie wollte nicht aufhören, sich die Schaufenster anzusehen. Sie drückte sich an die Schnur, damit die Leute an ihr vorbeikamen. »Du bist verlorengegangen, nicht wahr, Liebes?« Sie sah auf. Es war der Mann, der ihr gefolgt war. Er redete so leise, daß sie ihn kaum verstand. »Wenn du weißt, wo du wohnst, bring ich dich nach Hause«, flüsterte er.

Ein kleiner Hoffnungsschimmer regte sich bei Jamie. »Würden Sie bitte meine Mutter anrufen«, sagte sie. »Ich weiß die Telefonnummer.«

»Natürlich. Gehen wir.« Er griff nach ihrer Hand. »Komm«, flüsterte er, »wir müssen gehen.«

Irgend etwas tat Jamie weh – nicht weil sie müde war, fror und Hunger hatte. Sie hatte Angst. Sie preßte sich an die Ecke der Fenster, starrte auf die Puppenfiguren und flüsterte ihr Jesuskindgebet. »Bitte, bitte, laß Mami kommen.«

Der Streifenwagen fuhr vor. »Ich weiß, Sie denken, ich bin übergeschnappt«, sagte Susan. Ihre Stimme verstummte, als sie die immer noch dichte Menschenmenge musterte. Es hatte stark zu schneien begonnen, und die Leute schlugen ihre Mantelkrägen und Kapuzen hoch und banden ihre Schals fester. Es standen auch einige Kinder in der Schlange, aber es war unmöglich, ihre Gesichter zu sehen, weil sie in die Fenster sahen. Sie öffnete gerade die Wagentür, als sie hörte, wie Leutnant Garrigan zum Fahrer sagte: »Sieh mal, wen wir da haben, drüben in der Schlange! Das ist doch dieser ekelhafte Sittenstrolch, dieses Schwein, das nicht zu seinem Prozeß aufgetaucht ist. Komm!«

Erschrocken sah Susan, wie sie über den Bürgersteig hechteten, sich durch die Menge drückten, den dünnen Mann mit der schmutzigen Jacke an den Armen packten und zum Streifenwagen zerrten.

Und dann sah sie sie. Die kleine Gestalt, die sich nicht mit den anderen erstaunten Passanten herumgedreht hatte, die kleine Gestalt mit den ungewöhnlich weißblonden Haaren, die sich um das vertraute Gesicht bis auf die Schulter lockten.

Völlig benommen ging Susan auf Jamie zu. Endlich konnte sie sie wieder in die Arme schließen. Sie beugte sich zu Jamie hinunter und hörte, wie Jamie immer wieder flehte: »Bitte, bitte, laß Mami kommen.«

Susan sank auf die Knie. »Jamie«, flüsterte sie. Jamie dachte, sie würde immer noch das So-tun-als-ob-Spiel spielen.

»Jamie.«

Aber es war kein Spiel. Jamie drehte sich um und fühlte, daß sie jemand umarmte. Mami. Es war Mami. Sie warf Mami die Arme um den Hals. Sie vergrub den Kopf in Mamis Schulter. Mami drückte sie ganz fest. Mami wiegte sie hin und her. Mami sagte ihren Namen, immer wieder.

»Jamie. Jamie.« Mami weinte. Die Menschen um sie herum lächelten und klatschten und gratulierten. Und in den Märchenfenstern verbeugten sich die wunderschönen Puppen und winkten.

Jamie streichelte Mamis Backe. »Ich wußte, daß du kommst«, flüsterte sie.

Berties Weihnachtsabend

Es war Weihnachtsabend, und die Familie des Luke Steffink, Esq., strahlte vor Liebenswürdigkeit und ungetrübtem Frohsinn, wie die Gelegenheit es erforderte. Ein lang dauerndes und üppiges Abendessen war beendet, Musikanten waren aufgetreten und hatten Weihnachtslieder gesungen, die Teilnehmer an der Hausgesellschaft hatten sich daran ergötzt, weitere Weihnachtslieder aus eigenem Antrieb zu singen, und es herrschte eine Ausgelassenheit, die man selbst von der Kanzel aus nicht als Radau bezeichnen konnte. Inmitten dieser allgemeinen Fröhlichkeit befand sich jedoch ein trüber und unauflöslicher Bodensatz.

Bertie Steffink, Neffe des bereits erwähnten Luke, hatte schon sehr frühzeitig in seinem Leben den Beruf des Taugenichts erwählt; sein Vater war vor dieser Zeit ebenfalls etwas Derartiges gewesen. Mit achtzehn Jahren hatte Bertie begonnen, unseren Kolonialbesitz reihum aufzusuchen: für einen Prinzen von Geblüt eine geziemende und wünschenswerte Beschäftigung, bei einem jungen Mann aus dem Mittelstand dagegen ein Hinweis auf Unaufrichtigkeit. In Ceylon hatte er Tee, in Britisch-Kolumbien Obst angepflanzt, und in Australien war er bei der Aufzucht von Wollschafen behilflich gewesen. Mit zwanzig Jahren war er gerade von einem ähnlichen Auftrag in Kanada zurückgekehrt, so daß man annehmen kann, daß die den verschiedenen Tätigkeiten gewidmete Probezeit alles in allem wenig Beifall gefunden hatte. Luke Steffink, der die schwierige Rolle eines Vormunds und Vizevaters übernommen hatte, bedauerte die ständige Verwirklichung des Stalldrangs von seiten seines Neffen, und sein zu einem früheren Zeitpunkt dieses Tages ausgesprochener Dank für den Segen, die ganze Familie um sich scharen zu können, bezog sich nicht auf Berties Heimkehr.

Unverzüglich war alles eingeleitet worden, um den jun-

gen Mann in einen entlegenen Winkel Rhodesiens zu ver-
schicken, von dem aus die Rückkehr eine schwierige Angelegenheit sein würde; die Reise nach diesem ungastlichen Bestimmungsort stand kurz bevor, und ein sorgfältigerer und
bereitwilligerer Reisender hätte bestimmt begonnen, an das
Packen seiner Sachen zu denken. Demzufolge verlangte es
Bertie kaum danach, sich an dem festlichen Geist zu beteiligen, der sich in seiner Umgebung ausbreitete, und angesichts der eifrigen und selbstvergessenen Unterhaltung über
die gesellschaftlichen Pläne der kommenden Monate, die er
von allen Seiten hörte, schwelte der Groll in ihm. Abgesehen
davon, daß er seinem Onkel und dem ganzen Familienkreis
ganz allgemein mit dem Vortrag des Liedes »Sag Au Revoir
und nicht Good-bye« vorübergehend die Stimmung verdor-
ben hatte, nahm er an der abendlichen Fröhlichkeit nicht teil.

Elf Uhr hatte es vor ungefähr einer halben Stunde geschlagen, und die älteren Steffinks begannen, durch Andeutungen auf jenen Vorgang hinzuweisen, der nach ihren Worten
darin bestand, sich für die Nacht zurückzuziehen.

»Komm, Teddie, du weißt, daß du eigentlich schon lange
in deinem Bettchen liegen solltest«, sagte Luke Steffink zu
seinem dreizehnjährigen Sohn.

»Eigentlich sollten wir das alle«, sagte Mrs. Steffink.

»So viel Platz haben wir gar nicht«, sagte Bertie.

Diese Bemerkung wurde als nahezu skandalös betrachtet;
jeder aß Rosinen und Mandeln mit der nervösen Geschäftigkeit von Schafen, die bei bedrohlichem Wetter gefüttert werden.

»In Rußland«, sagte Horace Bordenby, der als Gast während der Weihnachtstage im Hause wohnte, »habe ich gelesen, daß die Bauern glauben, man könne die Tiere sprechen
hören, wenn man am Weihnachtsabend um Mitternacht in
den Stall ginge. In diesem einen Augenblick des Jahres sollen sie, wie man glaubt, die Gabe des Sprechens besitzen.«

»Oh, wollen wir dann nicht alle in den Kuhstall gehen
und hören, was sie zu sagen haben?« rief Beryl, für die alles
aufregend und amüsant war, was man gemeinsam tat.

Mrs. Steffink protestierte lachend, gab jedoch im Grunde

ihre Erlaubnis, indem sie sagte: »Dann müssen wir uns alle aber warm anziehen.« Die Idee kam ihr zwar leichtsinnig und fast heidnisch vor, bot aber eine Gelegenheit, ›die jungen Leute zusammenzubringen‹, und deshalb war sie mehr als einverstanden. Mr. Horace Bordenby war ein junger Mann mit soliden Aussichten, und auf einem Wohltätigkeitsball des Ortes hatte er mit Beryl hinreichend häufig getanzt, um bei den Nachbarn die gerechtfertigte Frage aufkommen zu lassen, ob ›an der Geschichte etwas dran wäre‹. Obgleich Mrs. Steffink es niemals in so vielen Wörtern ausgedrückt hätte, teilte sie doch die Vorstellung der russischen Bauern, daß Tiere in dieser Nacht sprechen könnten.

Der Kuhstall bildete die Verbindung zwischen dem Garten und einer kleinen Koppel; in der vorstädtischen Umgebung war er ein allein verbliebener Rest dessen, was einmal ein kleiner Bauernhof gewesen war. Luke Steffink blickte in selbstgefälligem Stolz auf seinen Kuhstall und die beiden Kühe; er spürte, daß sie ihm den Stempel der Solidität aufprägten, den auch noch so viele Wyandottes und Orpingtons nicht wettmachen konnten. Auf irgendeine inkonsequente Weise schienen sie sogar das Bindeglied zwischen ihm und jenen Patriarchen zu bilden, die ihre Bedeutung von der Größe ihrer Herden an Schafen, Ziegen und Eseln ableiteten. Es war ein sorgenschwerer und bedeutsamer Augenblick gewesen, als er endgültig entscheiden mußte, ob seine Villa den Namen ›The Byre‹ oder ›The Ranch‹ erhalten sollte. Und die mitternächtliche Stunde einer Dezembernacht war, wenn es nach ihm gegangen wäre, kaum der richtige Zeitpunkt, seinen Gästen das bäuerliche Bauwerk zu zeigen. Da es jedoch eine schöne Nacht war und die jungen Leute so sehr nach einem Anlaß für einen kleinen Scherz suchten, erklärte Luke sich bereit, die Expedition zu begleiten. Das Personal lag schon lange in den Betten, so daß das Haus in Berties Obhut verblieb, der sich zornerfüllt weigerte, seinen Platz zu verlassen, um rindviehlichem Geplauder zu lauschen.

»Wir müssen ganz still sein«, sagte Luke, als er den Zug kichernder junger Leute anführte, den die in Schals gehüllte und vermummte Gestalt von Mrs. Steffink beschloß. »Ich habe immer darauf gehalten, als ruhiger und ordentlicher Nachbar zu gelten.«

Wenige Minuten vor Mitternacht war es, als die Gruppe den Kuhstall erreicht hatte und ihn im Schein von Lukes Stallaterne betrat. Alle blieben einen Augenblick schweigend stehen, und jeder hatte beinahe das Gefühl, in einer Kirche zu sein.

»Daisy – das ist die, die gerade liegt – ist von einem Shorthornbullen aus einer Guernsey-Kuh«, verkündete Luke mit geheimnisvoller Stimme, die dem vorhergegangenen Eindruck entsprach.

»Wirklich?« sagte Bordenby, als hätte er gedacht, sie wäre von Rembrandt.

»Myrtle ist ...«

Myrtles Familiengeschichte wurde von einem leisen Aufschrei unterbrochen, den die anwesenden Frauen ausstießen.

Geräuschlos hatte sich die Stalltür hinter ihnen geschlossen, und quietschend hatte sich der Schlüssel im Schloß gedreht; dann hörten sie Berties Stimme, die ihnen fröhlich eine gute Nacht wünschte, und seinen Schritt, der sich auf dem Gartenweg entfernte.

Luke Steffink trat an das Fenster; es war eine kleine viereckige Öffnung von jener altmodischen Art, bei der Eisenstangen in das Mauerwerk eingelassen sind.

»Sperr sofort die Tür wieder auf!« brüllte er mit ungefähr genausoviel drohender Autorität, wie sie etwa eine Glucke besitzt, die durch das Gitter ihres Geheges einen marodierenden Habicht anzetert. Als Antwort auf sein Verlangen schloß sich die Haustür mit einem anschließenden Knall.

Eine benachbarte Uhr schlug die Mitternachtsstunde. Wenn die Kühe in diesem Augenblick die Gabe menschlicher Sprache erhalten hätten, wären sie kaum in der Lage gewesen, sich verständlich zu machen: Sieben oder acht Stimmen waren damit beschäftigt, Berties gegenwärtiges Verhalten sowie seinen Charakter im allgemeinen in Tönen höchster Aufregung und Entrüstung zu schildern.

Im Verlauf von etwa einer halben Stunde war alles, was sich erlaubtermaßen über Bertie sagen ließ, einige Dutzend

Male ausgesprochen, und andere Themen schoben sich in den Vordergrund: die dunstige Luft im Kuhstall, die Möglichkeit, daß er Feuer fangen könnte, und die Wahrscheinlichkeit, daß er ein Asyl für die Wanderratten der ganzen Nachbarschaft bildete. Und immer noch erblickten die unfreiwilligen Nachtwächter nichts, was auf ihre baldige Befreiung hindeutete.

Gegen ein Uhr näherte sich überraschend schnell das Geräusch von Stimmen, die ziemlich lärmend und undiszipliniert Weihnachtslieder sangen; unerwartet verhielten sie dann, und zwar allem Anschein nach unmittelbar vor dem Gartentor. Ein Kraftwagen voller jugendlicher Hitzköpfe, die sich in einem hochgemuten Zustand der Fröhlichkeit befanden, hatte wegen eines Schadens vorübergehend anhalten müssen; die Unterbrechung bezog sich allerdings nicht auf ihre stimmlichen Anstrengungen, und die Beobachter im Kuhstall kamen somit in den Genuß eines höchst befremdlichen Liedervortrages, bei dem das Adjektiv ›gut‹ sehr sorglos verwendet wurde.

Der Lärm hatte den Erfolg, daß Bertie plötzlich im Garten erschien; allerdings schenkte er den blassen und ärgerlichen Gesichtern, die durch das Stallfenster lugten, nicht die geringste Aufmerksamkeit, sondern konzentrierte diese völlig auf die Nachtschwärmer, die sich vor dem Gartentor aufhielten.

»Prost, Leute!« brüllte er.

»Prost – Prost!« brüllten sie zurück. »Verdammt gern würden wir auch auf dein Wohl trinken, aber leider haben wir nichts dabei!«

»Dann kommt doch rein«, sagte Bertie gastfreundlich. »Ich bin ganz allein, und Flüssigkeiten gibt's hier genug.«

Es waren völlig Fremde, aber seine freundschaftliche Aufforderung ließ sie im gleichen Augenblick zu guten Bekannten werden. Bereits in der nächsten Sekunde erschallte das befremdliche Lied, das – wie fast jedes Ärgernis – mit jeder Wiederholung schlimmer wurde, auf dem Gartenweg und bewegte sich auf das Haus zu; zwei der Nachtschwärmer gaben dabei eine improvisierte Vorstellung, indem sie auf jenen Terrassen, die Luke Steffink bisher mit einiger Berechtigung als Steingarten bezeichnet hatte, den Treppenwalzer vorführten. Als der Walzer zum drittenmal wiederholt worden war, befand sich der steinerne Teil dieses Gartens nach wie vor an alter Stelle. Luke, der hinter den Gitterstäben des Stallfensters einer eingesperrten Glucke ähnlicher war als je zuvor, sah sich in einer Lage, in der er sich die Gefühle jener Konzertbesucher genau vorstellen konnte, die den Ruf nach einer sowohl unerwünschten als auch unverdienten Zugabe nicht verhindern können.

Mit lautem Knall schloß sich die Haustür hinter Berties Gästen, und die Geräusche der Lustigkeit drangen nur noch schwach und gedämpft zu den müden Beobachtern am anderen Ende des Gartens. Wenig später ertönten in schneller Folge zwei geheimnisvolle, Schüssen ähnelnde Geräusche.

»Sie machen sich über den Champagner her!« rief Mrs. Steffink.

»Vielleicht ist es auch nur der Schaumwein«, sagte Luke hoffnungsvoll.

Dasselbe Geräusch wiederholte sich drei- oder viermal.

»Also nicht nur der Champagner, sondern auch noch der Schaumwein«, sagte Mrs. Steffink.

Luke gab eine Verwünschung von sich, die – ähnlich dem Kognak in einem alkoholfreien Haushalt – nur in seltenen Notfällen verwendet wurde. Mr. Horace Bordenby hatte ähnliche Ausdrücke schon seit geraumer Zeit, wenn auch nicht vernehmlich, gebraucht. Der Versuch, ›die jungen Leute zusammenzubringen‹, hatte bereits seit längerem jenen Zeitpunkt überschritten, an dem noch romantische Ergebnisse zu erwarten sind.

Etwa vierzig Minuten später öffnete sich die Haustür und spie eine Gruppe von Menschen aus, die jegliche Hemmungen, durch die ihr bisheriges Handeln möglicherweise beeinflußt worden war, mittlerweile abgelegt hatten. Die stimmlichen Bemühungen auf dem Gebiet des Weihnachtsliedes wurden durch instrumentale Begleitung ergänzt: Ein Weihnachtsbaum, der für die Kinder des Gärtners und anderer Haushaltsmitglieder vorbereitet worden war, hatte einen ausreichenden Vorrat an Spielzeugtrompeten, Rasseln und

Trommeln enthalten. Das Ankunftslied war fallengelassen worden, wie Luke dankbar feststellte; äußerst irritierend für die durchkälteten Gefangenen des Kuhstalls war dagegen die Mitteilung, daß es in der Stadt heiß herginge, verbunden mit der zwar ziemlich genauen, wenn auch völlig überflüssigen Information, daß der Weihnachtsmorgen nahe. Den Protesten nach zu urteilen, die in den oberen Fenstern der benachbarten Häuser laut zu werden begannen, wurden die Empfindungen, die im Kuhstall vorherrschten, auch in anderen Aufenthaltsräumen von ganzem Herzen geteilt.

Die Nachtschwärmer fanden nicht nur ihren Wagen wieder, sondern es gelang ihnen sogar – was noch bemerkenswerter war –, mit diesem Wagen davonzufahren, wobei sie zum Abschied auf Spielzeugtrompeten einen lauten Tusch ertönen ließen. Ein lebhaftes Trommeln verriet die Tatsache, daß der Veranstalter der Lustbarkeit auf dem Schauplatz zurückgeblieben war.

»Bertie!« ertönte ein ärgerlicher und flehentlicher Chor von Rufen und Schreien aus dem Stallfenster.

»Nanu!« sagte der Inhaber dieses Namens und lenkte seine unsicheren Schritte in die Richtung, aus der die Aufforderung ertönte. »Seid ihr denn immer noch hier? Dann habt ihr wohl auch alles gehört, was die Kühe sich erzählt haben. Wenn nicht, braucht ihr jetzt nicht mehr drauf zu warten. Schließlich ist es bloß eine russische Sage, und das russische Weihnachten ist sowieso erst in vierzehn Tagen. Kommt lieber raus.«

Nach einigen vergeblichen Versuchen gelang es ihm, den Schlüssel der Stalltür durch das Fenster zu werfen. Dann führte er die Befreiten – mit hellem Gesang verkündend: »Ich habe Angst, im Dunkeln nach Haus zu gehen« – zur Villa zurück und begleitete sich selbst mit lustigem Getrommel. Der eilige Zug der Befreiten, der seinen Schritten folgte, kam zum weitaus größten Teil zu dem genau entgegengesetzten Schluß, und das trotz seiner überschwenglichen Darbietung.

Es war der glücklichste Weihnachtsabend, den er jemals verbracht hatte. Um seine eigenen Worte zu zitieren: Es war ein lausiges Weihnachten.

ANDRÉ KAMINSKI

Der Weihnachtsmann

> Wer nicht an Wunder glaubt,
> ist kein Realist.
> Mein Onkel Jimmy Goldbloom

Die einen können es. Die anderen nicht. Wer es kann, ist ein Weihnachtsmann. Wer es nicht kann, ein Sauertopf. Ich zähle mich zu den Weihnachtsmännern und bin ein hoffnungsloser Minderheitler. Wo ich hinkomme, belächelt man mich, weil ich standhaft behaupte: »Die Geschichte wird gut ausgehen.«

»Welche Geschichte?« höhnen die Leute.

»Jede Geschichte«, antworte ich. »Sogar die Weltgeschichte, sofern man will ... Aber man muß es halt wollen und danach handeln. Man muß sich verhalten, als gebe es noch eine Chance, und nicht umfallen, wenn der erste Wind bläst.«

»Aha«, spotten die Nachbarn, »dann glauben Sie an den Weihnachtsmann?«

»Ich bin einer«, gebe ich zurück, »und glaube an das Unglaubliche.«

Ich bin zum Beispiel davon überzeugt, daß im Monat Dezember alles möglich ist. Zu anderen Jahreszeiten ebenfalls, aber zwischen Andreas und Silvester ganz besonders. Dann sind die Nächte am längsten, die Lichtbestrahlung in unseren Breitengraden ist am geringsten, und ein gewaltiger Strom von elektrisch geladenen Partikeln – Sie wissen, wovon ich spreche – durchquert unbehindert die Erdhülle. Milliarden und Abermilliarden von sogenannten Ionen machen die Luft zum Energieleiter, und zwischen den Menschen entsteht ein unsichtbares Band der Solidarität. Die Solidarität läßt sich quantifizieren wie jede andere Energie. In Mikrosol, Kilosol und Megasol. Im allgemeinen ist diese Energie lächerlich klein. Der Geigerzähler schlägt fast nicht aus, wenn man sie messen will, aber im Weihnachtsmonat wächst sie um das fast Hundertfache und schafft die Bedingungen für die Möglichwerdung des Unmöglichen. Bei den Christen spricht man dann von »Weihnachtsaura«, bei den Juden von »Chanukastimmung« und bei den Heiden von »Dezemberrummel«.

In so einer solidaritätsgeladenen Zeit – genau gesagt, am 24. Dezember 1965 – machte ich im polnischen Fernsehen eine Festtagssendung. Nun fragen Sie vielleicht: Was sucht ein anständiger Mensch beim Fernsehen? Oder in einer Spielhölle? Oder in einem Bordell? Die Frage ist gut, aber meine Antwort ist besser. Sie wissen doch, daß man die fähigsten Missionare zu den *Wilden* schickt. MacLellan opferte sein Leben bei den Menschenfressern. Monmoulin starb als Priester auf der Teufelsinsel. Johannsmann wurde, während er einen Lustmörder bekehrte, in die Gurgel gebissen und starb an einer Blutvergiftung. Ich jedenfalls arbeitete beim Fernsehen und träumte davon, diese frevelhafteste aller Institutionen mit Menschlichkeit zu erfüllen. Wie kam es, werden Sie möglicherweise fragen, daß man mich dort überhaupt eingestellt hat? Die sind doch nicht so blöd, einen Moralisten bei sich aufzunehmen! Auch diese Frage ist berechtigt, doch wahrscheinlich wissen Sie *nicht*, daß der Direktor schon über 70 Jahre alt war und hin und wieder an den Tod dachte. Er ahnte, daß er in nicht allzuferner Zukunft vor seinem Richter stehen und Rechenschaft ablege müßte über die Sünden seines Lebens. Dafür brauchte er einen Pluspunkt – und so gab er mir eine Chance. Er machte mich zum Showmaster, und ich wurde – wenn ich es in aller Bescheidenheit selber so sagen darf – zum Liebling der Nation. Wenn meine Sendungen über die Antenne gingen, waren die Straßen leergefegt. Das ist zwar ein wenig übertrieben, doch an dem genannten 24. Dezember schaute mir tatsächlich ganz Polen zu.

Ich hatte angekündigt, daß ich am Heiligen Abend ein Wunder vollbringen würde. Ich wollte zwischen 20 Uhr und Mitternacht in irgendeine Stadt der Welt telefonieren, in der es große polnische Kolonien gibt oder zumindest Leute polnischer Herkunft, mit denen ich Polnisch sprechen könnte.

Ich dachte zum Beispiel an Chicago, wo man sich ja wie in Warschau vorkommen soll. Wer dort nicht Polnisch redet, braucht – so erzählte es mir jemand – ein Wörterbuch, um sich zu verständigen. In Chicago wollte ich versuchen, einen Menschen ausfindig zu machen, der aus irgendeinem Grund jede Hoffnung aufgegeben und keine Lust mehr am Dasein hatte. Ich wollte auch versuchen, dem Verzweifelten im Laufe eines Abends – innerhalb von vier Stunden also – Lebensfreude zurückzugeben und ihn wieder glücklich zu machen. Wenn mir das bis Mitternacht gelingen würde, müßten sich alle Sauertöpfe Polens geschlagen geben. Sie müßten sich zum Optimismus bekehren und mir das durch ein verabredetes Lichtsignal zu verstehen geben. Wenn mir mein Plan aber nicht gelänge, würde ich den Rückzug antreten und nie wieder – ich setzte aufs Ganze – eine Fernsehsendung moderieren.

Ich höre, wie Sie sich ins Fäustchen lachen. Ein Heilsarmist. Ein Missionar, der die Zulukaffer auf den richtigen Weg führen will. Ein barmherziger Samariter, der ein schlechtes Gewissen hat und sich den Weg ins Himmelreich erheucheln möchte. Ja, so haben sicher auch damals viele Leute gedacht. Ich aber ließ mich nicht entmutigen ...

Ich erklärte also zunächst meinen Zuschauern, daß wir uns gegenseitig durch An- und Ausmachen unserer Lichter verständigen müßten. Wer der Meinung sei, man könne einem Hoffnungslosen innerhalb von vier Stunden Lebensmut einflößen, der möge seine Wohnung erhellen. Alle anderen sollten die Lichter löschen und eine Minute lang in völliger Dunkelheit verharren. Was Sie denken, traf wirklich ein. Warschau verfinsterte sich. Alle Lampen gingen aus. Nur ein paar Wirrköpfe glaubten an das Unglaubliche. Sie löschten ihre Lichter *nicht* und bewiesen mir, daß noch nicht alle Hoffnung verloren war.

Ich hatte fast die ganze Nation gegen mich. Die Aussicht, meine Wette zu gewinnen, war minimal, und ich begann meine Sendung mit weichen Knien. Vielleicht hatte ich das Maul zu voll genommen. Vor eingeschalteten Kameras und offenen Mikrophonen ließ ich mich nun mit Chicago verbinden. Es gab kein Kneifen mehr. »Bitte verbinden Sie mich mit der Auskunft. Jawohl. Mit der Telefonauskunft in Chicago. Was heißt, warum? Weil es so sein muß. Hier spricht das polnische Fernsehen in Warschau, und ich mache ein ungewöhnliches Experiment. Ohne Ihre Hilfe geht es *nicht*, Fräulein. Bitte schön! Ich kann warten.«

In Wirklichkeit platzte ich fast vor Spannung. Nicht nur ich. Drei Millionen Zuschauer platzten fast vor Spannung. Ich konnte nicht mogeln – denn alles geschah vor den Augen des Publikums. Live, wie man das heute nennt. Es durfte nicht schiefgehen – ich wäre erledigt gewesen. Das Fernsehen, wie Sie wissen, duldet keine Pausen. Schweigen bedeutet Langeweile, und wenn sich das Publikum langweilt, schaltet es aus.

Da meldete sich Chicago. Gott sei Dank. Ich stellte mich vor und erklärte meinen Plan. Das Fräulein vom Amt war in festlicher Laune, und ich wußte sofort, daß ich Glück hatte. »Ich bin ein Showmaster des polnischen Fernsehens«, sagte ich, »und möchte Sie bitten ...«

»Was sind Sie?«

»Ein Showmaster des polnischen Fernsehens.«

»Das ist ja fabelhaft«, säuselte die Unbekannte, »das wird mir niemand glauben, daß ich mit einem echten Filmstar gesprochen habe. Ich bin schon 22 Jahre alt, und bis heute habe ich noch nie so etwas erlebt. Ich bin ganz aufgeregt, Mister Kaminski ...«

»Sie haben mich falsch verstanden. Ich bin kein Filmstar, sondern ein Moderator. Ich moderiere jetzt eine Weihnachtssendung, und ganz Polen hört Ihre Stimme. Können Sie mir helfen?«

»Of course I can. Natürlich kann ich Ihnen helfen. Sie suchen einen Menschen, der alle Hoffnung verloren hat. Warten Sie mal! Da ist bestimmt einer, der heute arbeiten muß. Einer, der keine Familie hat. Auf den keiner wartet. Vielleicht ein Taxichauffeur. Das ist eine Idee, Mister Kaminski. Ich verbinde Sie weiter. Ich gebe Ihnen die Chicago Taxi Corporation. Okay?«

»Einverstanden, und frohe Weihnachten!«

»Good luck, Mister Kaminski!«

Ich wurde weiterverbunden: »Hallo, hier ist die CTC, was wünschen Sie?«

Ich erklärte zum dritten Mal, was ich auf dem Herzen hatte, und eine Männerstimme antwortete, als wären wir alte Kameraden: »Da sind Sie am richtigen Ort, Mister. Einen Kerl suchen Sie, der die Nase voll hat? Klar gibt es den. Wir haben Tonnen von solchen Kerlen. Bei uns haben alle die Nase voll. Da hab' ich zum Beispiel einen, der Gadomski heißt. Edek Gadomski, noch keine 50 Jahre alt. Gestern hat er versucht, sich in den Fluß zu stürzen, der Quatschkopf. Bei uns ist es aber nicht so leicht, sich in den Fluß zu stürzen. Wir haben die beste Wasserpolizei der Welt, und ein Cop hat ihn mit einem langen Haken aus dem Wasser gefischt. Und was meinen Sie, was *heute* passiert ist? Gadomski ist wieder zur Arbeit gekommen – als sei alles in bester Ordnung. Steht jetzt … Warten Sie mal! … Jetzt steht er hinterm Water Tower und bekommt kalte Füße, weil niemand Taxi fährt am Heiligen Abend.«

»Was ist er denn für ein Exemplar, dieser Gadomski?«

»Ach Gott. Ein Taxichauffeur wie alle anderen. Ein Höhlenbewohner, der noch keine 100 Wörter verloren hat, seit er bei uns ist. Ein verdammter Sauertopf.«

»Ein stiller Bürger, wollen Sie sagen? Schweigende Mehrheit?«

»Das kann man wohl sagen. Schweigend zum Aus-der-Haut-Fahren. Ein zugenähter Polacke. Sie wissen ja vielleicht, wie die sind.«

»Allerdings weiß ich das. Ich telefoniere aus Polen.«

»Oh, verzeihen Sie, Mister Kaminski. Ich wollte nur sagen, daß man es schwer hat, an dieses Volk heranzukommen. Sie sind fleißige Leute. Niemand kann sich beklagen, aber kein Hund weiß, was die denken. Saufen sich voll, kneifen die Kiefer zusammen und sind beleidigt.«

»Ich verstehe Sie ganz genau, lieber Freund. Aber würden Sie bitte so gut sein, mich mit ihm zu verbinden?«

»Mit wem? Mit dem Selbstmörder?«

»Mit Edek Gadomski, der sich gestern in den Fluß gestürzt hat. Ich möchte mit ihm reden.«

»Das möchte jeder, aber Sie werden nichts hören von ihm. Keinen Piep, Mister Kaminski. Wenn Sie von diesem Kerl was rauskriegen, freß' ich 'nen Besen. Gut, ich verbinde Sie weiter.«

Meine Wette konnte losgehen. Die Uhr des Schicksals begann zu ticken. Jetzt knackte es in der Leitung. Am anderen Ende der Welt würde mir gleich aus einem Taxi hinterm Water Tower in Chicago ein Mensch entgegenknurren, von dem ich nicht einmal wußte, wie er aussah. Ich war unheimlich neugierig. War er groß oder klein, dünn oder dick, gutmütig oder böse? Würde er überhaupt antworten auf meine Fragen? Mir war nur eines klar: daß meine Zukunft in seinen Händen lag. Von ihm hing es ab, ob das nun meine letzte Sendung war oder nicht.

»Hier Gadomski, Nummer 23. Was wollen Sie?«

»Hier Kaminski, Nummer 24. Ich spreche aus Warschau.«

»Bin ich nicht zuständig. Ich fahr' nicht weiter als Baltimore.«

»Das schadet gar nichts, Mister Gadomski. Ich rufe Sie in einer anderen Angelegenheit an.«

»Nur bis Baltimore, hab' ich gesagt. Bis nach Warschau ist meine Kiste kaputt.«

»Ich pfeife auf Ihre Kiste, Mister Gadomski. Ich will nur ein paar Fragen stellen. Sind Sie bereit, mir zu antworten?«

»Stell deine Fragen, Landsmann, und wir werden sehen!«

Das war nicht übel. Er hätte einhängen können, aber er tat es nicht. Der Mann in der Zentrale mußte jetzt schon einen Besen fressen, denn Gadomski hatte gesprochen. Und zwar mehr als einen Piep. Jetzt aber kam der entscheidende Moment. Die richtige Frage. Wenn ich Gadomski aus dem Busch klopfte, war ich gerettet. Wenn nicht … Ich entschied, darüber lieber nicht nachzudenken. »Sie sind gestern ins Wasser gesprungen, Herr Gadomski. Am River Shore Drive, soviel ich weiß. Warum haben Sie das getan? Doch nicht, um zu baden.«

Es rührte sich nichts in der Leitung. Dem Taxichauffeur hatte es offenbar den Atem verschlagen. Dann aber pustete er in den Hörer hinein: »Jetzt hör einmal zu, alter Knabe. Das

geht dich einen feuchten Dreck an, warum ich da reinge-
hüpft bin. Der River Shore Drive ist meine stinkprivate Angelegenheit. Verstehst du? Meine und nicht deine. Was ich
dort treibe, ist Privatsache. Wenn ich den Kanal voll habe, ist
das *mein* Kanal, und ich frage keinen abgefuckten Kommuni-
sten … Bist doch ein Kommunist, oder?«

Theoretisch mußte ich sofort Schluß machen. Der Rüpel
hatte mich beleidigt – und auch ein Showmaster hat seine
Ehre! Fuhr ich jetzt fort, war ich ein Lump. Brach ich die
Übung ab, war ich arbeitslos. Verdammt. Da hatte ich meinen Verzweifelten, aber der war entschlossen, mich zur Sau
zu machen. Ich riß mich zusammen und antwortete mit vä-
terlicher Geduld: »Ich bin ein Mensch, Herr Gadomski. Ein
ganz gewöhnlicher Mensch – wie Sie. Bei uns feiert man jetzt
Weihnachten. Bei euch ebenfalls, soviel ich weiß. Darum bitte ich Sie, ausnahmsweise mal etwas liebenswürdiger zu
sein als sonst. Ich will ja nur wissen, warum Sie plötzlich keinen Ausweg mehr gesehen haben.«

»Weil es mich anscheißt, das alles. Von oben bis unten
scheißt es mich an.«

»Aber es wird doch einen Anlaß gegeben haben. Einen
unmittelbaren Grund.«

»Den hat es gegeben, Mann. Und wie es den gegeben hat!
Meine Frau ist mir durchgebrannt, verstehst du? Verpißt hat
sie sich, verkrümelt wie ein Taschendieb. Weg war sie und
hat mich allein gelassen. Ist es das, was du wissen wolltest?«

»Es gibt doch drei Milliarden Frauen auf der Welt, Herr
Gadomski. Mußten Sie da unbedingt gleich ins Wasser
springen?«

»Allerdings, Klugscheißer, ich bin nämlich mit einer einzigen verheiratet und nicht mit drei Milliarden. Wenn die ab-
haut, bin ich fertig.«

»Das kann ich begreifen, Herr Gadomski.«

»Ich hab' nämlich was übrig für meine Frau.«

»Und warum ist sie davongelaufen?«

»Weil ich nie rede mit ihr, hat sie gesagt. Weil ich sie an-
schweige und nach Fusel rieche. Aber was willst du? Wir Po-
lacken sind halt so. Wir gehen zur Arbeit, bringen Geld nach

Hause, und hin und wieder besaufen wir uns, weil alles so beschissen ist.«

»Und da hat sie die Koffer gepackt und ist gegangen?«

»Es sei eine Folter, hat sie gesagt, mit einem Kerl zu leben, der die Fresse nicht auftut, und wenn es einmal vorkommt, dann stinkt er nach Schnaps. Das sind *ihre* Worte, jawohl, und am letzten Montag hat sie ihre Siebensachen genommen und ist weggefahren. Zu ihrer Schwester nach Milwaukee. Wie ich zurückkomme von der Nachtschicht, ist die Wohnung leer. Ausgestorben. Tot wie eine überfahrene Ratte.«

»Und dann?«

»Merkte ich, daß ich was übrig habe für sie.«

»Also lieben Sie Ihre Frau, wenn ich recht verstehe.«

»Ich schon.«

»Und Ihre Frau?«

»Mich nicht, sonst wär sie ja nicht zu ihrer Schwester gefahren. Was sucht sie bei ihrer Schwester, wenn sie 'nen Mann hat? Und das Hochzeitsfoto – hat sie runtergenommen von der Wand, um mir zu sagen, daß es aus ist zwischen uns … sie will mich kaputtmachen!«

»Woher wissen Sie das, Herr Gadomski? Vielleicht hat sie es mitgenommen zur Erinnerung.«

»Woran denn? An meine Visage, oder was?«

»Mag sein, daß sie Gefallen hat an Ihrer Visage. Vielleicht sitzt sie am Küchentisch. In Milwaukee, bei ihrer Schwester. Und schaut das Bild an und findet, daß Sie der schönste Mann der Welt sind.«

»Erzählen Sie keinen Blödsinn! Sie denkt an 100 Sachen, aber nicht an mich.«

»Wollen wir wetten, daß sie gerade jetzt an Sie denkt?«

»Hab' keine Lust zu wetten – aber sie fehlt mir. Der Teufel weiß, warum, aber ich hab' gar nicht gewußt, daß mir jemand so fehlen könnte. Seit sie weg ist, steckt mir was in der Kehle.«

»Was?«

»Kann ich nicht sagen auf polnisch. Bin schon lang nicht mehr drüben gewesen. Mehr als 40 Jahre.«

»Dann sagen Sie es auf englisch! Ich werde es schon verstehen.«

»Kann ich auch nicht ... Dafür gibt es keinen Ausdruck.«

Ich spürte, daß Gadomski in diesem Moment nicht weiter konnte. Er atmete schwer, und über Zehntausende von Kilometern ahnte ich, daß er schrecklich allein war. Ich mußte etwas sagen, ganz egal was, denn ich wußte ja: Die Zuschauer wollen, daß etwas passiert. Also raffte ich mich zusammen: »Wie sieht sie denn aus, die Frau, die Ihnen so fehlt?«

»Sie heißt Rosa, und so sieht sie auch aus. Wie eine Rose. Eine Puertoricanerin. Mit langem Haar und grünen Augen. Ich weiß nicht, ob sie schön ist. Für mich ist sie schön. Ich würde sie erkennen unter 100 000 Frauen. Weißt du was, alter Knabe: meine Frau ist eine Muschel. Wenn ich neben ihr liege, hör ich das Meer rauschen.«

Ich gebe zu: Am Anfang unseres Gesprächs war mir Gadomski unsympathisch gewesen, seine rüpelhafte Art hatte mich abgestoßen. Aber mit diesen Worten und der Anhänglichkeit an seine Frau hatte er mich erobert. Von jetzt an war er mein Bruder. Ich hatte keine Ahnung von ihm, doch ich begann ihn zu lieben und wollte ihm helfen: »Wäre es Ihnen recht, Herr Gadomski, wenn ich mit ihr telefonieren würde?«

»Wozu?«

»Um ihr mitzuteilen, daß Sie verrückt sind nach ihr. Daß Sie nicht leben können ohne sie.«

»Sag ihr, was du willst, aber nützen wird es überhaupt nichts. Wenn sie sich was in den Kopf setzt, ist sie stur wie ein Maulesel.«

»Ich bitte Sie – im Namen von drei Millionen polnischen Fernsehzuschauern. Geben Sie mir ihre Nummer in Milwaukee.«

»Muß das sein?«

»Es muß nicht sein – aber Sie wissen ja. In dieser Nacht kam der Erlöser auf die Welt ...«

»Bitte schön, wenn Sie unbedingt wollen ...«

Jetzt hatte er *Sie* zu mir gesagt: Bitte schön, wenn Sie unbedingt wollen. Gadomski hatte sich verwandelt im Verlauf unseres Gesprächs. Oder hatte *ich* ihn verwandelt? Oder *er* mich? Oder mischte da noch einer die Karten in diesem

Spiel? Jedenfalls gab er mir die Nummer seiner Frau, und das Abenteuer konnte weitergehen.

Ich rief also in Milwaukee an und bat Frau Gadomski an den Apparat. Jawohl, Frau Rosa Gadomski. Ich zitterte, daß sie nicht zu Hause sein könnte … Aber sie war da, als hätte sie auf meinen Anruf gewartet. Ich stellte mich vor und sagte ihr das wenige, das ich wußte. Daß ihr Mann verrückt sei nach ihr und nicht leben könne ohne sie. Sie schwieg, und ihr Schweigen drückte Unglauben aus. Ich spürte das und fügte hinzu: »Ich habe Beweise dafür. Gestern früh hat er versucht, sich das Leben zu nehmen. Vom River Shore Drive ins eiskalte Wasser …«

»Um Gottes willen!«

»Er hat Glück gehabt, Ihr Mann. Sie haben ihn rausgefischt, und jetzt ist er wieder bei der Arbeit.«

»Ist das wahr, was Sie erzählen?«

»Ich hab' mit ihm gesprochen. Vor kaum einer halben Stunde. Und wissen Sie, was er gesagt hat? Daß Sie grüne Augen haben und langes Haar. Für ihn seien Sie die schönste Frau der Welt und …«

»Was?«

»Sie seien wie eine Muschel. Er höre das Meer rauschen, wenn er neben Ihnen liegt.«

»Was wollen Sie von mir, Mister Kaminski?«

»In zwei Stunden läuten die Glocken bei uns. Weihnachten. Ich habe einen Wunsch, den Sie nicht ausschlagen dürfen.«

»Ich höre.«

»Wären Sie bereit, Frau Rosa, ihn anzurufen? Er steht mit seinem Taxi hinterm Water Tower in Chicago – Sie kennen ja seine Nummer …«

»Warum?«

»Ich verstehe Sie nicht.«

»Warum soll ich ihn anrufen?«

»Weil man sich heute versöhnen soll. Und weil er Sie liebt. Er liebt Sie mehr als sich selbst.«

»Woher wissen Sie das?«

»Weil er's mir gesagt hat.«

»Warum sagt er das *Ihnen* – und nicht mir?«

»Das weiß nur Gott, Frau Rosa. Aber ich weiß mit Gewißheit, daß er Sie liebt. Ohne Sie muß er sterben ...«

Und damit kam es zur zweiten Pause in meiner Sendung. Ich hörte sie atmen. Ich sah sie vor meinen Augen. Mit langem Haar und grünem Blick und winzigen Tränen an den Wimpern. Dann knackte es in der Leitung. Sie hatte aufgehängt. Schluß.

Warum wollte ich die beiden nur zusammenbringen? Warum wollte ich das unglückliche Paar glücklich machen? Warum mußte ich denn den Weihnachtsmann spielen? Wahrscheinlich, weil ich ein schlechtes Gewissen hatte. Weil ich mich schämte, immer so unbekümmert in den Tag gelebt zu haben. Mich satt gegessen zu haben, während die Welt hungerte. Viele Jahre lang hatte ich sensationshungrig in die Arena geschaut, in der sich die Gladiatoren gegenseitig totschlugen. Den Zweiten Weltkrieg hatte ich auf meinem Logenplatz in der Schweiz überlebt. Meine Motive in dieser Sendung waren lobenswert, aber bedenklich. Oder noch schlimmer: lächerlich und grotesk.

Es war inzwischen spät geworden. Es blieben noch 50 Minuten bis Mitternacht. Bald würde ich wissen, ob ich meinen Job aufzugeben hatte – oder nicht. War das also meine letzte Fernsehsendung? Wer würde gewinnen? Hans-guck-in-die-Luft oder die Sauertöpfe? Ich fieberte vor Spannung. Jetzt spielte Wanda Wilkomirska. Die A-dur Sonate von Mozart. Ich liebe diese Sonate. Aber an jenem Abend schien sie mir endlos lang. Die Turmuhren schlugen halb zwölf, als der letzte Ton verklang. Jetzt konnte ich nicht länger warten. Ich rief in Chicago an: »Verbinden Sie mich bitte mit Gadomski 23. Taxifahrer hinterm Water Tower, wenn er noch dort ist ...«

»Aber gern, Mister Kaminski. Alle meine Freunde wissen bereits, daß ich Sie kenne. Gadomski 23, haben Sie gesagt? Sofort, Mister Kaminski, und grüßen Sie Ihre Landsleute von mir. Dowidzenia! Auf Wiedersehen!«

Ich war gespannt wie eine Reitgerte. Da knisterte es in der Leitung: »Gadomski am Apparat.«

»Hier noch einmal Kaminski aus Warschau. Was gibt's denn Neues bei Ihnen?«

»Was es Neues gibt? Nichts Besonderes ...«

Das Herz blieb mir stehen, und ich glaubte, tot umfallen zu müssen. »Nichts Besonderes, sagen Sie – ist das wahr?«

»Außer einer Kleinigkeit.«

»Und zwar?«

»Der Weihnachtsmann ist gekommen. Er sitzt hinten in meinem Taxi und will, daß ich ihn in den Himmel fahre.«

»Machen Sie keine Witze, Herr Gadomski! Was gibt es Neues?«

»Rosa hat angerufen. Sie kommt zurück zu mir, hat sie gesagt, und an Silvester gehen wir tanzen.«

Nur Sekunden danach richteten wir unsere Kameras auf die finstere Hauptstadt. Schnee glitzerte auf den Dächern. Seidene Flocken schwebten vom Himmel, und das Wunder geschah: Warschau erstrahlte in 100 000 Lichtern. Die Ionen segelten durch die Atmosphäre, und drei Millionen Polen wischten sich die Tränen aus den Augen. Es war Weihnacht. Ich hatte Schicksal gespielt und Glück gehabt. Dank Rosa und Gadomski.

Schneeangriff

Am zweiten Weihnachtsfeiertag begann es in London zu schneien: Mein erster Schnee in England. Fünf Jahre lang hatte ich mich taktvoll erkundigt: »Gibt es überhaupt jemals Schnee bei Ihnen?«, wenn ich mich für die sechs Monate lauer, grauer Feuchtigkeit wappnete. »Aber ja, ich kann mich an Schnee erinnern«, war die übliche Antwort, »als ich ein junger Kerl war, da hat es geschneit.« Worauf mir die gewaltigen Mengen von frischem und wunderschönem weißen Schnee einfielen, mit dem wir Schneeballschlachten veranstaltet, Tunnel gegraben hatten und auf dem wir Schlitten fahren konnten – in Amerika, als ich jung war. Und nun empfand ich an meinem Londoner Fenster denselben süßen Schauer von Vorfreude, als Teile der Dunkelheit aufleuchteten, wenn der Schnee durch den Lichtschein der Straßenlaterne trieb. Da meine Wohnung (die früher der Wohnsitz von W. B. Yeats war, wie eine runde, blaue Tafel am Haus belegt) keine Zentralheizung hat, war mein Schauer nicht nur bildlich, sondern sehr real.

Am nächsten Tag lag überall Schnee – weiß, malerisch, unberührt, und es schneite weiter. Auch am Tag darauf lag der Schnee noch immer unberührt da. Er schien sogar noch mehr geworden zu sein. Als ich die ungeräumte Straße überquerte, rutschte er mir oben in die Stiefel. Auch die Hauptstraße war nicht geräumt worden. Im Schneckentempo arbeiteten sich einige Busse und Taxen durch tiefe weiße Fahrrinnen. Hier und da sah man Männer, die mit Hilfe von Zeitungen, Besen und Lappen versuchten, ihre Autos freizulegen.

Die meisten Geschäfte in der Nachbarschaft waren noch immer in einem halben Meter weißer Flocken versunken. Die Fußabdrücke der Kunden führten in Bögen, wie Vogelspuren, von Tür zu Tür. Vor der Tür des Apothekers war ein kleines Stück freigeräumt. Dankbar trat ich hinein.

»Na«, scherzte ich, »ihr *habt* wohl gar keine Schneepflüge hier in England, was?« während ich mich mit Papierwindeln, schwarzem Johannisbeersaft, Hagebuttensirup, Nasentropfen und Hustensaft (auf dem Etikett stand in Groteskschrift »The Linctus«) belud, eben mit allen Vorbeugemitteln und Hilfen, die Babys bei Wintererkältungen brauchen.

»Nein«, strahlte mich der Apotheker an, »nein, ich fürchte, wir haben keine Schneepflüge. Auf Schnee sind wir hier einfach nicht vorbereitet. Er kommt schließlich so selten.«

Das schien mir eine begründete, aber auch bedenkliche Antwort. Wenn England nun für eine neue Eiszeit ausersehen war, was dann?

»Soll ich Ihnen«, der Apotheker lehnte sich mit verschwörerischem Lächeln über die Theke, »mal zeigen, was ich hilfreich finde?«

»Ja, bitte, zeigen Sie es mir«, sagte ich verzweifelt und dachte, er käme mit Beruhigungsmitteln.

Verlegen und gleichzeitig stolz stemmte der Apotheker ein zwei Meter langes ungehobeltes Brett hinter dem Trufood- und Hustenbonbon-Tresen hoch.

»Ein Brett!«

»Ein Brett?«

Der Apotheker schloß die Augen und umfaßte selig, wie eine Hausfrau die Nudelrolle, sein Brett.

»Mit diesem Brett *schiebe* ich den Schnee einfach zur Seite.«

Ich stolperte mit meinen Päckchen hinaus. Ich lächelte. Jeder lächelte. Der Schnee war nichts als ein riesiger Spaß, und unsere Lage war etwa so gefährlich wie die von verirrten Alpinisten in einer Witzzeichnung.

Der Schnee wurde hart und gefror. Bürgersteige und Straßen verwandelten sich in eine holprige Eisbahn, über deren tückische Furchen alte Leute stolperten, die sich an Hundeleinen festhielten oder sich von Fremden helfen ließen.

Eines Morgens klingelte es bei mir.

»Soll ich Ihnen die Treppe frei schaufeln, gnä' Frau?« fragte ein waschechter kleiner Londoner Junge, der einen gewaltigen Segeltuchkarren bei sich hatte.

»Und was soll das kosten?« fragte ich herausfordernd, da ich nicht wußte, was man üblicherweise dafür zahlte, und erwartete, daß er mich ausnehmen wolle.

»Ach, eh, drei Pence.«

Mein Mißtrauen schmolz dahin, und ich stimmte zu.

Dann, Nachlässigkeit ahnend, sagte ich: »Das Eis muß aber auch weggehackt werden!«

Zwei Stunden später arbeitete der Junge immer noch. Nach vier Stunden klingelte er und bat um einen Besen. Ich guckte aus dem Fenster und sah, daß der Karren voller kleiner Eisberge war. Schließlich war er fertig. Ich inspizierte seine Arbeit. Offenbar hatte er die Zwischenräume des Geländers mit einem Meißel gereinigt. »Sieht nach noch mehr Schnee aus.« Hoffnungsvoll prüfte er den niedrighängenden grauen Himmel. Ich gab ihm sechs Pence, und er entschwand in einer Flut von Dankesbezeugungen mit seinem schneebeladenen Karren.

Es schneite noch mehr. Und dann kam die Kälte.

Am Morgen des großen Frostes entdeckte ich, daß die Badewanne halb voll mit schmutzigem Wasser war. Das war mir unbegreiflich. Von Installationsarbeiten hatte ich keine Ahnung. Ich wartete einen Tag; vielleicht würde es ja abfließen. Aber es floß nicht ab, im Gegenteil, es nahm zu, an Menge und Schmutz. Als ich am nächsten Morgen erwachte, fiel mein Blick auf einen Fleck an meiner schönen, frischgeweißten Zimmerdecke. Vor meinen Augen tropfte von verschiedenen Stellen meiner Zimmerdecke eine klebrige Flüssigkeit auf den Teppich. An den Nahtstellen löste sich die Tapete.

»Helfen Sie mir«, flehte ich den Hausverwalter von der Telephonzelle aus an, mit den Füßen in einer schwarzen Wasserlache stehend. Ich hatte selbst noch kein Telephon, weil der Anschluß mindestens drei Monate dauerte. »Es tropft von meiner Zimmerdecke, und die Badewanne ist voll mit dreckigem Wasser.«

Stille.

»Nicht *mein* schmutziges Wasser«, beeilte ich mich hinzuzufügen. »Das ist von allein in der Wanne hochgestiegen. Ich glaube, da ist Schnee drin. Vielleicht kommt es vom Dach.«

Die letzte Aussage war ein wenig apokalyptisch. *Hatte* ich wirklich Schnee in der Wanne gesehen? Auf jeden Fall klang es gefährlicher.

»Es könnte durchaus vom Dach kommen«, sagte der Hausverwalter mit matter Stimme und fügte entschieden strenger hinzu: »Es ist Ihnen doch klar, daß in ganz London kein Installateur aufzutreiben ist. Jeder hat diese Probleme. Ich habe selbst drei Rohrbrüche in meiner Wohnung gehabt.«

»Ja, aber Sie wissen, wie man das reparieren kann«, gurrte ich standhaft. »Aus den Kaltwasserhähnen kommt auch kein kaltes Wasser. Was bedeutet *das?*«

»Das werden wir bald sehen«, murmelte er.

Eine Stunde später erschienen gestiefelt und schnaufend ein Angestellter der Baufirma und der Assistent des Hausverwalters, lange, schwarze Schmutzspuren hinter sich herziehend. Mit Pickel und Schaufeln bewaffnet, krochen sie durch die Falltür auf den Dachboden, und kurz darauf donnerten größere Schneemassen vom Dach in den Hof.

»Warum ist das Dach undicht?« fragte ich den Assistenten.

»Alle alten Dächer sind undicht. Das macht nichts, wenn es regnet, aber bei Schnee staut sich alles in der Dachrinne. Das geht auch noch, solange es kalt ist.« Er lächelte. »Aber wenn es taut!«

»Aber da, wo ich herkomme, schneit es jeden Winter, und die Dächer sind *nie* undicht.«

Der Assistent wurde rot. »Na ja, direkt über Ihrem Bett ist die Dachrinne auch noch kaputt.«

»Über meinem Bett! Sollten Sie sie dann nicht besser reparieren? Wenn es noch mehr schneit und taut, werde ich eines Tages unter einer Schicht von nassem Putz aufwachen. Oder vielleicht gar nicht mehr aufwachen.«

Der Mann machte nicht den Eindruck, als ob er jemals ernstlich vorgehabt hätte, die Dachrinne zu reparieren. Ich konnte ihm deutlich ansehen, daß er darauf hoffte, es würde keinen Schnee mehr geben.

»Besser Sie reparieren es. Ich möchte Sie schließlich nicht *noch einmal* belästigen müssen.«

Die Männer kletterten hinunter und begannen, die ver-
färbte und still vor sich hintropfende Decke zu reinigen, wobei sie so taten, als ob sie die Angelegenheit vollkommen im
Griff hätten. Ich stürzte ins Kinderzimmer, weil ich es kra-
chen und brüllen hörte. In einem Anfall von Kraft hatte mein
Sohn gerade mit heftigem Rütteln sein Kinderbett kaputtge-
macht und sämtliche Schrauben rausgebrochen.

Nachdem ich sein Schluchzen beruhigt hatte, kam ich gerade wieder zurück, als die Männer »Hoppla« sagten. In offensichtlicher Verlegenheit hielten sie einen gelben Plastikei-
mer unter einen Sturzbach, der sich aus der Decke ergoß, als
ob sie etwas Obszönes verbergen wollten.

»Wie lange wird diese Tropferei noch weitergehen?« erkundigte ich mich. »Das ist ja wie bei der chinesischen Was-
serfolter, tropf, tropf, tropf, die ganze Nacht. Können Sie
denn nicht einen Eimer auf den Dachboden stellen?«

»Nee, gnä' Frau, da oben ist nicht mal Platz für eine Kerze. Die Dachrinne liegt direkt über Ihrer Decke.«

Sie ließen den Eimer auf dem Boden stehen – für alle Fälle –, und mit dem Versprechen, die Dachrinne noch vor
dem Wochenende reparieren zu wollen, stampften sie davon.

Seither habe ich sie nicht mehr gesehen.

Dann erschien der Hausverwalter höchstpersönlich, mit
Melone und Feuchtigkeits-Detektor, um sich meiner tropfen-
den Zimmerdecke, des nicht fließenden kalten Wassers und
der Badewanne voll alpiner Flüssigkeit anzunehmen.

Mit dem Feuchtigkeits-Detektor stach er in die Decke und
versicherte mir, sie würde in absehbarer Zeit nicht herunterkommen. »Aber, es ist Ihnen doch klar, daß die Gefahr besteht, daß Sie kein Trinkwasser haben werden?«

Ich sagte, nein, das sei mir nicht klar, warum auch?

»Das Bauunternehmen hat die Leitungen zum Haus nicht
ordnungsgemäß verlegt, deshalb sind sie eingefroren. Stellen
Sie besser Ihren Warmwasserboiler ab, damit die Heiz-
schlangen nicht den leeren Tank ausbrennen. Wenn der
Wasserspeicher im ersten Stock leer ist, ist es vorbei.«

Ich versuchte, mir ein paar Dinge, außer Gesichtwaschen

und Teekochen, in Erinnerung zu rufen, die ohne Wasser nicht zu machen sind. Es waren viele.

»Ich will versuchen, die Leitungen bis heute abend in Ordnung bringen zu lassen«, versprach der Verwalter. »Die Trinkwasserversorgung ist wichtiger als Ihre Badewanne.« Er trat auf den verschneiten Balkon hinaus, um den Wirrwarr uralter Rohre an der Außenwand zu besichtigen, dann ging er wieder in die Küche und fummelte an den Wasserhähnen rum. »Aha«, sagte er schließlich. »Ich hab erst gedacht, der Installateur hätte ein Rohr falsch angeschlossen, so daß das Wasser in der Wanne tatsächlich vom Dach gekommen wäre. Aber sehen Sie!« Ich mußte neben der Badewanne stehenbleiben und die Brühe beobachten, während er in die Küche ging und den Heißwasserhahn aufdrehte.

Blasen und Ringe stiegen gluckernd aus dem offenen Abfluß auf.

»Sehen Sie«, sagte der Verwalter anklagend, »es ist Ihr eigenes Wasser, das in der Wanne steht. Ihr Abflußrohr ist eingefroren, deshalb kann es nicht abfließen.«

Dann bat er mich auf den Balkon hinaus.

Mit verblüffender Schnelligkeit ratterte er Ursprung und Funktion der verschlungenen Rohre herunter. »Das ist Ihr Abwasserrohr, das da Ihr Badewannenrohr, und die da oben sind Belüftungsrohre.« Voller Verzweiflung guckte ich mir die Rohre an. Allein das Badewannenabflußrohr lief mehr als sechs Meter an der Wand und dem Balkon entlang, bevor es nach einem Knick unten seine Ladung in eine offene Abflußrinne entließ.

»Irgendwo ist das Abflußrohr vom Bad eingefroren.«

»Was passiert, wenn man heißes Wasser in die Wanne laufen läßt?« fragte ich.

»Dann taut es das Eis oben auf, um anschließend wieder zu gefrieren.«

»Aber was kann ich dann tun?«

»Sie können Kerzen an die Rohre halten. Oder heißes Wasser draufschütten. Ich könnte natürlich das Baugeschäft beauftragen, das Rohr mit einer Lötlampe zu enteisen, wenn Sie das wollen, aber das geht auf Ihre Kosten.«

»Aber Sie sind für Außenreparaturen zuständig, und die Rohre liegen außen.«

»Ganz richtig«, strahlte mich der Verwalter teuflisch an, »aber das *Bad* liegt innen. Haben Sie denn jeden Abend die Abflüsse zugestöpselt, um zu verhindern, daß Wasser abfließt und einfriert?«

»Nnnein, das hat mir keiner gesagt. Aber ich drehe immer die Hähne ganz fest zu.«

Ich fühlte mich in die Enge getrieben. »Zugegeben«, sagte der Verwalter hochmütig, »das Wasserwerk hätte Zettel verteilen sollen, um darüber zu informieren, was in solchen Notfällen zu tun ist.«

»Und was machen Sie in Ihrer Wohnung?«

»Oh, ich schütte mehrmals am Tage große Mengen kochendes Wasser durch alle Abflüsse und nachts verstopfe ich sie. Ist natürlich 'ne schreckliche Stromverschwendung, aber es scheint zu funktionieren.«

Nachdem der Verwalter, eingepackt in Schal, Handschuhe und Melone, sich mit seinem Feuchtigkeits-Detektor davongemacht hatte, dachte ich über seinen Rat nach. Große Mengen kochendes Wasser konnten nichts ausrichten, solange die Rohre nicht frei waren, und ich hatte einen begrenzten wenn nicht bereits schon erschöpften Wasservorrat. Die Kerzenmethode schien aus armseliger Dickens-Zeit zu stammen. Um wenigstens irgend etwas zu tun, füllte ich einen Eimer mit heißem Wasser und ging frierend auf den Balkon. Wahllos schüttete ich das inzwischen lauwarme Wasser auf irgendeine Stelle des schwarzen, aufsässigen Rohres. Auf ein Wunder hoffend, ging ich hinein und sah in die Badewanne. Das Wunder war ausgeblieben.

Das dreckige Zeug rührte sich nicht.

Das einzige, was sich rührte, war der Mieter von unten.

»Haben Sie gerade Wasser auf Ihren Balkon geschüttet?«

»Der Verwalter hat gesagt, ich sollte das tun«, gestand ich.

»Der Verwalter ist ein Idiot. Das Wasser ist durchgelaufen, und jetzt habe ich eine Pfütze in der Küche. Und die vorderen Wände sind tropfnaß. *Da* können Sie natürlich nichts für. Aber wie soll ich Teppiche über solche Mengen von Wasser legen?«

Ich sagte, das wisse ich auch nicht.

Abends kam ich auf der Straße an großen gefrorenen Wasserlachen vorbei. Geplatzte Rohre, vermutete ich. An einem Wasserhahn, der neuerdings an der Ecke aus dem Gehsteig ragte, stand ein Rentner und füllte einen großen blumengemusterten Porzellankrug mit Wasser voll.

»Ist das Trinkwasser?« brüllte ich, um den häßlichen Ostwind zu übertönen.

»Ich nehme an«, krächzte er, »daß man ihn deshalb hier installiert hat.«

»Gräßlich«, schrien wir beide im selben Moment und entfernten uns wie traurige Schiffe in der Dunkelheit.

Am späten Abend hörte ich ein Geräusch von der Lautstärke des Niagarafalls, Schritte stampften die Treppe zu mir hoch, und ein heftiges Klopfen folgte. Aus den Wasserhähnen war gurgelndes Würgen zu hören. Ich riß die Tür auf, und ein rotgesichtiger junger Installateur stürmte herein. »Läuft das Wasser?«

Ich hielt mir die Augen zu und zeigte nach oben, von wo noch immer donnernder Lärm drang. »Sehen Sie nach. Ich kann nicht. Wird jetzt alles überschwemmt?«

»Ach wo, da wird nur der Wassertank aufgefüllt. Es ist alles in Ordnung.«

Und so war es. Wir hatten Trinkwasser, wir waren glücklich. Wegen der Wanne beschloß ich, auf das Tauwetter zu warten – auf jenen mystischen, unvorhersagbaren Zeitpunkt, an dem alles besser werden würde. Jeden Tag leerte ich den schmutzigen Inhalt der Wanne mit einem Eimer in die Toilette und spülte ihn hinunter.

Merkwürdigerweise beschwerte sich niemand.

Ich fragte einen Mann, der von außen eine kleine blaue Gasflamme gegen eine Rohrverdickung hielt, ob das helfen würde. »Bisher noch nicht«, antwortete er fröhlich.

Die Fröhlichkeit schien überall verbreitet. Wie bei den Bombenangriffen packten wir alle mit an. Ein indisches Mädchen erzählte mir in der U-Bahn, daß sie in ihrem Haus drei Wochen lang kein Wasser gehabt hätten, dann platzten die Rohre, und alles stand unter Wasser. Sie mußten auswärts essengehen, und die Hauswirtin teilte täglich eine bestimmte Menge von Eimern mit Wasser aus.

»Tut mir leid, Sie aus dem Warmen geholt zu haben«, entschuldigte sich der Milchmann, als er die wöchentliche Rechnung kassierte. »Dieses Jahr haben wir neun Monate Winter und drei Monate schlechtes Wetter.«

Dann kamen die Stromausfälle.

An einem rußfarbenen, frostigen Morgen knipste ich die beiden Schalter der elektrischen Heizung an, die die Baufirma in die Mitte meiner sonst sehr schönen georgianischen Wand gedübelt hatte, was ungefähr so aussah wie ein Marsmensch mit Operationsmaske. Zwei Stangen leuchteten rot und tröstlich auf. Dann nichts mehr. Ich drückte auf den Lichtschalter. Nichts. Ob durch das ganze zusätzliche Geheize eine Sicherung durchgebrannt war – ich schleifte ständig den kleinen pilzförmigen kindersicheren elektrischen Heizlüfter von Raum zu Raum (davon gab es nie genug). Einer nach dem anderen waren sie in den letzten Tagen erloschen und hatten nur noch eiskalte Luft von sich gegeben. Ich blickte auf die graue Straße hinunter. Nirgendwo sah ich ein Licht. Mein persönliches Problem mußte ein universelles sein. Dennoch war ich niedergeschlagen. Was war passiert? Wie lange würde es dauern?

Ich klopfte bei der Wohnung unter mir. Ein warmer stechender Ölgeruch kam mir im Flur entgegen, das mußte einer dieser Paraffin-Öfen sein, die ich nie kaufen würde, aus lauter Angst vor Feuer.

»Ach, wußten Sie nicht, daß der Strom abgeschaltet wurde?« sagte der Mieter Zeitung lesend.

»Warum?«

»Streik. Ein Baby ist deshalb im Krankenhaus gestorben.«

»Und was ist mit *meinen* Babys? Sie sind erkältet. Das können sie doch nicht mit uns machen, das geht doch nicht!«

Mit einem resignierten, hilflosen Lächeln hob der Mieter die Schultern. Dann lieh er mir eine grüne Gummiwärmflasche. Ich wickelte meine Tochter mit der Wärmflasche in eine Decke und setzte sie mit einem Becher warmer Milch vor ihr Lieblingspuzzle. Dem Baby zog ich einen Schneeanzug an. Glücklicherweise hatte ich das Gas zum Kochen.

Stunden später krähte meine kleine Tochter »Feuer ist an«. Und da war es – schwach, rot und häßlich, aber ausgesprochen wundervoll.

Das nächste Mal wurde der Strom ein paar Tage später, ohne Vorwarnung zur Teezeit ausgeschaltet. Inzwischen hatte ich auch eine Erkältung, die britische Version mit Fieber und Schüttelfrost, gegen die mein Hausarzt weder Trost noch Heilmittel anzubieten hatte. Entweder man stirbt daran oder nicht.

Eine Nachbarin kam mit einem erstklassigen Fang vorbei. Nachtlichter. Damit konnte man wenigstens was sehen. In den Geschäften waren Wachsstöcke, Kerzen und ähnliches total ausverkauft. Für diese hatte sie anstehen müssen. Alten Leuten half man draußen mit Kerzenlicht die gefährlichen Stufen zu ihren Kellerwohnungen hinunter. In allen Fenstern verbreiteten Kerzen ihr sanftes gelbes Licht, die Stadt flackerte.

Sogar noch nach den Stromabschaltungen hielt sich der Trieb zu horten. Ein Haushaltswarengeschäft hatte nur »Kerzen« ans Fenster geschrieben, und im Nu waren die roten und weißen Schachteln, die aus dunkler Quelle stammen mußten, verkauft, alle anderen Geschäfte hatten keinen Nachschub bekommen. Ich kaufte ein Pfund Minikerzen und stopfte sie mir in die Taschen.

Ein Elektriker erzählte mir, daß die Generatoren für die Unmenge neuer elektrischer Haushaltsgeräte nicht genügend ausgerüstet seien. Man sei dabei, neue Generatoren zu bauen, aber das ginge nicht schnell genug. Einen derartigen Bedarf hätten die Statistiker nicht vorausgesehen.

Einen Monat nach dem ersten Schneefall wurde das Wetter milder. Von den Dachtraufen begann es zu tropfen. Mit einem ordinären Gurgeln leerte sich meine Badewanne von selbst. Auf den Straßen sah ich offiziell aussehende Männer, die Pulver auf das halbgetaute Eis schaufelten.

»Was ist das?« erkundigte ich mich.

»Salz und Sägemehl, damit es taut.«

Und dann sah ich meinen ersten Londoner Schneepflug – klein, tüchtig und mit einer Gruppe von Männern, die die Arbeit des Schneepflugs dadurch unterstützten, indem sie die aufsässigen Überreste loshackten und abschlugen und sie dann in einen offenen Lastwagen schaufelten. »Wo waren Sie den ganzen Monat?« fragte ich einen.

»Oh, wir waren auf dem Weg.«

»Wie viele Schneepflüge haben Sie denn?«

»Fünf.«

Ich fragte nicht nach, ob die fünf für unseren Stadtteil reserviert waren oder für die ganze Stadt herhalten mußten. Das spielte nun wirklich keine Rolle.

»Was machen Sie mit dem Schnee?«

»Wir schütten ihn in den Abwasserkanal. Dann wird er weggeschwemmt.«

»Und was machen Sie, wenn das jedes Jahr passiert?« fragte ich meinen Hausverwalter.

Er wurde bleich. »Oh, es ist seit 1947 nicht so schlimm gewesen.«

Ich bin sicher, er wollte nicht darüber nachdenken – über die Möglichkeit eines jährlichen Schneeangriffs. Warm anziehen, jede Menge Tee und tapfer sein. Das schien die Antwort. Und außerdem, was, außer Krieg und schlechtem Wetter, kann in einer großen kalten Stadt eine solche Kameradschaft hervorrufen? Unterdessen bleiben die Rohre draußen im Freien. Wo auch sonst?

Und was, wenn es *noch* einen Schneeangriff gibt?

Und noch einen?

Meine Kinder werden zu beherzten, unabhängigen und zähen Menschen heranwachsen, und in meinem von Schüttelfrösten begleiteten Alter werden sie sich durch die Schlangen kämpfen, um Kerzen herbeizuschaffen, während ich einen wasserlosen Tee braue – *das* wenigstens sollte die Zukunft bringen – auf einem einflammigen Gaskocher in der Ecke. Falls das Gas nicht auch wegbleibt.

Was unternehme ich Silvester?

Soll ich zu Kallmanns gehen? Die zünden ihren Tannen-
baum an, drehen das Grammophon auf, das ihnen »*Stille
Nacht, heilige Nacht*« vorkratzt, die Kinder lagern sich mit
den Torsos ihrer Spielsachen auf den guten Teppich, und
Vater raucht die neue Pfeife an. Mutter Kallmann spricht mit
mir über die Dienstbotenmisere, und ich sage: »Jawohl, gnädige Frau! ... Gewiß, gnädige Frau! ... Denken Sie nur, gnädige Frau!« Das andre sagt sie. Ich werde doch lieber nicht
zu Kallmanns gehen.

Soll ich zu meiner Freundin mit der schönen Seele und
den dicken Beinen gehen? Sie wird feuchte, große Augen
machen und mich mit Erinnerungen plagen. Sie wird feierlich gestimmt sein, was ihr gar nicht steht, und wird hochze-
remoniös – auch sie – den Weihnachtsbaum entzünden und
sagen: »Lieber Peter ...« Bu. Ich werde doch lieber nicht zu
meiner schönen Seele gehen.

Soll ich auf einen öffentlichen Ball gehen? Da werden
sich zweitausend Menschen in Räumen drängen, die nur
für zweihundert berechnet sind. Kellner werden sich den
Sacharinsekt zu Valutapreisen aus den Händen schlagen
lassen, und irgendwo im Wirbel und Rauch lärmt eine Ka-
pelle. In der Mitte tun ein paar Leute so, als ob sie tanzten.
Es sind alle da: man zeigt sich die Herren aus der Wilhelm-
straße, Kino-Namen werden geflüstert, und die Bühne hat
ihre besten Vertreter ... auch die Wissenschaft ... Nur die
Kokotten benehmen sich anständig. Wer wird auch Silvester fachsimpeln, wenn mans das ganze Jahr tun muß ...!
Die Luft wird stickig und verbraucht sein, die Scherze auch.
Nein – ich werde doch lieber nicht auf einen öffentlichen
Ball gehen.

Soll ich auf einen privaten Ball gehen? (Oho! Ich bin eingeladen!) Die Zimmer werden ausgeräumt sein, die Lampen

blau und lila umkleidet. Es wird Sekt geben und kleine Brötchen.

Am Klavier ein Mann und eine Geige. Es wird viel und hingebend getanzt. Auf dem Teppich und auf den Sofas knautschen sich die Paare, so, als ob es auf der ganzen weiten Welt kein Bett gäbe. Nur die festen Verhältnisse benehmen sich anständig. (Man soll nichts verreden.) Die Tochter vom Haus wird alle Minen ihres goldenen Temperaments springen lassen – sie findet es so furchtbar interessant, das alte Wort zu variieren: Immer davon sprechen, aber es nie tun! Die jungen Herren werden sich bei den jungen Damen alle Freiheiten erlauben, weil sie nichts kosten. Auch Hessen-Nassau ist eine Provinz. Nein, ich werde doch lieber nicht auf einen privaten Ball gehen.

Also: was dann –? Ich schlage vor, wir füllen die kleine blaue Blumenvase wie gewöhnlich mit roten Blumen und trinken einen stillen roten Wein. Vielleicht erwachst du nachts so gegen zwölf. Ich werde dir dann sagen: »Liebe – ich glaube, jetzt muß ich mir einen Zylinder aufsetzen und du schlägst ihn ein. Das ist so Sitte.« Und darauf du: »Ich bin so müde. Gute Nacht.«

Und wenn du morgen früh aufwachst, ist es – wetten, daß? – 1922, und ich küsse dir das neue Jahr aus den Augen. Und da es ein alter Aberglaube ist, daß man das ganze Jahr hindurch tun wird, was man Silvester tut, so eröffnen sich für uns freundliche und wahrhaft erfrischende Perspektiven. Prosit Neujahr!

EPHRAIM KISHON

Im neuen Jahr wird alles anders

»Ephraim!« rief meine Frau, bekanntlich die beste Ehefrau von allen, aus dem Nebenzimmer. »Ich bin beinahe fertig!«

Es war halb neun Uhr am Abend des 31. Dezember. Meine Frau saß seit Einbruch der Dämmerung vor dem großen Spiegel ihres Schlafzimmers, um für die Silvesterparty, die unser Freund Tibi zu Ehren des Gregorianischen Kalenders veranstaltete, Toilette zu machen. Die Dämmerung bricht am 31. Dezember kurz nach drei Uhr nachmittags ein. Aber jetzt war sie beinahe fertig, meine Frau. Es sei auch schon Zeit, sagte ich, denn wir haben Tibi versprochen, spätestens um zehn Uhr bei ihm zu sein.

Mit einer Viertelstunde Verspätung rechne ein Gastgeber sowieso, replizierte die beste Ehefrau von allen, und eine weitere Viertelstunde würde nicht schaden. Partys, besonders Silvesterpartys, seien am Anfang immer langweilig. Die Atmosphäre entwickle sich erst nach und nach. Und überdies, so schloß sie, wisse sie noch nicht, welches Kleid sie nehmen solle. Lauter alte Fetzen. »Ich habe nichts anzuziehen«, sagte die beste Ehefrau von allen.

Sie sagt das bei jeder Gelegenheit, gleichgültig wann und zu welchem Zweck wir das Haus verlassen. Dabei kann sie die Tür ihres Kleiderschranks kaum noch ins Schloß pressen, denn er birst vor lauter Garderobe. Daß Bemerkungen wie die oben zitierte dennoch zum Wortschatz ihres Alltags gehören, hat einen anderen Grund: sie will mir zu verstehen geben, daß ich meinen Unterhaltspflichten nicht genüge, daß ich zu wenig Geld verdiene, daß ich minderwertig sei. Ich meinerseits, das gebe ich gerne zu, verstehe nichts von Frauenkleidern. Ich finde sie entsetzlich, alle ohne Ausnahme. Dessenungeachtet schiebt meine Frau die Entscheidung, was sie heute anziehen soll, jedesmal auf mich ab.

»Ich könnte das glatte Schwarze nehmen«, erwog sie jetzt. »Oder das hochgeschlossene Blaue.«

»Ja«, sagte ich.

»Was: ja? Also welches?«

»Das Hochgeschlossene.«

»Paßt zu keiner Silvesterparty. Und das Schwarze ist zu feierlich. Wie wär's mit der weißen Seidenbluse?«

»Klingt nicht schlecht.«

»Aber wirkt eine Bluse nicht zu sportlich?«

»Eine Bluse sportlich? Keine Spur!«

Eilig sprang ich hinzu, um ihr beim Zuziehen des Reißverschlusses behilflich zu sein und einer neuerlichen Meinungsänderung vorzubeugen. Während sie nach passenden Strümpfen Ausschau hielt, zog ich mich ins Badezimmer zurück und rasierte mich.

Es scheint ein elementares Gesetz zu sein, daß passende Strümpfe niemals paarweise auftreten, sondern immer in Unikaten. So auch hier. Von den Strümpfen, die zur Bluse gepaßt hätten, war nur ein einziger vorhanden, und zu den Strümpfen, von denen ein Paar vorhanden war, paßte die Bluse nicht. Folglich mußte auf die Bluse verzichtet werden. Die Suche unter den alten Fetzen begann von vorne.

»Es ist zehn Uhr vorbei«, wagte ich zu bemerken. »Wir kommen zu spät.«

»Wenn schon. Dann versäumst du eben ein paar von den abgestandenen Witzen, die dein Freund Stockler immer erzählt.«

Ich stand fix und fertig da, aber meine Frau hatte die Frage »Perlmutter oder Silber« noch nicht entschieden. Von beiden Strumpfgattungen gab es je ein komplettes Paar, und das erschwerte die Entscheidung. Vermutlich würde sie bis elf Uhr nicht gefallen sein.

Ich ließ mich in einen Fauteuil nieder und begann die Tageszeitungen zu lesen. Meine Frau suchte unterdessen nach einem zu den Silberstrümpfen passenden Gürtel. Den fand sie zwar, fand aber keine Handtasche, die mit dem Gürtel harmonierte. Ich übersiedelte an den Schreibtisch, um ein paar Briefe und eine Kurzgeschichte zu schreiben.

Auch für einen längeren Essay schwebte mir bereits ein Thema vor.

»Fertig!« ertönte von nebenan die Stimme meiner Frau. »Bitte hilf mir mit dem Reißverschluß!«

Manchmal frage ich mich, was die Frauen täten, wenn sie keine Männer als Reißverschlußhelfer hätten. Wahrscheinlich würden sie dann nicht auf Silvesterpartys gehen. Meine Frau hatte einen Mann als Reißverschlußhelfer und ging trotzdem nicht. Sie setzte sich vor den Spiegel, schmückte sich mit einem schicken Nylonfrisierumhang und begann an ihrem Make-up zu arbeiten. Erst kommt die flüssige Teintgrundlage, dann Puder. Die Augen sind noch unberührt von Wimperntusche. Die Augen schweifen umher und hoffen auf Schuhe zu stoßen, die zur Handtasche passen würden. Das eine Paar in Beige ist leider beim Schuster, die schwarzen mit den hohen Absätzen sind wunderschön, aber nicht zum Gehen geeignet, die mit den niedrigen Absätzen sind zum Gehen geeignet, aber sie haben niedrige Absätze.

»Es ist elf!« sagte ich und stand auf. »Wenn du noch nicht fertig bist, gehe ich allein.«

»Schon gut, schon gut! Warum die plötzliche Eile?«

Ich bleibe stehen und sehe, wie meine Frau den Nylonumhang ablegt, weil sie sich nun doch für das schwarze Cocktailkleid entschieden hat. Aber wo sind die dazugehörigen Strümpfe?

Um halb zwölf greife ich zu einer List. Ich gehe mit weithin hörbaren Schritten zur Wohnungstüre, lasse einen wütenden Abschiedsgruß erschallen, öffne die Türe und schlage sie krachend zu, ohne jedoch die Wohnung zu verlassen. Dann drücke ich mich mit angehaltenem Atem an die Wand und warte.

Nichts geschieht. Es herrscht Stille.

Eben. Jetzt hat sie den Ernst der Lage erkannt und beeilt sich. Ich habe sie zur Raison gebracht. Ein Mann muß gelegentlich auch seine Souveränität hervorkehren können.

Fünf Minuten sind vergangen. Eigentlich ist es nicht der Sinn der Silvesternacht, daß man sich in einem dunklen Vorzimmer reglos an die Wand preßt.

»Ephraim! Komm und zieh mir den Reißverschluß zu!«

Nun, wenigstens hat sie sich jetzt endgültig für die Seidenbluse entschieden (am schwarzen Kleid war eine Naht geplatzt). Sie ist auch schon im Begriff, die Strümpfe zu wechseln, Perlmutter oder Silber.

»So hilf mir doch ein bißchen, Ephraim! Was würdest du mir raten?«

»Daß wir zu Hause bleiben und schlafen gehen«, sagte ich, entledigte mich meines Smokings und legte mich ins Bett.

»Mach dich nicht lächerlich. In spätestens zehn Minuten bin ich fertig ...«

»Es ist zwölf Uhr. Das neue Jahr hat begonnen. Mit Orgelton und Glockenschlag. Gute Nacht.« Ich drehe die Bettlampe ab und schlafe ein. Das letzte, was ich im alten Jahr noch gesehen habe, war meine Frau, die sich vor dem Spiegel die Wimpern tuschte, den Nylonumhang umgehängt. Ich haßte diesen Umhang, wie noch kein Umhang je gehaßt wurde. Der Gedanke an ihn verfolgte mich bis in den Schlaf. Mir träumte, ich sei der selige Charles Laughton, und zwar in der Rolle König Heinrichs VIII. – Sie erinnern sich, sechs Frauen hat er köpfen lassen. Eine nach der anderen wurde unter dem Jubel der Menge zum Schafott geführt, eine nach der anderen bat um die letzte Gunst, sich noch einmal im Nylonumhang zurechtmachen zu dürfen ...

Nach einem tiefen, wohltätigen Schlummer erwachte ich im nächsten Jahr. Die beste Ehefrau von allen saß in einem blauen, hochgeschlossenen Kleid vor dem Spiegel und pinselte sich die Augenlider schwarz. Eine große innere Schwäche kam über mich.

»Ist dir klar, mein Junge«, hörte ich mein Unterbewußtsein wispern, »daß du eine Irre zur Frau hast?«

Ich sah nach der Uhr. Es ging auf halb zwei. Mein Unterbewußtsein hatte recht: Ich war mit einer Wahnsinnigen verheiratet. Schon zweifelte ich an meiner eigenen Zurechnungsfähigkeit. Mir war zumute wie den Verdammten in Sartres »Bei geschlossenen Türen«. Ich war zur Hölle verdammt, ich war in einen kleinen Raum gesperrt, mit einer

Frau, die sich ankleidete und auskleidete und ankleidete und auskleidete für immer und ewig ...

Ich fürchte mich vor ihr. Jawohl, ich fürchte mich. Eben jetzt hat sie begonnen, eine Unzahl von Gegenständen aus der großen schwarzen Handtasche in die kleine schwarze Handtasche zu tun und wieder in die große zurück. Sie ist beinahe angekleidet, auch ihre Frisur steht beinahe fest, es fragt sich nur noch, ob die Stirne frei bleiben soll oder nicht. Die Entscheidung fällt zugunsten einiger Haarsträhnen, die über die Stirn verteilt werden. So schwinden nach längerer Betrachtung die letzten Zweifel, daß eine freie Stirn doch besser wirkt. »Ich bin fertig, Ephraim! Wir können gehen.«

»Hat das denn jetzt überhaupt noch einen Sinn, Liebling? Um zwei Uhr früh?«

»Mach dir keine Sorgen. Es werden noch genug von diesen ungenießbaren kleinen Zahnstocherwürstchen übrig sein ...« Sie ist mir offenbar ein wenig böse, die beste Ehefrau von allen, sie nimmt mir meine hemmungslose Ungeduld und mein brutales Drängen übel. Aber das hindert sie nicht an der nunmehr definitiven Vollendung ihres Make-up. Sie hat sogar den kleinen, schicken Nylonumhang schon abgestreift. Er liegt hinter ihr auf dem Fußboden. Leise, mit unendlicher Bedachtsamkeit, manövriere ich mich an ihn heran ...

Ich habe den Nylonumhang eigenhändig verbrannt. In der Küche. Ich hielt ihn ins Abwaschbecken und zündete ihn an und beobachtete die Flammen, die ihn langsam auffraßen.

So ähnlich muß Nero sich gefühlt haben, als er Rom brennen sah.

Als ich ins Zimmer meiner Frau zurückkam, war sie tatsächlich so gut wie fertig. Ich half ihr mit dem Reißverschluß ihres schwarzen Cocktailkleides, wünschte ihr viel Erfolg bei der Strumpfsuche, ging in mein Arbeitszimmer und setzte mich an den Schreibtisch.

»Warum gehst du weg?« rief schon nach wenigen Minuten meine Frau. »Gerade jetzt, wo ich beinahe fertig bin? Was treibst du denn?«

»Ich schreibe ein Theaterstück.«

»Mach schnell! Wir gehen gleich!«

»Ich weiß.«

Die Arbeit ging zügig vonstatten. In breiten Strichen umriß ich die Hauptfigur – es müßte ein bedeutender Künstler sein, vielleicht ein Maler oder ein Klaviervirtuose – oder ein satirischer Schriftsteller – er hat voll Tatendrang und Lebenslust seine Laufbahn begonnen – die aber nach einiger Zeit hoffnungslos versickert und versandet, er weiß nicht, warum. Endlich kommt er drauf: seine Frau bremst und lähmt ihn, hemmt seine Bewegungsfreiheit, hält ihn immer wieder zurück, wenn er etwas vorhat. Er kann's nicht länger ertragen. Er wird sich aus ihren Fesseln befreien. In einer langen, schlaflosen Nacht beschließt er, sie zu verlassen. Schon ist er auf dem Weg zur Türe –

Da sieht er sie im Badezimmer vor dem Spiegel stehen, wo sie gerade ihr Gesicht säubert. Die Farbe ihres Lidschattens hat ihr mißfallen, und sie will einen neuen auflegen. Dazu muß man das ganze Make-up ändern, mit allem, was dazugehört, abschmieren, Öl wechseln, Batterie nachschauen, alles.

Nein, ein solches Leben hat keinen Sinn. Hoffentlich ist der Strick, den ich neulich in meiner Gerätekammer liegen sah, noch dort. Und hoffentlich hält er …

Irgendwie muß meine Frau gespürt haben, daß ich bereits auf dem Stuhl unterm Fensterkreuz stand.

»Ephraim!« rief sie. »Laß den Unsinn und mach mir den Reißverschluß zu! Was ist denn jetzt schon wieder los?«

Ach nichts. Gar nichts ist los. Es ist halb drei am Morgen, und meine Frau steht im Badezimmer vor dem Spiegel und sprüht mit dem Zerstäuber Parfüm auf ihr Haar, während ihre andere Hand nach den Handschuhen tastet, die seltsamerweise im Badezimmer liegen. Und seltsamerweise beendet sie beide Operationen erfolgreich, die Parfümzerstäubung und die Handschuhe. Es ist soweit. Kaum zu fassen, aber es ist soweit.

Ein leiser, schwacher Hoffnungsstrahl schimmert durch das Dunkel. So war's also doch der Mühe wert, geduldig auszuharren. In einer kleinen Weile werden wir wirklich weggehen, zu Tibi, zur Silvesterparty, es ist zwar schon drei Uhr früh, aber ein paar Leute werden bestimmt noch dort sein und noch in guter Stimmung, genau wie meine kleine Frau, sie funkelt vor Energie und Unternehmungslust, sie tut die Gegenstände aus der großen schwarzen Handtasche in die kleine weiße, sie wirft einen letzten Blick in den Spiegel, und ich stehe hinter ihr, und sie wendet sich scharf zu mir und sagt: »Warum hast du dich nicht rasiert?!«

»Ich habe mich rasiert, Liebling. Vor langer, langer Zeit. Als du begannst, Toilette zu machen. Da habe ich mich rasiert. Aber wenn du meinst …«

Ich ging ins Badezimmer. Aus dem Spiegel starrte mir das zerfurchte Gesicht eines jäh gealterten, von Schicksalsschlägen heimgesuchten Melancholikers entgegen, das Gesicht eines verheirateten Mannes, dessen Gattin im Nebenzimmer steht und von einem Fuß auf den andern steigt, bis sie sich nicht mehr beherrschen kann und ihre mahnende Stimme an sein Ohr dringt:

»So komm doch endlich! Immer muß man auf dich warten!«

Januar

Das Jahr begann mit einem Mittagessen.

Silvester mit seinen Ausschweifungen vor Mitternacht und den vielen zum Scheitern verurteilten guten Vorsätzen war uns stets trostlos vorgekommen – besonders der Zwang zu Heiterkeit und schönen Wünschen und Küssen zum Jahreswechsel. Als wir erfuhren, daß der Eigentümer von *Le Simiane* im Dorf Lacoste – nur wenige Kilometer entfernt – seiner verehrten Kundschaft mittags ein Sechs-Gänge-Neujahrsessen mit Rosé-Champagner offerierte, schien uns das einen wesentlich fröhlicheren Anschub des nächsten Jahres zu verheißen.

Um halb eins war das kleine Restaurant mit den Steinwänden bereits voll. Es gab ein paar schwerwiegende Bäuche zu sehen – ganze Familien mit jener enormen Leibesfülle, die Frankreichs beliebtestem Ritual zu verdanken ist, den zwei bis drei Stunden, die Tag für Tag mit beflissentlich gesenktem Blick und aufgeschobener Unterhaltung bei Tisch verbracht werden. Der Eigentümer des Restaurants – ein Mann, der trotz einer beachtlichen Größe die Kunst des Umherschwebens irgendwie perfekt beherrschte – trug zur Feier des Tages einen Samtsmoking mit Fliege. Sein pomadierter Schnurrbart zitterte vor Begeisterung, als er das Lob auf das Menü sang: *foie gras*, Hummermousse, Rindfleisch *en croute*, Salate in kaltgepreßtem Öl, handverlesene Käse, traumhaft leichte Desserts, *Digestifs*. Was er an jedem einzelnen Tisch vortrug, war eine gastronomische Arie, bei der er ständig seine Fingerspitzen küßte und wir uns fragten, ob er nicht allmählich Blasen an den Lippen bekäme.

Das letzte »*bon appétit*« erstarb, und ein geselliges Schweigen ließ sich über dem Restaurant nieder, während man sich mit gebührender Aufmerksamkeit den Speisen widmete. Meine Frau und ich dachten während des Essens an frühere

Silvestertage, die wir meist unter undurchdringlichem Himmel in England verbracht hatten. Wir hatten Mühe, die Sonne und den tiefblauen Himmel draußen mit dem ersten Januartag in Einklang zu bringen, aber, so wurde uns von allen Seiten bestätigt, das war völlig normal. Wir befänden uns schließlich in der Provence.

Wir waren schon vorher oft hier gewesen, als Touristen mit Hunger auf unsere Jahresration von zwei bis drei Wochen richtiger Hitze und klaren Lichts. Und wenn wir mit pellender Nase und mit Bedauern Abschied nahmen, hatten wir uns jedesmal versprochen: Eines Tages werden wir hier wohnen. Während der langen grauen Winter und der feuchten grünen Sommer hatten wir darüber diskutiert, hatten mit der Sehnsucht von Süchtigen Fotos von Dorfmärkten und Weinbergen betrachtet, davon geträumt, morgens von der Sonne geweckt zu werden, die vom Fenster her schräg ins Schlafzimmer fällt. Nun hatten wir es – zu unserer eigenen Überraschung – tatsächlich geschafft. Wir hatten uns entschieden. Wir hatten ein Haus gekauft, Französischkurse genommen, Lebewohl gesagt, unsere beiden Hunde herübergeholt und lebten nun tatsächlich im Ausland.

Eigentlich war alles ganz schnell – überstürzt beinahe – gekommen: wegen des Hauses. Wir hatten es eines Nachmittags besichtigt und waren schon am Abend innerlich eingezogen. Es stand oberhalb der Landstraße, die zwischen den beiden mittelalterlichen Bergdörfern Ménerbes und Bonnieux verläuft, am Ende eines unasphaltierten Wegs, der durch Kirschbäume und Reben führt. Es war ein Bauernhaus, ein *Mas*, wie die Franzosen sagen, erbaut aus dem Gestein der Gegend, das über zwei Jahrhunderte durch Wind und Sonne zu einer undefinierbaren Farbe zwischen honighell und hellgrau verwittert war. Es hatte im 18. Jahrhundert zunächst aus einem Raum bestanden und war in der planlosen Art, die für landwirtschaftliches Bauen typisch ist, erweitert worden, um Kinder, Großmütter, Ziegen und Ackergerät zu beherbergen, bis schließlich ein unregelmäßiges dreistöckiges Haus daraus geworden war. Es war durch und durch solide. Die Wendeltreppe, die vom Weinkeller bis ins oberste Geschoß führte, war aus massiven Steinplatten gehauen. Die Mauern – einige einen Meter dick – waren errichtet, um die Mistralwinde fernzuhalten, die, wie man hier sagt, einem Esel die Ohren wegblasen können. Auf der Hinterseite schloß sich ein überdachter Hof an und dahinter ein Schwimmbecken aus gebleichtem weißen Stein. Es gab dort drei Brunnen, breite, schattige Bäume und schlanke grüne Zypressen, Rosmarinhecken und einen riesigen Mandelbaum. Das Haus mit seinen halb geschlossenen Fensterläden, die wie schläfrige Augenlider aussahen, war in der Nachmittagssonne unwiderstehlich gewesen.

Es war auch, so das bei einem Haus überhaupt möglich war, immun gegen die wuchernden Greuel der Baulanderschließung. Die Franzosen haben eine Schwäche für *jolies villas,* die sie überall, wo die Baubestimmungen es gestatten, errichten – manchmal auch an unerlaubten Stellen, vor allem in bislang unverdorbener, schöner Landschaft. Wir hatten dieses Phänomen in der Umgebung der alten Marktstadt Apt beobachtet, in Form von Kästen aus jenem eigenartigen, schreiend rosaroten Beton, der schreiend rosarot bleibt, das Wetter mag dagegen anschleudern, was es will – sie sehen aus wie eine scheußliche Fleischwunde. Nur ganz wenige Gegenden Frankreichs sind davor sicher, sofern sie nicht offiziell unter Landschaftsschutz stehen, und ein großer Reiz unseres Hauses lag darin, daß es sich innerhalb der Grenzen eines Nationalparks duckte, der als historisches Erbe Frankreichs heilig und für Betonmixer verboten war.

Unmittelbar hinter dem Haus ragen die Berge des Lubéron bis zu einer höchsten Erhebung von fast zwölfhundert Metern auf, und sie erstrecken sich in tiefen Falten fast siebzig Kilometer von Westen nach Osten. Zedern, Kiefern und Eichengebüsch halten die Berge stets grün und bieten Wildschweinen, Kaninchen und Vögeln Deckung. Wilde Blumen, Thymian, Lavendel und Pilze wachsen zwischen den Felsen und unter Bäumen, und an einem klaren Tag ist vom Gipfel zur einen Seite ein Blick möglich auf die Basses-Alpes und zur anderen aufs Mittelmeer.

Die meiste Zeit des Jahres kann man acht oder neun Stunden lang laufen, ohne einem Auto oder einem menschlichen Wesen zu begegnen. Es sind 247 000 Morgen Naturpark, zu dem sich unser Garten erweitert, ein Paradies für unsere Hunde, eine nicht zu überwindende Barrikade gegen unerwünschte Nachbarn.

Auf dem Lande gewinnen Nachbarn, wie wir entdeckt haben, eine Bedeutung, die sie in Städten auch nicht annähernd haben. Man kann jahrelang in einer Wohnung in London oder New York leben, ohne mit den Leuten, die zwanzig Zentimeter entfernt auf der anderen Seite der Wand wohnen, je zu sprechen. Auf dem Lande mag man vom nächsten Nachbarn Hunderte von Metern entfernt sein, trotzdem ist er ein Teil des eigenen Lebens, so wie man selbst zu seinem Leben gehört.

Falls man Ausländer ist – also eine Art Exot –, wird man mit mehr als dem üblichen Interesse inspiziert. Und wenn man außerdem ein seit langem bestehendes landwirtschaftliches Arrangement übernimmt, wird einem rasch klargemacht, daß die eigenen Einstellungen und Entscheidungen einen direkten Einfluß auf das Wohlergehen einer anderen Familie haben.

Mit den neuen Nachbarn hatte uns das Ehepaar bekannt gemacht, das uns das Haus verkauft hatte, und zwar während eines fünfstündigen Abendessens, das allseits durch einen immensen guten Willen, unsererseits aber durch enorme Verständnisschwierigkeiten gekennzeichnet war. Man sprach französisch – es war aber nicht das Französisch, das wir in unseren Büchern studiert und auf den Sprachkassetten gehört hatten; es war ein reiches, suppiges *patois*, das von irgendwo aus dem hinteren Kehlkopf kam und durch die Nasengänge schlürfte, bevor es als Sprache ins Freie trat. Halbvertraute Laute konnten durch die Wirbel und Strudel des Provenzalischen verschwommen als Worte identifiziert werden: *Demain* wurde zu *demang*, *vin* wurde zu *vang*, *Maison* zu *Mesong*. Das allein wäre noch kein Problem gewesen, wenn die Worte im Tempo üblicher Konversation gesprochen und ohne weitere Ausschmückung geblieben wären. Sie wurden jedoch wie Kugeln aus einem Maschinengewehr abgefeuert und zum Schluß auf gut Glück oft noch mit einem zusätzlichen Vokal versehen. So kam das Angebot eines weiteren Stücks Brot – Stoff auf Seite eins für Anfänger – als ein einziges fragendes Sirren heraus. *Encoredupanga?*

Zu unserem Glück waren der Hunger und das freundliche Naturell unserer Nachbarn deutlich spürbar, selbst wenn das, *was* sie sagten, uns ein Rätsel blieb. Henriette war eine dunkelblonde, hübsche Frau mit Dauerlächeln, die wie eine Sprinterin jeden Satz in Rekordzeit hinter sich brachte. Ihr Mann Faustin – oder Faustang, wie wir seinen Namen wochenlang im Geiste buchstabiert hatten – war groß und sanft, bewegte sich bedächtig und sprach relativ langsam. Er war in diesem Tal geboren, er hatte in diesem Tal sein Leben verbracht, und er würde in diesem Tal sterben. Sein Vater, Pépé André, der gleich nebenan wohnte, hatte mit achtzig Jahren seinen letzten Eber geschossen und die Jagd aufgegeben, um Fahrradfahren zu lernen. Zweimal wöchentlich radelte er zum Einkaufen und zum Klatsch hinunter ins Dorf. Es schien eine zufriedene Familie zu sein.

Sie hatten allerdings eine Sorge, die uns betraf – nicht als Nachbarn, sondern als künftige Partner, und inmitten der Düfte von *marc* und im noch dichteren Nebel des Akzents kamen wir ihr schließlich auf die Spur.

Die sechs Morgen Grund, die wir mit dem Haus erworben hatten, waren größtenteils mit Reben bepflanzt und jahrelang nach dem herkömmlichen System der *Metayage* bewirtschaftet worden: Der Landeigentümer zahlt das Kapital für die neuen Reben und den Dünger, während der Bauer die Arbeit des Besprühens, Stutzens und Erntens übernimmt. Zum Ende der Saison erhält der Bauer zwei Drittel, der Eigentümer ein Drittel des Gewinns. Bei einem Eigentümerwechsel steht eine erneute Absprache zur Diskussion, und genau das war Faustins Sorge. Es war wohlbekannt, daß im Lubéron viele Liegenschaften als *résidences secondaires* für die Ferien und zum Vergnügen gekauft wurden, und der wertvolle Agrarboden wurde für kunstvoll bepflanzte Gartenanlagen zweckentfremdet. Es gab sogar Fälle der schlimmsten Form von Blasphemie – daß Reben herausgerissen worden waren, um Tennisplätzen zu weichen. Tennisplätze! Faustin zuckte ungläubig die Achseln. Schultern und Augenbrauen hoben sich einmütig beim Gedanken an die ausgefallene Idee, wertvolle Reben gegen den seltsamen Spaß zu tauschen, in der Hitze hinter einem kleinen Ball herzujagen.

Die Sorge hätte er sich sparen können. Wir liebten die Reben – die planvolle Regelmäßigkeit, mit der sie sich gegen die Hänge der Berge hoben, die Färbung von hellem zu dunklerem Grün über Gelb zu Rot, wenn Frühling zu Sommer und Sommer zu Herbst wurde, den blauen Rauch in der Stutzzeit, wenn die abgetrennten Teile verbrannt wurden, die zurückgeschnittenen Stumpen, die im Winter die nackten Felder spickten – sie gehörten hierher. Tennisplätze und Landschaftsgärten dagegen nicht. (Genausowenig wie unser Schwimmbecken, aber das hatte wenigstens keine Rebstöcke verdrängt.) Und außerdem lieferten sie uns Wein. Wir hatten die Wahl, unseren Anteil am Gewinn in bar oder in Naturalien zu erhalten; in einem durchschnittlichen Jahr betrug unser Anteil an der Ernte an die tausend Liter guten gewöhnlichen Roten und Rosé. So emphatisch, wie uns das mit unserem unsicheren Französisch möglich war, teilten wir Faustin mit, daß es uns ein Vergnügen wäre, die bestehende Abmachung weiterzuführen. Er strahlte. Ihm war klar, daß wir uns prächtig verstehen würden. Vielleicht würden wir uns eines schönen Tages sogar miteinander unterhalten können.

Der Eigentümer von *Le Simiane* wünschte uns ein glückliches neues Jahr und stand im Eingang, als wir in die enge Gasse hinaustraten und in die Sonne blinzelten.

»Nicht schlecht, eh?« sagte er mit einer Armbewegung – mit ihr vereinnahmte er das Dorf, hoch oben die Ruine der Burg des Marquis de Sade, die weite Aussicht zu den Bergen und den strahlend klaren Himmel. Es war eine lässige, besitzergreifende Geste, als ob er uns ein Eckchen seines Privatgrundstückes zeigte. »Man hat Glück, in der Provence zu sein.«

Durchaus, dachten wir. Das hat man. Wenn das der Winter sein sollte, so würde die ganze Schlechtwetterausrüstung – die Stiefel und Mäntel und dicken Pullover –, die wir aus

England mitgebracht hatten, überflüssig sein. Wir fuhren heim, warm, wohlgenährt, schlossen Wetten ab, wann wir zum erstenmal schwimmen würden, und empfanden ein selbstzufriedenes Mitleid für die armen Seelen in rauheren Klimazonen, die richtige Winter durchmachen mußten.

Knapp zweitausend Kilometer weiter nördlich nahm unterdes der Wind, der in Sibirien eingesetzt hatte, für das letzte Stück seiner Reise Fahrt auf. Vom Mistral hatten wir so mancherlei gehört. Er macht Menschen und Tiere verrückt. Bei Gewaltverbrechen wird er als mildernder Umstand anerkannt. Er bläst oft fünfzehn Tage in einem fort, reißt Bäume aus, wirft Autos um, zerbricht Fenster, schleudert alte Damen in den Rinnstein, splittert Telegrafenmasten, heult durch Häuser wie ein kaltes und unheilvolles Gespenst, verursacht Grippe, Unfrieden im Haus, Arbeitsausfall, Zahnschmerzen, Migräne – kurzum: Alle Probleme in der Provence, die nicht den Politikern angelastet werden können, rühren vom *Sâcré Vent* her, von dem die Provenzalen in einer Art masochistischem Stolz sprechen.

Typisch gallische Übertreibung, dachten wir. Wenn sie mit den Stürmen fertig zu werden hätten, die vom Ärmelkanal herüberfegen und den Regen bringen, so daß er einem fast horizontal ins Gesicht schlägt, dann wüßten sie, was ein richtiger Wind ist. Wir hörten uns ihre Geschichten an und gaben uns – aus purer Höflichkeit gegenüber denen, die sie erzählten – beeindruckt.

So waren wir auf den ersten Mistral des Jahres schlecht vorbereitet, der durch das Rhônetal stürmte, nach links abbog und gegen die Westseite des Hauses toste, so stark, daß er vom Dach Ziegel ins Schwimmbecken abräumte und ein Fenster aus den Angeln riß, das leichtsinnigerweise offengestanden hatte. Die Temperatur fiel in vierundzwanzig Stunden um zwanzig Grad. Zunächst auf null, dann auf minus sechs. Messungen in Marseille zeigten eine Windgeschwindigkeit von 180 Kilometern in der Stunde. Meine Frau hatte beim Kochen einen Mantel an. Ich versuchte, mit Handschuhen auf der Maschine zu schreiben. Wir sprachen nicht mehr vom ersten Schwimmen und dachten statt dessen melancholisch an Zentralheizung. Und eines Morgens, zum Geräusch krachender Äste, platzte unter dem Druck des Wassers, das über Nacht gefroren war, ein Leitungsrohr nach dem anderen. Sie waren vom Eis blockiert und geschwollen und hingen schräg von den Wänden, und Monsieur Menicucci untersuchte sie mit dem beruflichen Scharfblick des Klempners.

»*O là là*«, sagte er. »*O là là.*« Er drehte sich nach seinem jungen Lehrling um, den er immer nur als *Jeune Homme* oder *Jeune* ansprach. »Du weißt, womit wir es da zu tun haben, *Jeune*. Nackte Rohre. Ohne Isolierung. Côte-d'Azur-Rohre. Für Cannes, für Nizza mögen sie gut genug sein, aber hier …« Er gab einen Gluckser der Mißbilligung von sich und wedelte *Jeune* mit dem Finger unter der Nase herum, um den Unterschied zwischen den milden Wintern an der Küste und der beißenden Kälte, in der wir hier standen, zu unterstreichen, und zog sich die Wollmütze fest über die Ohren. Er war klein und stämmig und zum Klempner gebaut, wie er erklärte, weil er sich in enge Räume hineinzwängen konnte, die ungehobelteren Männern gar nicht zugänglich wären. Während wir abwarteten, daß *Jeune* die Lötlampe aufsetzte, widmete uns Monsieur Menicucci die erste Vorlesung seiner gesammelten *Pensées*, denen ich dann das ganze Jahr über mit wachsendem Vergnügen zuhören sollte. An diesem Tag gab er eine geophysikalische Abhandlung über die zunehmende Härte provenzalischer Winter zum besten.

Drei Jahre schon waren die Winter spürbar härter gewesen als alle, an die man sich erinnern konnte – kalt genug, ehrlich, um uralte Olivenbäume abzutöten. Es war, um eine Wendung zu gebrauchen, die hier bei jedem Ausbleiben der Sonne auftaucht, *pas normal*. Aber wieso? Monsieur Menicucci ließ mir symbolische zwei Sekunden Zeit zum Nachdenken, bevor er seine Theorie explizierte und mich ab und an mit dem Finger stupste, um sicherzugehen, daß ich zuhörte.

Es sei klar, so behauptete er, daß die Winde, die die Kälte von Rußland herübertrugen, mit höherer Geschwindigkeit als früher in der Provence einträfen, also weniger Zeit brauchten, um ihr Ziel zu erreichen, und folglich weniger Zeit hätten, sich *en route* zu erwärmen. Und der Grund dafür

– Monsieur Menicucci gestattete sich eine kurze, aber dramatische Pause – sei eine Veränderung in der Krümmung der Erdkruste. *Mais oui.* Irgendwo zwischen Sibirien und Ménerbes habe die Erdkrümmung sich verflacht und dem Wind somit eine direktere Südroute ermöglicht. Es war ganz und gar logisch. Leider wurde der zweite Teil dieser Vorlesung – warum die Erde flacher wird – vom Knacken eines weiteren geplatzten Leitungsrohres und meine Bildung zugunsten eines virtuosen Einsatzes der Lötlampe unterbrochen.

Die Wirkung des Wetters auf die Bewohner der Provence ist unmittelbar und offenkundig. Sie erwarten jeden Tag Sonnenschein, und ihr Wohlbefinden leidet, wenn er ausbleibt. Regen empfinden sie als persönliche Beleidigung. Sie schütteln die Köpfe und bemitleiden sich gegenseitig in den Cafés, blicken mit tiefstem Mißtrauen gen Himmel, als ob eine Heuschreckenplage drohe, und bahnen sich voller Abscheu ihren Weg durch die Pfützen auf dem Gehsteig. Wenn noch Schlimmeres als ein Regentag über sie hereinbrechen sollte – etwa ein Temperatursturz unter Null wie dieser –, so sind die Folgen erschreckend: Die Bevölkerung wird fast unsichtbar. Da die Kälte sich bis Mitte Januar festbiß, wurde es still in den Städten und Dörfern. Die Wochenmärkte, gewöhnlich übervoll und lärmig, waren skelettartig abgemagert – reduziert auf unerschrockenes Standpersonal, das, um den Lebensunterhalt zu verdienen, sogar bereit war, Frostbeulen zu riskieren, und sich die Füße vertrat und von Flachmännern nippte. Die Kunden bewegten sich zügig, kauften, gingen, nahmen sich kaum die Zeit, das Wechselgeld nachzuzählen. In den Bars waren Türen und Fenster dicht verschlossen; man ging seinen Geschäften in beißendem Tabakqualm nach. Von dem üblichen Herumtrödeln auf den Straßen war nichts geblieben.

Unser Tal lag im Winterschlaf. Mir fehlten all die Geräusche und Laute, die den Verlauf jeden Tages fast mit der Genauigkeit einer Uhr kennzeichneten: der Morgenhusten von Faustins Hahn; das durchgedrehte Klackern – als ob Schrauben und Muttern einer Keksdose entfliehen wollten – des Citroën-Kleinlasters, mit dem mittags jeder Bauer nach Hause fährt; das hoffnungsvolle Gewehrfeuer eines Jägers auf nachmittäglicher Patrouille in den Weinbergen am Hügel gegenüber; das ferne Wimmern einer Kettensäge im Wald; das Konzert der Hofhunde in der Dämmerung. Nun herrschte Schweigen. Stundenlang lag das Tal absolut still und ausgestorben da. Wir wurden neugierig. Was machten die Menschen nur?

Faustin, das wußten wir, reiste die umliegenden Bauernhöfe ab, als Wanderschlachter, schlitzte die Kehlen und brach die Hälse von Kaninchen und Enten und Schweinen und Gänsen, damit sie zu Pasteten und Schinken und *confits* werden konnten. Wir meinten, das sei eine unpassende Tätigkeit für einen weichherzigen Mann, der seine Hunde verwöhnte, aber er war dabei offenbar tüchtig und fix und, wie jeder echte Landmensch, ohne sentimentale Gefühle. Wir mögen ein Kaninchen als Haustier behandeln oder für eine Gans Anhänglichkeit empfinden, aber wir waren aus der Großstadt gekommen und Supermärkte gewöhnt, wo Fleisch hygienisch jeglicher Ähnlichkeit mit lebenden Kreaturen entrückt war. Ein Schweinskotelett in Plastikfolie gibt ein sanitäres, abstraktes Bild, das aber auch gar nichts mehr mit dem warmen, verdreckten, massigen Schwein zu tun hat. Hier draußen auf dem Lande war der direkte Zusammenhang zwischen Tod und Mahlzeit nicht zu umgehen, und wir sollten für Faustins winterliche Arbeit in Zukunft oft genug Dankbarkeit empfinden.

Aber was machten die anderen? Die Erde war zugefroren, die Reben zurückgeschnitten und tot. Zum Jagen war es zu kalt. Waren alle verreist, etwa auf Urlaub? Nein, bestimmt nicht. Hier gab es keine feinen Großgrundbesitzer, die den Winter auf Skihängen verbrachten oder auf Yachten in der Karibik. Hier verbrachte man die Ferien im August daheim, wenn man sich überaß, die Siestas genoß und sich vor den langen Arbeitstagen der Weinernte ausruhte. Es war uns ein Rätsel, bis wir erkannten, wie viele Menschen hier im September und Oktober Geburtstag hatten, und damit ergab sich eine mögliche, wenngleich nicht überprüfbare Antwort: Sie waren zu Hause, um Kinder zu zeugen. In der Provence hat alles seine Saison, und die ersten beiden Monate des Jahres müssen wohl der Fortpflanzung gewidmet sein. Nachzufragen haben wir uns allerdings nie getraut.

Die kalte Witterung brachte auch Freuden, die nicht so intimer Natur waren. Abgesehen von dem Frieden und der Leere der Landschaft hat der Winter in der Provence einen ganz eigenen Geruch, der durch den Wind und die trockene, klare Luft verstärkt wird. Auf meinen Wanderungen über die Hügel war ich oft in der Lage, ein Haus zu riechen, lange bevor ich es zu erblicken vermochte, wegen des Aromas von Holzrauch aus noch unsichtbaren Kaminen. Es ist einer der ursprünglichsten Gerüche des Lebens und folglich aus den meisten Städten verschwunden, so kommunale Richtlinien und Innenausstatter offene Kamine zu überbauten Löchern oder künstlich beleuchtetem »architektonischen Beiwerk« verfremdet haben. In der Provence wird das offene Feuer noch immer praktisch genutzt – es wird drauf gekocht, man sitzt drum herum, man wärmt sich die Füße und freut sich an den Flammen. Die Feuer werden morgens in der Frühe angelegt und den ganzen Tag über am Brennen gehalten mit Krüppeleichenholz vom Lubéron oder Buche vom Fuße des Mont Ventoux. Bei Anbruch der Dämmerung bin ich auf dem Rückmarsch mit den Hunden stets stehengeblieben, um von oben aufs Tal mit dem länglichen Zickzack von Rauchbändern hinunterzublicken, die von den Höfen aufstiegen, die an der Straße nach Bonnieux verstreut liegen. Es war ein Anblick, der mich an warme Küchen und gutgewürzten Eintopf denken ließ und mich jedesmal heißhungrig machte. Die allgemein bekannte provenzalische Küche ist Sommerkost. Melonen und Pfirsiche und Spargel, *courgettes* und Auberginen, Paprika und Tomaten, *aioli* und Bouillabaisse und Riesensalatschüsseln mit Oliven und Sardellen und Thunfisch und hartgekochten Eiern und Scheibchen von erdigen Kartoffeln auf buntem Salatbett in glänzendem Öl, frischer Ziegenkäse – das waren die Erinnerungen gewesen, die uns jedesmal kamen und quälten, wenn wir in englischen Geschäften das Angebot schlaffer und verschrumpelter Gemüse vor uns sahen. Wir waren nie auf die Idee gekommen, daß es eine Winterküche geben könnte, die völlig anders, aber nicht weniger köstlich war.

Die Kaltwetterküche der Provence ist Landmannskost. Sie soll auf den Rippen ansetzen, warmhalten, Kraft geben und einen mit vollem Bauch zu Bett schicken. Sie ist nicht schick und schön in dem Sinn, wie die winzigen, künstlerisch garnierten Portionen schön schick sind, die in modischen Restaurants serviert werden. Doch an einem frostkalten Abend, wenn der Mistral wie ein Rasiermesser auf einen zukommt, ist sie unüberbietbar. Und an dem Abend, als unsere Nachbarn uns zum Essen einluden, war es so kalt, daß wir den kurzen Weg zu ihrem Haus im Laufschritt zurücklegten.

Wir kamen durch die Tür, und meine Brille beschlug sich mit der Hitze vom Kamin, der den größten Teil der Wand am anderen Ende des Raums beanspruchte. Als der Nebel sich klärte, sah ich den großen Tisch, der mit kariertem Öltuch überzogen und für zehn Personen gedeckt war. Freunde und Verwandte wollten uns unter die Lupe nehmen. In der Ecke zwitscherte ein Fernscher. In der Küche schnatterte das Radio. Hunde und Katzen wurden aus dem Zimmer gescheucht, wenn ein Gast eintrat, nur um sich mit dem nächsten Gast wieder einzuschleichen. Ein Tablett mit Getränken wurde hereingetragen – *Pastis* für die Männer, gekühlter süßer Muskatwein für die Frauen. Wir gerieten mitten in ein Kreuzfeuer von lautstarken Klagen über das Wetter. War das in England genauso schlimm? Nur im Sommer, erwiderte ich. Einen Augenblick lang nahm man das ernst, bevor mir jemand aus der Verlegenheit half, indem er lachte. Mit einem ziemlichen Gerangel um Plätze – ich war mir nicht sicher, worum es dabei ging: so nah oder so weit weg von uns wie möglich – nahmen wir am Tisch Platz.

Es war ein Mahl, das wir nie vergessen werden. Genauer gesagt: Es waren mehrere Mahlzeiten, die wir nie vergessen werden; denn sie überstiegen qualitativ wie quantitativ alle bekannten gastronomischen Grenzen.

Mit hausgemachter Pizza fing es an – nein, nicht mit einer, sondern mit dreien: mit Sardellen, mit Pilzen, mit Käse, und von jeder mußten wir ein Stück nehmen. Die Teller wurden anschließend abgewischt mit Stücken, die man von dreiviertelmeterlangen Broten herunterriß. Der nächste Gang wurde hereingetragen. Es gab Kaninchen-, Wildschwein- und Drosselpasteten. Es gab eine Schweinsterrine mit größeren Stücken, die von *marc* durchzogen war. Es gab *saucissons* mit Pfefferkörnern. Es gab winzige süße Zwiebeln in einer Marinade von frischer Tomatensoße. Und wieder wurden die Teller gewischt. Danach gab es Ente. Die Scheibchen von *magret*, die in Fächerformation und mit einem eleganten Klecks Soße auf den noblen Tischen der Nouvelle Cuisine auftauchen – sie waren hier nirgends zu sehen. Wir hatten ganze Entenbrust, ganze Beine in einer dunklen, stark gewürzten Soße mit wilden Pilzen.

Wir lehnten uns zurück. Wir waren dankbar, daß wir es geschafft hatten, bis zum Ende durchzuhalten. Und wir sahen mit einem Gefühl fast wie Panik, daß die Teller noch einmal blankgerieben wurden und eine riesige, dampfende Casserole auf den Tisch kam: eine Spezialität von Madame, unserer Gastgeberin – ein *civet* von Kaninchen, das reichste, dunkelste Fleisch –, und unsere schwachen Bitten um kleine Portionen wurden lächelnd ignoriert. Wir aßen. Wir aßen den grünen Salat mit Stückchen von Brot, das in Knoblauch und Olivenöl gebraten war. Wir aßen die fetten, runden *crottins* von Ziegenkäse. Wir aßen den Mandelcremekuchen, den die Tochter des Hauses gebacken hatte. Wir aßen an diesem Abend für die Ehre Englands.

Zum Kaffee wurde eine ganze Reihe unförmiger Flaschen aufgetragen – eine Auswahl lokaler *digestifs*. Das Herz wäre mir gesunken, wenn noch Platz gewesen wäre, wohin es hätte sinken können, doch gegen die Hartnäckigkeit des Gastgebers war nichts zu machen. Ich mußte eine ganz besondere Tinktur probieren, die nach einem Rezept eines dem Alkohol ergebenen Mönchsordens in den Basses-Alpes aus dem elften Jahrhundert hergestellt war. Ich wurde gebeten, die Augen zu schließen, während eingeschenkt wurde, und als ich sie öffnete, stand vor mir ein großes Glas mit einer faserigen gelben Flüssigkeit. Ich sah mich voller Verzweiflung am Tisch um. Alle Augen ruhten auf mir; es gab keine Chance, das Zeug dem Hund zu geben oder es direkt in den Schuh tröpfeln zu lassen. Mit einer Hand suchte ich am Tisch Halt, mit der anderen griff ich nach dem Glas, machte die Augen zu, betete zum Schutzpatron der Verstopften und kippte es hinunter.

Nichts. Ich hatte im günstigsten Fall mit einer verbrannten Zunge, schlimmstenfalls mit abgetöteten Geschmacksnerven gerechnet, doch ich kriegte nichts als – Luft. Es war ein Trickglas, und es war in meinem Leben das erste Mal, daß ich Erleichterung empfand, keinen Drink zu bekommen. Als das Lachen der übrigen Gäste erstarb, wurden uns echte Drinks angedroht. Gerettet hat uns die Katze. Von ihrem Hauptquartier auf einem riesigen Wandschrank tat sie im Flug einen Sprung nach einer Motte und machte inmitten der Kaffeetassen und Flaschen auf dem Tisch eine Bruchlandung. Es schien der geeignete Moment, sich zu verabschieden. Wir schoben auf dem Heimweg unsere Bäuche vor uns her, ohne die Kälte zu spüren, waren unfähig zu sprechen und schliefen wie die Toten.

Selbst für provenzalische Maßstäbe war das kein alltägliches Mahl gewesen. Die Menschen, die auf dem Lande arbeiten, essen wahrscheinlich eher gut zu Mittag und abends sparsamer – eine Gewohnheit, die gesund und vernünftig und für unsereins völlig unmöglich ist. Wir haben entdeckt, daß uns für den Abend nichts so viel Appetit macht wie ein richtiges Mittagessen. Es ist geradezu alarmierend. Es muß mit der neuen Situation zu tun haben, damit, daß wir inmitten all dieser guten Sachen leben, unter Männern und Frauen, deren Interesse für Nahrung an Besessenheit grenzt. So genügt es etwa den Fleischern hier nicht, bloß Fleisch zu verkaufen. Sie werden Ihnen, während sich hinter Ihrem Rücken eine Schlange bildet, in aller Ausführlichkeit erzählen, wie Sie es kochen und servieren müssen und was man dazu ißt und trinkt.

Es passierte uns das erste Mal, als wir nach Apt gefahren waren, um für ein provenzalisches Eintopfgericht namens *pebronata* Kalbfleisch zu kaufen. Man empfahl uns einen Fleischer in der Altstadt, der ein wahrer Meister des Fachs und überhaupt *très sérieux* sein sollte. Sein Laden war klein. Seine

Frau und er waren groß. Zu viert waren wir ein Gedränge. Er hörte konzentriert zu, als wir erklärten, daß wir dieses besondere Gericht zubereiten wollten – vielleicht hatte er von diesem Gericht schon gehört?

Er schnaufte entrüstet und begann so energisch ein großes Messer zu wetzen, daß wir einen Schritt zurücktraten. Ob uns klar sei, sagte er, daß wir einen Experten vor uns sähen, vielleicht die größte *pebronata*-Autorität im Vaucluse? Seine Frau nickte bewundernd. Also, sagte er und schwang fünfundzwanzig Zentimeter scharfen Stahls gegen unsere Gesichter, er habe ein Buch darüber geschrieben – ein *definitives* Buch –, das zwanzig Variationen des Grundrezeptes enthielte. Seine Frau nickte erneut. Sie spielte neben diesem eminenten Chirurgen die Rolle der Operationsschwester, die vor der Operation frische Messer zum Schärfen reicht.

Wir müssen angemessen beeindruckt dreingeschaut haben, weil er dann ein anständiges Stück Kalbfleisch produzierte und einen professoralen Ton anschlug. Er schnitt das Fleisch, zerlegte es in Würfel, füllte ein Beutelchen mit zerhackten Kräutern, erklärte uns, wo wir den besten Paprika kaufen könnten – vier grüne und einen roten, der Farbkontrast hätte ästhetische Gründe –, ging das Rezept zweimal durch, um sicherzustellen, daß wir keinerlei *bêtise* begehen würden, und empfahl dazu einen passenden Côtes du Rhône. Es war eine gelungene Vorstellung.

Gourmets sind in der Provence dicht gesät, und gelegentlich kommen aus den unwahrscheinlichsten Ecken Perlen der Weisheit ans Licht. Wir gewöhnten uns daran, daß die Franzosen fürs Essen die gleiche Leidenschaft aufbringen wie andere Nationen für Sport oder Politik, doch trotzdem waren wir überrascht, als wir Monsieur Bagnols, den Bodenreiniger, Drei-Sterne-Restaurants begutachten hörten. Er war von Nîmes herübergekommen, um den Fußboden abzureiben, und es war von Anfang an klar, daß er nicht zu den Menschen zählte, die ihren Bauch auf die leichte Schulter nehmen. Jeden Tag pünktlich um zwölf wechselte er aus der Arbeitskluft in einen Anzug und begab sich für die nächsten zwei Stunden in eins der umliegenden Restaurants.

Er fand es nicht schlecht, aber natürlich nichts im Vergleich zum Beaumanière in Les Baux. Das Beaumanière hat drei Sterne im Michelin und im Gault-Millau 17 von 20 möglichen Punkten, und dort, so erzählte er, habe er einen wahrhaft außergewöhnlichen Seebarsch *en croute* gegessen. Wohlgemerkt, sagte er, auch das Troisgros in Roanne sei ein vorzügliches Lokal, obwohl es natürlich von der Lage her, gegenüber dem Bahnhof, nicht so schön sei wie das in Les Baux. Das Troisgros hat drei Sterne im Michelin und ist im Gault-Millau mit 19 1/2 von 20 Punkten klassifiziert. Und so ging das fort, während er sich die Knieschoner zurechtrückte und den Boden abscheuerte – ein persönlicher Wegweiser zu fünf oder sechs der teuersten Restaurants in Frankreich, die Monsieur Bagnols auf seinen jährlichen Schlemmerreisen besucht hatte.

Einmal war er in England gewesen, wo er in einem Hotel in Liverpool Lammbraten gegessen hatte. Der war grau und lauwarm und ohne Geschmack gewesen. Aber, sagte er, es ist ja bekannt, daß die Engländer ihr Lamm zweimal töten; einmal beim Schlachten und das zweite Mal beim Kochen. Angesichts solch niederschmetternder Verachtung für die Kochkünste meines Landes zog ich mich zurück und überließ ihn seiner Arbeit am Boden und dem Traum von seinem nächsten Besuch bei Bocuse.

Die Witterung blieb hart, mit bitterkalten, doch herrlichen Sternennächten und spektakulären Sonnenaufgängen. Eines Morgens früh kam mir die Sonne abnorm niedrig und groß vor, und als ich ihr entgegenschritt, war alles grell oder aber in tiefstem Schatten. Die Hunde waren mir ein gutes Stück voraus, und ich hörte ihr Bellen, lang bevor ich sehen konnte, was sie gefunden hatten.

Wir hatten einen Teil des Waldes erreicht, wo das Land zu einer tiefen Mulde abfiel, in der vor hundert Jahren irgendein irrgeleiteter Bauer ein Haus gebaut hatte, das eigentlich immer nur in dem Schatten stand, den die umstehenden Bäume warfen. Ich war schon oft daran vorbeigekommen. Die Fensterläden waren stets geschlossen, und das einzige Zeichen einer Bewohnung war der Rauch, der aus dem Schornstein in die Höhe kräuselte. Im Hof draußen waren zwei große und verfilzte Schäferhunde und eine schwarze Promenadenmischung ständig auf der Lauer, jaulten und zerrten an den Ketten in ihrem Bemühen, vorübergehende Menschen anzufallen. Man wußte, daß diese Hunde bösartig waren; einmal hatte sich einer von ihnen losgerissen und Großvater Andrés Beinen eine offene Wunde zugefügt. Meine Hunde, so tapfer sie ängstlichen Katzen gegenüber sein mochten, hatten klug und weise beschlossen, diesen drei feindlichen Gebissen nicht zu nahe zu kommen, und sich angewöhnt, einen Bogen ums Haus zu machen und über einen kleinen Steilhang auszuweichen. Dort oben standen und bellten sie nun auf die nervöse Tour, die Hunde annehmen, wenn sie auf vertrautem Grund Unerwartetem begegnen.

Auf der Hügelkuppe strahlte mir die Sonne voll ins Gesicht. Ich konnte jedoch unter den Bäumen die Silhouette einer Männergestalt ausmachen, einen hellen Schein von Rauch um seinen Kopf, die Hunde, die ihn aus sicherer Entfernung unruhig umschnüffelten. Als ich zu ihm herantrat, streckte er mir eine kalte Hornhand entgegen.

»*Bonjour.*« Er schraubte sich einen Zigarettenstummel aus der Ecke des Mundes und stellte sich vor. »Massot, Antoine.«

Er trug Kriegsausrüstung: eine fleckige Tarnjacke, ein militärisches Dschungelkäppi, einen Patronengurt und eine Schrotflinte. Sein Gesicht hatte die Farbe und Textur eines flüchtig gebratenen Steaks, mit einem keilförmigen Nasenvorsprung über einem unregelmäßigen, nikotingefärbten Schnauzer. Blaßblaue Augen lugten durch ein wild sprießendes Gewirr rötlicher Augenbrauen, und sein zerfallenes Lächeln hätte selbst einen optimistischen Zahnarzt zur Verzweiflung gebracht. Trotzdem, er hatte irgendwas verrückt Liebenswürdiges an sich.

Ich fragte, ob er bei der Jagd Erfolg gehabt hätte. »Ein Fuchs«, sagte er. »Zum Essen war er aber zu alt.« Er zuckte die Achseln und steckte sich schon wieder eine von diesen Boyards an, Zigaretten mit gelbem Maispapier, die wie ein junges Gestrüppfeuer in der Morgenluft stanken. »Immerhin«, sagte er. »Er wird mir nachts die Hunde nicht mehr wachhalten«, und er nickte in Richtung des Hauses unten in der Mulde.

Ich sagte, daß seine Hunde gefährlich wirkten, und er grinste. Nur verspielt, sagte er. Und was sei gewesen, als einer ausgerissen war und den alten Mann anfiel? Ach, das. Bei der schmerzlichen Erinnerung schüttelte er den Kopf. Das Problem sei, meinte er – man dürfe einem spielenden Hund nie den Rücken zukehren, und den Fehler hatte der alte Mann gemacht. *Une vraie catastrophe*. Einen Augenblick lang nahm ich an, er bedauere die Wunde, die Großvater André zugefügt worden war; in seinem Bein war eine Vene durchgebissen worden, und wegen der Spritzen und des Nähens hatte er das Krankenhaus aufsuchen müssen. Doch da irrte ich mich sehr. Das Traurige lag für Massot darin, daß er gezwungen gewesen war, sich eine neue Kette zu kaufen, und diese Räuber in Cavaillon hatten ihm 250 Francs abgeknöpft. Das war tiefer gegangen als Hundezähne.

Um ihm weitere Qualen zu ersparen, wechselte ich das Thema und fragte, ob er tatsächlich Fuchsfleisch äße. Er schien über so eine dumme Frage erstaunt und betrachtete mich ein oder zwei Augenblicke lang, ohne zu antworten, als ob er den Verdacht hegte, ich könnte ihn zum Narren halten. »Man ißt in England keinen Fuchs?« Ich sah die Mitglieder der Belvoir Hunt vor mir und ihre Leserbriefe in der *Times* und ihren kollektiven Herzkollaps angesichts einer so unfairen, typisch ausländischen Idee.

»Nein, in England ißt man Füchse nicht. Man putzt sich mit einem roten Jackett heraus und jagt ihn hoch zu Roß, mit mehreren Hunden, und dann schneidet man ihm den Schwanz ab.«

Er hob keck erstaunt den Kopf. »*Ils sont bizarres, les anglais.*« Und dann, mit riesigem Aplomb und einigen gräßlich eindeutigen Gesten, beschrieb er, was zivilisierte Menschen mit einem Fuchs machen.

Civet de Renard à la Façon Massot

Spüre einen jungen Fuchs auf und gib acht, ihm sauber in den Kopf zu schießen, der kulinarisch uninteressant ist. Schrotsplitter in den eßbaren Teilen des Fuchses kann ein

Splittern der Zähne – Massot zeigte mir zwei seiner Zähne – und Verdauungsbeschwerden verursachen.

Häute den Fuchs und schneide seine *parties* ab. Hier machte Massot eine Schneidbewegung mit der Hand quer über die Leistengegend, dann drehte und zerrte er kompliziert mit der Hand, um das Ausweiden des Tieres anschaulich zu zeigen.

Den gesäuberten Tierkörper vierundzwanzig Stunden lang unter kaltfließendem Wasser lassen, um den *goût sauvage* zu beseitigen. Trocknen, in einem Sack bündeln und über Nacht im Freien hängen lassen, am besten bei Frost.

Den Fuchs am Morgen danach in eine gußeiserne Casserole legen und mit einer Mischung aus Blut und Rotwein bedecken. Kräuter, Zwiebel und Knoblauchzehen dazugeben und ein bis zwei Tage köcheln lassen. (Massot entschuldigte sich für die ungenauen Angaben, sagte aber, daß die Zeit je nach Gewicht und Alter des Fuchses schwanke.)

In der guten alten Zeit aß man ihn dann mit Brot und Salzkartoffeln, doch dank dem Fortschritt und der Erfindung der Friteuse könne man sich das Ganze heutzutage auch mit Pommes frites munden lassen.

Inzwischen war Massot gesprächig geworden. Er lebe, so erzählte er mir, allein und habe im Winter selten Gesellschaft. Er habe sein ganzes Leben in den Bergen verbracht, aber vielleicht sei es an der Zeit, ins Dorf zu ziehen, wo er unter Menschen sein könnte. Natürlich, es wäre eine Schande, ein so schönes, so ruhig gelegenes Haus zu verlassen, das so ideal vor dem Mistral geschützt war, in so vollkommener Lage, um Schutz vor der heißen Mittagssonne zu bieten, ein Haus, in dem er so viele glückliche Jahre gelebt hatte. Es würde ihm das Herz brechen – er sah mich scharf an, aus blassen Augen, die vor Aufrichtigkeit wäßrig waren –, außer er könnte mir einen Dienst erweisen und einem meiner Freunde ermöglichen, das Haus zu erwerben.

Ich blickte auf das baufällige Anwesen in den Schatten

hinab, wo die drei Hunde an ihren rostenden Ketten ruhelos hin und her liefen, und dachte, daß sich in ganz Frankreich schwerlich ein weniger reizvoller Wohnsitz aufspüren ließe. Da gab es weder Sonne noch Aussicht, kein Gefühl der Weite und sicherlich ein feuchtes und mieses Inneres. Ich versprach Massot, ich würde dran denken, und er zwinkerte mir zu. »Eine Million Francs«, sagte er. »Ein Geschenk.« Und in der Zwischenzeit, bis er diesen kleinen Paradiesflecken verließe, würde er mir mit seinem Rat gern zur Verfügung stehen, falls ich irgend etwas über das Leben auf dem Lande wissen wolle. Er kenne jeden Zentimeter dieses Waldes, wisse ganz genau, wo die Pilze wüchsen, wo der wilde Eber zur Tränke kam, welche Flinte die richtige sei, wie man einen Jagdhund ausbilde – es gäbe nichts, was er nicht wüßte, ich brauche ihn nur zu fragen. Ich dankte ihm. »C'est normal«, sagte er und stapfte hügelabwärts zu seiner Eine-Million-Residenz.

Als ich einem Freund im Dorf erzählte, ich sei Massot begegnet, lächelte er.

»Hat er Ihnen gesagt, wie man einen Fuchs zubereitet?« wollte er wissen.

Ich nickte.

»Hat er versucht, Ihnen sein Haus zu verkaufen?«

Ich nickte.

»Der alte *blagueur*. So ein Windmacher.«

Mir machte das nichts. Ich mochte ihn, und ich hatte das Gefühl, daß er eine reiche Quelle faszinierender und höchst suspekter Informationen sein würde. Wenn er mich in die Freuden ländlicher Lebensweise und Monsieur Menicucci mich in die mehr wissenschaftlichen Dinge einführen würde, so fehlte mir nur noch jemand, der mich durch die trüben Gewässer der französischen Bürokratie steuerte, die mit ihren vielseitigen Subtilitäten und Unannehmlichkeiten aus einem Maulwurfshügel einen Berg von Frustrationen machen kann.

Die Komplikationen beim Kauf des Hauses hätten uns eine Lehre sein sollen. Wir wollten kaufen, der Eigentümer wollte verkaufen, der Preis war vereinbart, alles war klar. Dann aber wurden wir zu zögerlichen Teilnehmern am Nationalsport des Sammelns von Dokumenten. Da wurden Geburtsurkunden erforderlich, um zu beweisen, daß wir existierten; Reisepässe, um nachzuweisen, daß wir Briten waren; Heiratsurkunden, um zu ermöglichen, das Haus auf unser beider Namen einzutragen; Scheidungsurkunden für eine frühere Ehe, um nachzuweisen, daß unsere Heiratsurkunden gültig waren; ein Nachweis, daß wir in England eine feste Adresse hatten. (Unsere Führerscheine, die klar aussagten, wo wir wohnten, wurden für unzureichend erklärt; ob wir keinen offizielleren Nachweis unseres Wohnsitzes besäßen – etwa eine alte Elektrizitätsrechnung?) Hin und her zwischen England und Frankreich gingen Berge von Papier – jeder nur denkbare Wisch von Information bis auf Blutgruppe und Fingerabdrücke –, ehe der Notar unser beider Leben in einem Dossier gesammelt hatte. Dann erst konnte die Transaktion über die Bühne gehen.

Wir suchten nach Entschuldigungen für die Franzosen, bemühten uns um Verständnis: Wir waren schließlich Ausländer, die ein Zipfelchen von Frankreich käuflich erwarben, und die nationale Sicherheit mußte natürlich gewährleistet sein. Weniger wichtige Geschäfte würden bestimmt rascher abgewickelt werden und nicht so viel Papierkram erfordern. Wir gingen ein Auto kaufen.

Es war die Standardausführung eines Citroën *Deux Chevaux*, ein Modell, das sich in den vergangenen 25 Jahren kaum verändert hat. Infolgedessen waren in jedem kleinen Dorf Ersatzteile zu bekommen. Die Mechanik ist kaum komplizierter als bei einer Nähmaschine, und jeder Hufschmied, der sich auf sein Handwerk versteht, kann es reparieren. Er ist billig und hat eine beruhigend niedrige Höchstgeschwindigkeit. Abgesehen von der Tatsache, daß seine Federung aus Pudding ist, wodurch der Citroën das einzige Auto der Welt ist, das einen mit ziemlicher Sicherheit seekrank macht, handelt es sich um ein liebenswürdiges und praktisches Gefährt. Und die Garage hatte eins auf Lager.

Der Verkäufer schaute sich unsere Führerscheine an, die

in allen EG-Ländern bis weit über das Jahr 2000 hinaus Gültigkeit besäßen. Mit einem Ausdruck unendlichen Bedauerns schüttelte er den Kopf und blickte uns an.

»*Non.*«

»*Non?*«

»*Non.*«

Wir zogen unsere Geheimwaffen hervor: unsere Reisepässe.

»*Non.*«

Wir wühlten in unseren Papieren. Was könnte er sehen wollen? Unsere Heiratsurkunden? Eine alte englische Elektrizitätsrechnung? Wir gaben auf. Wir fragten uns, was man eigentlich, außer Geld, noch brauchte, um ein Auto zu kaufen.

»Sie haben eine Adresse in Frankreich?«

Wir gaben sie ihm, und er notierte sie sorgfältig auf dem Kaufvertrag und prüfte zwischendurch immer wieder nach, ob der dritte Durchschlag noch lesbar war.

»Sie können nachweisen, daß dies hier Ihre Adresse ist? Eine Telefonrechnung? Eine Elektrizitätsrechnung?«

Wir erklärten, daß wir noch keine Elektrizitätsrechnung erhalten hatten, weil wir ja eben erst eingezogen waren. Er erklärte, zum Ausstellen der *carte grise* – der Fahrzeugbrief des Eigentümers – sei eine Adresse vonnöten. Keine Adresse, keine *carte grise*. Keine *carte grise*, kein Auto.

Glücklicherweise triumphierte sein Instinkt als Verkäufer über seinen Spaß an einer bürokratischen Sackgasse, und er beugte sich zu uns herüber, mit einem Vorschlag zur Lösung des Dilemmas. Wenn wir ihm die Kaufurkunde für unser Haus überlassen könnten, könnte die Angelegenheit zu einem baldigen und zufriedenstellenden Abschluß gebracht werden. Die Kaufurkunde befand sich im Notariat, zwanzig Kilometer entfernt. Wir fuhren sie holen und pflanzten sie triumphierend auf seinen Schreibtisch, zusammen mit einem Scheck. Ob wir jetzt das Auto haben könnten?

»*Malheureusement, non.*« Wir müßten warten, bis der Scheck überprüft worden wäre, eine Verzögerung von vier oder fünf Tagen, obwohl er auf eine ortsansässige Bank ausgestellt war. Ob wir gemeinsam zur Bank hinübergehen und ihn klären lassen könnten? Nein, könnten wir nicht. Es war Mittagspause. Die zwei Bereiche, in denen Frankreich weltweit führend ist – die Bürokratie und die Gastronomie – hatten sich miteinander verbündet und uns auf unseren Platz verwiesen.

Wir litten danach unter einem milden Verfolgungswahn und verließen viele Wochen lang das Haus nie ohne Fotokopien von unserem Familienarchiv, wedelten mit Reisepässen und Geburtsurkunden herum, beim Kassenmädchen im Supermarkt wie bei dem alten Mann, der uns in der Winzerkooperative den Wein in den Wagen lud. Die Urkunden wurden stets aufmerksam betrachtet, weil Urkunden in Frankreich etwas Heiliges darstellen und Hochachtung verdienen. Wir wurden jedoch häufig gefragt, warum wir sie mit uns herumschleppen. Ob man in England dazu gezwungen würde? Was mußte das doch für ein merkwürdiges und langweiliges Land sein! Darauf konnten wir nur mit einem Achselzucken antworten. Wir übten uns im Achselzucken.

Die Kälte dauerte bis in die letzten Januartage an; dann wurde es spürbar wärmer. Wir sahen dem Frühling entgegen, und ich war begierig, eine fachmännische Wettervorhersage zu bekommen. Ich beschloß, den Weisen des Waldes zu befragen.

Massot zupfte nachdenklich an seinem Schnauzer. Es gäbe Anzeichen, sagte er. Ratten könnten das Nahen wärmeren Wetters früher spüren als die komplizierten Satelliten, und die Ratten auf seinem Dachboden waren in den vergangenen Tagen ungewöhnlich lebhaft gewesen. Sie hatten ihn sogar eine ganze Nacht über wachgehalten, und er hatte ein paar Schüsse in die Decke gejagt, damit sie Ruhe gaben. *Eh, oui.* Außerdem stünde Neumond bevor, und in dieser Jahreszeit brächte das oft einen Wetterwechsel. Auf der Grundlage dieser zwei bedeutsamen Vorzeichen sagte er einen frühen und warmen Frühling voraus. Ich eilte heim, um nachzusehen, ob am Mandelbaum schon Andeutungen von Knospen sichtbar wären und nahm mir vor, das Schwimmbecken zu reinigen.

Winterreise

Lieber Alban,
ich bin hier in Wien, in diesem bitterkalten Januar, weil ich vor dir geflohen bin, so weit wie möglich. Hier kannst du mich nicht erreichen und nicht verwirren mit deinen hellen Augen, deinem langen Haar und deiner selbstbewußten Jugend. Dies ist eine böse, alte traurige Stadt, und ich bin eine böse, alte traurige Frau, die ihre Ruhe haben möchte vor schönen Kindern wie dir. Was hast du angerichtet, Alban? Ich war so entzückt, als ich dich zum erstenmal sah, ich war mehr als entzückt, ich war außer mir vor Leidenschaft für deine Schönheit. Du trugst ein grünweiß gestreiftes Hemd und helle Hosen, deine Haut war bronzebraun, du hattest beide Hände hinter dem Kopf verschränkt und hieltest dein Gesicht mit dieser hohen, geraden Stirn in die Sonne. Ich schaute dich an, und in dem Moment öffnetest du die Augen, sie waren hellgrau und dein Haar war goldfarben, und du lächeltest und botest mir mit einer Handbewegung an deinem Tisch in der Sonne einen Platz an. Alle anderen Tische waren besetzt. Ich setzte mich neben dich, und du schlossest deine Augen wieder und ich fürchtete, mein Herz würde zu laut schlagen. Ich bestellte mir einen trockenen weißen Wein und du dir noch einen Espresso, und wir lächelten uns zu. Als Kind hatte ich ein Buch über griechische Götter, die Götter sahen aus wie du. Aber sie bewegten sich nicht mit deiner Anmut, ich hätte immer nur sitzen und dir staunend zuschauen mögen, aber du zahltest, standest auf und fuhrst mit deinem Fahrrad davon.

Ich bin gestern abend spät hier angekommen, ein Freund hat mir seine Wohnung zur Verfügung gestellt. Es muß sein, Rudolf, habe ich ihm am Telefon gesagt, ich muß ein paar Wochen ganz allein sein, glaub mir, es geht um Leben und Tod. Rudolf spielte in München Theater, und seine Wiener

Wohnung stand leer, und für Dramen, in denen es um Leben und Tod ging, hatte er viel Verständnis. Erzähl, hatte er gesagt, aber was hätte es zu erzählen gegeben? Daß ich jeden Tag wieder in das Café ging, nur um dich zu sehen? Und tatsächlich warst du immer da, oft umgeben von Freunden, manchmal allein, wir nickten uns zu wie alte Bekannte, und ich wurde dein Bild in meinem Kopf nicht mehr los. Jemand rief dich: Alban!, und so bekam die Schönheit einen Namen.

Ich mußte lange klingeln gestern abend bei der Hauswartin, die Rudolfs Schlüssel hatte. Jaja, brummte sie, der Herr Rudolf habe durchaus Bescheid gegeben, aber man komme spät, und natürlich sei die Wohnung nun kalt, man heize schließlich nicht ins Ungefähre, Stiege vier, dritte Tür, und immer gut abschließen!

Rudolfs Wohnung ist ein unglaubliches Durcheinander von alten Möbeln, schönen Bildern und Plunder wie unzähligen indischen Kissen und Stapeln alter Theaterprogramme. Ein Kronleuchter hoch oben an der Decke mit bunten Glühbirnen gibt ein abscheuliches Licht, das Bett ist riesig groß und viel zu weich und tief, es gibt keinen Schreibtisch. Es ist so kalt! In der Küche muß man einen Gasboiler aufheizen, der gefährlich brüllt und tobt, und dann wird es ein kleines bißchen wärmer, aber am ersten Tag habe ich mir einen Topf mit heißem Wasser, in eine Decke gewickelt, unter die Bettdecke gestellt, um warme Füße zu bekommen. Und ich lag im Dunkeln dieser fremden Wohnung mit Gerüchen und Geräuschen, die ich nicht kannte, in einer Stadt, in der ich nie zuvor gewesen war, nur um von dir weg zu sein, Alban.

Am vierten oder fünften Tag hast du dich zu mir gesetzt, und wir haben uns über Musik unterhalten. Du seist Pianist gewesen – gewesen? fragte ich, du bist doch höchstens fünfundzwanzig. Vierundzwanzig, hast du gelacht, aber das Klavierspielen vor Leuten würde dir keinen Spaß machen, die Konzerte, die schwarzen Anzüge, das feierliche Getue, du würdest nur noch für dich spielen und hier und da ein paar Jobs annehmen, irgendwas, manchmal als Musiker, meist Aushilfsjobs in Kneipen.

Ich war fast doppelt so alt wie du und hatte gerade mit

dem Klavierspielen angefangen. Ich möchte irgend etwas von Schubert selbst spielen können, erzählte ich dir, ein bißchen verlegen, aber du fandest das nicht sentimental, sondern ganz wunderbar und wolltest mir sofort Unterricht geben. Ich war darüber tief erschrocken, denn du hattest schon soviel Unruhe in mir ausgelöst – noch mehr Nähe hätte ich gar nicht ertragen können. Du warst einfach zu schön, Alban, ich weiß nicht, wie ich dir das erklären soll. Du warst perfekt. Du warst jung und wunderbar und fröhlich, du zeigtest mir alles, was ich für immer verloren hatte, es wurde mir unerträglich, in deiner Nähe zu sein.

Es war aber auch unerträglich, ohne deine Nähe zu sein. Nachts setzte ich mich auf mein Fahrrad und fuhr zu deinem Haus. Ich lehnte meine Stirn an die Hauswand und fühlte dein Herz hinter der Mauer klopfen und konnte mich nicht mehr losreißen. Jemand hatte mich gefragt: Ist Ihnen nicht gut? Und ich war erschrocken aufgewacht, ich war, auf meinem Rad sitzend, an deine Wand, an dich gelehnt, eingeschlafen.

Mein erster Morgen in Wien lenkte mich so ab, wie ich es mir gewünscht hatte. Ich mußte einkaufen – wohin geht man für Milch, für Brot – rechts die Straße hinunter, links? Wo ist die Post, wo der Briefkasten? Wo kann ich einen Stadtplan kaufen, bin ich weit vom Zentrum oder nah? Wo kann man frühstücken, und wie kommt man mit österreichischen Schillingen zurecht? Welche Zeitung liest man hier?

Fast habe ich dich vergessen können, aber in dem schmuddeligen Café, in dem ich landete, groß wie ein Bahnhof, mit blinden Spiegeln, einem schmutzigen Billardtisch und einer gähnenden Kellnerin mit gelben Haaren und schadhaften Zähnen bekam ich plötzlich eine solche Sehnsucht nach dir, nach deiner gelassenen Art, strahlend einen Raum zu betreten und ihn auszufüllen mit Lebensfreude und Kraft, daß ich mich ganz elend fühlte und weinen mußte. Ich trank einen Milchkaffee, und in der Musikbox sang Falco, der neulich in einem Interview gesagt hatte: »Wir sind immer vorn, und wenn wir hinten sind, dann ist eben hinten vorn.«

Man liest hier die Kronenzeitung, Alban, und es ist seltsam, wenn man keinen der Namen kennt, die darin stehen. Ich saß an meinem ersten Morgen in Wien vor einer nichtssagenden Zeitung, voller todestrauriger Verlassenheit, starrte auf die Zeilen und dachte: Alban, Alban.

Meine Einkäufe lenkten mich ab. An einer Straßenkreuzung erinnerte mich ein Schild an dich. Auf dem Schild stand: »Bitte führen Sie Blinde über die Straße.« Du hättest nicht geruht, bis du einen Blinden gefunden und herübergeführt hättest. Befehl ist Befehl! hättest du gesagt und gelacht. Ich kenne dich nur lachend – bis auf dieses eine Mal, vor dem ich so weit geflohen bin, hierher, in diese tiefverschneite Stadt, in der es heute minus 22 Grad hat. Mein Herz ist noch kälter. Die Häuser sind hoch und alt, und ich habe das Gefühl, irgendwo hinter den Gardinen steht der Kaiser Franz Joseph und schaut mißgestimmt auf seine Wiener, auf die vielen Hundehaufen und die verbitterten Rentner, die schnöseligen Jünglinge und die keifenden Weiber und würde gern noch mal ein wenig regieren und alles anders machen.

In meiner Straße – jetzt ist es schon meine Straße – gibt es ein Möbelgeschäft mit Namen Kazbunda, eine Pferdemetzgerei und ein »Därmegeschäft Zeppelzauer«, was immer das sein mag. In Australien, sagte das Radio, sei eine andauernde Hitzewelle mit über 40 Grad, die Haie würden zu frech und hätten schon einige Schwimmer angegriffen. In Wien dagegen seien in den letzten Tagen zwölf Menschen erfroren, die meisten davon auf dem Heimweg vom Gasthaus, wie mitleidlos vermerkt wurde. Im Café Demel steht noch die Weihnachtskrippe im Fenster, allerdings mit rosa Pudeln aus Zuckerguß statt mit Ochs und Eselein.

Eines Tages hattest du mir vorgeschlagen, zusammen einen Ausflug zu machen. Wir sind mit dem Schiff über den Rhein gefahren, und ich habe die ganze Zeit darüber nachgedacht, ob es etwas Wunderbares oder etwas Peinliches war, was mir da passierte. Da stand ich nun so in Flammen, nach meinen vielen Liebes- und Ehegeschichten kam leichtfüßig ein schönes Kind wie du daher und brachte alles ins Durcheinander, was ich in meinen Gefühlen schon geordnet und beiseite gepackt hatte.

Es war ein kostbarer Ausflug. Wir haben Wein getrunken und gesungen »Ich weiß nicht, was soll es bedeuten, daß ich so traurig bin«, als das Schiff die Loreley passierte, aber wir waren nicht traurig, wir lachten und hatten uns die Arme um die Schultern gelegt. Mutter und Sohn? Was mögen die Leute gedacht haben? Du fühltest dich wohl in meiner Gegenwart, und ich, ich liebte dich so albern und lächerlich, wie Gustav von Aschenbach sich in Venedig am Knaben Tadzio zu Tode liebte.

Auf dem Flohmarkt habe ich mir eine Tasse gekauft, auf der steht: »Die Kohlen sind ein theures Guth, drum brenn sie nicht aus Übermuth«, und ein altes Briefsiegel mit deinen Initialen – A. V. Ich weiß nicht, was ich damit will, aber ich schaue es immerzu an und presse es fest auf meine Hand, dann schneiden sich die Buchstaben A. V. ins Fleisch ein und bleiben eine Weile sichtbar. »Ja zum Analverkehr!« steht auf der Wand, auf die ich immer schaue, wenn ich das Haus verlasse, und nebenan ist eine Weinhandlung, die in Stein gemeißelt über dem Portal mitteilt: »Unsere Weine sind kostbar.«

Im Stephansdom habe ich eine Kerze angezündet und mich dann im Café Schwarzenberg aufgewärmt. Ein Mann spielte scheußlich perlende Walzer auf dem Klavier, und dazu ertönte eine Geige, obwohl gar kein Geiger zu sehen war – die Geigentöne kamen aus einem kleinen elektrischen Kasten. Über den Schubertring, vorbei am Beethovenplatz, durch die Mahlergasse, Kantgasse, Fichtegasse bin ich in mein seltsames Zuhause geflohen und habe das Radio angemacht. Ein Mann sang: »Was den Sonntag erst zum Sonntag macht, das ist der Gugelhupf, das ist der Gugelhupf.« Doch, Alban, natürlich hätte ich mir eine Liebesgeschichte zwischen uns beiden vorstellen können. Aber nicht so. Nicht mit diesen mehr als zwanzig demütigenden Jahren dazwischen. Jetzt wollte ich einfach nur ab und zu in deiner Nähe sein und mich anstecken lassen von dir, ja, ich fühlte mich neben dir auch schöner und jünger, du hast genug gestrahlt für uns beide, und dein unbekümmertes Flirten hat mir Spaß gemacht, noch.

Es schneit. Die Möwen fallen mit angefrorenen Flügeln vom Himmel, Eiszapfen an den Schnäbeln. In Paris gibt man nachts die U-Bahnschächte für die Penner zum Schlafen frei, so einen Winter hat Europa lange nicht erlebt. Mir fällt aus »Die letzten Tage der Menschheit« die Szene ein, in der die Kinder die Mutter um Essen anbetteln, und die Mutter verweist auf den Vater, der seit fünf Stunden unterwegs ist, um etwas zu besorgen. Schließlich kommt der Vater, und die Kinder schreien: »Vater, Brot, Brot!« Der Vater aber streckt ihnen die leeren Hände entgegen, lacht und ruft: »Kinder! Wunderbar! Rußland verhungert!« Ich habe dich nie im Winter gesehen, kenne dich nicht mit Pullovern, hochgezogenen Schultern, in dicken Mänteln. Du bist der Sommer, dieser eine Sommer, den wir hatten und in dem ich in deiner Nähe herumstreunte, um deine braune Haut, deine weißen Hemden von weitem zu sehen.

Im Fernsehen ist eine Sendung über Glenn Gould. Weißt du noch, wir haben uns ausgemalt, daß im Himmel, falls es einen Himmel gibt, Gott zu Füßen von Glenn Gould sitzt und ihm zuhört. Falls Gott Ohren hat zu hören. Ich gehe durch Wien, als ginge ich mit dir, Alban. Hier wohnte die Bachmann, da wohnte Mozart, der nur wenig älter geworden ist als du und der nicht aufgegeben hat, vor Höflingen zu spielen. Ich muß dir etwas gestehen, Alban – schon sehr früh habe ich über dich gedacht: Charakter hat er nicht. Wer die Musik so mit leichter Hand wegwirft wie du, was ist das für ein Mensch? Du warst nie wirklich ernst, du hast nichts gelesen, du warst niemals pünktlich, du trinkst zuviel und schon zu früh am Tag – ich habe sehr bald gesehen, daß deine Anmut, deine sanfte Schönheit, deine atemberaubende Gelassenheit und Geschmeidigkeit, daß das alles vielleicht nur noch diesen einen Sommer dauern würde. Ich bin davon überzeugt, daß ich recht habe. Du wirst schnell gewöhnlich werden wie alle, aber in diesem Sommer hattest du die Aura des Unsterblichen um dich. Es ging etwas Blühendes und Mitreißendes von dir aus, und es riß mich mit – auch ich war in diesem Sommer noch einmal fast jung, fast schön, ganz gewiß sehr glücklich mit dem wehen Ziehen, das das Glück bekommt, wenn man weiß, daß es ja gar kein Glück gibt.

Durch den tiefverschneiten Burggarten bin ich zum Kunsthistorischen Museum gelaufen und habe mich in den bahnhofsgroßen Sälen erschlagen lassen von Tiepolos, Tizians und Tintorettos, von Engeln, Jesusknaben und Göttergetümmel, und niemand auf den Bildern sah aus wie du, dabei gehört dein Gesicht in dieses Land Italien und in diese Jahrhunderte.

Ich würde dir gerne in Saal X Breughel zeigen, dir, der du sicher flach hinschaust auf ein Bild und es gut oder nicht gut findest. Du müßtest sehen, wie die Steinmetze vor einem König auf den Knien rutschen, vor ihm, dessen seidigen Händchen man ansieht, daß er noch nie im Leben gearbeitet hat, dagegen *ihre* Hände! Du müßtest die Kreuztragung Christi sehen, die bei Breughel natürlich in den Niederlanden stattfindet, auf Golgatha steht eine Windmühle. Man muß suchen, ehe man den Christus unter all den wimmelnden Bauern und Handwerkern und Geschäftsleuten findet, und dann stellt man fest: nicht einer schaut zu ihm hin! Sie sind beschäftigt, und er trägt zwischen ihnen, unbeachtet, sein Kreuz, kein Mensch hat Zeit und Lust, sich das anzusehen, und der einzige, der Jesus ansieht, ist der Landsknecht mit der Lanze, der ihn in die Seite stechen wird.

Weißt du, Alban, wenn wir beide die ersten und einzigen Menschen auf der Welt wären – was für eine Liebe könnten wir leben! Aber ich schleppe meine Geschichte mit herum, und du gibst dir schon mit vierundzwanzig Jahren keine Mühe mehr, du hast bemerkt, daß du schön bist, du denkst, das genügt. Weißt du noch, wie wir zu Abend gegessen haben, und der alte Mann hat Harfe gespielt? Er hat dich angesehen mit demselben Blick wie ich dich ansah, und seine und meine Augen trafen sich, und wir verstanden uns voller Wehmut: was für ein schönes Kind! Wie lang war das alles her für ihn und mich, und wie bald wird es vorbei sein für dich!

Ich war in der Oper, natürlich in »La Traviata«. Ich bin

Geschichten wie der unsern auf der Spur, Alban, sie alle sollen mir beweisen, daß eine solche Liebe nicht möglich ist. Es gibt keine Chance für Violetta und Alfredo, und bestimmt hätte ich wieder geweint, wären nicht hinter mir zwei unglaubliche Wiener Damen in Goldbrokat gesessen und hätten getuschelt: »Ja, der Carreras, mehr wie singen kann er halt nicht!« In den gefährlichsten Momenten rettet uns immer Trivialität. Als du mich küssen wolltest nach diesem Abendessen, fiel mir in dem Augenblick ein Ohrring hinunter, wir bückten uns gleichzeitig, stießen mit den Köpfen zusammen und lachten. Ich wollte dich nicht küssen, Alban, ich wollte dich anstarren und dich lieben, am liebsten hätte ich dich unter Glas gesetzt, damit du nicht so rasch verdirbst.

In der Kirche zur heiligen Maria von den Engeln wischte ein alter Mann den Kachelboden, als ich mit meinen drecktriefenden Stiefeln aus dem Tauwetter hereinkam. Ich zögerte an der Tür, aber er sagte: »Kommens nur, dem lieben Herrn Jesus macht das nix, der schaut eh ins Herz und nicht auf die Füß.« Ich wünschte, du wärest ein Mensch, dem ich all so etwas erzählen könnte, Alban, aber das bist du nicht. Du bist oberflächlich und flüchtig und hörst nicht zu, und es hat dir gefallen, mich zu verwirren. Als ich das merkte, hast du mich nicht mehr verwirrt. Je weiter ich innerlich Abstand von dir nahm, desto näher bist du mir gerückt. Jetzt plötzlich wolltest du mich haben, oh, mein Gott, weil du alle haben wolltest, weil alle dich haben wollten, weil es nichts anderes bedeutete als einen weiteren Sieg.

In Wien gibt es wohl keinen Zentimeter Boden, auf dem nicht schon Blut geflossen ist. Selbst in den Kirchen militärische Votivtafeln: »Zur Erinnerung an das k. u. k. reitende Artillerieregiment und seine Toten 1850–1918«, »Dem Andenken des k. u. k. Dragonerregiments Kaiser Franz No. I und seiner Gefallenen 1768–1918«, »In treuem Gedenken an das Ulanenregiment Nr. I und seine Toten 1791–1918«. Den Nobelpreis für Schwermut, Niederlage, Tristesse an diese Stadt Wien! Ich bin froh, hierhergereist zu sein, wie hätte ich nach diesem Sommer mit dir etwas Heiteres ertragen können.

Was tue ich den ganzen Tag? Ich spaziere durch die kalte Stadt, wärme mich ab und zu in einem Café auf, besuche Kirchen, Museen, denke nach, denke nicht nach. Einmal, im Spätsommer, hatte ich ein solches Verlangen danach, dich nur zu sehen, daß mir – es war mitten in der Innenstadt – die Tränen vor Qual in die Augen schossen, nur einen Blick auf ihn, dachte ich, nur sehen, wie er sich bewegt – und im selben Augenblick kamst du engumschlungen mit einem jungen Mädchen aus einem Modegeschäft. Ich zog dich mit den Augen in mich hinein, ich sah mich satt und gesund, nein, das junge Mädchen störte mich nicht, ich bin nicht eifersüchtig, will nichts von dir, außer daß es dich gibt, so gibt, wie du in diesem Sommer warst. Jetzt, Alban, interessierst du mich schon nicht mehr. Du warst die heftigste, die leidenschaftlichste und die kürzeste Liebe meines Lebens. Vielleicht auch die letzte, darüber denke ich nicht nach.

Bei klirrender Kälte ist der Wiener Zentralfriedhof ein großer stiller Park, durch den die Hasen huschen. Einmal im Jahr wird der Friedhof für die Angehörigen geschlossen und für die oberen Tausend zur Jagd freigegeben – dann ist es aus mit der Totenruhe, und Hasen, Fasane, wilde Katzen und Rehe werden geschossen. Ich war auf dem jüdischen Friedhof und sah an Schnitzlers Grab ein Reh stehen. Es schaute mich ernst und furchtlos an, ich hätte es gern gefüttert, aber ich hatte nur einen Arm voller verschneiter Blumen, von allen frischen Gräbern zusammengestohlen, die ich dem bringen wollte, dem sie zustehen – Schubert. Ich stand lange vor seinem Grab und sang mir und ihm alles vor, was ich noch auswendig wußte, und da hätte ich dich gern neben mir gehabt, deine Hand in meiner Manteltasche, deinen Mandelduft, deine Stimme, die mit mir singt. Ich bin romantisch, ja, aber nicht so romantisch, Alban, daß ich deine Liebesschwüre geglaubt oder auch nur gewollt hätte. Ich war entsetzt und erschrocken über deinen Ausbruch im Konzert, als du plötzlich während der Musik deine Hand auf mein Knie legtest und sagtest: »Jetzt kannst du nicht weg und jetzt hörst du mir zu. Ich liebe dich. Es ist mir egal, wer wie alt ist, ich liebe dich.«

»Unser Herrgott ist der Stärkste!« steht auf einem schwarzen, sonst völlig leeren und unverzierten Grabstein, es sieht aus, als wäre hier ein Punker begraben. Marie Anzengruber, des Dichters Mutter, liegt nicht weit davon und läßt das Geratter der Linie 71 auf der Simmeringer Hauptstraße alle zehn Minuten über sich ergehen. Der Dichterfürst selbst prangt am Hauptweg, futtersuchende Raben auf dem Marmorkopf seiner Statue.

Zwei Frauen standen vor einem Grab mit der Inschrift »Hier ruhet in Frieden Herr Anton Schreiber K. K. Verzehrungssteuerlinienoberamtsverwalter i. P. 1839–1901«. »Jaja«, sagte die eine, »wos is der Mensch? Goa nix.« Und die andere fügte hinzu: »Mancher meint wer weiß wasser is und hat am Ende doch auch nur a Grabstöll.«

Der Besuch auf dem Friedhof, wo alle Liebe ein Ende findet, mögen die Dichter auch das Gegenteil behaupten, hatte mich wieder aufgemuntert, und so habe ich mir abends im Burgtheater eine unsägliche Posse angesehen, in der Paula Wessely als »die Hoffnung« aus dem Bühnenboden gefahren kam und ein paar pathetische Sätze sagte, nach jedem schnell wieder ihr Gebiß festzurrend. Durch mein geliehenes Opernglas made in USSR sah ich ihr abgelebtes Gesicht, und am Ende des Stückes sangen alle »Der kleine Liebesgott treibt mit uns allen Scherz, kaum trifft er uns ins Herz, da fliegt er fort, der kleine Schelm«.

Ich fange an, dich zu vergessen, Alban. Ich werde wieder fröhlich. Ich habe mich in diesem Sommer noch einmal so verliebt, wie man es eigentlich nur kann, wenn man ganz jung ist, aber ich bin nicht darauf hereingefallen. Ich habe dir nicht geglaubt. Ich bin rechtzeitig gegangen. Gerade noch.

Im Fernsehen sah ich nach Jahren wieder Fellinis »Amarcord«, auch ein Film, den man erst versteht, wenn man älter wird und die Dinge eine andere Wertigkeit bekommen haben. Aurelio und Miranda, die Eltern, sitzen beim Frühstück, und Aurelio sagt: »Jedesmal wenn ich ein Ei sehe, könnte ich es stundenlang betrachten, und ich frage mich, wie die Natur etwas so Vollkommenes schaffen konnte.« Und Miranda sagt sanft: »Aber die Natur hat ja auch Gott gemacht, Aurelio, und nicht so ein Dummkopf wie du.«

Ich möchte mit einem Aurelio alt werden, Alban, nicht mit einem Götterliebling wie dir. Ich möchte alt werden. Ich möchte nicht mehr jung sein mit dir, das hat dieser Sommer mich gelehrt. Und wie still Aurelio dasitzt und mit seiner Hand über das Tischtuch streicht, als Miranda tot ist ... das ist Liebe, Alban, nicht dein heißer Atem. Nicht deine Tränen, deine Briefe, dein Kampf um eine Frau, zum erstenmal, du, dem doch alle Frauen zufliegen. Und diese hier, von der du spürst, daß sie dich liebt, die will nicht? Gelacht. Böse hast du ausgesehen, böse, brutal und dumm, und du konntest nicht begreifen, daß es Liebe gibt, die nicht erwidert werden darf.

Im Metropoltheater traten Künstler im Rahmen des Volksbegehrens gegen die Zersiedlung der Au und das Wasserkraftwerk bei Hainburg auf. Die Aubesetzer kamen, die sogar in diesem eisigen Winter draußen ausgeharrt hatten, und sie kamen ins überheizte Theater mit ihren Parkas, peruanischen Pullovern mit Tiermotiven und Ohrenklappen, gefeiert als die letzten Helden mit Jutetaschen und Zipfelmützen, Vollbärten und weisem Lächeln. Sie tranken aus jedermanns Gläsern und ließen sich verehren. Ich habe sie um ihr Engagement beneidet. Ich kann mich außer über mich selbst über nichts mehr wirklich aufregen.

In der Neuen Galerie in der Stallburg hängen an rissigen Wänden in verwahrloster Umgebung Wiens schönste Bilder – stille braune Landschaften von Caspar David Friedrich, in die ich klein hineinspazieren möchte, um in der Ferne zu verschwinden, eine präraffaelitische Medea von Anselm Feuerbach und zwei Selbstbildnisse von ihm – das eine zeigt einen mürrischen Hitzkopf mit einer Warze an der linken Wange, das andere einen schönen Künstler mit Zwirbelbart, glimmender Zigarette und vorteilhaft von rechts gemalt, ohne Warze. Beide Bilder hängen widersinnig weit auseinander, man kann sie nicht recht vergleichen, was doch gerade das Vergnügen daran wäre. Hier hängen von Max Slevogt Szenen wie aus Dramen von Schnitzler, hier hängt van

Goghs Selbstbildnis mit den stechenden Augen und das grüngrüne Bild mit den roten Mohntupfern, die »Ebene bei Auvers«, und hier hängt der Segantini, nach dem ich so lange gesucht habe: »Die bösen Mütter«. Eine weite Hochebene, Schnee, dunkelblaue Schattenberge, ein paar Gipfel in der Sonne. Auf dem Schneefeld ein Baum, der sich im Wind biegt, man sieht förmlich, wie kalt der Wind ist, und eine Frau mit nackter Brust verfängt sich mit einem Schleier aus Haaren in den Ästen, ein Kind liegt ihr an der Brust, sie hält es aber nicht. Das ist ein Thema aus einer buddhistischen Legende: Kindsmörderinnen müssen, über Schneefeldern schwebend, ihre toten Kinder säugen.

Das Bild tat mir weh, und an diesem Abend habe ich mich mit einem Maler eingelassen, den ich im Hawelka kennenlernte, er hieß Edmond und sprach unentwegt von seinen verschiedenen Schaffensperioden. Die Bilder, die er mir in seinem Atelier zeigte, gefielen mir nicht, aber Edmond hatte schöne Hände, und ich blieb zwei Tage und zwei Nächte bei ihm – jetzt wüßte ich nicht einmal mehr die Adresse, den Nachnamen habe ich ohnehin nie erfragt.

Du wolltest, daß ich bei dir bliebe an dem Abend nach dem Konzert. Was hast du dir dabei gedacht, Alban? Eine Eroberung zu machen? Einen Sieg zu erringen? War ich mit vierundzwanzig auch so sorglos und so von mir überzeugt? Ja, wahrscheinlich. Aber Liebe, Alban, fliegt im Bett davon, das wirst du noch merken. Ich will dich nicht haben. Ich will dich nicht einmal mehr sehen. Du sollst schön bleiben für mich.

Wenn man sich im Schneeregen über die Wollzeile bis zum Alten Rathaus durchgekämpft hat, findet man in der Wipplingerstraße, Stiege III, das Museum des österreichischen Freiheitskampfes. Für eine kleine, erschütternde Ausstellung wurden liebevoll Exponate aus Österreichs Widerstand gegen den Faschismus zusammengetragen. Flugblätter, illegale Druckpressen, in Toilettenschränkchen eingebaut, Aufkleber, Plakate, Zeitungen, Photos – und die grausigen Dokumente aus dem KZ Mauthausen: winzige Handarbeiten von Frauen, Büchlein in Herzchenform mit gestickten Sprüchen von

Friedrich Engels: »Freiheit ist Einsicht in die Notwendigkeit«; Schachfiguren aus Brot, Ringe aus Zwirn, geheime Glückwunschkarten für Lagerinsassen, die Geburtstag hatten. Alban, wir sind ein kleiner Teil der Welt, du und ich, eingebettet in Geschichte, und unsere Geschichte ist die lächerlichste von allen.

An den Wänden zeigten Photos Österreichs berühmte Exilanten – Fritz Kortner, Fred Zinnemann, Max Reinhardt, Otto Preminger, Joseph Roth, Stefan Zweig, Lotte Lehmann, Richard Tauber, Oskar Kokoschka, Musil, Werfel, Schönberg, Horvath, Popper, Canetti, Bruno Walter – es nimmt kein Ende, und wäre dir der Brief an einen Standortpfarrer in Wien I aufgefallen, Alban? Morgen früh. 7. 2. 45 um 4.30 Uhr, werde er abgeholt, es fänden neun Exekutionen statt, für die man anderthalb Stunden Zeit hätte. Falls er es allein nicht schaffe, könne Hochwürden Wimmer bei den letzten Tröstungen helfen.

Der 7. 2. ist dein Geburtstag, Alban, aber genau zwanzig Jahre später. In deinem Leben gab es keinen Krieg und keine Lager, keinen Hunger und keine Verfolgung. Du bist bei reichen Eltern aufgewachsen, der umschwärmte, hochbegabte Liebling, dem alles gelang, der alles bekam und alles wegwarf mit leichter Hand. Hier, in diesem Museum, wandelte sich meine Liebe zu dir in Abscheu, fast in Ekel, ohne daß du etwas dazukonntest – mein Widerwillen gegen dich ist so irrational und unbegründbar, wie meine Zuneigung zu dir es war. Es ist alles mein Problem, Alban, nicht deins. Schon hast du mit der Geschichte nichts mehr zu tun.

Ich war nicht der einzige Besucher in diesem kleinen Schreckens- und Überlebenskabinett. Gerade als ich gehen wollte, kam ein Herr im Pelz und fragte die Kassiererin: »Es soll doch Lampen aus Judenhaut gegeben haben, haben Sie so etwas auch?« Warst du mal in Wien, Alban? Geh in die Domgasse 5, wo Mozart gewohnt und den »Figaro« geschrieben hat. Geh durch den Hinterhof, die arme Treppe hoch, durchs kalte, nasse Treppenhaus in den ersten Stock. Ich weiß nicht, wie du wohnst, aber ich stelle es mir lichtdurchflutet, großzügig und elegant vor, dein Flügel steht wahrscheinlich mitten im Zimmer, und deine teuren Hemden werden auf dem Boden liegen. Ich wäre gern mal in deiner Wohnung gewesen, aber ohne dich.

Mozart bewohnte mit seiner Familie ein paar kleine, dunkle ineinandergehende Räume mit Holzdielen. Zwei Münzen werden ausgestellt: sie müssen ihm gehört haben, man hat sie zwischen den Dielenbrettern gefunden. Hätte er sich lieber Brot dafür gekauft! An der Wand hängt ein Blatt, Noten und Mozarts zarte feine Schrift dazu: »Dies Bildnis ist bezaubernd schön, wie noch kein Auge je gesehn, ich fühl es, ich fühl es, wie dies Götterbild mein Herz mit neuer Regung füllt.«

Unsere Geschichte verfolgt mich, Alban. Dieser Text, ausgerechnet, du Götterbild, das ich angestaunt habe. Aber ich habe keine Lust, durch Feuer und Wasser für dich zu gehen, Prüfungen für dich zu bestehen, ich will nur das Bildnis, ich will nicht den Gott dazu, die Götter sind so wenig dauerhaft, und die Königin der Nacht bin ich selbst.

Im Mai 1917 erhob sich Leo Bronstein in der Hertengasse von seinem Schachbrett, um als Trotzki die russische Revolution zu organisieren. Es ist nicht mehr das alte Café Central, aber es ist noch immer schön mit seiner hohen hellen Lichtkuppel, unter der allerdings die falschen Leute sitzen und nicht mehr Peter Altenberg, der die Frauen so liebte. Am Nebentisch saß ein junges Paar, und als ich ging, sagte er gerade verzagt zu ihr: »Aber warum denn?«, und sie antwortete: »Du bist mir einfach zu langweilig.«

Am Abend bin ich in die Oper gegangen und habe mir ein Ballettgastspiel angesehen, ich, die für Ballett gar nichts übrig hat, aber weißt du, was mich interessierte? Rudolf Nurejew. Als ich ihn vor vielen Jahren – ich war selbst noch jung – das erste Mal sah, war es ein ähnlicher Eindruck wie bei dir, nicht ganz so stark, denn ich sah nur Photos von ihm, du warst leibhaftig: dieses wilde Gesicht, die hellen Augen, der sinnliche Mund, der kräftige, schöne Körper – ich war sehr erregt und heftig verliebt in Nurejew, und nun waren wir beide alt geworden, und er tanzte auf dieser meiner Winterreise, am 27. Januar, an Mozarts Geburtstag. Ich hatte einen guten Platz, und mein Herz zog sich traurig zusammen, als ich sah, wie er sich quälte, wie die Leichtigkeit dahin war, wie angestrengt er tanzte. Sein Haar lichtet sich am Hinterkopf, sein Gesicht ist noch wild, aber der Anblick eines herumspringenden siebenundvierzigjährigen Mannes in Strumpfhosen ist geradezu lächerlich. Und doch strahlt er immer noch Würde und Grazie aus, ich verstehe noch nach all diesen Jahren, daß ich so verliebt in ihn war – bei dir verstehe ich es nach drei, vier Monaten schon nicht mehr und frage mich: was war da? Und warum? Macht mich denn bloße Schönheit so krank? In den Straßen kommen mir unablässig Schicksale entgegen, und sie sind alle häßlich: zu dicke junge Mädchen, bittere Frauen, verlorene Männer, Menschen mit verkrüppelten Füßen und schweren Brillen. Ja, Schönheit macht mich lebenskrank, sehnsuchtskrank. Für Schönheit opfere ich Erfahrung und Verstand.

Vier Wochen war ich in Wien, und in der vierten Woche bin ich mit der U1 durch eine Betonröhre über die Donau hinweggedonnert und beim verlassenen Arbeiterstrandbad spazierengegangen. Bretterbuden, verfallene Gartenhäuschen, das ist die Gegend, in der man unentdeckt morden und sterben kann, und ich wollte jetzt nur noch einen einzigen Besuch in Wien machen, ehe ich zurückfuhr in meine Stadt, die auch deine Stadt ist.

Ich bin in die Kettenbrückengasse gefahren – eine Handwerkerstraße mit kleinen Läden, niedrigen dunklen Häusern, feuchten Wänden. Am Haus Nr. 6 hängt ein handbeschriebenes Stück Pappe: Schubert, 2. Stock. Als wohne er noch immer dort. Im zweiten Stock steht an einer Tür: Sterbezimmer. Schubert. Als ich klingele, es ist schon gegen 16 Uhr, dunkel, totenstill, tut sich lange nichts. Dann öffnet mir eine müde Frau mit nur einem Arm. Sie ißt ein Butterbrot und packt es hastig weg, als ich komme. Sie macht Licht, schließt die Tür und kassiert ein kleines Eintrittsgeld. »Schauns nur«, sagt sie, »Sie sind die erste seit vierzehn Tag!« Drei winzig kleine Räume, ein paar Stiche an den Wänden, Vitrinen mit Noten. Eine Tafel erklärt, daß Franz Schubert hier am 1. September 1828 einzog, zu seinem Bruder Ferdinand, als »Trockenwohner« – die Wohnung hatte kein Wasser, das reduzierte die Miete. Hier schrieb er die »Winterreise«, hier starb er im November 1828, nur 31 Jahre alt, Alban, nur wenige Jahre älter als du. Verzeih, wenn ich das immer wieder denken muß, ich denke nicht, daß es mangelnde Radikalität ist, daß du noch lebst. Lebe nur. Werde alt und banal wie wir alle, deinen Göttersommer hast du gehabt. Dieser hier nicht. Nichts hat er gehabt, nur seine Musik. »Lieber Franz, ich bin krank«, schreibt er an Franz von Schober, seinen einzigen Freund, am 12. November. Der Brief hängt hier. Sieben Tage später war Schubert tot, und auf seinen Grabstein haben ihm die verlogenen Wiener geschrieben: »Die Tonkunst begrub hier einen reichen Besitz, aber noch viel schönere Hoffnungen.« Jaja, Hoffnungen. Der Währinger Friedhof ist aufgelassen, es gibt kein Schubertgrab mehr, auf dem Zentralfriedhof, wo meine gestohlenen Blumen welken, ist nur eine Gedächtnisstätte. Ich dachte an Raffaels Grab in Rom, auf dem in lateinischer Sprache steht: »Hier ruht jener Raffael, auf den die Natur, als er noch lebte, eifersüchtig war. Nun, da er tot ist, weint sie um ihn.«

Die Götterjünglinge, die schön sind durch ihr Talent, durch eine Flamme, die in ihnen brennt. Du bist nur schön, Alban. Wer weint um dich?

Die Hüterin des Sterbezimmers seufzt und schaut aus dem Fenster in den Regen. »Schubert«, sagt sie, »ausgerechnet Schubert, den ich gar nicht mag, mein Gott heißt Beethoven. Und wo sitz ich? Beim Schubert, tagaus, tagein.«

Ich gehe zu Fuß in meine seltsame Wohnung zurück, durch Schuberts Gasse mit dem Geschäft für Pferdemark, dem Tierpräparator mit seinen schaurigen Exponaten, dem Fleischselcher, dem Spezialhaus für Karniesen, was immer das sein mag. Hier gibt es den Fortissimo-Musikverlag, den Strick-Shop und den Südfrucht-Discount. Weiter unten, an der Wien, ein Haus in leuchtendem Rosa mit der Graffiti-Inschrift: »Erstes Wiener Schwulen- und Lesbenhaus«. Ach, Schubert. Schreib im Vorübergehen ans Tor dir gute Nacht / damit du mögest sehen: An dich hab ich gedacht. An dich hab ich gedacht.

Félix Nadar hat 1861 Pariser Katakomben photographiert – die ersten Photos bei künstlichem Licht, 25 Jahre vor der eigentlichen Erfindung der Photographie. Man konnte diese Bilder sehen, als ich in Wien war. Sie zeigen zum Teil Abwasserkanäle unter Paris, aber in der Mehrzahl schreckliche Gebilde aus Knochen und Schädeln – die ausgelagerten Gebeine früherer Friedhöfe, die Toten aus Gefängnissen, Kriegen und Revolutionen, zu Mauern getürmt oder zu grausigen Ornamenten geformt. Nadar hat Puppen in die Bilder gestellt und »arbeiten« lassen, einmal, um Menschengröße im Verhältnis zu diesen riesigen Knochenbergen zu zeigen, und zum andern Puppen deshalb, weil kein Mensch diesen Anblick ertragen hätte, und weil auch niemand zwanzig Minuten notwendige Belichtungszeit still hätte aushalten können – das können nur die Toten. »Mein Leben ist zerronnen wie das Wasser und alle meine Knochen sind zerstreut«, stand unter einem der sepiabraunen Bilder.

Ich fahre getröstet zurück nach Hause. Alban, du erreichst mich nicht mehr, du schönes Kind unter all diesen Toten. Du bist unglücklich, du sagst, daß du mich liebst. Ich habe mit vierundzwanzig Jahren auch solche Dinge gesagt. Man vergißt sie. Die Liebe dauert immer nur einen Augenblick.

VLADIMIR NABOKOV

Der Schlag des Flügels

1

Wenn eine Skispitze über die andere fährt, fällt man vornüber. Schnee dringt brennend in die Ärmel, und das Aufstehen fällt einem schwer. Kern, der lange nicht auf Skiern gestanden hatte, geriet sofort ins Schwitzen. Er spürte einen leichten Schwindel, riß sich die Wollmütze vom Kopf, die ihn an den Ohren juckte, und schlug sich die feuchten Funken von den Wimpern.

Vor dem sechsstöckigen Hotel ging es fröhlich und azurblau zu. In all dem leuchtenden Glanz wirkten die Bäume schwerelos. Von den Schultern der schneebedeckten Hügel fielen unzählige Skispuren wie Schattenhaare. Und ringsum jagte die gigantische, weiße Weite in den Himmel und loderte dort immer wieder auf.

Mit knirschenden Skiern erklomm Kern den Hang. Als sie seine breiten Schultern, sein Pferdeprofil und den kräftigen Glanz auf seinen Backenknochen bemerkte, hatte jene Engländerin, die er gestern, am dritten Tag seines Hierseins kennengelernt hatte, ihn für einen Landsmann gehalten. Isabel – die fliegende Isabel, so nannte sie die Meute von glatten und matthäutigen jungen Leuten argentinischen Einschlags, die ihr überall nachliefen, im Ballsaal des Hotels, auf den weichen Treppen und auf den schneebedeckten Hängen im Spiel des funkelnden Gestiebes ... In ihrer Erscheinung lag etwas Schwebendes und Ungestümes; ihr Mund war so leuchtend, daß man meinte, der Schöpfer habe heißes Karmesin genommen und es ihr mit der hohlen Hand in die untere Hälfte des Gesichts gedrückt ... In ihren flauschigen Augen spielte ein spöttisches Lächeln. Wie ein Flügel ragte der spanische Kamm aus den dichten Wellen ihrer schwarzen, seidig glänzenden Haare. So hatte Kern sie gestern gesehen, als das dumpfe Dröhnen des Gongs sie aus ihrem Zimmer mit der Nummer 35 zum Dinner rief. Daß sie Zimmernachbarn waren – ihre Zimmernummer entsprach dabei der Zahl seiner Jahre –, daß sie ihm an der Table d'hôte gegenübersaß – hochgewachsen, fröhlich, in einem tiefausgeschnittenen schwarzen Kleid mit einem schwarzen Seidenband um den bloßen Hals –, all das erschien Kern so bedeutsam, daß sich die düstere Schwermut, die ihn nun schon ein halbes Jahr lang bedrückte, vorübergehend etwas hob.

Isabel sprach als erste, und das verwunderte ihn nicht: Das Leben in diesem großen Hotel, das einsam in einem Gebirgstal in hellem Licht erstrahlte, sprudelte rauschhaft und unbeschwert nach den toten Kriegsjahren; außerdem war ihr, Isabel, alles erlaubt – der schräge Wimpernaufschlag und auch das Lachen, das in ihrer Stimme mitklang, als sie Kern den Aschenbecher zuschob und sagte: »Wir beide scheinen die einzigen Engländer hier zu sein ...«, und die von einem schwarzen Bändchen umfaßte zarte Schulter über den Tisch beugend, fügte sie hinzu:

»... das halbe Dutzend alter Weiber natürlich nicht mitgezählt ... und den da, der den Kragen verkehrt herum trägt.«

Kern antwortete:

»Sie irren sich. Ich habe keine Heimat. Es stimmt schon, ich habe viele Jahre in London gelebt. Aber darüber hinaus ...«

Am Morgen des folgenden Tages spürte er plötzlich – nach der ihm so vertrauten Gleichgültigkeit des vergangenen halben Jahres –, wie wohltuend es war, unter den betäubenden Kegel der eiskalten Dusche zu treten. Um neun Uhr, nach einem kräftigen und ausgiebigen Frühstück, knirschten seine Skier über den roten Sand, der über das nackte Funkeln des Weges vor dem Hoteleingang gestreut war. Als er den verschneiten Hang erklommen hatte – im Grätschenschritt, wie es sich für einen Skiläufer gehörte –, erblickte er zwischen den karierten Breeches und erhitzten Gesichtern Isabel.

Sie begrüßte ihn auf englische Art: mit einem Schwingen ihres Lächelns. Ihre Skier schillerten olivgrün-golden. Schnee klebte an dem Riemengeflecht um ihre Füße; ihre unweiblich kräftigen, aber wohlgeformten Beine steckten in festen Stiefeln und enganliegenden Gamaschen. Ein violetter Schatten folgte ihr auf der Schneedecke, als sie, die Hände lässig in die Taschen ihrer Lederjacke vergraben und den linken Ski leicht vorgeschoben, den Abhang hinunterglitt, immer schneller, mit flatterndem Schal, in Wolken von aufwirbelndem Schnee. Dann machte sie in vollem Lauf einen scharfen Bogen, beugte gewandt ein Knie, richtete sich wieder auf und jagte weiter, vorbei an den Tannen, vorbei an der türkisfarben schimmernden Eisbahn. Zwei Jünglinge in bunten Sweatern und ein bekannter schwedischer Sportler mit Terrakottagesicht und farblosen, nach hinten gekämmten Haaren jagten hinter ihr her.

Wenig später traf Kern sie wieder, in der Nähe des blauen Weges, auf dem mit leisem Gepolter Menschen vorüberhuschten – wollige Frösche, die bäuchlings auf niedrigen Schlitten lagen. Isabel war mit aufblitzenden Skiern hinter einer Schneewehe verschwunden, und als Kern, der sich seiner ungeschickten Bewegungen schämte, sie in einer kleinen Mulde einholte, inmitten von silbrig umwobenen Zweigen, machte sie mit den Fingern Zeichen in der Luft, stampfte mit den Skiern auf und glitt weiter. Kern blieb einen Moment lang im violetten Schatten stehen, als plötzlich die Stille mit wohlbekanntem Grauen über ihm zusammenschlug. Die Spitzengebilde der Zweige erstarrten in der Emailluft wie in einem unheimlichen Märchen. Wie seltsames Spielzeug erschienen ihm die Bäume, die Schattenmuster und seine Skier. Er spürte auf einmal, daß er müde war, daß er sich eine Ferse aufgescheuert hatte; und die ihm in den Weg ragenden Zweige streifend, machte er kehrt. Über das glatte Türkis schwebten mechanisch die Läufer. Weiter oben auf dem Schneehang half der terrakottagesichtige Schwede einem langen, dünnen Herrn mit Hornbrille, der ganz voller Schnee war, wieder auf die Beine. Der zappelte im glitzernden Schnee gleich einem plumpen Vogel. Wie ein abgebrochener Flügel glitt ein Ski, der sich von seinem Fuß gelöst hatte, schnell den Abhang hinunter.

In sein Zimmer zurückgekehrt, zog Kern sich um, und als

die dumpfen Schläge des Gongs ertönten, bestellte er sich kaltes Roastbeef, Weintrauben und eine Flasche Chianti aufs Zimmer.

Er spürte in Schultern und Hüften einen bohrenden Schmerz.

»Warum mußte ich auch hinter ihr herlaufen«, dachte er und lächelte sarkastisch. »Ein Mensch schnallt sich ein Paar Bretter unter die Füße und genießt das Gesetz der Schwerkraft. Lächerlich.«

Gegen vier begab er sich in den geräumigen Lesesaal, wo der Rachen des Kamins orangefarbene Hitze atmete und unsichtbare Menschen in tiefen Ledersesseln ihre Beine hinter einem Vorhang von aufgeschlagenen Zeitungen hervorstreckten. Auf dem langen Eichentisch lag ein Berg Zeitschriften, voll von Modeanzeigen, Photos von Ballettmädchen und Abgeordneten in Zylindern. Kern fand eine völlig zerlesene Nummer des *Tatler* vom Juni des vergangenen Jahres und betrachtete darin lange das Lächeln jener Frau, die sieben Jahre lang seine Frau gewesen war. Er dachte an ihr lebloses Gesicht, das so kalt und hart geworden war – und an die Briefe, die er in dem Kästchen gefunden hatte.

Er legte die Zeitschrift mit einer heftigen Bewegung weg, nachdem er die glänzende Seite mit dem Fingernagel zerkratzt hatte.

Schwerfällig bewegte er die Schultern und zog geräuschvoll an seiner kurzen Pfeife, als er sich auf die überdachte Veranda begab, wo das Orchester fröstelnd spielte und Menschen in bunten Schals starken Tee tranken, bereit, von neuem hinaus in den Frost zu eilen, auf die Skihänge, die mit tosendem Glanz gegen die breiten Fensterscheiben schlugen. Suchend sah er sich auf der Veranda um. Jemandes neugieriger Blick durchbohrte ihn wie eine Nadel, die den Zahnnerv getroffen hat. Er machte jäh kehrt und ging hinaus.

Im Billardzimmer, in das er, die Eichentür geschickt aufdrückend, seitwärts eintrat, beugte sich Monfiori, ein blasser, rothaariger kleiner Mann, für den nur die Bibel und Karambolage existierten, über das smaragdgrüne Tuch und zielte auf die Kugel, wobei er das Queue vor- und zurückgleiten ließ. Kern hatte in diesen Tagen seine Bekanntschaft gemacht, und der andere hatte ihn sogleich mit Zitaten aus der Heiligen Schrift überschüttet. Er hatte erzählt, er schreibe eine große Arbeit, in der er nachzuweisen suche, daß man das Buch Hiob nur auf ganz bestimmte Weise erforschen müsse und daß dann ... Aber weiter hatte Kern ihm nicht zugehört, weil er plötzlich auf die Ohren seines Gesprächspartners aufmerksam geworden war – spitze Ohren voller kanariengelber Körnchen mit rotem Flaum auf den Ohrläppchen.

Die Kugeln stießen zusammen, rollten wieder auseinander. Monfiori zog die Augenbrauen hoch und schlug eine Partie vor. Er hatte traurige, leicht vorstehende Augen, wie man sie bei Ziegen findet.

Kern war drauf und dran anzunehmen, er hatte sogar schon die Queuespitze mit Kreide eingerieben, da überfiel ihn plötzlich ein Gefühl heftigen Überdrusses, das ihm das Herz zusammenpreßte und ein Sausen in den Ohren hervorrief. Er schützte Schmerzen im Ellbogen vor und ging, im Vorbeigehen einen Blick auf das zuckerweiße Leuchten der Berge werfend, in den Lesesaal zurück.

Dort ließ er sich nieder, schlug ein Bein über das andere, wippte mit dem Lackschuh und betrachtete aufs neue das perlgraue Bild – die Kinderaugen und die schemenhaften Lippen einer Londoner Schönheit – seiner verstorbenen Frau. In der ersten Nacht nach ihrem Freitod war er mit einer Frau mitgegangen, die ihm an der Ecke einer düsteren Straße zugelächelt hatte; damit hatte er Rache genommen an Gott, an der Liebe, am Schicksal.

Und jetzt diese Isabel mit dem großen, roten Mal anstelle eines Mundes. Wenn man doch nur ...

Er preßte die Zähne zusammen; die Muskeln seiner kräftigen Backenknochen traten hervor. Sein ganzes bisheriges Leben erschien ihm als schwankende Reihe verschiedenfarbiger Wandschirme, mit denen er sich vor kosmischen Zugwinden geschützt hatte. Isabel war der letzte leuchtende Fetzen. Wie viele dieser seidenen Lumpen hatte es nicht schon gegeben, wie hatte er sich bemüht, mit ihnen den schwarzen

Abgrund abzudecken! Reisen, Bücher in weichen Einbänden, eine siebenjährige ekstatische Liebe. Im trügerischen Wind hatten sie sich aufgebläht, diese Fetzen, waren zerrissen und einer nach dem anderen hinabgefallen. Aber der Abgrund ließ sich nicht schließen, der Schlund atmete, sog ihn an. Das hatte er begriffen, als der Polizeispitzel in Wildlederhandschuhen ...

Kern spürte, daß er vor und zurück schaukelte und daß irgendein blasses Fräulein mit rosigen Augenbrauen ihn hinter einer Zeitschrift hervor musterte. Er nahm die *Times* vom Tisch und schlug die riesigen Seiten auf. Eine Papierdecke über dem Abgrund. Die Menschen denken sich Verbrechen, Museen, Spiele nur deswegen aus, um sich vor dem Unbekannten zu verstecken, vor dem schwindelerregenden Himmel. Und jetzt diese Isabel ...

Er legte die Zeitung weg, rieb sich die Stirn mit seiner gewaltigen Faust und fühlte wieder jemandes erstaunten Blick auf sich ruhen. Dann ging er langsam aus dem Raum, vorbei an den lesenden Beinen, vorbei an dem orangefarbenen Rachen des Kamins. Er verirrte sich in den hallenden Korridoren, geriet in einen Saal, wo sich die weißen Beine der gebogenen Stühle im Parkett spiegelten und an der Wand ein großes Bild hing: Wilhelm Tell, der den Apfel auf dem Kopf seines Sohnes mit Blicken durchbohrt; dann betrachtete er lange sein rasiertes, ernstes Gesicht, die Blutäderchen im Weiß der Augen, die Schleife des karierten Halstuchs in dem Spiegel, der in der hellen Toilette blinkte, wo das Wasser musikalisch rauschte und in der porzellanen Tiefe ein goldener Zigarettenstummel schwamm, den jemand dort hineingeworfen hatte.

Und draußen erlosch der Schnee und bekam einen bläulichen Schimmer. Sanft erblühte der Himmel. Die Flügel der Drehtüren am Eingang zum hallenden Vestibül blitzten zögernd auf und ließen Wolken von Dampf und lachende Menschen mit frischen Gesichtern herein, die von den Schneespielen müde waren. Die Treppen hallten wider von ihren Schritten, ihren Rufen und ihrem Lachen. Dann erstarb das Hotel; man zog sich zum Dinner um.

Kern, der in seinem Sessel in der Dämmerung des Zimmers unruhig eingenickt war, wurde von dem Dröhnen des Gongs geweckt. Erfreut über seine plötzliche Munterkeit knipste er das Licht an, steckte die Manschettenknöpfe in das frisch gestärkte Hemd und zog die schwarzen Hosen unter der quietschenden Presse hervor. Fünf Minuten später fühlte er eine kühle Leichtigkeit, die Fülle seiner Haare am Scheitel und jede Linie seiner ausgesuchten Kleidung und begab sich nach unten in den Speisesaal.

Isabel war nicht da. Die Suppe wurde gereicht, der Fisch – sie erschien nicht.

Kern betrachtete verächtlich die matthäutigen Jünglinge, das ziegelrote Gesicht der alten Dame mit dem Schönheitspflästerchen, das einen Pickel verdeckte, das Männlein mit den Ziegenaugen – und starrte dann finster auf die gezierte Pyramide der Hyazinthen in einem grünen Blumentopf.

Sie erschien erst, als in dem Saal, in dem der Tell hing, die Negerinstrumente zu schlagen und zu heulen begannen.

Von ihr ging ein Duft von Frost und Parfum aus. Ihre Haare schienen feucht zu sein. Irgend etwas in ihrem Gesicht setzte Kern in Erstaunen.

Sie lächelte strahlend und zog das schwarze Bändchen auf ihrer durchsichtigen Schulter zurecht.

»Wissen Sie, ich bin gerade erst nach Hause gekommen. Ich hatte kaum Zeit, mich umzuziehen und ein Sandwich zu essen.«

Kern fragte: »Sind Sie wirklich bis jetzt Ski gelaufen? Es ist doch schon dunkel.«

Sie sah ihn unverwandt an, und Kern begriff, was ihn so fasziniert hatte: ihre Augen; sie strahlten, als seien sie mit Rauhreif bestäubt.

Isabel glitt leicht über die sanften Vokale der englischen Sprache:

»Natürlich. Es war wunderbar. Ich bin im Dunkeln die Abhänge hinuntergejagt, von den Buckeln nach oben geflogen. Direkt zwischen die Sterne.«

»Sie hätten sich umbringen können«, sagte Kern.

Sie wiederholte, die Augen flauschig zusammengezogen:

»Direkt zwischen die Sterne«, und fügte hinzu, wobei sie ihr bloßes Schlüsselbein aufblitzen ließ:

»Und jetzt möchte ich tanzen ...«

Im Saal dröhnte das Negerorchester, und jemand sang dazu. In bunter Vielfalt schwebten überall japanische Laternen. Auf Zehenspitzen, mal mit schnellen, mal mit verhaltenen Schritten, seine Handfläche gegen ihre Handfläche gedrückt, rückte Kern eng an Isabel heran. Ein Schritt, und ihr schlankes Bein preßte sich gegen ihn, noch ein Schritt, und sie gab ihm federnd nach. Die duftende Kühle ihrer Haare kitzelte ihn an den Schläfen. Unter der Kante seiner rechten Hand spürte er das geschmeidige Vibrieren ihres entblößten Rükkens. Mit angehaltenem Atem ging er in die Klangpausen hinein und glitt dann von neuem von Takt zu Takt ... Um sie herum schwebten angespannte Gesichter, linkische Paare und lasterhaft-zerstreute Augen. Und das ausdruckslose Singen der Saiten wurde unterbrochen von dem Hämmern barbarischer Schlagzeuge.

Die Musik wurde schneller, schwoll an, prasselte auf sie herab und verstummte. Alle blieben stehen und begannen dann zu klatschen, forderten damit eine Fortsetzung dieses Tanzes. Aber die Musiker hatten beschlossen, eine Pause einzulegen.

Kern zog ein Tuch aus der Manschette, wischte sich die Stirn ab und folgte Isabel, die, mit ihrem schwarzen Fächer wedelnd, zur Tür ging. Sie setzten sich nebeneinander auf die Stufen der breiten Treppe.

Isabel sagte, ohne ihn anzusehen:

»Verzeihung. Mir war, als sei ich immer noch draußen im Schnee, zwischen den Sternen. Ich habe nicht einmal gemerkt, wer Sie sind und ob Sie gut tanzen.«

Kern blickte sie stumm an – und wirklich: Sie war ganz in ihre strahlenden Gedanken versunken, Gedanken, zu denen er keinen Zugang hatte.

Eine Stufe tiefer saßen ein Jüngling in einem sehr engen Jackett und ein knochiges Mädchen mit einem Muttermal auf dem Schulterblatt. Als die Musik wieder einsetzte, forderte der Jüngling Isabel zum Boston auf. Kern mußte mit dem knochigen Mädchen tanzen. Sie roch nach säuerlichem Lavendel. Im Saal wurden bunte Papierschlangen entrollt, die sich um die Tanzenden wickelten. Einer der Musikanten klebte sich einen weißen Schnurrbart an, und Kern schämte sich irgendwie für ihn. Als der Tanz zu Ende war, ließ er seine Dame stehen und stürzte davon, um Isabel zu suchen. Sie war nirgends zu sehen, weder am Buffet noch auf der Treppe.

»Schluß. Ab ins Bett«, dachte Kern knapp.

In seinem Zimmer zog er den Vorhang zurück, bevor er sich hinlegte, und blickte gedankenleer in die Nacht hinaus. Vor dem Hotel lagen auf dem dunklen Schnee die Abbilder der Fenster. In der Ferne schwammen die metallenen Berggipfel im Grabeslicht.

Ihm schien es, als habe er für einen kurzen Augenblick den Tod gesehen. Er zog die Falten des Vorhangs so eng zusammen, daß nicht ein einziger nächtlicher Strahl ins Zimmer fallen konnte. Aber als er das Licht gelöscht hatte, bemerkte er vom Bett aus, daß der Rand eines kleinen Glasgestells aufleuchtete. Da stand er auf, machte sich lange am Fenster zu schaffen und verfluchte das Mondlicht. Der Fußboden war kalt wie Marmor.

Als Kern die Augen geschlossen und den Gürtel seines Pyjamas gelöst hatte, glitten unter ihm die eisigen Hänge hinweg – und sein Herz begann laut zu klopfen, als ob es den ganzen Tag geschwiegen hätte und sich jetzt die Stille zunutze mache. Ihm wurde angst, als er auf dieses Klopfen lauschte. Er mußte daran denken, wie er einmal an einem stürmischen Tag mit seiner Frau an einem Fleischerladen vorbeigegangen war, in dem ein geschlachtetes Tier an einem Haken baumelte und dumpf gegen die Wand schlug. So wie jetzt sein Herz. Und seine Frau hatte vor dem Wind die Augen zusammengekniffen, ihren breitkrempigen Hut festgehalten und gesagt, daß das Meer und der Wind sie um den Verstand brächten, daß sie wegfahren müsse, wegfahren …

Kern wälzte sich auf die andere Seite, vorsichtig, damit sein Brustkorb von den hohlen Schlägen nicht zerspränge.

So kann es nicht weitergehen, murmelte er in sein Kissen

und zog beklommen seine Beine an. Er lag auf dem Rücken und sah an die Decke, wo schwach ein paar vorwitzige Strahlen schimmerten – wie Rippen.

Als er die Augen wieder zusammenkniff, tanzten vor ihm kleine Funken, dann durchsichtige Spiralen, die sich unaufhörlich ineinander verdrehten. Isabels Schneeaugen und ihr Feuermund tauchten kurz vor ihm auf – und wieder Funken und Spiralen. Sein Herz zog sich für einen Moment zu einem stechenden Klumpen zusammen. Dann blähte es sich auf, hämmerte.

»So kann es nicht weitergehen, ich verliere noch den Verstand. Statt einer Zukunft nur eine schwarze Wand. Nichts.«

Ihm war, als ob Papierschlangen über sein Gesicht glitten, leicht raschelten und dann zerrissen. Dann wogten japanische Laternen bunt über das Parkett. Er tanzte, drängte sich heran. »Man brauchte sie nur zu öffnen. Weit zu öffnen ... Und dann ...«

Der Tod erschien ihm wie ein ruhiger Schlaf, wie ein sanftes Fallen. Keine Gedanken, kein Herzklopfen, keine Schmerzen.

Die Mondrippen an der Decke hatten unbemerkt ihre Lage verändert. Auf dem Flur hörte man leichte Schritte, irgendwo knackte ein Riegel, dann ein leises Läuten – und wieder Schritte: ein Gemurmel von Schritten, ein Stammeln von Schritten ...

»Das heißt, der Ball ist zu Ende«, dachte Kern. Er drehte das stickige Kissen um.

Ringsum trat jetzt eine große Stille ein. Nur sein Herz hämmerte, schwer und mühsam. Kern tastete auf dem Nachttischchen nach der Karaffe, trank daraus. Ein eisiger Strom brannte im Hals, in der Kehle.

Er fing an, sich Einschlafhilfen in Erinnerung zu rufen: stellte sich Wellen vor, die gleichmäßig an das Ufer schlugen. Dann wollige graue Schafe, die sich langsam über einen Flechtzaun rollten. Ein Schaf, zwei, drei ...

»Und im Nebenzimmer schläft Isabel«, dachte Kern, »da schläft Isabel; bestimmt in einem gelben Pyjama. Gelb steht ihr. Spanische Farbe. Wenn ich an der Wand kratzte, würde sie es hören. Ach, dieser unregelmäßige Herzschlag ...«

Er schlief in dem Moment ein, als er überlegte, ob er das Licht anmachen und lesen sollte. Auf dem Sessel lag ein französischer Roman. Ein Papiermesser glitt über die Seiten, schnitt sie auf. Die erste, die zweite …

Er wachte mitten im Zimmer auf, geweckt von einem Gefühl unerträglichen Grauens, das ihn aus dem Bett geworfen hatte. Er hatte geträumt, daß die Wand, an der das Bett stand, sich langsam auf ihn niedersenkte – und da war er, krampfartig ausatmend, zurückgewichen.

Kern suchte tastend nach dem Kopfende des Bettes, fand es und wäre sofort wieder eingeschlafen, hätte er nicht hinter der Wand ein Geräusch gehört. Er verstand nicht gleich, woher das Geräusch kam. Durch das angespannte Lauschen wurde sein Bewußtsein, das wieder in den Schlaf hinübergleiten wollte, plötzlich ganz klar. Das Geräusch wiederholte sich: ein Winseln – und der volle, zitternde Klang einer Gitarre. Kern schoß es durch den Kopf: Im Nebenzimmer war doch Isabel. Als wollte sie auf seine Gedanken antworten, ertönte in diesem Augenblick hinter der Wand leise ihr perlendes Lachen. Zweimal, dreimal erzitterte und verklang die Gitarre. Danach ertönte erneut das seltsame, abgerissene Bellen und verstummte wieder. Kern saß auf dem Bett und lauschte mit großer Verwunderung. Ein absurdes Bild erstand vor seinen Augen. Isabel mit einer Gitarre und einer riesigen Dogge, die sie von unten selig anstarrte. Er legte das Ohr an die kalte Wand. Das rasselnde Bellen erklang wieder, die Gitarre knisterte wie Seide, dann erhob sich ein unerklärliches Rascheln, das wellenförmig auf und ab schwoll, als hätte sich im Nebenzimmer eine gewaltige Windbö gefangen. Das Rauschen ging in ein leises Säuseln über, und die Nacht versank wieder in absoluter Stille. Dann schlug ein Fensterrahmen: Isabel schloß das Fenster.

»Sie kennt keine Ruhe«, dachte er, »der Hund, die Gitarre, eisiger Zugwind.«

Jetzt war alles still. Isabel hatte nun die Geräusche verscheucht, die in ihrem Zimmer ihr Spiel getrieben hatten, sicher hatte sie sich hingelegt und schlief.

»Zum Teufel! Ich verstehe überhaupt nichts. Nichts ist

mir geblieben. Zum Teufel noch einmal!« stöhnte Kern und vergrub das Gesicht in seinem Kissen. Eine bleierne Müdigkeit preßte ihm die Schläfen zusammen. In seinen Beinen war sehnsüchtige Schwere, unerträgliche Schauer liefen über seinen Körper. Lange quälte er sich noch in der Dunkelheit, warf sich schwer von einer Seite auf die andere. Die Strahlen an der Decke waren lange verloschen.

2

Am nächsten Tag erschien Isabel erst zum zweiten Frühstück.

Vom frühen Morgen an war der Himmel in blendendes Weiß getaucht, die Sonne glich dem Mond, dann fiel Schnee, langsam und senkrecht. Die dichten Flocken, wie Tupfen auf weißem Voile, verhängten den Blick auf die Berge, auf die schwer werdenden Tannen, das trübe Türkis der Eisbahn. Große und weiche Schneeflocken wirbelten gegen die Fensterscheiben, fielen, fielen ohne Ende. Wenn man ihnen lange zusah, wollte es einem scheinen, als ob das ganze Hotel langsam aufwärts schwebte.

»Gestern war ich so müde«, wandte sich Isabel an ihren Nachbarn, einen jungen Mann mit hoher, olivgrüner Stirn und spitzbogenförmigen Augen, »so schrecklich müde, daß ich einfach beschloß, länger im Bett zu bleiben.«

»Sie sehen heute überwältigend aus«, sagte der junge Mann gedehnt mit exotischer Liebenswürdigkeit.

Sie blähte spöttisch die Nasenflügel.

Kern, der sie durch die Hyazinthen hindurch ansah, sagte kühl:

»Ich wußte gar nicht, Miss Isabel, daß Sie einen Hund im Zimmer haben und dazu noch eine Gitarre.«

Es schien ihm, als verengten sich ihre flauschigen Augen in einem Anflug von Verwirrung noch mehr. Dann setzte sie ein strahlendes Lächeln auf: Karmesin und Elfenbein.

»Sie haben gestern abend bei der Musik wohl zu lange gefeiert, Mister Kern«, gab sie zurück, und der olivgrüne Jüngling und das Männchen, für das es nur die Bibel und Billard gab, lachten, der eine klangvoll und laut, der andere ganz leise mit hochgezogenen Brauen.

Kern sah finster drein und sagte:

»Überhaupt möchte ich Sie darum bitten, nachts nicht zu spielen. Ich schlafe sehr schlecht.«

Isabels kurzer, strahlender Blick traf sein Gesicht wie ein Messerstich.

»Das können Sie Ihren Traumbildern sagen, aber nicht mir.«

Und sie begann mit ihrem Nachbarn ein Gespräch über das Skirennen, das am morgigen Tag stattfinden sollte.

Kern spürte schon seit einigen Minuten, daß sich seine Lippen krampfartig zu einem spöttischen Lächeln auseinanderzogen, welches er nicht zurückhalten konnte. Es zuckte quälend in seinen Mundwinkeln, und plötzlich hatte er den unwiderstehlichen Wunsch, die Tischdecke vom Tisch zu reißen und den Topf mit den Hyazinthen an die Wand zu werfen.

Er stand auf, versuchte, das unerträgliche Zittern zu verbergen, und ging, ohne jemanden anzusehen, aus dem Raum.

»Was ist nur mit mir los?« wandte er sich an seine Schwermut. »Was ist das nur?«

Er öffnete seinen Koffer mit einem Tritt und begann, seine Sachen einzupacken, als ihm auf einmal schwindlig wurde; er gab sein Vorhaben auf und lief wieder im Zimmer auf und ab. Wütend stopfte er seine kurze Pfeife. Setzte sich in den Sessel am Fenster; draußen schneite es mit widerwärtiger Gleichmäßigkeit.

Er war in dieses Hotel, in diesen eleganten und eiskalten Winkel von Zermatt gekommen, um die Wirkung der weißen Stille mit der Annehmlichkeit unkomplizierter und mannigfaltiger Bekanntschaften zu verbinden, denn völlige Einsamkeit fürchtete er mehr als alles andere. Aber jetzt begriff er, daß auch die Gesichter der Menschen ihm unerträglich waren, daß ihm vom Schnee der Kopf dröhnte und daß ihm jene beflügelnde innere Lebendigkeit und zarte Beharrlichkeit fehlten, ohne die Leidenschaft kraftlos ist. Für Isabel aber war das Leben sicher ein herrlicher Flug auf Skiern, ein ungestümes Lachen, Parfum und Frost.

Wer war sie? Eine Diva, die sich aus einer Photographie befreit hatte? Oder die heimlich weggelaufene Tochter eines hochmütigen und bösartigen Lords? Oder einfach eine jener Pariser Frauen, deren Geld wer weiß woher kommt? Ein abgeschmackter Gedanke ...

»Aber einen Hund hat sie, das braucht sie gar nicht abzustreiten: irgend so eine wohlgenährte Dogge. Mit kalter Nase und warmen Ohren. Und es schneit immer noch«, dachte Kern zusammenhanglos. »Aber in meinem Koffer habe ich [es war, als entspannte sich klickend eine Feder in seinem Hirn] eine Parabellum.«

Wieder wanderte er bis zum Abend ziellos durch das Hotel, blätterte teilnahmslos in den Zeitungen im Lesesaal, sah aus dem Fenster des Vestibüls, wie Isabel, der Schwede und einige junge Leute in Sweatern, über denen sie Sportsakkos trugen, einen wie ein Schwan geschwungenen Schlitten bestiegen. Scheckige Pferdchen läuteten in ihrem festlichen Geschirr. Der Schnee fiel leise und dicht. Isabel, ganz mit weißen Schneekristallen bedeckt, saß laut rufend und lachend zwischen ihren Begleitern, und als der Schlitten sich in Bewegung setzte und davonstob, lehnte sie sich zurück, schlug die Hände zusammen und applaudierte mit ihren Pelzhandschuhen.

Kern wandte sich vom Fenster ab.

»Fahr nur, fahr nur ... Mir ist es gleich ...«

Später, während des Abendessens, war er bemüht, sie nicht anzusehen. Sie war in einer irgendwie festlichen und fröhlich-erregten Stimmung – und schenkte ihm keinerlei Beachtung. Um neun Uhr begann die Negermusik wieder dumpf zu hämmern und zu quarren. Kern stand fröstelnd vor Sehnsucht am Türpfosten und blickte auf die ineinander verschlungenen Paare und auf Isabels üppigen schwarzen Fächer.

Eine leise Stimme sagte direkt an seinem Ohr:

»Kommen Sie, gehen wir in die Bar. Ja?«

Er drehte sich um und erblickte die melancholischen Ziegenaugen, die Ohren mit dem rötlichen Flaum.

In der Bar herrschte rotes Halbdunkel, die Volants der Lampenschirme spiegelten sich in den Glastischen. An der metallisch glänzenden Theke saßen drei Herren mit untergeschlagenen Beinen – alle drei in weißen Gamaschen – auf hohen Barhockern und schlürften mit Strohhalmen grellbunte Getränke. Hinter der Theke, wo verschiedenfarbige Flaschen in den Regalen funkelten wie eine Sammlung dicker Käfer, mixte ein feister Mann in himbeerfarbenem Smoking und mit schwarzem Schnurrbart außerordentlich geschickt Cocktails. Kern und Monfiori wählten einen Tisch in der samtenen Tiefe der Bar. Der Ober klappte eine lange Getränkekarte auf, behutsam und andächtig wie ein Apotheker, der ein wertvolles Buch zeigt.

»Wir werden der Reihe nach von jedem ein Glas trinken«, sagte ihm Monfiori mit seiner traurigen, kaum vernehmbaren Stimme, »und wenn wir durch sind, fangen wir wieder von vorne an. Wir werden dann nur das nehmen, was uns geschmeckt hat. Vielleicht bleiben wir bei einem Getränk und lassen es uns eine Zeitlang schmecken. Dann beginnen wir wieder von vorne.«

Er blickte den Ober versonnen an:

»Haben Sie verstanden?«

Der Ober beugte seinen Scheitel.

»Das ist eine sogenannte Bacchus-Reise«, wandte Monfiori sich mit einem wehmütigen Lächeln an Kern. »Einige Menschen gehen auch im Leben so vor.«

Kern unterdrückte ein fröstelndes Gähnen.

»Dies hier endet mit Erbrechen.«

Monfiori seufzte. Trank aus. Schnalzte mit der Zunge. Machte mit einem Drehbleistift ein Kreuzchen hinter der ersten Nummer auf der Karte. Von seinen Nasenflügeln liefen zwei tiefe Furchen zu den Winkeln seines schmalen Mundes.

Nach dem dritten Glas steckte sich Kern schweigend eine Zigarette an. Nach dem sechsten – irgendeine widerliche Mischung aus Schokolade und Champagner war an der Reihe – verspürte er das Bedürfnis zu sprechen.

Er stieß einen Rauchtrichter aus; die Augen zusammen-kneifend, schnippte er dann mit seinem gelben Fingernagel die Asche ab.

»Sagen Sie, Monfiori, was halten Sie von dieser, wie heißt sie doch noch – Isabel?«

»Sie werden nichts bei ihr erreichen«, sagte Monfiori. »Sie gehört zur Gattung der Glatthäuter. Sie sucht nur flüchtige Beziehungen.«

»Aber sie spielt nachts Gitarre, hat einen Hund bei sich. Das ist abscheulich, nicht wahr?« sagte Kern, die Augen starr auf sein Glas gerichtet.

Monfiori seufzte wieder:

»Lassen Sie sie in Ruhe. Gewiß …«

»Das ist ja wohl der pure Neid, der …«, begann Kern von neuem.

Der andere unterbrach ihn ruhig:

»Sie ist eine Frau. Ich aber habe, wissen Sie, andere Nei-gungen.«

Er hüstelte bescheiden. Bekreuzigte sich.

Die rubinroten Getränke wurden von goldfarbenen abge-löst. Kern hatte das Gefühl, daß sein Blut süß wurde. Sein Kopf vernebelte sich. Die weißen Gamaschen verließen die Bar. Verstummt waren die Wirbel und die Melodien der fer-nen Musik.

»Sie sagen, daß man wählen muß …«, sagte er dumpf und träge, »aber ich bin an einem Punkt angelangt … Hören Sie, ich hatte eine Frau. Sie liebte einen anderen. Der erwies sich als Dieb. Er stahl Autos, Schmuck, Pelze … Und sie hat sich vergiftet. Mit Strychnin.«

»Sie glauben doch an Gott?« fragte Monfiori mit dem Ausdruck eines Menschen, der auf sein Steckenpferd zu sprechen kommt. »Denn es gibt Gott.«

Kern lachte gezwungen.

»Der Gott der Bibel, ein gasförmiges Wirbeltier … Nein, an den glaube ich nicht.«

»Das stammt von Huxley«, bemerkte Monfiori sanft. »Aber es gab den biblischen Gott … Die Sache ist die, daß Er nicht der einzige ist. Es sind ihrer viele, der biblischen Götter

… Eine ganze Schar … Von ihnen ist mir der liebste … ›Sein Niesen glänzt wie ein Licht. Seine Augen sind wie die Wimpern der Morgenröte.‹ Verstehen Sie, können Sie verstehen, was das bedeutet? Ja? Und weiter: ›… Die Gliedmaßen seines Fleisches hängen aneinander und halten hart an ihm, daß er nicht zerfallen kann.‹ Wie? Was? Begreifen Sie das?«

»Hören Sie auf«, schrie Kern.

»Nein, versuchen Sie doch zu begreifen. ›Er macht, daß der tiefe See siedet wie ein Topf und rührt ihn ineinander, wie man eine Salbe mengt. Nach ihm leuchtet der Weg, er macht die Tiefe ganz grau.‹«

»Hören Sie endlich auf«, unterbrach ihn Kern. »Ich wollte Ihnen sagen, daß ich beschlossen habe, meinem Leben ein Ende zu machen …«

Monfiori sah ihn trübe und aufmerksam an, während er mit der Handfläche sein Glas zudeckte. Er schwieg.

»Ich dachte es mir«, begann er unerwartet sanft. »Heute, als Sie auf die Tanzenden blickten, und vorher, als Sie vom Tisch aufstanden … Da war etwas in Ihrem Gesicht … Eine Furche zwischen den Brauen … Eine von besonderer Art … Ich habe es sofort verstanden …«

Er verstummte, strich mit der Hand über den Rand des Tisches. »Hören Sie, was ich Ihnen sage«, fuhr er fort, und seine schweren, violetten Lider versanken in den Furchen seiner Wimpern. »Ich suche überall nach Menschen wie Sie – in teuren Hotels, in Zügen, in Seebädern am Meer –, nachts auf den Uferstraßen der Großstädte.«

Ein kleines, träumerisches Lächeln glitt über seine Lippen.

»Ich weiß noch, einmal in Florenz …«

Er hob langsam seine Ziegenaugen.

»Hören Sie, Kern – ich möchte dabeisein … Darf ich?«

Kern saß starr mit gebeugtem Rücken und spürte unter dem gestärkten Hemd Kälte in der Brust.

»Wir sind beide betrunken«, ging es ihm durch den Kopf. Er ist ein Ungeheuer.

»Darf ich?« wiederholte Monfiori mit spitzen Lippen. »Ich bitte Sie sehr.«

Er berührte ihn mit seiner kalten, behaarten Hand …

Kern zuckte zusammen und stand, heftig schwankend, vom Stuhl auf.

»Zum Teufel! Lassen Sie mich in Ruhe ... Es war nur ein Scherz ...«

Monfiori sah ihn immer noch aufmerksam an, sog sich mit seinen Blicken an ihm fest.

»Ich habe Sie satt! Alles habe ich satt!« Kern riß sich los und schlug die Hände zusammen – und Monfioris Blick löste sich abrupt, wie mit einem Schmatzen.

»Grillen! Puppentheater! ... Ein Spiel mit Worten! ... Genug davon! ...«

Er stieß sich schmerzhaft die Rippen an der Tischkante. Der himbeerfarbene Dicke hinter seiner schlingernden Theke glotzte ihn an, schwamm wie in einem Hohlspiegel inmitten seiner Flaschen. Kern schritt über die wankenden Wellen des Teppichs, stieß mit der Schulter gegen die schwingende Glastür.

Das Hotel lag in tonlosem Schlaf. Als er sich mit Mühe die weiche Treppe hinaufgeschleppt hatte, suchte er sein Zimmer. In der Tür nebenan steckte der Schlüssel. Jemand hatte vergessen abzuschließen. Im trüben Licht schlängelten sich die Blumen im Korridor. In seinem Zimmer suchte er lange nach dem Lichtschalter an der Wand. Dann fiel er in den Sessel am Fenster.

Er dachte daran, daß er gewisse Briefe schreiben müsse. Abschiedsbriefe. Aber der zähe und klebrige Rausch hatte ihn geschwächt. In seinen Ohren war ein dumpfes Sausen, über seine Stirn strichen eisige Wellen. Er mußte den Brief schreiben – und noch etwas ließ ihm keine Ruhe. So als ob er aus dem Haus gegangen wäre und seine Brieftasche vergessen hätte. Das spiegelnde Schwarz des Fensters reflektierte einen Streifen seines Kragens und seine blasse Stirn. Mit trunkenen Tropfen hatte er vorn sein Hemd besudelt. Er mußte den Brief schreiben, nein, das war es nicht. Und plötzlich tauchte etwas vor seinem inneren Auge auf. Der Schlüssel! Es war der Schlüssel, der in der Tür des Nebenzimmers steckte ... Kern erhob sich mühsam und trat in den matt erleuchteten Korridor hinaus. An dem riesigen Schlüssel hing ein blinkendes Schildchen mit der Zahl 35. Er blieb vor dieser weißen Tür stehen. Ein begehrliches Zittern lief durch seine Beine.

Ein eisiger Wind schlug ihm entgegen. In dem geräumigen, erleuchteten Schlafzimmer stand das Fenster weit offen. Auf dem breiten Bett lag rücklings in einem gelben, offenen Pyjama Isabel. Ihre helle Hand hing herunter, zwischen den Fingern glomm eine Zigarette. Der Schlaf hatte sie offensichtlich unversehens übermannt.

Kern setzte sich an ihr Bett. Er stieß mit dem Knie an den Stuhl, auf dem die Gitarre ganz leise zu klingen begann. Isabels blauschwarze Haare ringelten sich auf dem Kopfkissen. Er betrachtete ihre dunklen Lider, den zarten Schatten zwischen ihren Brüsten. Er berührte die Bettdecke. Sie schlug augenblicklich die Augen auf. Da sagte Kern und beugte sich leicht zu ihr hinunter:

»Ich brauche Ihre Liebe. Morgen erschieße ich mich.«

Er hätte sich nie träumen lassen, daß sich eine Frau – auch wenn sie überrumpelt wird – so erschrecken kann. Isabel erstarrte zunächst, wandte sich um, warf einen Blick auf das offene Fenster, glitt blitzschnell vom Bett herunter und an Kern vorbei – mit gesenktem Kopf, als erwarte sie einen Schlag von oben.

Die Tür schlug zu. Briefpapier flatterte vom Tisch.

Kern blieb inmitten des geräumigen und hellen Zimmers stehen. Auf dem Nachttisch schimmerten violett und golden Weintrauben.

»Sie ist verrückt«, sagte er laut.

Er zuckte schwerfällig die Schultern. Von der Kälte überkam ihn ein anhaltendes Zittern, wie bei einem Pferde. Und plötzlich erstarrte er.

Draußen wuchs, flog, näherte sich erregt und stoßweise ein rasches und freudiges Bellen. Einen Augenblick später füllte und belebte sich die Fensterhöhle, das Quadrat aus schwarzer Nacht, mit dichtem, wogendem Fell. Mit einem weit ausholenden und geräuschvollen Schwung verdeckte dieser schlaffe Pelz den Nachthimmel von Rahmen zu Rahmen. Ein weiterer Augenblick, und er blähte sich angestrengt auf, stürmte schief herein, breitete sich aus. In dem pfeifenden Schwingen des wogenden Pelzes blitzte ein weißes Antlitz auf. Kern ergriff den Hals der Gitarre und schlug mit aller Kraft in dieses weiße Antlitz, das auf ihn zuflog. Die Rippe eines gewaltigen Flügels, ein flauschiger Sturm riß ihn zu Boden. Raubtiergeruch hüllte ihn ein. Kern riß sich los und stand auf.

In der Mitte des Zimmers lag ein riesiger Engel.

Er füllte das ganze Zimmer, das ganze Hotel, die ganze Welt. Der rechte Flügel war gekrümmt und stützte sich mit einer Ecke gegen den Spiegelschrank. Der linke schwang hilflos in der Luft und verfing sich in den Beinen des umgekippten Stuhles. Der Stuhl polterte vor und zurück über den Boden. Das braune Fell auf den Flügeln dampfte, schimmerte wie Rauhreif. Betäubt von dem Schlag stützte sich der Engel auf die Hände wie eine Sphinx. Auf den weißen Händen traten blaue Adern hervor, auf den Schultern hatte er an den Schlüsselbeinen dunkle Gruben. Die Augen länglich – gleichsam kurzsichtig –, blaßgrün, wie die Luft vor Tagesanbruch, blickten Kern unter den geraden, zusammengewachsenen Brauen hervor ohne Blinzeln an. Kern, dem der scharfe Geruch des feuchten Pelzes fast den Atem nahm, stand unbeweglich, mit der Ruhe äußerster Angst, und betrachtete die gigantischen dampfenden Flügel und das weiße Antlitz.

Draußen auf dem Korridor erhob sich dumpfer Lärm. Da überwältigte Kern ein anderes Gefühl: beklemmende Scham.

Er spürte diese Scham schmerzhaft bis zum Entsetzen, daß jetzt jemand hereinkommen könnte und ihn und dieses unglaubliche Wesen hier fände.

Der Engel atmete geräuschvoll, machte eine Bewegung. Seine Arme erschlafften. Er fiel auf die Brust und schlug leicht mit einem Flügel. Kern beugte sich über ihn, mit knirschenden Zähnen und bemüht, nicht hinzusehen, und umfaßte eine Wölbung feuchten, stinkenden Fells, die kalten, glitschigen Schultern. Mit unerträglichem Widerwillen bemerkte er, daß die Beine des Engels blaß waren und ohne Knochen, so daß er auf ihnen nicht stehen konnte. Der Engel leistete keinen Widerstand. Kern zog ihn eilig zum Schrank, öffnete die Spiegeltür und mühte sich, die Flügel in die knarrende Tiefe zu stoßen und zu quetschen. Er faßte sie an den Rippen, versuchte sie zu biegen und zusammenzupressen. Die Falten im Fell, die in Bewegung geraten waren, schlugen ihm gegen die Brust. Schließlich stieß er mit einem kräftigen Druck die Tür auf. Im selben Augenblick erhob sich drinnen ein durchdringender und unerträglicher Jammerschrei – der Jammerschrei eines Raubtieres, das von einem Rad überrollt wird. O weh, er hatte ihm einen Flügel eingeklemmt. Ein Ende des Flügels ragte aus dem Türspalt. Kern öffnete die Tür ein wenig und schob den krausen Teil mit der Handfläche hinein. Er drehte den Schlüssel im Schloß.

Es wurde sehr still. Kern spürte, wie ihm heiße Tränen über das Gesicht liefen. Er seufzte auf und stürzte in den Korridor. Isabel, ein gekrümmtes Häuflein schwarzer Seide, lag an der Wand. Er hob sie auf, trug sie in sein Zimmer und legte sie aufs Bett. Dann nahm er die schwere Parabellum aus dem Koffer, legte das Magazin ein und stürzte, ohne Atem zu holen, zurück ins Zimmer 35.

Die beiden Hälften eines zerbrochenen Tellers schimmerten weiß auf dem Teppich. Die Weintrauben lagen verstreut herum.

Kern sah sich in der Spiegeltür des Schrankes: eine Haarsträhne, die ihm ins Gesicht gefallen war, ein gestärkter Hemdausschnitt mit roten Spritzern, der längliche Schein an der Mündung der Pistole.

»Man muß ihm den Garaus machen«, rief er dumpf und öffnete den Schrank.

Nur ein Büschel stinkenden Flaums. Braune, fettige Flokken wirbelten durch das Zimmer. Der Schrank war leer. Unten leuchtete weiß ein zerdrückter Hutkarton.

Kern ging zum Fenster, blickte hinaus. Zottige, kleine Wolken schwebten auf den Mond zu und strahlten in seiner Nähe in matten Regenbogenfarben. Er schloß das Fenster, stellte den Stuhl an seinen Platz, schob die braunen Flaumflocken unter das Bett. Dann trat er vorsichtig auf den Korridor. Es war immer noch still. Die Menschen schlafen fest in Berghotels.

Aber als er in sein Zimmer zurückkam, sah er, wie Isabel, deren nackte Beine aus dem Bett hingen, zitterte und sich den Kopf hielt. Er schämte sich, wie vorher, als der Engel ihn mit seinen seltsamen, grünlichen Augen angeblickt hatte.

»Sagen Sie mir ... wo ist er?« Isabel atmete schnell.

Kern wandte sich ab, ging zu seinem Schreibtisch, setzte sich, öffnete die Schreibmappe und gab zur Antwort:

»Weiß ich nicht.«

Isabel zog die bloßen Füße aufs Bett.

»Kann ich bei Ihnen bleiben ... vorerst? Ich habe solche Angst ...«

Kern nickte schweigend. Er versuchte, das Zittern in seiner Hand zu unterdrücken, und schickte sich an zu schreiben. Isabel begann wieder zu sprechen – erregt und tonlos –, aber aus irgendeinem Grund erschien ihm ihr Erschrecken echt weiblich und natürlich.

»Ich habe ihn gestern getroffen, als ich im Dunkeln Ski gefahren bin. Er war in der Nacht bei mir.«

Kern, bemüht, ihr nicht zuzuhören, schrieb in schwungvoller Handschrift:

»Mein lieber Freund. Dies ist mein letzter Brief. Ich habe nie vergessen, wie Du mir geholfen hast, als das Unglück über mich hereinbrach. Er lebt sicherlich auf einem Gipfel, wo er Bergadler fängt und sich von ihrem Fleisch ernährt ...«

Plötzlich besann er sich, strich alles durch und nahm ein neues Blatt Papier. Isabel schluchzte, das Gesicht in das Kopfkissen vergraben.

»Was soll ich jetzt tun ... Er wird sich an mir rächen ... Oh, mein Gott ...«

»Mein lieber Freund«, schrieb Kern schnell, »sie hat unvergeßliche Beziehungen gesucht, und jetzt wird sie ein geflügeltes Untier zur Welt bringen ... Ach ... zum Teufel!«

Er zerknüllte das Blatt.

»Versuchen Sie einzuschlafen«, sagte er über die Schulter zu Isabel, »und morgen fahren Sie ab. Ins Kloster.«

Ihre Schultern hoben und senkten sich schnell. Dann wurde sie still.

Kern schrieb. Vor sich hatte er die lächelnden Augen des

einzigen Menschen auf der Welt, mit dem er frei reden und schweigen konnte. Er schrieb ihm, daß sein Leben vorbei sei, daß er seit kurzem das Gefühl habe, statt der Zukunft bewege sich eine schwarze Wand auf ihn zu, und daß gerade jetzt etwas geschehen sei, wonach ein Mensch nicht mehr leben könne und dürfe. »Morgen mittag werde ich sterben«, schrieb Kern, »morgen, weil ich im Vollgefühl meiner Kräfte und bei nüchternem Tageslicht sterben will. Jetzt bin ich zu sehr erschüttert.«

Als er fertig war, setzte er sich in den Sessel am Fenster. Isabel schlief und atmete kaum hörbar. Eine lastende Müdigkeit umfing seine Schultern. Der Schlaf senkte sich wie ein sanfter Nebel auf ihn herab.

3

Er erwachte von dem Klopfen an der Tür. Frostiges Azurblau strömte durch das Fenster.

»Herein«, sagte er und streckte sich.

Der Kellner stellte lautlos das Tablett mit einer Tasse Tee auf den Tisch, verbeugte sich und ging hinaus.

Kern lachte vor sich hin: »Und ich bin noch im zerdrückten Smoking.«

Im selben Moment fiel ihm ein, was in der Nacht passiert war. Er fuhr hoch und warf einen Blick auf das Bett. Isabel war nicht da. Sicher war sie gegen Morgen in ihr Zimmer gegangen. Und jetzt ist sie natürlich abgereist ... Braune, schlaffe Flügel tauchten für einen Moment vor ihm auf. Er stand schnell auf und öffnete die Tür zum Korridor.

»Warten Sie«, rief er dem sich entfernenden Rücken des Kellners nach, »nehmen Sie bitte den Brief mit.«

Er ging zum Tisch, suchte. Der Kellner wartete an der Tür. Kern klopfte alle Taschen ab, sah unter dem Sessel nach.

»Sie können gehen. Ich werde ihn später dem Portier geben.«

Der Scheitel machte eine Verbeugung, und leise schloß sich die Tür.

Kern war ärgerlich, daß der Brief nicht zu finden war. Gerade dieser Brief. In ihm hatte er so treffend, so flüssig und einfach alles das gesagt, was nötig war. Aber jetzt konnte er sich nicht mehr an den Wortlaut erinnern. Es kamen ihm nur unsinnige Phrasen in den Sinn. Nein, der Brief war großartig gewesen.

Er setzte sich hin, um einen neuen zu schreiben, aber was dabei herauskam, war kalt und schwülstig. Er siegelte ihn. Schrieb deutlich die Adresse drauf.

Ihm wurde merkwürdig leicht ums Herz. Heute mittag würde er sich erschießen, denn der Mensch, der sich zum Selbstmord entschlossen hat, ist ja selbst ein Gott.

Der zuckerartige Schnee leuchtete ins Fenster. Es zog ihn dorthin, zum letzten Mal.

Die Schatten der bereiften Bäume lagen auf dem Schnee wie bläuliche Federn. Von irgendwoher ertönte süßes Schellengeläute. Menschen waren in hellen Scharen unterwegs: junge Mädchen in Wollmützen, die sich ängstlich und ungeschickt auf ihren Skiern bewegten, junge Leute, die sich untereinander laut etwas zuriefen und Wolken von Gelächter ausatmeten, ältere Menschen mit vor Anstrengung geröteten Gesichtern und dann noch ein hagerer, blauäugiger alter Mann, der einen samtbespannten Schlitten hinter sich her zog. Kern dachte flüchtig: Diesem alten Mann ins Gesicht schlagen, mit voller Wucht, einfach so ... Jetzt war ihm doch alles erlaubt ... Er mußte lachen ... Lange hatte er sich nicht so wohl gefühlt.

Alle zog es dorthin, wo das Skirennen bereits begonnen hatte. Das war ein langer, steiler Hang, der in der Mitte in eine ebene Schneefläche überging, die scharf abbrach und einen rechtwinkligen Absatz bildete. Der Skiläufer, der gerade den steilen Hang heruntergefahren kam, flog von dieser Schanze in die azurblaue Luft; er flog, die Arme ausgebreitet, und landete aufrecht wieder auf der Piste und raste weiter. Der Schwede überbot knapp seinen letzten Rekord, schlug weit unten in einem Wirbel silbrig stiebenden Schnees einen scharfen Bogen und blieb mit eingeknickten Beinen stehen.

Es kamen noch zwei Läufer in schwarzen Rollkragenpull-overn, sie sprangen und landeten federnd im Schnee.

»Jetzt kommt Isabel«, sagte eine leise Stimme an Kerns Schulter. Kern schoß es durch den Kopf: »Ist sie wirklich noch hier? Wie kann sie nur …« – und blickte auf den Sprechenden. Es war Monfiori. Mit seiner Melone, die er über die abstehenden Ohren gezogen hatte, und in seinem schwarzen Mäntelchen mit den verschossenen Samtstreifen am Kragen hob er sich auf lächerliche Weise von der in Wollsachen gekleideten, fröhlichen Menge ab. »Soll ich es ihm erzählen?« dachte Kern.

Mit Widerwillen verscheuchte er die braunen, stinkenden Flügel: Nur nicht daran denken.

Isabel war den Hügel emporgestiegen. Sie drehte sich um und sagte irgend etwas zu ihrem Begleiter, fröhlich, so fröhlich wie immer. Kern wurde es unheimlich angesichts dieser Fröhlichkeit. Es war ihm, als ob über diesen Schneemassen, über dem gläsernen Hotel, über diesen Spielzeugmenschen etwas aufblitzte – ein Schaudern, ein Widerschein …

»Wie geht es Ihnen heute?« fragte Monfiori und rieb seine leblosen Hände.

In diesem Augenblick ertönten ringsum Stimmen:

»Isabel! Die fliegende Isabel!«

Kern hob rasch den Kopf. Ungestüm jagte sie den steilen Hang hinunter. Einen Moment später erkannte er auch schon ihr lebhaftes Gesicht und den Glanz auf den Wimpern. Mit einem leicht pfeifenden Geräusch glitt sie über die Schanze, flog hoch hinaus, hing in der Luft – wie eine Gekreuzigte. Und dann …

Das hatte natürlich keiner erwarten können. Isabel krümmte sich im vollen Flug wie in einem Krampf und fiel wie ein Stein herab, rollte mit wirbelnden Skiern durch den stiebenden Schnee.

Die Rücken der zu ihr hin eilenden Menschen verdeckten ihm sofort die Sicht. Kern ging mit hochgezogenen Schultern langsam näher. Ganz klar, wie mit riesigen Lettern geschrieben, stand es vor ihm: die Rache, der Schlag des Flügels.

Der Schwede und ein großer Herr mit Hornbrille beugten

sich über Isabel. Der Herr mit Brille tastete den leblosen Körper mit fachkundigen Handbewegungen ab. Er murmelte: »Ich verstehe das nicht … Der Brustkorb ist eingeschlagen …«

Er hob leicht ihren Kopf. Sichtbar wurde ein lebloses, gleichsam entblößtes Gesicht.

Kern drehte sich auf knirschenden Absätzen um und ging festen Schritts auf das Hotel zu. Neben ihm trippelte Monfiori, lief dann ein Stück voraus und sah ihm in die Augen.

»Ich gehe jetzt zu mir nach oben«, sagte Kern, bemüht, ein schluchzendes Lachen zu verschlucken und zu unterdrücken. »Nach oben … Wenn Sie mit mir kommen wollen …«

Das Lachen stieg ihm in die Kehle, begann zu sprudeln. Kern stieg wie ein Blinder die Treppe hinauf. Monfiori stützte ihn zaghaft und eilfertig.

Unter dem Schnee

Helsinki, 28. Februar 1969

Lieber,

ich bin in Finnland auf einem der vielen Kongresse. Er hat drei Tage gedauert, und gestern abend gab es ein Abschiedsessen für die Teilnehmer. Ich hatte überhaupt keine Lust hinzugehen, habe ein Unwohlsein vorgeschützt und mich in mein Zimmer zurückgezogen. Vom Kongreßsaal ins Hotel bin ich zu Fuß gegangen. Obwohl schon fast März ist, liegt noch hoher Schnee. Unterwegs bin ich mehrmals vor den Holzhäusern stehengeblieben. Es war dunkel, und auf den Fensterbrettern standen viele brennende Kerzen. Ein Kollege aus diesem Land hat mir erklärt, es handle sich um eine weitverbreitete Sitte. So habe man im Winter den Eindruck, es sei länger Tag. Dabei mißfällt mir die frühe Dunkelheit keineswegs. Die erleuchteten Fenster verbreiten nämlich eine sehr heimelige Stimmung in den Straßen. Aller Wahrscheinlichkeit nach handelt es sich ja um einen falschen Eindruck. Wer weiß, wie viele kleine Höllen sich dahinter verbergen! Jedenfalls kam ich mir bei meinem Spaziergang durch die leeren, stillen, weißverschneiten Straßen wie Goldlöckchen vor, das kleine Mädchen, das sich heimlich ins Haus der drei Bären einschleicht. Ich wäre gern hineingegangen, hätte eine Tasse heiße Milch getrunken, mich unter eine Steppdecke gelegt und geschlafen, ohne an irgend etwas zu denken.

Jeder hat ja Träume, die er gern träumen möchte. Mit offenen Augen wünscht man sie heftig herbei, aber wenn man die Augen geschlossen hat, kommen sie nie. Ich träume immer davon, folgendes zu träumen. Ich irre lange durch einen Schneesturm, dann sehe ich ein Licht, das Licht eines Hauses. Ich erreiche es, trete ein. Es ist keiner da, und die Atmosphäre ist sehr einladend. Da ziehe ich mir die Kleider aus, schlüpfe in ein Flanellnachthemd und verschwinde in einem riesigen Holzbett unter einer Steppdecke mit roten Herzchen. Ich liege dort und schlafe nicht. Die Hände an die Decke geklammert, höre ich zu, wie der Schnee fällt. Ich lausche den Flocken, die sich eine um die andere aufs Dach legen. Ich frage mich nichts, erwarte nichts: ich atme. Bin glücklich so und fertig. Einen Augenblick lang habe ich die Empfindung, nicht nur die Welt zu verstehen, sondern auch in ihr aufgehoben zu sein. Ein stilles, regungsloses Ding unter stillen, regungslosen Dingen.

Auch gestern nacht habe ich, als ich zwischen den kalten, anonymen Laken des Hotels die Augen schloß, den Wunsch nach diesem Traum verspürt.

Ich habe mit aller Kraft daran gedacht und war fast sicher, daß er kommen würde.

Statt dessen habe ich einen anderen Traum gehabt. Ich war ganz, ganz klein geworden und befand mich als Gefangene in dem Puppenhaus, das ich als Kind besaß. Es war ein zweistöckiges Haus aus dünnem Holz, mit Türen und Fenstern und vielen winzigen Einrichtungsgegenständen. Am Eßtisch saß eine meiner Puppen. Als ich aus dem Fenster blickte, sah ich mein Zimmer – ein Schuh hier, einer dort, die Bücher aufgeschlagen auf dem Schreibtisch. Alles schien jedoch schon länger verlassen, öd und leer. Ich versuche zu sprechen, aber kein Laut kommt heraus. Plötzlich fühle ich eine große Kälte, die in mir hochsteigt. Also gehe ich zu dem Bettchen und lege mich hinein. Ich weiß nicht, wie lange ich da liege, aber ich weiß, daß ich, während ich mich in dieser Stellung befinde, zuerst leise und dann lauter eine Stimme höre, die Stimme eines kleinen Jungen.

Obwohl ich die Worte nicht unterscheiden kann, verstehe ich, daß er nicht spricht, sondern singt. Er singt ein Kinderlied. Ab und zu hält er inne und lacht vergnügt. Dann will ich aufstehen, einen Arm, ein Bein bewegen, und da merke ich, daß ich es nicht kann, weil ich von Kopf bis Fuß von einer Eisplatte bedeckt bin. Ich versuche zu schreien, aber das Eis erstickt den Schrei. Statt dessen gellt er durchs Zimmer, und ich erwache durch meinen eigenen Schrei.

Jetzt sitze ich noch im Morgenrock hier an dem kleinen

Schreibtisch beim Fenster. Ein junger Mann hat mir das Frühstück gebracht. Nach dem Essen fühlte ich mich besser. Ich schaute auf die Uhr, es waren noch genau vier Stunden bis zur Verabredung am Terminal. So habe ich, fast ohne zu wissen, was meine Hände taten, nach dem Hotelbriefpapier gegriffen und das getan, wozu ich nie den Mut aufgebracht hatte. Ich habe Dir einen Brief geschrieben.

Rom, 1. März 1969

Seit zwei Stunden bin ich wieder daheim. Ich habe den Koffer ausgepackt, die schmutzigen Sachen in die Wäsche getan. Ich habe mir einen Tee gekocht und ihn im Wohnzimmer vor dem abgestellten Fernseher getrunken. Ich hätte nie anfangen dürfen, diesen Brief zu schreiben. Es war ein Augenblick der Verwirrung, der Schwäche. Ich bin eine starke Frau. Zumindest kennen mich alle so. Nie habe ich mir nachgegeben, nie. Aber nun habe ich mir nachgegeben und spüre, daß ich nicht mehr zurück kann. Es ist, als hätte ich einen Wasserhahn aufgedreht: Das Wasser läuft, und ich kann es nicht mehr abstellen. Der Vergleich ist banal, aber es gelingt mir nicht, einen anderen zu finden, der ebensogut paßt. Originalität war noch nie meine Stärke.

Auf dem Rückflug saß ich neben dem Direktor der Agentur. Um ihm anzukündigen, daß ich mich aus dem Beruf zurückziehe, habe ich gewartet, bis der Start vorbei war. Er dachte, ich mache Witze. Lachend hat er zu mir gesagt: »Diese Tagung über Meteoropathologie ist dir wohl zu Kopf gestiegen.« Ich habe gelächelt, habe geantwortet, mein Kopf sitze kühl und klar auf meinen Schultern. Ich wisse genau, was ich tue, ich hätte lange darüber nachgedacht. Er war erschrocken über meine Bestimmtheit. Hat gesagt: »Du fühlst dich doch nicht zu alt? Du weißt doch, obwohl viele neue Mädchen da sind, bist du immer noch die Beste in der ganzen Agentur. Alle mögen dich, schätzen dich.«

Ich versuchte, ihm meine praktischen Gründe darzulegen. Ich habe zu ihm gesagt: »Jetzt, wo meine Mutter tot ist, brauche ich nicht mehr zu arbeiten. Sie hat mir ein Vermögen hinterlassen, das es mir gestattet, noch weitere hundert Jahre zu leben, ohne etwas zu tun.« Dann habe ich ihm auch erklärt, ich sei müde und mir sei nicht mehr danach, in der Welt herumzureisen, um zu übersetzen, was die Leute sagen.

Daraufhin hat er geantwortet, daß er mich verstehe. Es sei keine Seltenheit, daß Frauen in meinem Alter ein wenig mit den Nerven herunter seien, aber mit etwas Ruhe, einer Vergnügungsreise ließe sich das rasch beheben. »Warum fährst du nicht nach Mexiko«, hat er abschließend vorgeschlagen, »es soll wunderbar sein!«

Ich habe gelächelt, leicht seine Hand berührt. Zwanzig Jahre gemeinsamer Arbeit sind ein bißchen wie eine Ehe. »Alberto«, habe ich zu ihm gesagt, »von jetzt an gibt es nur einen einzigen Ort, wo ich sein will, und das ist bei mir zu Hause.«

Er war eine Weile still, mit dem Gesicht eines Kindes, das nachdenkt. Dann hat er mir plötzlich tief in die Augen gesehen und leise gesagt: »Handelt es sich um Liebe?«

In dem Augenblick flog das Flugzeug gerade in eine riesige Wolke.

Ich habe an den Brief gedacht und geantwortet: »Ja, irgendwie schon.«

Ich schaue mich in meiner ordentlichen, vollkommenen Wohnung um: sie ist genau so, wie alle es von mir erwarten. Geschmackvolle Möbel, einige alte Familienstücke, eine moderne Küche. Auf dem Tisch im Wohnzimmer immer frische Blumen, hübsch arrangiert. Wenn ich von den langen, arbeitsbedingten Reisen heimkam, empfand ich diesen Ort als meine Zuflucht. Ich hatte meine kleinen Gesten, die kleinen Gewohnheiten eines Menschen, der allein lebt.

Bis voriges Jahr wohnte meine Mutter ein Stockwerk über mir. Gewöhnlich war ich es, die hinaufging. Ich besuchte sie nach dem Abendessen. Ich sah nach, ob alles in Ordnung war, und ging dann wieder in meine Wohnung hinunter. Diese Besuche, diese Nähe waren nicht etwa ein Trost, sondern eine Belastung. Liebe. Vielleicht fehlte genau das. Sie hatte für mich gesorgt, als ich klein war, und ich habe mich, als sie alt war, um sie gekümmert. Doch in all den Jahren hat es nie eine einzige Geste gegeben, die mich auf die Idee gebracht hätte, es handle sich um etwas anderes als eine Verpflichtung. Ich hätte mich dagegen auflehnen können, gewiß. Doch das hätte ich viel früher tun müssen, gleich zu Beginn. Welchen Sinn hätte es gehabt, als sie alt war? Was hätte sich dadurch an meinem Leben geändert? Sie hatte über mein ganzes Leben entschieden. Ich hatte nichts anderes tun können, als ihr zu folgen. Ein Blindenhund, so habe ich mich immer gefühlt, ein fügsames, stilles Tier, auf das sich alle verlassen konnten. Hätte ich das Vertrauen aller enttäuschen können? Nein, ich konnte es nicht. Die Feigheit, weißt Du, ist etwas, wofür man im Alter büßt. Da beginnt man dann an all die Dinge zu denken, die man hätte tun können und nicht getan hat. Man beginnt, sein sicheres, ruhiges Leben als eine ununterbrochene Reihe von Leere und Verlusten zu sehen. Es hätte so viel sein können, und statt dessen war einfach nichts. Ein farbloses Fließen der Zeit und fertig. Jetzt weiß ich es, die Liebe verlangt Kraft. Man muß mutig sein, um zu lieben. Doch als ich klein war, hat mir das niemand gesagt. Ich habe meine Eltern nie durch etwas anderes verbunden gesehen als durch einen Vertrag. Die Liebe war das, was in den Märchen vorkommt. Ein Zaubertrank, den das arme Hirtenmädchen trinkt, der Kuß, der die Prinzessin weckt.

Oft beobachte ich auf der Straße die Mädchen, die jungen Frauen. Sie sind sehr verschieden von denen zu meiner Zeit, als ich zwanzig war. Ich empfinde ihnen gegenüber ein Gefühl von Neid. Damals wurden die Mädchen aus gutem Hause dazu erzogen, gute Ehefrauen zu werden, sie lasen erbauliche Geschichten und glaubten, die seien wahr. In den letzten Monaten von Mamas Krankheit, während sie mit geschlossenen Augen dalag und ihr Kopf ganz verloren wirkte auf dem riesigen Kissen, habe ich mich häufig dabei ertappt, sie zu hassen. Das sind Dinge, die man nicht sagen dürfte, aber es ist wie mit den Wasserhähnen, wenn man sie erst aufdreht, kommt einfach alles heraus. Ich verabscheute ihre starrsinnige Überheblichkeit, und daß sie mir das Leben geschenkt hatte, um es sich dann Tag für Tag, Tropfen für Tropfen zurückzuholen. Wie kann man nur eine arme alte Frau hassen, die im Sterben liegt? Du wirst glauben, ich sei ein Ungeheuer. Vielleicht stimmt es.

Es kommt nicht mir zu, das zu sagen. Du wirst darüber urteilen, wenn Du die ganze Geschichte erfahren hast. Ich kann Dir nur dies sagen, an dem Tag, an dem sie gestorben ist, habe ich zum ersten Mal den Eindruck gehabt, daß wirklich Luft in meine Lungen strömte. Ich atmete. Es mußte sich etwas ändern, das war meine fixe Idee. Ich wollte diesen Kreis durchbrechen, in den ich mich seit jeher hineingezwungen fühlte. Viele Monate sind vergangen, bevor ich mich dazu durchringen konnte. An dem Morgen, als ich das Haus verließ, um einen Privatdetektiv in seinem Büro aufzusuchen, war mir, als ginge ich anders, mit längeren Schritten, hoch erhobenem Kopf. Ich dachte, dies ist meine erste mutige Tat. Doch kaum kam ich aus jener Tür wieder heraus, dachte ich das Gegenteil. »Emanuela«, habe ich mir gesagt, »das ist nichts anderes als eine der letzten Feigheiten deines Lebens.«

Ich habe mich aber ziemlich bald wieder beruhigt. Im Grunde hatte ich ihm nur Dein Geburtsdatum und den ungefähren Namen einer Hebamme genannt. Daß es ihm gelingen sollte, Dich zu finden, war fast unmöglich. Sicher würde er mich nach drei Monaten anrufen und sagen, er sei untröstlich, es gebe keine Spuren. Ich würde antworten, er solle sich keine Gedanken mehr machen, würde das Honorar bezahlen und ohne jede Aufregung zu meinem gewohnten Leben zurückkehren.

Aber dann kam es doch anders.

Ich hatte ihn auf banalste Weise kennengelernt. Ich kam aus der Schule. Auf der gegenüberliegenden Seite sah ich meine Straßenbahn kommen. Um sie nicht zu verpassen, fing ich zu rennen an. Dabei bin ich gestolpert, die Bücher lösten sich aus dem Riemen und kullerten über den Asphalt. Bevor ich feststellen konnte, ob ich mir weh getan hatte oder nicht, sah ich seine ausgestreckte Hand. Er hat mich am Arm gefaßt und mich vom Boden hochgezogen. Als ich wieder auf den Füßen stand, hat er mich gefragt: »Alles in Ordnung?« und hat einen langen Blick von unten nach oben über meinen Körper gleiten lassen. Ich habe ihn nur flüchtig angeschaut, er war jung, trug die Uniform der alliierten Truppen. Ich habe gesagt: »Nichts passiert, danke« und mich gebückt, um die Bücher aufzulesen. Er war schneller, hat sie eingesammelt, mit dem Riemen zusammengebunden und mir gegeben. Ich habe mich bedankt und gesagt: »Jetzt muß ich gehen, es ist schon spät.« Er bestand darauf, mich zu begleiten. Ich protestierte: »Nein danke, das ist nicht nötig, ich kann allein gehen.«

Er hat mich trotzdem begleitet. Unterwegs hat er mir ein bißchen von sich erzählt. Er war Stabsarzt, befand sich seit über einem Jahr in Italien, aber ihm war, als sei er schon immer dagewesen. Seine Großeltern waren Italiener, aus der Gegend von Lecce, kannte ich die? Vielleicht fühlte er sich deshalb fast wie zu Hause, hatte die Sprache schneller gelernt als alle anderen. Von mir erzählte ich ihm nichts, ich wußte, daß sich das nicht gehörte. Ein paar Blocks vor unserem Haus sagte ich zu ihm, ich sei angekommen. »Wo wohnen Sie?« fragte er. Ich machte eine unbestimmte Geste mit der Hand und antwortete: »Dort drüben.«

Er tat so, als glaube er mir, blieb stehen. »Also auf Wiedersehen«, sagte er. Ich verabschiedete mich ebenfalls und ging weiter. Erst an der Ecke drehte ich mich noch einmal um. Er hatte sich nicht von der Stelle gerührt. Sowie sich unsere Augen begegneten, lächelte er mir zu. Er hatte vollkommene, weiße Zähne. Er war groß, stark, mit einem gütigen Blick wie Gary Cooper.

Als ich ihn am nächsten Tag vor der Schule stehen sah, versuchte ich nicht, ihm auszuweichen. Ich ging ihm lächelnd entgegen, als hätte ich schon gewußt, daß er dort stehen würde. In der Hand hielt er eine Blume. Kaum war ich neben ihm, küßte er mich auf die Stirn. Ich begann, ihm von mir zu erzählen. Ich sprach voller Eifer, und während ich sprach, bekam ich rote Backen. Ich begann, an ihn zu denken, auch wenn ich allein war. Ich dachte an ihn und lächelte. Vor dem Einschlafen umarmte ich das Kissen, als wäre es er. Ich hatte mehrere Jungmädchenromane gelesen. Ich wußte, daß dies die Liebe war. Sie hatte mich getroffen, als ich es am wenigsten erwartete. In den Romanen stand, genau so geschehe es. Ich dachte schon an die Zukunft. Ich sah ein Häuschen mit einem Rasen davor und Apfeltorten, die auf den Fensterbrettern abkühlten. Er hatte ein riesiges Auto, ähnlich einem Lieferwagen. Abends kehrte er müde aus dem Krankenhaus zurück, und ich kochte das Abendessen. Er erzählte mir von den Fällen, die er behandelte, und ich hörte zu. Ich war stolz auf ihn, auf seine menschliche Großmut. Nach drei Jahren hatten wir schon zwei Kinder. Sie waren rothaarig und sommersprossig. Es würden noch mehr werden, so viele eben kamen. Wir liebten uns wie am ersten Tag. Wir waren glücklich, und es konnte gar nicht anders sein.

Nach einem Monat lud er mich ein, am Sonntagnachmittag mit ihm auszugehen. Für meine Eltern erfand ich eine Geschichte von Mathematiknachhilfestunden bei einer Freundin. Die Freundin wußte natürlich Bescheid. Sie war einverstanden.

Er ging mit mir ins Kino. Das Herz klopfte mir bis zum Hals, und es gelang mir nicht, der Handlung des Films zu folgen. Kurz nach Beginn der zweiten Hälfte zog er mich sanft an sich und küßte mich. Ich war erstaunt über die Zunge, ich wußte nicht, daß sie auch dazu diente. Vom Augenblick dieses Kusses an begann sich die Zeit für mich zu beschleunigen. Am liebsten wäre ich sofort von der Schule abgegangen. Hätte meinen Eltern alles gesagt und wäre unverzüglich nach Amerika gefahren. Mit ihm sprach ich allerdings nie über diese Pläne. Ich weiß nicht, warum, ich hatte Angst. Er war dreißig, ich sechzehn. Manchmal konnte ich nachts nicht einschlafen. Ich dachte, daß er schon eine Familie habe und es vor mir verheimlichte. Eines Tages sah ich eine Postkarte mit einer Briefmarke der Vereinigten Staaten aus seiner Jackentasche hervorstehen. Es gelang mir nicht, zu lesen, was darauf stand, aber die Schrift war die einer Frau. Trotzdem fragte ich auch da nichts. Wenn er mich umarmte, mir in die Augen schaute und dabei süße Worte flüsterte, war jeder Verdacht wie fortgeblasen. Ja, er war genauso in mich verliebt wie ich in ihn.

Mehrere Monate lang bemerkten meine Eltern nichts. Erst als meine schulischen Leistungen nachzulassen begannen, fingen sie an, mißtrauisch zu werden.

Ich hütete mein Geheimnis jedoch. Ich wollte ihnen erst kurz vor der Abreise nach Amerika alles offenbaren, wenn der Hochzeitstermin feststand. Ich war fast sicher, daß sie Einspruch erheben würden, aber ich war ebenso sicher, daß sich jeder Widerstand auflösen würde, sowie sie ihn kennenlernten.

Ich war naiv, findest Du nicht? Vielleicht auch ein bißchen lächerlich. Ich habe gezögert, Dir diesen Teil der Geschichte zu erzählen. Dann habe ich beschlossen, daß es besser ist, Dir alles zu sagen. Auch wenn ich eine armselige Figur abgebe, sollst Du wissen, daß Du ein Kind der Liebe bist. Oder wenigstens dessen, was ich dafür hielt.

Nach sechs Monaten war es passiert. Ich wartete auf die Periode, und die Periode kam nicht. Ich wartete noch einen Monat ab, bevor ich es ihm sagte. Ich fürchtete, es handele sich nur um eine Verspätung. An einem Sonntagnachmittag, während wir durch die leeren Straßen spazierengingen, sagte ich es ihm dann. Ich hatte mir den Augenblick viele Male vorgestellt. Ich war sicher, daß er lachen würde, mich hochheben und durch die Luft schwenken würde. Statt dessen blieb er, kaum daß ich das letzte Wort ausgesprochen hatte – das letzte Wort war Kind –, wie angewurzelt stehen. Er sah mich schweigend an, dann kratzte er sich am Kinn. »Ach ja?« sagte er. Ich antwortete, daß ich fast sicher sei, doch da war mir schon ziemlich zum Heulen. Den Test übernahm er. Er las das Ergebnis ab und sagte es mir. Es stimmte, ich war schwanger. An den folgenden Tagen ließ er sich nicht mehr blicken, verschwand für über eine Woche. Schließlich ging ich zu seiner Unterkunft. Stundenlang wartete ich an ein Geländer gelehnt auf ihn. Als er mich sah, zuckte er zusammen, wirkte verärgert. Ich fing an, hemmungslos zu weinen. Er legte mir den Arm um die Schultern. Sagte: »Komm, sei doch nicht so, nicht hier.«

Wir gingen in ein Café, er bestellte mir einen Kamillentee. Und während ich über den Tee blies, sagte er mir, daß er in die Heimat zurückbeordert sei. Ich solle mir jedoch keine Sorgen machen. So bald wie möglich werde er die Papiere für die Hochzeit beantragen und mir eine Fahrkarte schicken, damit ich nachkommen könnte, nach Oregon. Ich hörte ihm zu und konnte es kaum glauben. Mir war, als sei ich in einen Film hineingeraten, ohne es zu merken. Mit schwacher Stimme bat ich ihn, sich meinen Eltern vorzustellen, ihnen alles zu erklären. Er nickte, sagte, wenn er Zeit hätte, würde er in den nächsten Tagen auf einen Sprung vorbeikommen. Dann erhob er sich. Der Stuhl machte ein lautes Geräusch. Er sagte: »Jetzt muß ich aber wirklich gehen.« Ich hielt ihn am Ärmel fest, fragte ihn nach seiner Adresse. Er kritzelte rasch etwas auf den Rand eines Umschlags und gab es mir. Bevor er ging, streifte er meine Stirn mit einem Kuß.

Ich sehe ihn noch heute vor mir. Ich sehe seine Hose und seine khakifarbene Jacke, seine Beine, die sich mit federndem Schritt auf dem Gehsteig entfernten.

Ich weiß nicht, wann genau er abfuhr. Ich wartete zwölf Tage, und er ließ sich nicht blicken. Von einer Telefonzelle aus rief ich beim Kommando an. Man sagte mir, er sei mit dem letzten Kontingent abgereist. Ich legte auf, ohne weiter nachzufragen.

Und doch war ich noch nicht verzweifelt. Ich hatte Vertrauen. Ich dachte, daß alles, was er mir gesagt hatte, wahr sei. So waren die Heldinnen aus den Romanen, weißt Du, sie stellten die positive Kraft über alles, sie boten den Mißgeschicken in der Gewißheit die Stirn, daß sich zum Schluß alles zum Besten wenden würde. Erst einen Monat vorher hatte ich mit ihm zusammen *Vom Winde verweht* gesehen.

Und so sagte ich mir an jenem Abend vor dem Einschlafen das gleiche wie Scarlett O'Hara. Schließlich ist morgen auch noch ein Tag. Anstatt in die Schule zu gehen, setzte ich mich am nächsten Vormittag in ein Café und schrieb ihm einen Brief: Mit den poetischsten Sätzen, die ich kannte, erzählte ich ihm, wie ich mir unser zukünftiges Leben vorstellte. Auf die Dringlichkeit des Augenblicks spielte ich nicht einmal an. Innerlich machte ich mir vor, es sei schon alles gelöst.

Über einen Monat wartete ich auf die Antwort. Eines Morgens kam sie. Aber es war kein Brief von ihm, sondern meiner mit einem Stempel darauf. *Adresse unbekannt.*

Da und erst da zerrann mir alles unter den Fingern. Alles, nur Du nicht. Du fuhrst fort, in mir zu wachsen, und es war nicht mehr möglich, es zu verbergen.

Ich dachte an Flucht. Ich dachte, meine Eltern würden mich wegen der Schande davonjagen. Ich sah mich von Tür zu Tür irren wie das kleine Mädchen mit den Schwefelhölzchen und um etwas zu essen bitten. Ich malte mir die schlimmsten Dinge aus und wollte sie hoch erhobenen Hauptes auf mich nehmen. Es geschah nichts von alledem, was ich vorhergesehen hatte. Sie nahmen die Nachricht mit bedrücktem Schweigen auf. Wir saßen bei Tisch. Dann sagte mein Vater: »Steh auf und geh in dein Zimmer.« Sowie ich allein war, warf ich mich am Fußende des Bettes auf die Knie. Ich betete, dankte Gott für die Güte meiner Eltern.

Jetzt weiß ich, daß dies das Allerschlimmste war, aber damals fühlte ich mich vom Glück begünstigt. Es war wie eine Gnade, die mir von oben erteilt wurde.

Am nächsten Tag rief mich meine Mutter ins Wohnzimmer. Sie sagte, als erstes solle ich unter dem Vorwand eines Nervenzusammenbruchs von der Schule abgehen. Dann würde ich zusammen mit ihr in unser Landhaus fahren und dort, fern von indiskreten Blicken, die Geburt abwarten. Ich konnte meine Rührung nicht verbergen. Ich küßte meine Mutter, sagte »danke Mama«. Sie seufzte, blickte auf meinen mehr als offensichtlichen Bauch und sagte: »Wenn du nicht so lange damit gewartet hättest, es uns zu sagen, hätten wir alles auf bessere Weise gelöst.« Da war ich glücklich, daß ich es nicht früher gesagt hatte. Denn auch in den verzweifeltsten Augenblicken war mir nie in den Sinn gekommen abzutreiben. Gleich am Anfang hatte ich mir ein Buch über

Schwangerschaft besorgt. Ich wußte Tag für Tag, was mit Dir passierte. Die Ansätze der Arme und Beine hatten sich gebildet, der Kopf war schon groß; aus den Stümpfen waren die Händchen und Füßchen zum Vorschein gekommen, die kleinen Finger und Zehen waren vollkommen, die Nägel würden erst später wachsen. Wie hätte ich es zulassen können, daß man Dich absaugt, Dich dort auf einem Tisch in eine Schüssel klatscht? Nicht einmal der Groll, den ich auf Deinen Vater zu hegen begann, hätte mich zu einer solchen Handlung gebracht. Ich erinnerte mich an den Augenblick, in dem wir Dich gezeugt hatten. In jenem Moment gab es die Liebe. Daß sie nur den Bruchteil einer Sekunde gedauert hat, ist nicht weiter wichtig. Du warst die Ausdehnung jener Sekunde. Einer Sekunde, die ein ganzes Leben dauerte. Ich würde Dich lieben, ich würde sogar die Ähnlichkeit lieben können, die Du mit Deinem Vater haben würdest. Allein wegen jener zärtlichen Erinnerung.

So, mit diesen Gedanken, ging ich dem Aufenthalt auf dem Land entgegen.

In jenen Monaten sah ich außer meiner Mutter keinen Menschen. Wir waren beide ruhig. Ich machte lange Spaziergänge im Garten. Ich betrachtete die Blumen, die Bienen, die sich darauf setzten. Ich fühlte, daß auch ich ein Teil der Natur war, und indem ich das fühlte, empfand ich innerlich eine große Kraft. Wenn wir allein waren, sprach ich oft mit Dir. In unseren Gesprächen nannte ich Dich Richard. Ich war sicher, daß Du ein Junge warst. Ich hatte Dir den Namen ausgesucht wegen meiner Leidenschaft für die Ritter der Tafelrunde. Richard Löwenherz.

Am Ende des siebten Monats begann ich heimlich einen Strampelanzug für Dich zu häkeln. Meiner Mutter sagte ich nichts davon, die Wolle war blau. Um ihn fertigzubekommen, brauchte ich mehr als vierzig Tage. Ich hatte keine Übung im Handarbeiten. Als ich die letzte Naht zugenäht hatte, zeigte ich ihn triumphierend meiner Mutter. Sie betrachtete ihn still, mit herabhängenden Mundwinkeln. In ihr Schweigen hinein rief ich: »Jetzt, wo ich es gelernt habe, häkele ich mindestens noch zehn weitere!«

Da machte sie den Mund auf und sagte: »Das wäre vergeudete Zeit, weil du das Kind nicht einmal sehen darfst.«

Ich verstand nicht sofort, sondern erst, als sie von Minderjährigkeit und notwendigen Papieren sprach. Mit einer gesetzlichen Urkunde sollte ich auf mein Kind verzichten, noch bevor ich es zur Welt brachte.

Ob ich mich auflehnte? Auf meine Weise schon, wie ich es eben konnte. Ich brach in Schluchzen aus, und meine Mutter tröstete mich. Unter Tränen sagte ich, daß ich arbeiten gehen würde, wenn sie die Belastung nicht wollten, daß ich, wenn sie die Schande nicht wollten, zusammen mit meinem Kind für immer verschwinden würde. Sie versuchte, mich zur Raison zu bringen: keiner von ihnen sei böse, was sie täten, täten sie zu meinem Besten. Es habe sich um einen Unfall gehandelt, und wie ein Unfall müsse es behandelt werden. Sie könnten nicht erlauben, daß ich mir wegen eines Augenblicks der Gewissenlosigkeit mein ganzes Leben ruinierte. Ich sei jung, hübsch, gescheit, aus gutem Hause. Wie hätte ich in meiner Lage, mit Kind, einen Mann finden können? Ich müsse an die Zukunft denken, nicht an das, was unglückseligerweise schon geschehen war. Dem Kind werde es in einer richtigen Familie bessergehen, und mir alleine. Ich protestierte weiter. Ich protestierte, bis sie sagte, es sei zwecklos, ich ruinierte mir nur die Nerven, weiter nichts. Ich sei minderjährig, und dank des Gesetzes entschieden sie für mich. Es gebe nichts hinzuzufügen. Eines Tages, wenn ich groß wäre, würde ich es verstehen.

Bis zu Deiner Geburt fehlte noch knapp ein Monat. Ich verbrachte ihn in absolutem Schweigen. Ich betete, wandte mich an die Madonna. »Mutter aller Menschen«, sagte ich, »beschütze du mich in deiner unendlichen Güte.« Ich hoffte auf ein Wunder: daß er zurückkehrte.

Statt des Wunders kamen die Wehen. Du kündigtest dich auf normale Weise an und hattest die richtige Größe. Dennoch habe er, sagte der Arzt, noch selten eine so schwere und langwierige Geburt gesehen. Ich hatte keine Angst vor dem Schmerz, ich hatte Angst, daß du gehst. Anstatt zu pressen, hielt ich dich fest. Ich zog jeden Muskel zusammen, den man zusammenziehen konnte. Ich wußte, daß es für beide gefährlich war, ich wollte die Gefahr. Gemeinsam gestorben, im selben Augenblick. Aber die Natur ist stark, sie plant das Leben auf vollkommene Weise. Du kamst auf die Welt. Du warst gesund, ein Junge. Die Hebamme wickelte Dich sofort in ein Tuch, verschwand mit Dir auf dem Arm im Nebenzimmer. Ich konnte Dich nur einen Augenblick lang erahnen, sah Deinen Kopf, Du hattest rote Haare.

Auf jenen Morgen folgte ein Jahr der Stumpfheit. Ich kehrte in die Stadt zurück, doch es gelang mir nicht, mich für irgend etwas zu interessieren, ich sprach nicht, schaute hierhin und dorthin, ohne etwas zu sehen. Nach zwei Monaten wurde ich mit Einverständnis des Hausarztes in eine Schweizer Klinik geschickt. Von der Zeit dort weiß ich nur noch wenig. Eine Farbe, das Weiß, kein Gesicht, kein helles Geräusch. Ich verbrachte meine Zeit schlafend oder in stummer Zwiesprache mit Dir. Ich sagte: »Komm, zeig Deiner Mama noch einmal Dein hübsches Lächeln«, und dergleichen mehr, was Mütter eben so zu ihren Kindern sagen. Ich kitzelte Dich am Bauch, ich küßte Deine rundlichen Füßchen. Stundenlang stand ich am Zimmerfenster und hielt Dich im Arm. Draußen lag Schnee. Kleine Vögel mit aufgeplustertem Gefieder hüpften auf der Suche nach Körnern über die Wiese, und ich zeigte sie Dir mit dem Finger. Dann taute es. Im Garten unten begann man Flecken dunkler Erde durchschimmern zu sehen, die ersten Schneeglöckchen. Da geschah auch in mir etwas.

Ich weiß nicht genau, was. Aus einem unbekannten Grund beschloß ich, nicht mehr zurückzublicken. Das einzige Gefühl, das mich beseelte, war das eines aufkeimenden guten Willens. Die Ärzte waren zufrieden. Vor Ostern kehrte ich nach Mailand zurück, nahm Privatunterricht und legte extern die Prüfungen ab.

Wenn Du je erfahren hast, daß Du nicht Sohn der Eltern bist, die Dich aufgezogen haben, wirst Du Dir die Vergangenheit Deiner echten Mutter vielleicht abenteuerlicher, oder gar am Rande der Legalität, vorgestellt haben. Es wird Dich enttäuschen zu hören, daß Deine Mutter zu der banalen Menge gehört, eine von den Frauen mit stets korrektem Kostüm und geradem Rücken ist, denen Du auf der Straße oder im Bus begegnest.

In diesen Tagen machen die Studenten in den Städten viele Protestaktionen. Sie laufen in Gruppen durch die Straßen und rufen: Tod der bürgerlichen Gesellschaft! Vielleicht bist Du unter ihnen, vielleicht hast auch Du, wenn Du mich in blauem Mantel mit Handtasche vorbeikommen sahst, einen verachtungsvollen Blick auf mich geworfen.

Doch die Seele des Menschen, siehst Du, ist komplexer als die Art, wie er sich kleidet, wie er auftritt.

Ich würde mir, wenn ich könnte, wenn ich nicht fürchtete, lächerlich zu erscheinen, die Kleider vom Leib reißen, auf die Barrikaden steigen und mit euch schreien. Was zusammenschweißt und trennt ist der Schmerz, die erduldete Gewalt, nicht der Parka oder der Mantel. Die Banalität, das Wie-es-sich-Gehört hat mich gezwungen, ein Schattendasein zu führen. Davon muß man sich befreien, von der Scheinheiligkeit, von den Hemmungen. Und deshalb graut mir vor der Gewalttätigkeit dieser Jungen. Sie kommen mir blind vor, bereit, eine Lüge durch eine andere zu ersetzen.

Wer weiß, wieviel wir in diesen Tagen gestritten hätten, wenn Du bei mir gewesen wärst! Allerdings hätte das auch sein Gutes gehabt. Wir wären dadurch beide ein wenig gewachsen.

Von Dir besitze ich nur den blauen Strampelanzug, den ich auf dem Land für Dich gehäkelt habe. Ich habe ihn in einer Schublade im Schrank verwahrt. Wenn ich nachts nicht einschlafen kann – und das geschieht häufig –, stehe ich auf und streichle ihn. Es ist eigenartig, obwohl Du ihn nie angehabt hast, ist der Geruch eines Neugeborenen daran haften geblieben. Geruch nach Milch, Pipi und Talkumpuder.

An diesem Punkt, stelle ich mir vor, wird es Dir reichen. Du wirst denken: Warum ödet mich diese Alte so an? Oder Du wirst Dich fragen, wie es kommt, daß ich so viele Dinge verstanden und nichts daraus gemacht habe. Das habe ich mich auch schon oft gefragt. Mehr denn eine klare Antwort ist mir ein Bild dazu eingefallen: Ich weiß nicht, ob Dir das je passiert ist, doch zuweilen, wenn man im Frühling über die Wiesen geht, findet man dünne, glanzlose Hüllen: die leeren Häute der Schlangen. Der ganze Körper ist da, die Maße stimmen genau, die Augenhöhlen, nur das lebendige Tier ist nicht mehr drin, das Herz, die Lunge, die Giftzähne. Das ist alles weg. Und genau so habe ich mich vom Tag Deiner Geburt an gefühlt: nichts mehr drin. Äußerlich war ich das gleiche hübsche, freundliche Mädchen wie immer, aber in meinem Inneren hatten sich die Eingeweide aufgelöst, zusammen mit der ganzen Kraft der Gefühle. Ich kam mir vor wie ein Automat. Ich war einer. Ich bin einer. Nur in irgendeinem Winkel, den ich nie richtig ausmachen konnte, hat sich die Fähigkeit zu beobachten unversehrt erhalten. Ich habe das Leben der anderen gesehen wie ein Regisseur, der sich im Zuschauerraum die Probeaufnahmen anschaut. Ich habe gesehen, geurteilt, habe mir meine Meinung über die Welt gebildet. Vielleicht habe ich, da ich nicht verwickelt war, die Dinge eher und klarer begreifen können als die anderen. Alles in allem bin ich jetzt, so wie ich lebe und wie ich denke, weise. Und das ist eines der Dinge, die ich Dir sagen will. Hüte Dich vor der Weisheit! Das Leben ist alles außer weise! Das Leben ist dauernde Bewegung, Unbeständigkeit. Um sich darin wohl zu fühlen, muß man anpassungsfähig sein, offen, an nichts gebunden. Solange man bei guter Gesundheit ist, ist die Weisheit nichts anderes als ein totes Gleis, auf dem du hin und her fährst. Du kennst die Landschaft auswendig. Du weißt, wie die Strecke beginnt und wie sie endet, und dieses Wissen wiegt dich in der Illusion, gelassen und stark zu sein. Doch wenn du das Gleis wechselst, in eine andere Landschaft fährst? Da ist der Haken.

Mein Körper, habe ich Dir gesagt, sei in all den Jahren nur eine leere Schale, eine Hülse gewesen. Das ist wahr, zum Teil aber auch nicht.

Jedes Jahr nämlich, in Übereinstimmung mit dem Monat, in dem ich dich empfangen habe, begann mein Bauch allmählich anzuschwellen, als ob etwas drinnen wäre. Nach einem Monat kam die Übelkeit, die Schläfrigkeit. Nach neun ein entsetzlicher Schmerz, der gleiche Schmerz wie damals bei Deiner Geburt. Dann wurde alles wieder normal. Die ersten Male bin ich natürlich zu einem Arzt gegangen. Es ist lächerlich, aber mir war der Verdacht gekommen, mir sei etwas Ähnliches zugestoßen wie der Madonna, ich hätte durch höhere Vermittlung ein Kind empfangen. Es konnte in einem Augenblick der Betäubung geschehen sein, in ein oder zwei Stunden, an die ich mich nicht erinnerte. Aber es waren nur hysterische Schwangerschaften. Ich gewöhnte mich auch daran. Im Büro bemerkten die Kolleginnen: »Es ist doch nicht möglich, du ißt fast nichts und nimmst trotzdem zu!« Sie rieten mir, zum Doktor zu gehen, einen Hormonspiegel machen zu lassen. Auf der Straße machte manchmal jemand im Vorbeigehen eine Bemerkung, dann beschleunigte ich den Schritt und sah niemandem mehr in die Augen. Jahr für Jahr vollzog ein noch lebendiger Teil von mir, wenn die Zeit gekommen war, diesen Ritus, fünfundzwanzig Jahre lang. Dann haben die Hitzewellen angefangen, die plötzlichen, heftigen Weinkrämpfe. Das Klimakterium hat eingesetzt. An dem Punkt habe ich gedacht: endlich ist alles abgeschlossen.

In der Zwischenzeit war meine Mutter nach einer langen Krankheit gestorben. Papa war schon gegangen, noch bevor ich mit dem Studium fertig war. Ich dachte, daß nun ein neues Kapitel beginnen würde, ein bescheidenes, trauriges Kapitel, aber zum ersten Mal meins. Ich habe mich für einen Ikebanakurs eingeschrieben. Sonntagnachmittags trank ich Tee mit den Kolleginnen.

Doch im Frühling hat der Bauch, wie jedes Jahr, begonnen anzuschwellen. Ich fühlte mich nicht schläfrig, aber der Bauch schwoll an wie all die anderen Male. Da habe ich verstanden, was es war. Es war eine Strafe, der Preis für die Feigheit, den ich bis ans Ende meiner Tage zahlen würde.

Erst als der Bauch zum festgesetzten Termin seinen Umfang nicht veränderte, fing ich an, mir Sorgen zu machen. Im Monat davor hatte ich jenen Privatdetektiv aufgesucht. Vom Verstand her kann ich nicht erklären, warum ich es getan habe. Vielleicht eine Vorahnung. Vielleicht der Wille, mit dem Vorhandensein eines Gesichts meiner ewigen Strafe ein Ende zu setzen. Ich wollte kein Lebenszeichen geben, keine nicht vorhandenen Rechte einklagen und Dein Gleichgewicht durcheinanderbringen.

Ich wollte nur wissen, wie Du aufgewachsen warst, wem Du ähnlich sahst, wo Du lebtest.

Als ich dann zwei Monate nach dem Geburtsdatum einen beinahe unerträglichen Schmerz in mir spürte, wandte ich mich an einen Arzt. Ironie des Schicksals, am selben Tag erhielt ich Antwort von dem Detektiv. Es gab dich. Dein Vater war Ingenieur, Deine Mutter Französischlehrerin. Du studiertest Medizin, wohntest zwei Straßen weiter.

Eine Woche später teilte mir auch der Arzt die Ergebnisse mit. »Es tut mir leid«, sagte er, »aber da drinnen ist ein Tumor, der fast so groß ist wie ein Kind.«

Die ganzen Monate hatte mich nie der Verdacht gestreift, daß es so etwas sein könnte. Und doch, als der Arzt es mir eröffnete, war ich keineswegs erstaunt. Über zwanzig Jahre lang hatte ich mir gewünscht, daß etwas in meinem Bauch wüchse, und schließlich war mein Wunsch erhört worden. Mit einem kleinen Unterschied. Statt Leben in mir zu tragen, brütete ich den Tod aus.

»Wenn Sie eher gekommen wären …«, hatte der Arzt mit untröstlichem Blick gesagt. Ich hatte mit den Schultern gezuckt, als wollte ich sagen: Da kann man nichts machen. Dann jedoch – das gehörte zu seinem Beruf – gab er mir eine winzige Hoffnung. Ich sollte mich sofort operieren lassen, um zu verhindern, daß sich die wahnsinnigen Zellen im ganzen Körper ausbreiteten. Er schrieb mir die Untersuchungen auf. Ich sagte ja, es sei mir recht. In Wirklichkeit war es mir ganz egal.

Bei der Ankündigung ihres bevorstehenden Todes werden viele wie verrückt. Sie weinen, verzweifeln, geben ihr ganzes Geld für Vergnügungen aus. Andere werden plötzlich religiös, finden die letzte Kraft im Glauben. Mir geschah nichts von alledem. Sogar der Arzt wunderte sich darüber. Die Nachricht versetzte mich in eine Art Euphorie.

Auf dem Heimweg ging ich in einer Gärtnerei vorbei. Ich verbrachte den ganzen Nachmittag versunken in eine Komposition. Es war das erste Mal, daß ich nicht eine der im Kurs gelernten nachahmte. Ich ordnete die trockenen Stümpfe, die Moose, die Flechten an und legte über alles einen kahlen Heckenrosenzweig. Die leuchtend roten Hagebutten ließ ich nicht daran, sondern verteilte sie halb versteckt zwischen dem Moos und der Erde.

Ich war so in das Studium der Formen und Farben vertieft, daß ich sogar das Abendessen vergaß. Zum Schluß betrachtete ich mein Werk zufrieden von allen Seiten. Ja, es handelte sich wirklich um ein vollkommenes Ikebana. Vollkommen nicht wegen der Beachtung der Regeln, sondern weil es endlich ausdrückte, was ich in mir hatte.

Ich taufte es *Unter dem Schnee.*

In den folgenden Tagen ließ ich die notwendigen Untersuchungen machen. Dann fuhr ich, als wenn nichts sei, zu dem Kongreß nach Helsinki. Dort im Norden, wer weiß, warum – war es der Schnee? war es die Stille? –, habe ich angefangen, Dir diesen Brief zu schreiben. Ob ich es bereue? Nein, es tut mir gut und fertig. Morgen gehe ich ins Krankenhaus zur Operation.

Nach der Rückkehr aus Finnland – warum sage ich Dir das erst jetzt? – habe ich nicht widerstehen können und bin rübergegangen, um Dich zu sehen. Unter einem Vorwand habe ich die Hausmeisterin gefragt, welches Dein Fenster sei. Indem ich ab und zu auf die Uhr sah, als wäre ich wegen einer Verabredung gekommen, spazierte ich den ganzen Nachmittag dort herum. Erst gegen fünf habe ich kurz einen Schatten hinter dem Vorhang gesehen.

Rom, 18. Juni 1969

Da bin ich wieder, mein Lieber. Immer noch lebendig und noch mit Dir in mir. Das Kind aus wahnsinnigen Zellen hat sich im ganzen Körper ausgebreitet, es hat zuerst die Leber und dann das Gehirn kolonisiert. In der Agentur haben sie von meiner Krankheit erfahren. Alberto besuchte mich im Krankenhaus. Es gelang ihm nicht, die Verwunderung aus seinen Augen zu tilgen. Er sagte: »Ich kann es nicht glauben, es ging dir so gut ...« Natürlich wußte er nichts von der Geschichte mit Dir. Außer meiner Mutter und meinem Vater wußte es niemand.

Wenn Du mich jetzt sehen könntest, würdest Du nicht glauben, daß ich Deine Mutter bin, sondern eine verrückte Alte. Das mußt Du auch neulich gedacht haben, als Du mich beim Verlassen des Hauses auf der Bank gegenüber hast sitzen sehen. Unsere Augen sind sich, wie aus Versehen, begegnet, und Du hast sofort, naserümpfend, den Blick abgewandt. Du hast schon recht, denn ich habe fast keine Haare mehr auf dem Kopf, und die Haut liegt wie eine gelbe, abgegriffene Hülle auf den Schädelknochen. Am liebsten hätte ich mich auf Dich gestürzt, Dich umarmt, das Leben in Deinem Körper gespürt. Statt dessen habe ich zu Boden geschaut, indem ich so tat, als suchte ich etwas, und mit dem Fuß im Staub gescharrt.

Ich sehe niemanden mehr, und niemand von meinen wenigen Bekannten sucht Kontakt zu mir. Ein so offensichtlicher Tod im Körper macht allen angst. Die neuerliche Einweisung ins Krankenhaus habe ich abgelehnt. Ich hasse diese ganzen Komplikationen mit Apparaten und ständigen Operationen. Warum noch Tage herausschinden für ein Leben, das kaum noch besteht? Einmal, als Heranwachsende, als ich Poesie noch verstand, habe ich die Verse eines ungarischen Dichters gelesen. Ich weiß nicht mehr, wie es anfing, aber ich erinnere mich, daß es so endete:
»Ich lebte vergeblich
auch der Tod wird nutzlos sein.«
Das habe ich in diesen Tagen stets im Kopf.

Um Dich sehen zu können, ohne bemerkt zu werden, habe ich begonnen, Plastiktüten mit mir herumzutragen. Ich stehe dort unten und füttere die Katzen. Ich habe mir für jede einen Namen ausgedacht. Wenn sie alle gleichzeitig kommen, nenne ich sie meine Kinder. Ich spüre den befremdeten Blick meiner Hausmeisterin. Es ist klar, daß sie denkt, die Signorina M. ist übergeschnappt. Ich sehe, wie die Leute auf der Straße auf meinen Kopf blicken, aber anstatt mich darüber aufzuregen, freut es mich. Mit einem einzigen Hauch hat der Tod die ganze Weisheit weggeblasen! Bald werde ich nicht mehr da sein. Was soll mich der Rest noch kümmern? Wäre ich weise, würde ich Dir jetzt die letzten Worte sagen, die großen, wunderbaren, die ein Leben umreißen. Aber mir ist nur zum Lachen. Ob das die Wirkung der verrückten Zellen auf mein Gehirn ist? Wer weiß.

Heute nacht habe ich einen Traum gehabt. *Den* Traum. Stundenlang ging ich in einem Schneesturm. Bei jedem Schritt sanken die Beine bis zu den Knien ein. Ich kam immer schwieriger voran, war immer erschöpfter. Als ich weit hinten das Licht sah, spürte ich schon, wie die ruhige Gefühllosigkeit des Erfrierens in mir hochkroch. Ich habe die Zähne zusammengebissen, mich weitergezwungen. Ich bin fast mit meinem ganzen Gewicht gegen die Tür gefallen, sie war nicht verschlossen, sondern nur angelehnt und ging auf. Drinnen brannte der Kamin, auf dem Tisch stand Wein und eine Suppe. Ich habe gegessen und getrunken. Danach bin ich ins obere Stockwerk gegangen, das Bett war gemacht, auf dem Kopfkissen lag ein weißes Flanellnachthemd. Nachdem ich es angezogen hatte, verschwand ich unter der Daunendecke. Neben mir stand eine brennende Kerze, draußen wütete der Sturm. Mit offenen Augen begann ich die Schneeflocken zu zählen, die sich aufs Dach legten, und alle, die auf dem Fensterbrett zu Matsch wurden. Dann konnte ich auch die Flocken sehen, die sich auf den Wald ringsum legten, auf die Wipfel und Äste der Bäume, auf die Erde. Plötzlich befand ich mich unter der weißen Schicht. Ich durchbrach die Eiskruste, kam noch tiefer hinunter, dorthin, wo die Eicheln, die Samen, die Säfte darauf warten, im Frühling wieder zu erwachen. Ich sah die Schlangen aufeinander zusammengeringelt schlafen und Frösche, die mit gespreizten Beinen dalagen, als wären sie tot. Was ich war, weiß ich nicht, vielleicht ein Wurm oder ein Blick oder eine Ameise. Ich bewegte mich mit Leichtigkeit dort unten. Ich lag im Bett und lag auch nicht im Bett, ich war dort und überall. Ich atmete. Auf einmal verlöschte die Kerze, und ich bin eingeschlafen. Ich habe geschlafen und geträumt, ich schliefe. Erst da begriff ich.

Als ich heute morgen aufgestanden bin, hatte ich sehr wenig Kraft. Mit Mühe habe ich den Schrank geöffnet, den blauen Strampelanzug herausgeholt, gebügelt und zuerst in ein geblümtes Papier und dann in Packpapier gewickelt. Ich habe in meiner Handtasche nachgesehen, ob ich noch zwei Busfahrscheine hatte. Ich wählte ein weit entferntes Postamt, erfand einen Namen und eine Adresse für den Absender.

Die Angestellte am Schalter fragte mich, ob ein Brief darin sei, und ich habe gesagt: »Nein, kein Brief.« Da hat sie es auf die Paketwaage geknallt. Als sie sah, wie ich dabei zusammenzuckte, hat sie mich beunruhigt gefragt: »Ist es zerbrechlich?«

Mit schwacher Stimme habe ich geantwortet: »Sehr zerbrechlich.«

JOHN UPDIKE

Schnee in Greenwich Village

Die Maples waren erst tags zuvor ans westliche Ende der Dreizehnten Straße gezogen, und heute abend hatten sie Rebecca Cune eingeladen, weil sie ja jetzt so nah beieinander wohnten. Rebecca war ein hochgewachsenes Mädchen, das immer ein wenig lächelte und nie ganz bei der Sache war. Sie ließ sich von Richard Maple Mantel und Schal abnehmen und wandte sich zur gleichen Zeit in sanfter Begrüßung Joan zu. Richard, der sich mit besonderer Exaktheit und Würde bewegte, vor lauter Stolz, daß ihm das Mantelabnehmen so elegant von der Hand gegangen war – er und Joan waren schon fast zwei Jahre miteinander verheiratet, aber er sah noch so jung aus, daß man ihm instinktiv keine Gastgeberpflichten zumutete, und diese Rücksicht bewirkte, daß er sich seinerseits in einer unsicheren Reserve hielt und das Ausschenken der Getränke zum Beispiel meist seiner Frau überließ, während er sich wie ein besonders begünstigter, besonders reizender Gast auf dem Sofa rekelte –, Richard nun ging ins dunkle Schlafzimmer, vertraute Rebeccas Garderobe dem Bett an und kehrte ins Wohnzimmer zurück. Ihr Mantel hatte überhaupt kein Gewicht gehabt.

Rebecca saß unter der Lampe auf dem Boden, ein Bein unter sich gezogen; einen Arm auf das Wandklappbett gestützt, das die vorigen Mieter noch nicht herausgenommen hatten, und sagte gerade: »Ich kannte sie erst diesen einen Tag, an dem sie mir meine Arbeit erklärte, aber ich sagte ja. Bis dahin hatte ich in einem schauerlichen Appartementhaus gewohnt, einem sogenannten Wohnheim für Damen. In den Korridoren standen Schreibmaschinen, in die man 25 Cents stecken mußte.«

Joan saß mit kerzengeradem Rücken auf einem Hitchcock-Stuhl, der noch aus ihrem Elternhaus in Vermont stammte, zerknüllte ein feuchtes Taschentuch in der Hand und erläuterte, zu Richard gewandt: »Bevor Becky ihre Wohnung kriegte, hat sie mit diesem Mädchen und deren Freund zusammengewohnt.«

»Ja, Jacques hieß er«, sagte Rebecca.

»Du hast mit ihnen zusammengewohnt?« fragte Richard; sein neckend überlegener Ton rührte noch von der gehobenen Stimmung her, in die das so glücklich verlaufene Manöver mit dem Mantel ihn versetzt hatte (im dämmrigen Schlafzimmer hatte es ihm einen richtigen Stich gegeben – es war, als entledige er sich mit großem Takt einer enttäuschenden Nachricht).

»Ja, und er bestand darauf, daß sein Name auf den Postkasten kam. Er hatte schreckliche Angst, daß ein Brief ihn mal nicht erreichen könnte. Als mein Bruder bei der Marine war und mich besuchte und auf dem Briefkasten die Namen sah –« mit drei Parallelbewegungen ihres Fingers setzte sie die Namen untereinander –

»Georgene Clyde,
Rebecca Cune,
Jacques Zimmerman,

sagte er, ich sei doch immer so ein nettes Mädchen gewesen. Und Jacques wollte nicht einmal ausziehen, um meinem Bruder Platz zum Schlafen zu machen. Mein Bruder mußte auf dem Fußboden schlafen.« Sie senkte die Lider und suchte in ihrer Handtasche nach einer Zigarette.

»Ist das nicht wundervoll?« sagte Joan, und ihr Lächeln zog sich hilflos in die Breite, als ihr aufging, was für eine unsinnige Bemerkung das war. Richard machte sich Sorgen wegen ihrer Erkältung. Sieben Tage ging es nun schon so und wurde nicht besser. Ihr Gesicht war blaß und mit rosa und gelben Flecken gesprenkelt, und das unterstrich das Modiglianihafte noch, das in ihrem langen Hals und den ovalen blauen Augen lag und in ihrer Gewohnheit, hochaufgerichtet auf dem Stuhl zu sitzen, den Kopf dabei spöttisch zur Seite geneigt und die Hände mit den Flächen nach unten im Schoß zu halten.

Auch Rebecca war blaß, aber ihre Blässe hatte die konsistentere Schattierung einer – ja, die schweren Lider und eine gewisse Virtuosität um die Lippen legten diesen Vergleich nahe – einer Zeichnung von Leonardo.

»Möchte jemand einen Sherry?« fragte Richard mit tiefer Stimme zu ihr hinunter.

»Wir haben auch ein paar harte Sachen da, wenn du die lieber magst«, sagte Joan, zu Rebecca gewandt. Und von Richards Standpunkt aus enthielt dieser Satz – wie manche Reklameplakate, die, aus verschiedenen Blickwinkeln gesehen, verschiedene Bedeutungen ergeben – die unmißverständliche Aufforderung, diesmal möge er die Old Fashioneds mixen.

»Sherry ist eine gute Idee«, sagte Rebecca. Sie hatte eine klare Aussprache, aber ihre Stimme war so verhaucht und zart, als lege sie gar keinen Wert darauf, gehört zu werden.

»Ich finde auch«, sagte Joan.

»Gut.« Richard nahm die Acht-Dollar-Flasche Tio Pepe vom Kaminsims, und damit alle das Schauspiel genießen könnten, entkorkte er sie an Ort und Stelle im Wohnzimmer. In dekorativer Haltung schenkte er drei Gläser halbvoll, reichte sie herum, lehnte sich gegen den Kamin (die Maples hatten bislang noch nie einen Kamin gehabt), schwenkte das Glas in der Hand, wie der Fachmann in der Weinhandlung ihm geraten hatte, um die Ester und Äther freizusetzen, bis seine Frau sagte, was sie immer in solchen Fällen sagte – es war der Standardtoast in ihrem Elternhaus gewesen –: »Prösterchen, ihr Lieben!«

Rebecca erzählte weiter von ihrer ersten Wohnung. Jacques hatte nie gearbeitet. Georgene hielt es nie länger als drei Wochen in einer Stellung aus. Alle drei zahlten in eine gemeinsame Kasse ein, die allen dreien auch gleichermaßen zugänglich war. Rebecca hatte ein separates Schlafzimmer. Jacques und Georgene dachten sich zuweilen Fernsehsendungen aus; sie legten alle ihre Hoffnungen in eine Sendereihe, die den Titel *Das IBI* – ›I‹ für Intergalaktisch oder Interplanetarisch oder so etwas Ähnliches – *in Raum und Zeit* trug. Ein junger Kommunist zählte zu ihren Freunden, der sich nie wusch und immer Geld hatte, da seinem Vater die halbe West Side gehörte. Tagsüber, wenn die beiden Mädchen fort waren zur Arbeit, flirtete Jacques mit einer jungen Schwedin, die über ihnen wohnte und nicht davon abließ, ihren Mop auf den winzigen Balkon vor dem Fenster der drei auszuschütteln. »Ein tolles Geschütz«, sagte Rebecca. Als sie dann ein eigenes kleines Appartement bezog und sich endlich zu Hause und zufrieden fühlte, machten Georgene und Jacques den Vorschlag, eine Matratze zu besorgen und bei ihr auf dem Fußboden zu nächtigen. Da hatte Rebecca das Gefühl, daß jetzt der Zeitpunkt gekommen sei, energisch zu werden. Sie sagte nein. Später heiratete Jacques dann, aber ein anderes Mädchen, nicht Georgene.

»Möchte jemand Cashews?« fragte Richard. Er hatte im Feinkostgeschäft an der Ecke eine Büchse voll gekauft, speziell für diesen Besuch, aber auch wenn Rebecca nicht hätte kommen können, würde er etwas in dem Geschäft gekauft haben, irgend etwas anderes, unter irgendeinem Vorwand, einfach aus Vergnügen daran, den ersten Einkauf in diesem Laden zu tun, in dem er all die kommenden Jahre viel kaufen und in dem er so gut bekannt werden würde.

»Nein, danke«, sagte Rebecca. Aber Richard rechnete so wenig mit einer Absage, daß er ihr die Nüsse geradezu aufdrängte in seiner Begeisterung: »Bitte! Die sind so gut für dich!« Sie nahm zwei und biß eine in der Mitte durch.

Er hielt die Schale – ein Ding aus Silber, das die Maples zur Hochzeit geschenkt bekommen und aus Platzmangel bisher nicht ausgepackt hatten – seiner Frau hin, die sich eine gefräßige Handvoll herausfischte und so blaß aussah, daß er fragte: »Wie fühlst du dich?« Nicht daß er die Anwesenheit ihres Gastes vergessen hätte: im Gegenteil, er paradierte mit seiner durchaus ehrlichen Besorgnis. »Gut«, sagte Joan kratzbürstig, und vielleicht stimmte das ja.

Obgleich die Maples Anekdötchen erzählten – etwa, wie sie die ersten drei Monate ihres Ehelebens in einer Blockhütte in einem Camp des Christlichen Vereins Junger Männer zugebracht hatten, oder wie Bitsy Flaner, eine gemeinsame Freundin, als einziges Mädchen in die Bentham Divinity School aufgenommen wurde, oder wie die Arbeit in der Werbebranche Richard mit Yogi Berra in Kontakt brachte –, hielten sie sich nicht (das heißt: hielten sie einander nicht) für Raconteurs, und Rebeccas schmächtige Stimme herrschte in der Unterhaltung vor. Sie hatte das Talent, Sonderbares zu erleben.

Ihr reicher Onkel lebte in einem Haus aus Metall, das vollgestopft war mit Refektoriumsstühlen. Er hatte eine schreckliche Angst vor Feuer. Unmittelbar vor der Depression hatte er ein ungeheures Boot gebaut, das ihn und ein paar Freunde nach Polynesien tragen sollte. Alle seine Freunde verloren ihr Geld bei dem Börsenkrach damals, nur er nicht. Er machte weiter Geld. Er machte Geld aus allem und jedem. Aber er konnte die Reise ja nicht gut allein antreten, und so wartete das Boot immer noch in der Oyster Bay: ein gewaltiges Ding, neun Meter ragte es aus dem Wasser. Der Onkel war Vegetarier. Rebecca hatte bis zu ihrem dreizehnten Lebensjahr keinen Truthahn am Thanksgiving Day gegessen, weil es eine Familiengepflogenheit war, dies Fest im Hause des Onkels zu begehen. Im Krieg gab man diese Gepflogenheit dann auf: die Kunststoff-Absätze der Kinder hinterließen allenthalben schwarze Spuren auf den feinen Asbestfußböden. Seither hatte Rebeccas Familie nicht mehr mit diesem Onkel gesprochen. »Ja, und was mich immer so erschlagen hat«, sagte Rebecca, »jede neue Gemüsewelle rollte an, als ob es sich um einen völlig andersartigen Gang handelte.«

Richard schenkte wieder eine Runde Sherry ein, und weil er dadurch sowieso schon im Mittelpunkt der Aufmerksamkeit stand, sagte er: »Lassen sich manche Vegetarier für den Thanksgiving Day nicht Truthähne aus gemahlenen Nüssen modellieren?«

Nach einer langen Pause sagte Joan: »Ich weiß nicht.« Und ihre Stimme, seit zehn Minuten nicht in Gebrauch, brach auf der letzten Silbe. Sie räusperte sich, und Richards Herz verschrammte ganz dabei. »Womit füllen sie die wohl?« fragte Rebecca und stäubte Asche in die Untertasse neben sich.

Draußen vor dem Fenster ertönte plötzlich Hufgeklapper. Joan war als erste am Fenster, Richard als nächster, und dann kam Rebecca; sie hob sich auf die Fußspitzen und reckte den Hals. Sechs berittene Polizisten galoppierten, aufgerichtet in den Steigbügeln, zu Paaren gruppiert, die Dreizehnte Straße hinab. Als das helle Staunen der Maples sich gelegt hatte, sagte Rebecca beiläufig: »Das machen sie jeden Abend um diese Zeit. Ich finde, für Polizisten sehen sie enorm vergnügt und munter aus.«

»Oh, und es schneit!« rief Joan. Ihr wurde immer ganz sentimental ums Herz, wenn sie Schnee sah, sie liebte ihn so, und in den letzten Jahren hatte es so selten geschneit. »An unserem ersten Abend hier! An unserem ersten *richtigen* Abend!« Sie vergaß alles um sich her und schlang die Arme um Richard, und Rebecca, im Gegensatz zu jedem anderen Gast, der sich abgewendet oder allzu breit, allzu ermunternd gelächelt hätte, behielt unverändert ihre Blickrichtung bei: mit süßem, geistesabwesendem Ausdruck sah sie durch das umschlungene Paar hindurch immer weiter auf die Szene draußen. Der Schnee haftete nicht auf der nassen Straße, nur über die Motorhauben und die Dächer der geparkten Autos zog sich eine dünne Schneedecke.

»Ich gehe dann jetzt wohl«, sagte sie.

»Oh, bitte nicht!« rief Joan, und ein Drängen lag in ihrer Stimme, das Richard erstaunte: sie war sichtlich sehr müde. Aber die neue Wohnung, der Wetterumschwung, der gute Sherry, die zärtlichen Strömungen zwischen ihr und ihrem Mann, die neu ausgelöst worden waren, als sie ihm so jäh um den Hals fiel, Rebeccas Anwesenheit – all das hatte sich ihr wahrscheinlich unentwirrbar zu diesem einen verzauberten Augenblick verflochten.

»Doch, ich glaube, ich muß gehen, du siehst so verschnupft und angegriffen aus.«

»Kannst du nicht wenigstens noch auf eine Zigarette bleiben? Dick, gieß uns noch einen Sherry ein.«

»Ein winziges bißchen nur«, sagte Rebecca und hielt ihr Glas hin. »Hab ich dir eigentlich schon von dem jungen Mann erzählt, Joan, mit dem ich mal ausgegangen bin und der so getan hat, als sei er Oberkellner?«

Joan kicherte erwartungsvoll. »Nein, wirklich nicht, noch

nie.« Sie schlang den Arm um die Rückenlehne ihres Stuhls und flocht die Finger durch die Stäbe, wie ein Kind, das sich die Gewißheit verschafft hat, noch ein bißchen aufbleiben zu dürfen. »Was hat er denn getan? Hat er Oberkellner nachgemacht?«

»Ja und überhaupt: zum Beispiel, als wir aus dem Taxi kletterten, war da gerade ein Kanalisationsdeckel, aus dem Dampf aufstieg, und er bückte sich –« Rebecca beugte den Kopf und hob die Arme – »und tat, als ob er der Teufel wär.«

Die Maples lachten, weniger über Rebeccas Worte als über die Art, wie sie ihnen die Situation vor Augen gerufen hatte mit ihrer sparsamen nachahmenden Geste, in der sich beides ausdrückte: das dramatische Gehabe ihres Begleiters und ihre eigene, so wenig von sich hermachende Natur. Sie sahen Rebecca vor dem Taxischlag stehen und ausdruckslosen Blicks verfolgen, wie ihr Begleiter sich tiefer und tiefer kauerte, ganz aufging in seinem Scherz und dämonisch die Finger krümmte, während er deutlich zu spüren vorgab, wie ihm Hörner durch die Schädeldecke sprossen, Flammen an seinen Beinen emporzüngelten und die Füße ihm zu Hufen schrumpften. Rebeccas Talent, erkannte Richard jetzt, lag nicht darin, daß ihr sonderbare Dinge *zustießen*, sondern darin, daß sie mit ihrer trockenen Sachlichkeit alles so *wiedergab*, als sei es sonderbar. Vermutlich würde sich auch dieser Abend mal grotesk ausnehmen in ihrer Schilderung: »Sechs berittene Polizisten galoppierten vorbei, und sie rief: ›Es schneit!‹ und fiel ihm um den Hals. Und er hielt ihr unaufhörlich vor, wie krank sie sei, und pumpte uns mit Sherry voll.«

»Und was hat er noch gemacht?« fragte Joan.

»Wo wir zuerst hingingen – ein großer Nachtclub war das, irgendwo auf dem Dach –, da setzte er sich ans Klavier und spielte, bis eine Frau mit Harfe sagte, er solle aufhören.«

Richard fragte: »Hat die Frau auf der Harfe *gespielt?*«

»Ja, sie zupfte dran herum.« Rebecca machte kreisförmige Bewegungen mit ihren Händen.

»Ja, hat er denn dieselbe Melodie gespielt, die *sie* spielte? Hat er sie *begleitet?*« Verdrießlichkeit, merkte Richard, und wußte nicht, weshalb, hatte sich in seinen Ton geschlichen.

»Nein, er setzte sich einfach hin und spielte irgendwas anderes. Ich weiß nicht, was es war.«

»Ist das *wirklich* wahr?« fragte Joan anspornend.

»Und im nächsten Lokal, in das wir dann gegangen sind, mußten wir an der Bar warten, bis ein Tisch frei wurde; ich schaute mich ein bißchen um, und er ging von Tisch zu Tisch und fragte die Leute, ob alles zu ihrer Zufriedenheit sei.«

»War das nicht peinlich?« fragte Joan.

»Doch. Später hat er dann auch da Klavier gespielt. Wir waren so was wie die Hauptattraktion dort. Gegen Mitternacht schlug er vor, wir sollten jetzt nach Brooklyn fahren, zu seiner Schwester. Ich war total erschöpft. Wir sind zwei Stationen zu früh aus der Subway gestiegen, unter der Manhattan-Brücke. Es war ganz leer dort, nichts kam vorbei, nur schwarze Limousinen. Meilenweit über unseren Köpfen –« sie starrte nach oben, als spähe sie zu einer Wolke oder zur Sonne hinauf – »war die Manhattan-Brücke, und er behauptete, das sei die Hochbahn. Schließlich fanden wir eine Treppe und zwei Polizisten, die uns zurückschickten zur Subway.«

»Womit verdient dieser erstaunliche Mann seinen Unterhalt?« fragte Richard.

»Er ist Lehrer. Er ist ganz intelligent.« Sie erhob sich und reckte einen langen silberweißen Arm. Richard holte ihren Mantel und sagte, er werde sie nach Hause begleiten.

»Ich hab aber doch nur ein ganz kurzes Stück«, sagte Rebecca, und ihre Stimme entbehrte jeden Nachdrucks.

»Du mußt sie nach Hause begleiten, Dick«, sagte Joan. »Bring eine Schachtel Zigaretten mit.« Die Vorstellung, wie er da im Schnee gehen würde, schien ihr Spaß zu machen: als sähe sie ihn schon heimkommen, mit Schnee auf den Schultern und Kälte im Gesicht – alldem, was dieser Weg einbringen würde und wofür sie nicht gesund genug war.

»Du solltest ein paar Tage mit dem Rauchen aufhören«, sagte er. Sie winkte ihnen zum Abschied vom obersten Treppenabsatz nach.

Die Flocken fielen kaum sichtbar, außer im Schein der Straßenlaternen, und wehten ihnen mit schwerelosem, romantischem Druck ins Gesicht. »Ziemlich viel, was da runterkommt«, sagte Richard.

»Ja.«

An der Ecke, wo der Schnee dem grünen Ampellicht wässerige Bläue gab, folgte sie ihm nur zögernd über die Straße, und er fragte: »Du wohnst doch auf dieser Seite, nicht?«

»Ja.«

»Ich meinte mich nämlich zu erinnern – wir haben dich doch mal von Boston nach Hause gefahren.« Die Maples hatten damals in den westlichen Achtzigern gewohnt. »Ich hab noch dunkel im Kopf, daß da irgendwelche großen Gebäude waren.«

»Die Kirche und die Schlachterschule«, sagte Rebecca. »Jeden Tag um zehn, wenn ich zur Arbeit gehe, haben die Jungen, die Schlachter werden wollen, Pause und kommen raus, ganz blutig, und sie lachen.« Rebecca sah an der Kirche hinauf; der Turm zeichnete sich skelettiert gegen die vereinzelt erhellten Fenster eines hohen Gebäudes in der Seventh Avenue ab.

»Arme Kirche«, sagte Richard, »ein Turm hat es schwer in dieser Stadt, das Höchste zu sein.«

Rebecca sagte nichts, nicht einmal ihr übliches Ja. Als tadele sie seine Redseligkeit, so empfand er es. In seiner Verwirrung lenkte er ihre Aufmerksamkeit auf das Nächstbeste, das er sah: ein dürftig beschriftetes Schild über einer hohen Tür. »Berufsschule für Lebensmittelhändler«, las er laut. »Die Leute über uns haben uns erzählt, daß der Mann, der vor unserem Vorgänger in unserer Wohnung gewohnt hat, Fleischwarengroßhändler war und sich Lieferant für die elegante Küche nannte. Er hielt sich eine Freundin in der Wohnung.«

»Die großen Fenster da oben«, sagte Rebecca und zeigte zum dritten Stock eines braunen Sandsteinhauses hinauf, »liegen genau gegenüber von meinem. Ich kann hineinsehen und habe dann das Gefühl, daß wir Nachbarn sind. Immer ist jemand da. Ich habe keine Ahnung, womit die ihr Geld verdienen.«

Sie gingen noch ein paar Schritte und blieben dann stehen, und Rebecca sagte – mit einer Stimme, die Richard eine Nuance lauter vorkam als sonst –: »Magst du mit raufkommen und dir ansehen, wie ich wohne?«

»Gern.« Es gab keinen Grund, nein zu sagen.

Sie stiegen vier Zementstufen hinauf, öffneten eine unansehnliche orangefarbene Tür, traten in einen überheizten, im Hochparterre gelegenen Vorplatz und erklommen dann vier Holztreppen. Der Verdacht, der Richard schon auf der Straße beschlichen hatte, nämlich keineswegs mehr in den öffentlichen Anlagen reiner Höflichkeit zu wandeln, verdichtete sich zu schuldhafter Gewißheit. Es gab kaum etwas, dem so sehr der Geruch des Verbotenen anhaftet, wie hinter einem Frauenhintern die Treppe hinaufzusteigen. Joan hatte vor drei Jahren in Cambridge vier Treppen hoch gewohnt, ohne Fahrstuhl, und jedesmal, wenn er sie nach Hause brachte – auch dann noch, als bei ihnen alles, bis zur letzten Intimität, unter Dach und Fach war –, hatte er Angst gehabt, der Hauswirt würde, zu Recht ergrimmt, hinter seiner Tür hervorspringen und ihn verschlingen, sowie sie beide vorbeikämen.

Rebecca öffnete ihre Tür und sagte: »Höllisch heiß hier«, und das war der erste Fluch, den er aus ihrem Mund hörte. Sie knipste eine trübe Lampe an. Das Zimmer war klein; schräge Wand- und Deckenflächen – unmittelbar darüber war das Dach – schnitten große, prismatische Teile aus dem Raum. Als Richard weiter ins Zimmer hineinging, auf Rebecca zu, die noch immer im Mantel dastand, entdeckte er rechts von sich einen überraschenden Winkel, der dadurch entstand, daß das steil abfallende Dach hier unmittelbar bis zum Fußboden reichte. Ein Doppelbett stand dort. Fest eingezwängt auf drei Seiten, wirkte es weniger wie ein Möbelstück als wie ein permanent installiertes, weißbezogenes Podium. Er wandte hastig die Augen ab, und unfähig, jetzt, sofort danach, Rebecca anzusehen, starrte er zwei Küchenstühle an, eine metallene Stehlampe mit schwenkbarem Arm, deren Schirm mit einem aufgemalten Fries aus dicken Fischen und Steuerrädern gesäumt war, und ein Büchergestell mit vier Brettern: alles Dinge, die sich schmalbrüstig den schrägen Wänden anpaßten und von verschreckter Vertikalität waren.

»Ja, und dies hier ist der Herd auf dem Kühlschrank, von dem ich euch erzählt habe«, sagte Rebecca. »Oder hab ich's nicht erzählt?« Der obere Apparat ragte auf allen Seiten etliche Zoll über den unteren hinaus. Richard fuhr mit dem Finger über die weiße Vorderseite des Herds und sagte: »Hübsch hier bei dir.«

»Und dies ist mein Ausblick«, sagte sie. Er trat neben sie ans Fenster, schob den Vorhang weg und sah durch die winzigen, fleckigen Scheiben zur Wohnung auf der anderen Straßenseite hinüber.

»Der Bursche da drüben hat aber wirklich ein riesiges Fenster«, sagte er. Rebecca stimmte ihm zu mit einem kurzen »Mhm«. Alle Lampen brannten in der Wohnung drüben, aber sie war leer. »Sieht wie ein Möbellager aus«, sagte Richard. Rebecca hatte immer noch ihren Mantel an. »Es hört nicht auf zu schneien.«

»Nein.«

»Also dann –« das kam zu laut; und zu leise führte er seinen Satz zu Ende: »Danke, daß du mir dein Zimmer gezeigt hast. Ich – hast du das schon gelesen?« Er zeigte auf die Ausgabe von *Auntie Mame*, die auf einem Fußschemel lag.

»Ich hatte noch keine Zeit dazu«, sagte sie.

»Ich hab's auch noch nicht gelesen. Nur Rezensionen. Zu mehr komme ich nie.«

Er hatte es bis zur Tür geschafft. Unsinnigerweise drehte er sich dort um. Nur an der Tür, entschied er später rückblickend, war ihr Benehmen unverantwortlich gewesen: nicht genug damit, daß sie unnötig nahe stand, machte sie sich auch noch dadurch, daß sie ihr Gewicht auf ein Bein verlagerte und den Kopf zur Seite neigte, um mehrere Zentimeter kleiner, machte ihn, Richard, zum Dominierenden, was nur zu gut zu den tiefen, demütigen Schatten paßte, die – sie mußte es gewußt haben – auf ihrem Gesicht lagen.

»Also dann –« sagte er.

»Also dann.« Ihr Echo kam unverzüglich und bedeutete sicher nichts.

»Paß auf, daß die Sch-Schlachter dich nicht erwischen.«
Das Stottern verdarb den Scherz natürlich, und ihr Lachen,
das eingesetzt hatte, sobald sie von seinem Gesicht ablas,
daß er etwas Witziges produzieren wollte, war verstummt,
noch ehe er etwas gesagt hatte.

Als er die Treppe hinunterging, stützte sie sich mit beiden
Händen auf das Geländer und sah ihm nach. »Gute Nacht«,
sagte sie.

»Nacht.« Er sah hinauf; sie war ins Zimmer gegangen. Oh,
aber sie waren einander nahe.

Eisblumen

Selbst die Warnung vor dem Irren, der bei Vollmond unter deinem Fenster heult, hilft dir wenig, wenn es tatsächlich passiert. Nichts hilft dir – in jener ersten Nacht, wenn die seltsame Stimme deine Träume durchdringt und du sie zunächst, fälschlicherweise, für deine eigene Alptraumstimme hältst. Du wälzt dich unter der Decke, vergräbst dich tief, versuchst, dich vor der Ketzerin in dir zu schützen, bis du schließlich aufwachst und das Mondlicht siehst und weißt, daß nicht du es bist.

Schließlich stehst du auf und trittst ans Fenster, das das Mondlicht einläßt, denn ganz gleich was da ist, es ist besser, ihm ins Auge zu sehen, als die Augen davor zu verschließen.

Du brauchst eine Weile, bis du ihn entdeckst, zwischen den Baumstämmen verborgen und fast ebenso schlank wie diese. Alles, was du siehst, ist eine Gestalt, ein Negativbild vor dem dunklen Wald, der dein Haus umschließt. Sein Haar ist silbern, lang und wirr. Es ist das Realste an ihm. Du suchst den Mond, der das bei einem Menschen bewirkt. Als du ihn entdeckt hast, schnappt eine dunkle Wolke nach ihm und hinterläßt eine schartige Narbe.

Er spricht jetzt nicht zu dir. Er spricht zu den Bäumen und den Pferden. Sie haben sich aus dem Wald herausgestohlen und an der Koppel versammelt, um zu lauschen – drei dunkle und eine helle Gestalt, nervös zuckende Schwänze, scharrende Hufe auf der dunklen Erde.

Jetzt senkt er die Stimme und redet vertraulich mit ihnen. Spricht er die Pferdesprache? Pferdeatem bildet Wolken in der Nacht. Als sie kehrtmachen und, von ihm entlassen, davongaloppieren, lassen sie eine Nebelspur hinter sich. Er redet erneut, und nun bist du sicher, daß er zu dir redet.

Selbst die Warnung vor dem Irren, der bei Vollmond unter deinem Fenster heult, hilft dir wenig, wenn er brillanten Unsinn redet, der dir ins Herz schneidet.

Jetzt wendet er sich zum Gehen, und du kehrst ins Bett zurück. Als er den Zwinger erreicht, schlagen die Hunde an; ihr Gebell zerreißt die Stille. Als du wieder im Bett bist, regt sich dein Ehemann, berührt mit seiner Hand dein Bein und fragt: »Was ist denn los?«

Haben sie einmal zu bellen angefangen, hören die Hunde so schnell nicht wieder auf. Sie ereifern sich, feuern sich gegenseitig an. »Was hat die Hunde so erschreckt?« fragt dein Mann.

»Er war es«, flüsterst du. »Es war Mr. Hart.«

Dein Mann heißt Tom. Seine Arbeit ist eine Droge, die ihn in bleiernen Schlaf versetzt, und ein Stachel, der ihn früh aus deinem Bett treibt. Morgens erzählst du ihm von dem nächtlichen Besucher. Nichts davon drang durch das Kopfkissen, das er sich über den Kopf gelegt hatte, nichts sickerte in seine Träume ein. Nur der Radau der Hunde weckte ihn; dies ist die Musik, auf die er als Tierarzt anspricht. »Das nächste Mal«, erklärt er dir, »weckst du mich.«

Du befragst die Nachbarn. Hart ist älter, als du dachtest; über sechzig. Italien. Schnelle Wagen. Frauengeschichten. Irrsinn. Keiner weiß mehr. Vierzehn Jahre in einer Anstalt, dann Entlassung. Seit sieben Jahren ist er der nächste Nachbar, und du lebst seit einem Monat in diesem Haus, während ein Mond ab- und zunahm.

Solange du hier wohnst und er dort wohnt, werden die Besuche nicht aufhören.

Tagsüber ist er nicht zu sehen, obwohl er mit seinen Hunden die Wälder durchstreift und über alles Bescheid weiß, weiß, was in deinem Haus passiert und in denen der Nachbarn.

Er wäscht sich nie. Er ist mit Furunkeln übersät.

Seine Hunde sind räudig.

Du kannst nichts dagegen tun.

Er ist ein Irrer mit guten Beziehungen. Als ihm seine Familie das Haus kaufte, kaufte sie den örtlichen Polizeichef dazu. Beschwerden wird nicht nachgegangen.

Ist er je bei Verstand? fragst du sie.

Keiner weiß es.

Es ist der erste von vielen Besuchen. In manchen Nächten wacht dein Mann ebenfalls auf und klagt über die Störung seiner Nachtruhe. Sein Körper und die Anforderungen, die er an ihn stellt, laufen um die Wette, und heulende Irre kosten nur Zeit. Eines Nachts springt er aus dem Bett, wickelt sich in seinen Bademantel, geht zum Fenster und reißt es auf. Kälte dringt ein. Du stehst ebenfalls auf.

»Hart! Mr. Hart!«

Und das Gesicht, zuvor stets verborgen, erhebt sich, offenbart sich, von einem Kranz wirren weißen Haars umgeben.

»Oh, Dr. Tanner. Guten Abend, Sir.«

Es ist keine sonderliche Offenbarung; die Augen bleiben weiterhin in ihrem Versteck, zwei Sterne, die auf dem Grund zweier tiefer Brunnenschächte leuchten.

»Warum gehen Sie nicht heim und legen sich ins Bett?« sagt dein Mann. »Es ist drei Uhr morgens.«

»Ich würde, wenn ich könnte, aber er –« er deutet auf den Mond – »erlaubt es nicht. Ich habe mit diesen Bäumen, diesen Tieren Geschäfte abzuwickeln.«

»Können Sie das nicht tagsüber machen? Ich brauch meinen Schlaf.«

»Ich schlafe nie. Ich scheine die Lust daran verloren zu haben. Und außerdem ist es so wohltuend, Geschäftliches im Dunkeln zu erledigen.«

»Okay. Hier haben Sie jedenfalls nichts zu suchen.« Die Stimme deines Mannes klingt angespannt, und du legst ihm deine Hand, eine Hand, die ihn zu beschwichtigen und zurückzuhalten sucht, auf den Arm.

»Bitte«, flüsterst du, »bitte nicht.«

»Und meine Frau. Sie ängstigen meine Frau mit Ihren Besuchen.«

»Grüßen Sie Ihre Frau Gemahlin. Ist sie jetzt bei Ihnen, die junge Frau Doktor?«

Ein Prickeln überläuft dich. Er unterscheidet dich von den Bäumen.

»Ja, sie ist hier. Und sie würde gern wieder ins Bett gehen, wenn Sie uns etwas Ruhe und Frieden gönnten.«

»Ich bitte vielmals um Entschuldigung. Ich möchte Sie nicht stören. Aber sehen Sie, ich handle unter Zwang – fast ausschließlich –, wenn die Sterne eine solche Konstellation aufweisen. Ich tue nichts Böses. Bitte richten Sie Ihrer Gattin aus, ich wünsche ihr eine angenehme Nachtruhe und süße Träume.«

»Allmächtiger«, sagt dein Mann. Die Worte gefrieren sichtlich in der Luft. Er knallt das Fenster zu. »Muß er sich immer aufspielen, als wäre er Hamlet, zum Teufel noch mal?«

»Mrs. Winter sagt, er hat in Oxford studiert.«

»Toll«, sagt dein Mann. »Phantastisch.«

Ihr geht zu Bett und schlaft wortlos ein.

Irgendwie wirkt sie sich auf alles aus. Diese Stimme. Diese Stimme schlüpft zwischen dich und deinen Mann, drängt euch, zunächst kaum spürbar, auseinander. Er kommt später heim zu dir, ist weniger leidenschaftlich, redet immer weniger. Es ist nicht deine Schuld, daß ein Irrer nachts unter deinem Fenster heult, aber ihr beide fangt an, es zu glauben.

Du hast viel Zeit, über die Stimme und was es mit ihr auf sich hat nachzudenken. Manchmal ist sie reine Poesie. Eines Nachts findet Hart ein Buch, das du im Auto auf dem Armaturenbrett hast liegenlassen, und fragt, ob er es ausleihen könnte. Am nächsten Morgen ist es verschwunden, und eine Woche lang hinterläßt du jeden Abend an derselben Stelle eine Nachricht:

Lieber Mr. Hart:
Ich hoffe, *Hundert Jahre Einsamkeit* gefällt Ihnen. Haben Sie nicht Lust, einmal abends zu uns zu kommen und darüber zu diskutieren, wenn Sie damit fertig sind? Am frühen Abend. Ihre nachmitternächtlichen Besuche stören meinen Mann; er braucht seinen Schlaf.

Der Zettel bleibt unberührt liegen, bis er vergilbt ist. Zwei Wochen später taucht das Buch eines Morgens auf deiner Fußmatte auf, in einen Lappen eingewickelt, damit es nicht vom fein rieselnden Schnee naß wird. Kein Dankeschön, kein einziges Wort.

Dann hören die Besuche plötzlich auf. Dein Mann beruhigt sich ein wenig und ist weniger reizbar, aber sein befremdend finsterer Blick bleibt. Die Stimme ist für ihn ein quälender Schmerz, und er weiß zuviel über Schmerzen, um an ein Abklingen zu glauben.

Dir fehlt die Stimme. Du hoffst, daß es Hart gutgeht.

Den ganzen Februar über sind die Tage klirrend kalt und strahlend schön. Es schneit nur nachts, und der frühmorgendliche Frost läßt den Neuschnee unter deinen Stiefeln knirschen und knacken. Der Wind fleckt das Weiß mit den eleganten schwarzen Pinselstrichen herabgefallener Zweige, und es macht Spaß, draußen zu sein, mit deinem Hund durch den Wald zu streifen, ihr beide von der belebenden Kälte ganz aufgedreht. Du folgst ihm, dem Hund, zum Ufer des Flusses, und was er dir hier zeigt – eine Landschaft aus Eis, grazil und wie gemeißelt –, fesselt dich ganz und gar.

Eisblumen. Eisgräser. Eiszweige. Eissteine. Klar und rein wie Kristall, wenngleich es lange her ist, daß ein Glasschleifer solche Kunstfertigkeit bewies. Als du dich satt gesehen hast und erhebst, bemerkst du die Spuren hinter dir im Schnee – ein Paar menschlicher Fußabdrücke und mehrere von Hunden. Du stellst deinen Fuß in den deutlichsten Abdruck, um sicherzugehen, daß es nicht dein eigener ist. Er ist länger, schmäler als deiner, Harts Fuß. Wenn er einmal gekommen ist, dann vielleicht auch ein weiteres Mal. Du wartest. Du wirfst Stöcke für den Hund, hast somit einen Vorwand, bis vier Uhr draußen zu bleiben, bis der Einbruch der Dunkelheit dich zwingt, an Heimkehr zu denken.

Dein Haus ist leer, bis auf die Wärme. Du fängst gerade an, warm zu werden, als das Telefon klingelt und du den Hörer in der Erwartung abnimmst, deinen Mann sagen zu hören, daß er wieder nicht rechtzeitig zum Abendessen heimkommen wird.

Statt dessen anhaltende Stille. Du sprichst in sie hinein, unsicher. Wer? Was? Schließlich, als du gerade auflegen willst: »Mrs. Tanner, sind Sie es?«

Es dauert einen Moment, bis du merkst, daß es *seine* Stimme ist, sie klingt so verblaßt und entstellt durch den Apparat, durch den sie zu dir dringt.

»Hier ist Charles Madison Hart.«

Zwischen den Worten kannst du sein Atmen hören, das, zuvor immer von der Nachtluft verschluckt, ihm jetzt etwas Vertrautes, Reales gibt.

»Ich wollte Ihnen erklären, warum ich nicht kommen kann und warum Sie mich nicht darum bitten sollen. Sie müssen wissen, daß ich Ihre Freundlichkeit sehr zu schätzen weiß.«

»Dann kommen Sie. Kommen Sie bitte zu einer vernünftigen Zeit und trinken Sie eine Tasse Tee mit uns.«

»Ich kann mir nichts Schöneres vorstellen. Aber ich muß leider ablehnen.«

»Weshalb?«

»Wegen meiner Vergangenheit.«

»Was ist denn damit?«

Seine Pause ist reine Koketterie. Dann: »Ich habe schreckliche Dinge getan. Meine Schwester könnte Ihnen davon erzählen, aber sie ist zu diskret. Kennen Sie meine Schwester?«

»Nur flüchtig.«

»Dann glauben Sie mir. Ich bedaure es. Sie müssen wissen, ich bin ein armer Irrer. Die Ärzte konnten mich nicht heilen, also haben sie mich heimgeschickt.«

»Sie hören sich ganz normal an.«

»Bin ich auch. Aber man kann sich nicht darauf verlassen.« Du hörst ihn seufzen. »Tatsache ist, daß ich ein unberechenbarer Kerl bin, lebensuntüchtig, außer für die Art von Leben, das ich führe. Ich bin gefährlich, das ist es. Und deshalb kann ich auch Ihre freundliche Einladung nicht annehmen.«

»Sie bleibt bestehen«, teilst du ihm mit, »falls Sie Ihre Meinung ändern sollten.«

»Meine Meinung ändert sich ohne mein Zutun«, erwidert er, bevor die Verbindung abbricht.

Im März gerätst du unter Belagerung. Seine Besuche werden zu einem ständigen Alptraum und Friede zu einer gelegentlichen Ausnahme. Dein Mann igelt sich ein und zeigt dir die kalte Schulter. Seit den nächtlichen Besuchen ist Sex von seinem Zeitplan gestrichen, und du wirst zur drögen Bettgenossin, ein geschlechtsloser Teddybär, weich, warm, ein Neutrum. Deine Haut ist hungrig, und deine Nervenfasern haben Trauer angelegt. Du fängst an, von den Toten zu träumen.

Vor deinem Fenster spielt ein Irrer König Lear oder erfindet Gedichte für Bäume und Schindeln. In manchen Nächten träumt auch er von Sex und brüllt seine Phantasien – perverse, einfallsreiche, schreckliche Phantasien – gegen dein abweisendes Fenster. Seine Lust leuchtet in der Nacht; die Lust eines Geistes, der sich an Körper erinnert und sich, in Zerrbildern, nach vergangener Wirklichkeit verzehrt. Deine eigenen Träume winden sich und kreisen um sich selbst, du paarst dich mit Frauen und Bäumen niemals fern vom Ufer eines eiserstickten Flusses, der gerade in den Frühling schmilzt, und du erwachst voller Scham.

Eines Nachts passiert etwas Seltsames. Die Stimme ist da, ihre Botschaft ist Lust, und gerade als das Bild orgasmisch anwächst, stöhnt dein Mann im Schlaf, und statt wieder in den Tiefen der Kissen zu versinken, richtet er sich auf, rollt sich auf dich und nimmt dich, nicht zärtlich, sondern schnell und brutal, mit ungewohnter Leidenschaft. Er sagt nichts, und du antwortest deinerseits mit Schweigen, aber es freut dich, du fühlst dich erleichtert, ermutigt. Am nächsten Morgen erinnert er sich an nichts.

Aber morgens ist er stets voller Tatendrang, nimmt die anstehenden Probleme in Angriff, und seine Energie, durch den Schlaf genährt, scheint unerschöpflich. An einem Morgen also taucht er unerwartet auf und haut mit der Faust entschieden auf den Tisch.

»Wir haben ihn«, sagt dein Mann. »Wir haben ihn endlich gekriegt.«

»Wen denn?«

»Hart.« Grinsend zeigt er seine Zähne. »Ich habe wegen

seiner räudigen, streunenden Hunde Anzeige erstattet. Scheußliche Viecher. Zur Hälfte fast kahl und halb verrückt von der Juckerei.« Die Augen deines Mannes fixieren dich. »Entweder muß er sie umbringen oder kurieren.« Er zieht einen Zettel aus seiner Brusttasche und faltet ihn auf. »Ich schätze, die Behandlung wird ihn an die fünfzehnhundert Dollar kosten. Einen Monat Quarantäne und Medikamente. Plus Verpflegung. Das summiert sich.«

»Was ist, wenn er sie nicht behandeln lassen will?«

Er legt eine imaginäre Schrotflinte an, zielt mit zusammengekniffenem Auge und drückt ab. »Dann peng!«

»Warum, Tom?« fragst du. »Er ist harmlos.«

»Dieser Scheißkerl raubt mir noch den letzten Nerv. Seit Wochen habe ich keine Nacht mehr richtig geschlafen. Und außerdem ist es kriminell, Hunde in diesem Zustand frei herumlaufen zu lassen. Es ist grausam.« Seine Lippen verlieren ihre Fülle, werden zu einem grimmigen, geraden Strich.

Das bringt Hart nicht zum Schweigen. Statt dessen beginnen seine Besuche früher, kurz nach Mitternacht, und dauern länger an, manchmal bis zum Morgengrauen. Es sind jetzt Bittgesuche, keine Vorführungen mehr, mit ein und demselben Anliegen.

»Nehmt mir meine Hunde nicht weg. Ihr dürft mir meine Hunde nicht wegnehmen.«

Dein Mann bekommt weniger Schlaf denn je, genießt jetzt aber seine erzwungene Schlaflosigkeit mit einem diebischen Vergnügen. Er lächelt die Decke an, Nacht für Nacht, hellwach und lauschend.

Das Flehen zermürbt dich. »Um Gottes willen, Tom, geh und sprich mit ihm. Erklär ihm, daß du seinen Hunden nichts tun wirst. Erklär ihm, daß es ihnen ohne Räude bessergehen wird.« So flehst du ihn ebenfalls an, und er verweigert euch beiden die Antwort, starrt nur die Decke an, die Arme unter dem Kopf verschränkt. »Bitte, Tom. Vielleicht geht er ja, wenn du ihn beruhigst.«

»Wenn er reden will, kann er in meine Praxis kommen

oder mich anrufen. Ansonsten soll er's lassen. Er existiert für mich nicht.«

Der Mann, der nicht existiert, schreit weiterhin flehentlich unter deinem Fenster, und schließlich kannst du es nicht länger ertragen, setzt dich auf und schwingst die Beine aus dem Bett. »Dann tu's ich.«

»Nein!« Sein Arm schnellt so plötzlich und mit solcher Wucht nach vorn, daß der Schlag, den er dir versetzt, dir den Atem nimmt. Du fällst schwer aufs Bett zurück. Weder tröstet er dich, noch entschuldigt er sich. Du drehst dich weg und weinst.

Die Stimme fährt fort. »Ich flehe Sie an, Doktor Tanner. Nehmen Sie mir meine Hunde nicht weg.«

Sie holen die Hunde mit Gewalt. Der Kleinlaster des Hundefängers wird von zwei Uniformierten und einem Gesundheitsbeamten in einem schnieken Polizeiauto begleitet. Als Hart sieht, daß sie in der Übermacht sind, flieht er. Die Hunde stieben auseinander, in die Wälder, den Fluß entlang, durch die goldenen Halme und über die Stoppeln auf den Feldern. Die Männer nehmen die Verfolgung auf.

Stell dir fünf vor, wie sie rennen, so schnell sie können, durch Stricke und Netze, Gewehre und schwere Stiefel behindert. Sie zertrampeln die Felder; sie schwitzen und fluchen; sie zerreißen sich die Hosen an abgebrochenen Ästen. Als sie einen der Hunde am Flußufer umzingelt haben, gerade im Begriff, ihm die Schlinge überzuwerfen, tritt einer der Polizisten achtlos zurück und steckt mit dem halben Bein im Schmelzeis des Flusses. Er brüllt. Sie beginnen nachmittags um zwei. Gegen fünf haben sie alle eingefangen, bis auf einen einzigen gewitzten Hund, der sie noch immer austrickst. Fünf Hunde sind gefangen. Fünf Hunde kauern im Wagen des Fängers.

»Vielleicht sollten wir morgen weitersuchen«, schlägt der Gesundheitsbeamte, völlig außer Atem vor, aber vier Augenpaare funkeln ihn wild an, vier hechelnde Männer lehnen einmütig ab. Nein, zum Teufel. Denn dies ist ein Heiliger Krieg.

Sie lauern dort, wo der Wald sich öffnet. Die Sonne steht tief über den Feldern, und die abendliche Kühle erweckt den Eindruck, der Winter sei zurückgekehrt. Alles andere als geschlagen stehen sie da. Ein verfluchter Hund, noch ein ausstehender räudiger Hund. Ihre Flüche dampfen. *Und dann.*

Und dann sehen sie einen kleinen Schatten, der über das Feld saust und hinter einem Heer goldener Halme Schutz sucht.

»Es könnte ein Kaninchen gewesen sein«, sagt der Mann vom Gesundheitsamt.

»Das war ein *Köter.*«

»Wie zum Teufel sollen wir aus dieser Entfernung einen Hund fangen? Bis wir über die Straße sind, ist er längst in den Wald abgehaun.«

»So«, sagt der naßbeinige Polizist. Allmählich umfriert der Strumpf seine Wade. Er plaziert den Gewehrkolben auf seine fleischige Schulter, richtet den Lauf auf die gelben Halme und lädt. Schweigend warten sie, bis sich der kleine Schatten rührt.

Der Polizist feuert. Feuert vorsichtshalber noch einmal. Fünf Gefangene, ein Todesopfer. Gute Arbeit geleistet.

Dein Mann erzählt dir alles haarklein, mit männlicher Schadenfreude, und du hörst zu, weil du keine andere Wahl hast, aber nach dem Abendessen gehst du ins Bad und würgst alles, was du gehört und gegessen hast, heraus. Beim Zubettgehen hast du ebensoviel Angst vor deinem Mann wie vor der Stimme. Sie kommt nicht. Dein Mann schläft.

Am nächsten Morgen, als er fort ist, klingelt das Telefon.

»Ihr Mann ist ein grausamer Mensch.«

Du kannst weder zustimmen noch widersprechen, aus unterschiedlichen Gründen.

»Sie sollten ihn verlassen.«

Du sagst Hart, was du dir selbst auch sagst. »Er ist mein Mann. Ich habe ihn geheiratet.«

»Ich will meine Hunde sehen. Wann kann ich sie besuchen?«

»Sie müssen mit ihm reden. Mit meinem Mann.«

»Das wäre mir unangenehm. Fragen Sie ihn, bitte.«

»Ich will's versuchen, aber ...«

»Nein«

Raffiniert nimmt Hart Rache. Jeden Abend sitzt er im Warte-zimmer deines Mannes, sagt kein Wort, ist zwar zurückhal-tend im Benehmen, aber so seltsam und furchterregend in seiner Erscheinung, mit seinen zerlumpten Kleidern, seinen Geschwüren, seiner zotteligen Mähne, daß er die Patienten deines Mannes verschreckt und die kleinen Kinder zum Weinen bringt. Die Hunde bellen unablässig, seine eigenen am lautesten. Er redet nicht mit dir; dein Mann redet nicht mit ihm. Der gekaufte Polizeichef unternimmt nichts, um ihn fortschaffen zu lassen.

Die Hunde sind geheilt. Dein Mann, der vielleicht das Ge-fühl hat, sein Sieg sei noch nicht vollkommen, gibt sie nicht an Hart heraus, sondern ruft Mrs. Welton, dessen Schwester, an. Sie solle sie abholen.

»Nein, wie prächtig sie aussehen, und so gesund. Haben Sie vielen Dank, Herr Doktor«, sagt sie und schreibt auf der Stelle einen Scheck über fünfzehnhundertundzwölf Dollar aus.

Und du hättest es nie erfahren, wenn du nicht, Jahre spä-ter, in einem anderen Leben, mit einem anderen Mann an deiner Seite, zufällig Mrs. Welton auf einer Cocktailparty be-gegnet wärst, wo sie dir erzählte, daß ihr Bruder Charles nach deinem Fortgehen zu deinem Mann gegangen ist und unerbittlich an die Tür hämmerte, bis er aufmachte, dann Tom beim Kragen packte, ihn hart gegen den Türrahmen schleuderte, mit funkelnden Augen, und ihn immer wieder fragte: *Was hast du mit ihr gemacht?*

Du sagst Mrs. Welton, sie solle ihrem Bruder für seine Be-sorgtheit danken und ihm ausrichten, du seist in einem an-deren Leben aufgeblüht.

Ein Scherz

Ein klarer Wintertag so um die Mittagszeit ... Es herrscht grimmiger, klirrender Frost, und bei Nadenka, die meinen Arm genommen hat, sind die Locken an den Schläfen und der Flaum auf der Oberlippe mit silbernem Reif bedeckt. Wir stehen auf einem hohen Berg. Vor unseren Füßen zieht sich zur ebenen Erde eine abschüssige Fläche hin, in der sich die Sonne wie in einem Spiegel betrachtet. Neben uns steht ein kleiner Schlitten, mit grellrotem Tuch bespannt.

»Rodeln wir hinunter, Nadeshda Petrowna!« bitte ich. »Nur einmal! Ich versichere Ihnen, wir bleiben heil und unversehrt!«

Aber Nadenka hat Angst. Alles, was sich von ihren kleinen Galoschen bis zum Fuße des vereisten Berges erstreckt, scheint ihr ein schrecklicher, unermeßlich tiefer Abgrund zu sein. Als ich ihr anbiete, sich in den Schlitten zu setzen, schaut sie nach unten, und es verschlägt ihr den Atem; aber was wird geschehen, wenn sie es riskiert, in den Abgrund hinunterzufliegen! Sie wird sterben oder verrückt werden!

»Ich flehe Sie an!« sage ich. »Sie brauchen keine Angst zu haben! Begreifen Sie doch, das ist Kleinmut, Feigheit!«

Nadenka gibt endlich nach, und ich sehe an ihrem Gesicht, daß sie Todesängste aussteht. Ich setze das blasse und zitternde Mädchen auf den Schlitten, umfasse sie mit einer Hand und stürze mit ihr hinunter in den Abgrund.

Der Schlitten saust wie eine Kugel dahin. Ein schneidender Wind schlägt uns ins Gesicht, er heult, pfeift in den Ohren, reißt und kneift uns schmerzhaft und böse und will einem schier den Kopf abreißen. Der Druck des Windes läßt uns kaum noch atmen. Es scheint, als halte der Teufel selbst uns mit seinen Klauen umfaßt und schleppe uns mit Geheul in diese Hölle. Die Gegenstände der Umgebung verschmelzen zu einem langen, rasendschnell vorbeieilenden Streifen … Es scheint, wir gehen im nächsten Augenblick zugrunde!

»Ich liebe Sie, Nadja«, sage ich halblaut.

Der Schlitten fährt allmählich immer langsamer, das Heulen des Windes und das Surren der Kufen sind nicht mehr so schrecklich, es verschlägt einem nicht länger den Atem, und wir sind endlich unten. Nadenka ist halbtot. Sie ist blaß und atmet kaum … Ich helfe ihr beim Aufstehen.

»Auf keinen Fall fahre ich noch einmal«, sagt sie und schaut mich mit großen Augen entsetzt an. »Um nichts in der Welt! Ich bin fast gestorben!«

Kurze Zeit darauf kommt sie wieder zu sich und schaut mir fragend in die Augen: Habe ich diese vier Worte zu ihr gesagt, oder war es nur das Heulen des Windes? Und ich stehe neben ihr, rauche und betrachte aufmerksam meinen Handschuh.

Sie nimmt meinen Arm, und wir gehen lange an dem Berg spazieren. Das Rätsel läßt ihr offensichtlich keine Ruhe. Wurden diese Worte gesagt oder nicht? Ja oder nein? Ja oder nein? Das ist eine Frage der Eigenliebe, der Ehre, des Lebens, des Glücks, eine sehr wichtige Frage, die wichtigste auf der Welt. Nadenka schaut mich ungeduldig, traurig und mit einem durchdringenden Blick an, sie gibt verkehrte Antworten und wartet, ob ich nicht zu reden anfange. Oh, was für ein Mienenspiel bewegt dieses liebe Gesicht, was für ein Mienenspiel! Ich sehe, wie sie mit sich kämpft, sie muß etwas sagen, etwas fragen, aber sie findet keine Worte, es ist ihr peinlich, sie hat Angst, die Freude hindert sie …

»Wissen Sie was?« sagt sie, ohne mich anzusehen.

»Was?« frage ich.

»Lassen Sie uns noch einmal … rodeln.«

Wir steigen die Treppe hinauf auf den Berg. Wieder setze ich die blasse, zitternde Nadenka auf den Schlitten, wieder fliegen wir in den schrecklichen Abgrund, wieder heult der Wind und surren die Kufen, und wieder sage ich an der Stelle, da der Schlitten am schnellsten und geräuschvollsten dahinfliegt, mit halblauter Stimme: »Ich liebe Sie, Nadenka!«

Als der Schlitten stehenbleibt, wirft Nadenka einen Blick

auf den Berg, den wir eben so schnell hinuntergerodelt sind, dann schaut sie aufmerksam in mein Gesicht, lauscht meiner gleichgültigen und leidenschaftslosen Stimme, und alles an ihr, sogar der Muff, ihre Kapuze, ja ihr ganzes Figürchen drücken äußerstes Erstaunen aus. Und auf ihrem Gesicht kann man lesen: Was ist denn los? Wer hat jene Worte gesprochen? War er es, oder kam mir das nur so vor?

Diese Ungewißheit beunruhigt sie, bringt sie aus der Fassung. Das arme Mädchen antwortet nicht auf meine Fragen, sie verzieht ihr Gesicht und ist nahe daran, loszuweinen.

»Wollen wir nicht nach Hause gehen?« frage ich.

»Aber mir ... mir gefällt das Rodeln«, sagt sie errötend. »Wollen wir nicht noch einmal herunterfahren?«

Ihr »gefällt« dieses Rodeln, aber dabei ist sie, als sie sich auf den Schlitten setzt, so blaß wie das erstemal, sie atmet kaum und zittert vor Angst.

Wir fahren zum drittenmal hinunter, und ich sehe, wie sie mich anschaut und meine Lippen beobachtet. Aber ich halte mein Taschentuch an die Lippen, huste und kann, als wir die Mitte des Berges erreicht haben, gerade noch sagen: »Ich liebe Sie, Nadenka!«

Und das Rätsel bleibt ein Rätsel! Nadenka schweigt und überlegt ... Ich begleite sie von der Rodelbahn nach Hause, sie bemüht sich, ruhiger zu gehen, verlangsamt ihre Schritte und wartet, ob ich nicht noch jene Worte sagen werde. Und ich sehe, wie sie leidet, wie sie sich zusammennimmt, damit sie nicht sagt: Das kann unmöglich der Wind gesprochen haben! Und ich will auch nicht, daß es der Wind gesprochen hat!

Am nächsten Morgen bekomme ich einen Zettel: »Wenn Sie heute rodeln gehen, holen Sie mich ab. N.!« Und von diesem Tag an gehe ich täglich mit Nadenka rodeln, und wenn wir auf dem Schlitten den Berg hinuntersausen, sage ich jedesmal halblaut immer dieselben Worte: »Ich liebe Sie, Nadenka!«

Bald hat sich Nadenka an diesen Satz gewöhnt wie an Wein oder Morphium. Sie kann ohne ihn nicht mehr leben. Allerdings hat sie nach wie vor Angst, den Berg hinunterzusausen, aber die Angst und die Gefahr verleihen den Liebes-worten, den Worten, die noch immer ein Rätsel sind und die Seele quälen, einen besonderen Zauber. Es werden immer dieselben zwei verdächtigt: Der Wind und ich ... Wer von den beiden ihr die Liebeserklärung macht, weiß sie nicht, aber ihr ist es anscheinend schon ganz gleich; aus welchem Gefäß man auch trinkt, es ist egal – wenn man nur trunken wird.

An einem Mittag bin ich allein rodeln gegangen, und als ich mich unter die Menge mische, sehe ich, wie sich Naden-ka dem Berg nähert und mich mit den Augen sucht ... Dann steigt sie zaghaft die Treppe hinauf ... Es ist schrecklich, al-lein zu fahren, oh, schrecklich! Sie ist weiß wie der Schnee, sie zittert und geht wie zur Hinrichtung, aber sie geht, geht, ohne sich umzusehen, fest entschlossen. Offenbar hat sie endlich beschlossen, auszuprobieren, ob sie diese wunder-vollen süßen Worte auch hört, wenn ich nicht dabei bin. Ich sehe, wie sie sich blaß, mit vor Grauen geöffnetem Mund auf den Schlitten setzt, die Augen schließt, sich von der Erde für ewig verabschiedet und sich abstößt ... Sssss ... surren die Kufen. Ob Nadenka jene Worte hört, weiß ich nicht ... Ich se-he nur, wie sie erschöpft und schwach vom Schlitten auf-steht. Und an ihrem Gesicht sieht man, daß sie selbst nicht weiß, ob sie etwas gehört hat oder nicht. Die Angst während der Fahrt hat ihr die Fähigkeit genommen, die Laute zu un-terscheiden und zu verstehen ...

Aber da kommt der Frühlingsmonat März ... Die Sonne wird zärtlicher. Unser vereister Berg wird dunkler und ver-liert seinen Glanz, und endlich taut er ab. Mit dem Rodeln ist es vorbei. Nirgends mehr kann die arme Nadenka jene Wor-te hören, keiner mehr kann sie sagen, weil der Wind nicht mehr zu hören ist, und ich beabsichtige, nach Petersburg zu reisen – auf lange Zeit, wahrscheinlich für immer.

Etwa zwei Tage vor meiner Abreise sitze ich in der Däm-merung im Vorgarten, der durch einen hohen Zaun von dem Hof, in dem Nadenka wohnt, abgetrennt ist ... Es ist noch ziemlich kalt, unter dem Mist liegt noch Schnee, die Bäume sind noch tot, aber es riecht schon nach Frühling, und die

Saatkrähen, die ihren Schlafbaum aufsuchen, schreien laut. Ich gehe zum Zaun und schaue lange durch eine Ritze. Ich sehe, wie Nadenka auf die Veranda tritt und einen traurigen, wehmütigen Blick auf den Himmel richtet. Der Frühlingswind bläst ihr direkt in das blasse, verzagte Gesicht ... Er erinnert sie an den Wind, der damals auf dem Berg geheult hat, als sie jene vier Worte vernahm, und ihr Gesicht wird ganz traurig, über ihre Wangen rinnt eine Träne ... Und das arme Mädchen streckt beide Hände aus, als bitte sie den Wind, er möchte ihr noch einmal jene Worte zutragen. Und ich warte einen Windstoß ab und flüstere halblaut: »Ich liebe Sie, Nadenka!«

Mein Gott, was ist mit Nadenka geschehen! Sie schreit auf, sie lächelt über das ganze Gesicht, sie streckt dem Wind ihre Arme entgegen, fröhlich, glücklich und so schön.

Und ich gehe und packe meine Sachen ...

Das ist schon lange her. Jetzt ist Nadenka verheiratet: Ob man sie verheiratet hat oder ob sie selbst gewählt hat, ist gleich, sie ist die Frau des Sekretärs am Vormundschaftsgericht und hat bereits drei Kinder. Die Zeit, da wir gemeinsam rodeln gingen und der Wind ihr die Worte zutrug: »Ich liebe Sie, Nadenka«, ist nicht vergessen, für sie ist das die glücklichste, die rührendste und die schönste Erinnerung ihres Lebens.

Mir selbst aber ist es jetzt, da ich älter geworden bin, schon unverständlich, warum ich jene Worte sagte, weshalb ich scherzte ...

OTTO ERNST

Das Märchen vom König Winter

Der König Winter saß einmal in seinem Palast und hatte große Sorgen. Er dachte darüber nach, was er tun müsse, um König zu bleiben. Denn er meinte, daß die Menschen sich nur unter seiner Herrschaft wohl fühlen könnten. Wenn sie laut mit den Zähnen klapperten, so riefen die Großen seines Reiches: »Hören Sie, Majestät, wie jetzt die Leute sich freuen!« Und der König glaubte alles, was angenehm zu hören war.

Nun war es aber draußen in der Welt März geworden, und allerlei lebendige Stimmen wurden laut. Anfangs hatten die besorgten Diener dem König diese Stimmen verheimlicht. Aber bald war das Ärgernis nicht mehr zu verbergen. Irgendwo hatte ein dreister Vogel zu piepsen gewagt. In verschiedenen Gräben und Bächen war eine eigentümliche Bewegung entstanden.

Hie und da waren sogar grüne Blätter zum Vorschein gekommen. Diese waghalsigen Blätter wurden zwar gleich in der Nacht vernichtet. Was sich aber nicht vernichten ließ, das war die Sonne. Mit einer unerschütterlichen Ruhe stieg diese Brandstifterin von Tag zu Tag höher, blickte immer zuversichtlicher, lächelnder, heller, klarer vom Himmel herab.

Als Seine Majestät der König Winter von diesem Treiben hörte, war er zunächst fest davon überzeugt, daß er es mit der Sonne aufnehmen könne und mit der ganzen Lumperei schon fertig würde. Etwas schwieriger war die Frage, was denn geschehen solle. Aber ein alter Rat des Königs war schnell mit einem geistreichen Mittel bei der Hand: »Alles gefrieren lassen, Majestät, Stein und Bein.«

Der König fuhr nun durch die Lande, und in wenigen Tagen und Nächten war wirklich alles verwüstet, was auf den Frühling hatte hoffen lassen. Gut erging es nur den

Menschen, die dicke Pelze und warme Öfen hatten, und den Tieren, die einen langen Winterschlaf hielten. Obendrein schneite Seine Majestät, und zwar so heftig, daß Weg und Steg versperrt waren und die Leute kaum aus der Tür kommen konnten. Und sein Eisenbahnminister mußte dafür sorgen, daß alle Eisenbahnzüge im Schnee steckenblieben.

Aber die Sonne stieg trotzdem. Was war zu tun? Das Frieren und Schneien hatte nicht geholfen, und da der königliche Rat nichts mehr wußte, so wurde er in Ungnade entlassen. Es standen aber andere Räte auf, die dem König zusprachen, es mit sanfteren Mitteln zu versuchen. »Wehen Eure Majestät!« riefen sie.

Und der König beschloß zu wehen, ja zeitweise recht wütend zu stürmen. Aber die meisten Menschen, Tiere und Pflanzen ließen das Unwetter über sich hingehen und kicherten dabei vor Vergnügen. Und die Sonne lachte, daß ihr die goldenen Tränen aus den Augen rannen. Denn man darf nicht vergessen, daß die Sonne indessen immer höher stieg.

Ja, Seine Majestät mußte in tiefem Schmerz bemerken, daß dagegen sogar der Wind machtlos war. Ein ehrwürdiger Rat aber, dem zwei Eiszapfen unter der Nase hingen, meinte: »Majestät, nebeln wir doch! So ein dicker Nebel drückt aufs Gemüt und läßt den Verstand nicht aufkommen.«

»Gut«, sagte Seine Majestät, »nebeln wir!« Nun stieg überall aus Gründen und Schlünden, aus Grüften und Schlüften ein breidicker Nebel herauf, der alles verfinsterte, so daß Menschen und Tiere im tiefsten Dunkel wandelten und keiner den andern erblicken konnte. Sogar die Laternen wurden völlig unsichtbar.

Eines Morgens dampfte im Osten ein purpurroter Schein empor und breitete sich über den ganzen Himmel aus. Die Sonne war es, die Sonne! Eilig stapften in ihren langen Kleidern die Nebelgespenster davon.

Als der gute König von der Rücksichtslosigkeit der Sonne hörte, knickte er zusammen und fing an, bitterlich zu weinen. Oder wie die verständigen Leute sagen: zu regnen. Es regnete von morgens bis abends und von abends bis morgens. Als er sich ausgeregnet hatte, da brannte ihm was in die Augen, und als er sie vollends aufmachte, da nickte ihm vergnüglich die Sonne zu. So keck schaute sie ihm in die Augen, daß er immerfort blinzeln und niesen mußte. Er hatte sich eine heftige Erwärmung zugezogen, und endlich ließ er die Augenlider sinken, nickte ein und mußte von seinen Ministern zu Bett gebracht werden.

Als der gute König am andern Morgen erwachte, weil es ihm wiederholt auf die Nase tickte, mußte er erkennen, daß es Tropfen waren, die von der Decke fielen. Und sein Palast begann zu laufen! Da wurde er zur Abwechslung wieder sehr zornig und rief: »Das muß anders werden! Ich werde wieder den ganzen Kram bis in Grund und Boden gefrieren lassen und alles in Ketten legen!«

Einer der Räte aber, der natürlich nicht so klug war wie der König – das war überhaupt verboten –, der aber doch auch ziemlich klug war und der immer aus einer kostbaren Kristalldose Eisnadeln schnupfte, der also sagte: »Majestät, einen ordentlichen allgemeinen Frost setzen wir nicht mehr durch. Aber Eure Majestät sollten es noch einmal gründlich mit kleinen Mitteln versuchen. Ab und zu ein gehöriges heimtückisches Nachtfröstchen! Lassen Sie einige recht schneidige Herren mit ihrem Gefolge eingreifen, zum Beispiel den Herrn Kriegsminister von Hagel, den General von Schloßen und den Polizeipräsidenten von Graupel.«

Der König ließ sich das gesagt sein und wetterte Tag für Tag auf die bunteste Weise mit den kleinen Mitteln. Und um noch einen rechten Trumpf daraufzusetzen, ließ der alte König aus der Pulverkammer einen Donnerschlag holen – es war der einzige, den er hatte – und ließ ihn abbrennen.

Als aber der Blitz aufleuchtete, wer stand im Licht vor ihm? Lenz, der junge König. Er sagte: »Wenn das alles ist – das kann ich besser!« Er hob den rosigen Finger: Da umrollte ein furchtbares Getöse die Welt von Osten gegen Westen und wieder gegen Osten. Das war ein Frühlingsgewitter. Und als es alle sieben Himmel durchleuchtet hatte, da war vom Palast des Königs Winter nichts mehr übrig als dampfende Trümmer. Der gute König Winter lag auf dem Rücken und zerschmolz mit seinem Palast zu Wasser.

Als der Wolkenvorhang sich teilte und die Sonne emporstieg, lief alt und jung ins Freie hinaus. Die Kinder aber tanzten Ringelreihen und sangen:

>>Da ist er, da ist er,
der liebliche Frühling!<<

Quellenverzeichnis

WALTER BENJAMIN (1892–1940); dt. Literaturkritiker und Schriftsteller. *Wintermorgen* aus *Berliner Kindheit um Neunzehnhundert.* Frankfurt am Main 1987. Mit freundlicher Genehmigung des Suhrkamp Verlags, Frankfurt am Main.

TANIA BLIXEN (1885–1962); dän. Erzählerin. *Eine tröstliche Geschichte* aus *Wintergeschichten.* Übers. Jürgen Schweier. Stuttgart 1985. Mit freundlicher Genehmigung der Deutschen Verlags-Anstalt, Stuttgart.

BERTOLT BRECHT (1898–1956); dt. Dramatiker und Lyriker. *Das Paket des Lieben Gottes* aus *Brecht, Prosa I. Gesammelte Werke.* Frankfurt am Main 1967. Mit freundlicher Genehmigung des Suhrkamp Verlags, Frankfurt am Main.

ITALO CALVINO (1923–1985); ital. Erzähler. *Die Stadt, die sich im Schnee verloren hatte* aus *Marcovaldo oder die Jahreszeiten in der Stadt.* Übers. Heinz Riedt München Wien 1988. Mit freundlicher Genehmigung des Carl Hanser Verlags, München Wien.

JANINA DAVID (geb. 1930); Schriftstellerin. *Wer glaubt noch an den Weihnachtsmann?* aus *Jaguar, Lebra, Nerz, Mandrill ... Geschichten und Bilder für jeden Tag des Monats des Jahres.* Übers. Jakob Leutner. München Wien 1994. Mit freundlicher Genehmigung des Carl Hanser Verlags, München Wien.

UMBERTO ECO (geb.1932); ital. Schriftsteller und Semiotiker. *Brief an meinen dreijährigen Sohn* aus *Platon im Striptease-Lokal.* Übers. Burkart Kroeber. München 1990. Mit freundlicher Genehmigung des Carl Hanser Verlags, München.

OTTO ERNST (1862–1926); dt. Erzähler und Dramatiker. *Das Märchen von König Winter* aus *Gesammelte Werke, 1922 f.*

ROBERT GERNHARDT (geb. 1937); dt. Schriftsteller. *Die Falle* aus *Die Blusen des Böhmen.* Frankfurt am Main 1977. Mit freundlicher Genehmigung von Zweitausendeins, Frankfurt am Main.

GRAHAM GREENE (1904–1991); engl. Romancier. *Lieber Dr. Falkenhein. Eine Weihnachtserzählung* aus *Erzählungen.* Übers. Petra Kipphoff. Wien 1977. Mit freundlicher Genehmigung des Zsolnay Verlags, Wien.

LARS GUSTAFSSON (geb. 1936); schwed. Schriftsteller. *Der Besucher* aus *Die Kunst, den November zu überstehen und andere Geschichten.* Übers. Verena Reichel. München 1988. Mit freundlicher Genehmigung des Carl Hanser Verlags, München.

ELKE HEIDENREICH (geb. 1943); dt. Schriftstellerin. *Winterreise* aus *Kolonien der Liebe. Erzählungen.* Reinbek bei Hamburg 1992. Mit freundlicher Genehmigung des Rowohlt Verlags, Reinbek bei Hamburg.

O. HENRY (1862–1910); amerik. Schriftsteller. *Der Polizist und der Choral.* Übers. Theo Schumacher. Ebenhausen bei München 1961. Mit freundlicher Genehmigung des Langewiesche-Brandt KG Verlags, Ebenhausen bei München.

MARY HIGGINS CLARK (geb. 1928); amerik. Schriftstellerin. *Der verlorene Engel* aus *Doppelschatten. Vier Erzählungen.* Übers. Ingrid Scherf. München 1990.

PATRICIA HIGHSMITH (1921–1995); amerik. Schriftstellerin. *Eine Uhr tickt zu Weihnachten* aus *Nixen auf dem Golfplatz.* Übers. Anne Uhde. Zürich 1985. Mit freundlicher Genehmigung des Diogenes Verlags, Zürich.

ANDRÉ KAMINSKI (geb. 1923); schweiz. Schriftsteller. *Der Weihnachtsmarkt* aus *Flimmergeschichten*. Frankfurt am Main 1990. Mit freundlicher Genehmigung des Insel Verlags, Frankfurt am Main.

EPHRAIM KISHON (geb. 1924); israel. Schriftsteller. *Im neuen Jahr wird alles anders* aus *Im neuen Jahr wird alles anders. Ausgewählte Satiren*. Übers. Friedrich Torberg. München 1994. Mit freundlicher Genehmigung des Langen Müller Verlags in der F. A. Herbig Verlagsbuchhandlung GmbH, München.

GÜNTER KUNERT (geb. 1929); dt. Lyriker und Erzähler. *Winterabend, Lesewinter* aus *Im stillen Winkel. Ein Hausbuch*. München Wien 1992. Mit freundlicher Genehmigung des Carl Hanser Verlags, München.

GABRIEL LAUB (geb. 1928); poln.-dt. Satiriker. *Der Schnee von heute* aus »*Gut siehst du aus*«. *Alltag satirisch*. München 1994. Mit freundlicher Genehmigung des Langen Müller Verlags in der F. A. Herbig Verlagsbuchhandlung GmbH, München.

JOSEF LEITGEB (1887–1962); österr. Schriftsteller. *Dezember* aus *Das unversehrte Jahr*. Salzburg 1948. Mit freundlicher Genehmigung von Grete Leitgeb.

JACK LONDON (1876–1916); amerik. Schriftsteller. *Das weiße Schweigen* aus *London. Seefahrer und Goldgräbergeschichten*. Übers. Erwin Magnus. Mit freundlicher Genehmigung des Universitas Verlags in der F. A. Herbig Verlagsbuchhandlung, München.

PETER MAYLE (geb. 1939); engl. Schriftsteller. *Januar* aus *Mein Jahr in der Provence*. Übers. Gerhard Beckmann. München 1992. Mit freundlicher Genehmigung des Droemer Knaur Verlags, München.

MARGRIET DE MOOR (geb. 1941); niederl. Schriftstellerin. *Weihnachten* aus *Ich träume also. Erzählungen.* Übers. Helga von Benningen. München 1996. Mit freundlicher Genehmigung des Carl Hanser Verlags, München.

SLAWOMIR MROŻEK (geb. 1929); poln. Dramatiker. *Der Schneemann* aus *Die Giraffe und andere Erzählungen.* Übers. Christa Vogel und Ludwig Zimmer. Zürich 1992. Mit freundlicher Genehmigung des Diogenes Verlags, Zürich.

VLADIMIR NABOKOV (1899–1977); russ. Erzähler. *Der Schlag des Flügels* aus *Erzählungen I. 1921–1934.* Hrsg. Dieter E. Zimmer. Übers. Marianne Wiebe. Reinbek bei Hamburg 1992. Mit freundlicher Genehmigung des Rowohlt Verlags, Reinbek bei Hamburg.

ANNA MARIA ORTESE (geb. 1914); ital. Schriftstellerin. *Der Eisbaum* aus *Stazione Centrale und andere Mailänder Geschichten.* Übers. Barbara Kleiner und Viktoria von Schirach. München Wien 1993. Mit freundlicher Genehmigung des Carl Hanser Verlags, München.

SYLVIA PLATH (1932–1963); amerik. Dichterin. *Schneeangriff* aus *Die Bibel der Träume. Erzählungen.* Übers. Julia Bachstein und Sabine Techel. Frankfurt am Main 1987. Mit freundlicher Genehmigung der Frankfurter Verlagsanstalt, Frankfurt am Main.

ALFRED POLGAR (1873–1955); österr. Schriftsteller. *Wie macht der Winter froh!* aus *Kleine Prosa 2: Kreislauf.* Hrsg. Marcel Reich-Ranicki in Zusammenarbeit mit Ulrich Weinzierl. Reinbek bei Hamburg 1983. Mit freundlicher Genehmigung des Rowohlt Verlags, Reinbek bei Hamburg.

HERBERT ROSENDORFER (geb. 1935); dt. Schriftsteller. *Die stille Zeit* aus *Briefe in die chinesische Vergangenheit.* München 1983. Mit freundlicher Genehmigung des Nymphenburger Verlags in der F. A. Herbig Verlagsbuchhandlung GmbH, München.

SAKI (Ps. für Hugh Munroe, 1870–1916); engl. Schriftsteller. *Berties Weihnachtsabend* aus *Die offene Tür. Ausgewählte Erzählungen.* Übers. Günter Eichel. Zürich 1973. Mit freundlicher Genehmigung des Diogenes Verlags, Zürich.

RENATE SCHOSTAK (geb. 1938); dt. Schriftstellerin. *Als Ägypterland im Schnee versank* aus *Hände weg von meinem Regenbogen. Erzählungen.* München Zürich 1979. Mit freundlicher Genehmigung des Piper Verlags GmbH, München.

ANTONIO TABUCCI (geb. 1943); ital. Erzähler. *Warten auf den Winter* aus *Kleine Mißverständnisse ohne Bedeutung. Erzählungen.* Übers. Karin Fleischanderl. München Wien 1986. Mit freundlicher Genehmigung des Carl Hanser Verlags, München.

SUSANNA TAMARO (geb. 1957); ital. Erzählerin. *Unter dem Schnee* aus *Love. Fünf Erzählungen.* Übers. Maja Pflug. Zürich 1992. Mit freundlicher Genehmigung des Diogenes Verlags, Zürich.

DYLAN THOMAS (1914–1953); engl. Dichter. *Weihnachtserinnerungen* aus *Unter dem Milchwald. Ausgewählte Briefe.* Übers. Erich Fried. München Wien 1966. Mit freundlicher Genehmigung des Carl Hanser Verlags, München.

JOYCE THOMPSON (geb. 1948); amerik. Erzählerin. *Eisblumen* aus *Nachmittag einer Dichterin.* Übers. Petra Post und Andrea von Struve. Hamburg 1989. Copyright © der deutschen Übersetzung by Rowohlt Taschenbuch Verlag, Reinbek bei Hamburg. Mit freundlicher Genehmigung der Agentur Liepman AG, Zürich.

ANTON TSCHECHOW (1860–1904); russ. Dichter. *Der Scherz* aus *Kurzgeschichten und frühe Erzählungen.* Übers. Gerhard Dick, Wolf Düwel, Ada Knipper und Georg Schwarz. Winkler Verlag, München 1968.

KURT TUCHOLSKY (1890–1940); dt. Literaturkritiker und Schriftsteller. *Was unternehme ich Silvester?* aus *Werke.* Reinbek bei Hamburg 1960. Mit freundlicher Genehmigung des Rowohlt Verlags, Reinbek bei Hamburg.

JOHN UPDIKE (geb. 1932); amerik. Schriftsteller. *Schnee in Greenwich Village* aus *Werben um die eigene Frau. Ges. Erzählungen.* Übers. Maria Carlsson. Reinbek bei Hamburg 1971. Mit freundlicher Genehmigung des Rowohlt Verlags, Reinbek bei Hamburg.

MARTIN WALSER (geb. 1927); dt. Schriftsteller. *Überredung zum Feiertag* aus *Werke in zwölf Bänden. Band 8: Prosa.* Frankfurt am Main 1997. Mit freundlicher Genehmigung des Suhrkamp Verlags, Frankfurt am Main.

Große historische Romane

Eine Auswahl:

Tariq Ali
Im Schatten des Granatapfelbaums
Ein Roman aus dem maurischen Spanien
01/9405

01/10548

Michael Ennis
Die Herzogin von Mailand
01/9454

Colin Falconer
Die Sultanin
01/9925

George Herman
Die Straße der Gaukler
*Ein Roman aus der
italienischen Renaissance*
01/9845

Ellen Jones
Die Königin und die Hure
01/10098

Dacia Maraini
Die stumme Herzogin
01/10021

Peter Motram
Myron
*Ein Roman aus dem
antiken Griechenland*
01/9723

Mariella Righini
Die Florentinerin
01/10266

Stephen J. Rivelle
Der Kreuzritter
*Das Tagebuch des
Roger von Lunel*
01/10548

Barry Unsworth
Das Sklavenschiff
01/9681

Heyne-Taschenbücher

HEYNE BÜCHER

Tania Blixen

Jenseits
von Afrika

*Tania Blixen, die große
dänische Erzählerin, hat
eines der lebendigsten
und poetischsten Bücher
verfaßt, das je über Afrika
geschrieben wurde.*

*»... ein sehr konzentriertes
Buch, wie ein Mythos.«*
                    Doris Lessing

*Gleichzeitig als lesefreundliche
Großdruck-Ausgabe lieferbar:*

21/1

01/8390

Heyne-Taschenbücher

David
Lodge

*»Höchst intelligent,
informativ, irritierend
und unterhaltend.
David Lodge ist einer
der besten Erzähler
seiner Generation.«*

Anthony Burgess

*»Unbedingt zur Lektüre
zu empfehlen.«*

*FRANKFURTER
RUNDSCHAU*

01/9531